W0209973

Imelda Angehrn

English Bulldog

KYNOS VERLAG MÜRLENBACH

Dr. Dieter Fleig GmbH
Am Remelsbach 30
D-54570 Mürlenbach/Eifel
Telefon 06594/653, Telefax 06594/452

2. Auflage 1996

ISBN-Nr.: 3-924008-90-6

Druck: Druckerei Anders, 54595 Prüm, Tel. 06551/9503-0

Inhaltsverzeichnis

Widmung

Dieses Buch widme ich in erster Linie meinem lieben Gatten Peter. Ihm habe ich zu verdanken, dass ich Bulldogbesitzerin geworden bin. Er hat mir die Zucht und Haltung meiner „Pickwicks" ermöglicht. In guten, erfolgreichen Phasen hat er darauf geachtet, dass mein Übermut keine zu hohen Wellen schlug und in schlechten Zeiten mich getröstet und mir Mut gemacht, wenn ich traurig und niedergeschlagen aufgeben wollte.

Ich danke aber auch unseren fünf Kindern: Alex, Christa, Brigitte, Marlis und Lukas. Sie haben sehr oft Rücksicht nehmen müssen; man konnte dieses oder jenes nicht machen wegen Mutters Hunden, oder sie hatte keine Zeit.

Abbildung 1: Bulldog-House.

1. Vorwort

Jedes Jahr erscheinen neue Rassemonographien auf dem Büchermarkt. Fast alle kranken sie am gleichen Übel: Die darin beschriebenen Rassen haben nur Vorzüge und Tugenden, von irgendwelchen Mängeln ist da selten oder nie die Rede. Sie sind allesamt kinderliebend und äusserst anhänglich — als ob das nicht jeder normale Hund wäre -, sie sind robust, ausdauernd, bis ins hohe Alter gesund und sehr anspruchslos. Und das sind sie eben längst nicht alle!

Warum darf man nicht sagen, dass es äusserst bewegungsfreudige, aber auch bewegungsfaule Rassen gibt; warum darf man nicht sagen, dass es leicht erziehbare, aber auch ausgesprochen hartköpfige Rassen gibt. Und vor allem: Welcher Autor wagt es, auf anatomische Mängel hinzuweisen, die der Mensch dem Hund aus falsch verstandenen Schönheitsidealen oder auch nur aus Freude am Skurrilen angezüchtet hat, Defekte, die den einzelnen Hund in seiner Lebensentfaltung behindern?

Imelda Angehrn hat's gewagt!

Hundezucht ohne grosses Verantwortungsbewusstsein gegenüber der Rasse, die man züchtet, ist nicht Hundezucht, sondern lediglich Hundevermehrung, und Hunde hat's genug. Wer sie sinn- und planlos nur vermehrt, der handelt unverantwortlich gegenüber dem Tier. Und gerade für nicht leicht zu züchtende Rassen, zu denen wir den English Bulldog zählen müssen, kann die züchterische Verantwortung nicht gross genug sein.

Verantwortlich gegenüber einer Rasse handelt man aber nicht, wenn man die Mängel, die ihr anhaften, verschweigt, sondern dann, wenn man diese Mängel zu beheben versucht.

Der English Bulldog ist der Nachfahre einer alten Kampfhunderasse. Das bestreitet niemand. Aber er ist längst keine Kampfhunderasse mehr. Wenn die Regierung des Saarlandes kürzlich den English Bulldog auf die Liste der „gefährlichen Hunde“ gesetzt hat, so zeigt das, wie wenig Gedanken man sich darüber macht, was überhaupt ein Kampfhund ist. Jeder grosse Hund kann zu einem Kampfhund verzogen werden; es ist der Mensch, der ihn dazu macht und nachher verdammt.

Der Mensch verdirbt aber nicht nur völlig normale Hunderassen zu Kampfhunden, er hat auch aus einst beweglichen Rassen Hunde gezüchtet, bei denen vom einstigen Lauftier nicht mehr viel übrig geblieben ist. Der English Bulldog gehört dazu.

Kein vernünftiger Hundefreund wird verlangen, man müsse den English Bulldog von der Liste der Rassehunde streichen, nur weil viele schnarchen, und weil viele Hündinnen — zu viele — nicht mehr normal gebären können. Es ist aber auch seitens der Züchter eine völlig falsche Einstellung, wenn sie die Geburt eines Bulldog-Wurfes a priori dem Skal-

Abbildung 2: Unzertrennlich.

pell des Chirurgen überlassen. Ziel der Zucht muss sein, den Bulldog wieder dahin zurückzuführen, wo er einst war: zu einem beweglichen und ausdauernden Läufer, zu einem spielfreudigen Hund, der nicht nach fünf Minuten intensiven Herumrennens an einem Kollaps zusammenbricht, zu einem Hund, der seine Welpen auf natürliche Weise zur Welt bringt.

Dass das nicht von heute auf morgen möglich ist, weiss jeder Tierzüchter. Aber jeder Hundezüchter weiss auch, dass es bei der grossen genetischen Variabilität des Hundes möglich ist, Hunderassen innerhalb weniger Generationen umzuformen. Eine solche Umformung des English Bulldogs ist das Ziel des Buches von Imelda Angehrn. Der Bulldog soll ein Bulldog mit allen seinen charakterlichen Vorzügen und Eigenheiten bleiben, aber er sollte wieder ein anatomisch gesunder Hund werden ohne diejenigen Gestaltungsmerkmale zu verlieren, die ihn zum Bulldog und nicht zu irgend einem Allerweltshund machen.

Rassehunde sind Kulturgüter, der Bulldog ist sogar ein sehr altes Kulturgut. Sie zu erhalten ist ebenso wertvoll und ebenso sinnvoll wie die Erhaltung alter Gebäude. Aber so, wie man alte Gebäude heute wieder in ihren ursprünglichen Zustand zurückführen will, restaurieren, nicht renovieren ist heute das Leitmotiv, so sollte man auch den Bulldog zu dem machen, was er einst war. Man könnte dies in seinem Fall sogar tun, ohne den Standard zu ändern. Aber mutige und einsichtsvolle Richter müssten es wagen, die Bulldogs auf einer Ausstellung so zu richten, wie der Standard sie beschreibt, und einsichtsvolle Züchter müssten es wagen, nach dem Standard zu züchten. Hier, und nur hier, liegt die Zukunft des English Bulldogs als Rassehund.

Ich meine, das Buch von Imelda Angehrn ist ein wesentlicher Schritt in Richtung Zukunft.

Modetrends leben vom Geschmack des Publikums. Dieser aber ist kurzlebig und ändert sich schnell. So wird auch ein weniger bullig wirkender, dafür aber beweglicherer und gesünderer Bulldog rasch seine begeisterten Freunde finden. Aber jemand muss den ersten Schritt tun. Er ist mit diesem Buche getan.

Bleibt die Hoffnung, dass das Buch Richter und Züchter hellhörig macht, hellhörig zum Wohle einer alten und liebenswerten Rasse.

Dr. h.c. Hans Räber

2. Einführung

Die englische Bulldogge ist ein faszinierender Hund, eine Mischung von überströmender Liebenswürdigkeit und immer wieder verblüffendem Draufgängertum. Eine gute Bulldogge besticht durch ihr einmaliges Wesen. Sie ist sehr liebebedürftig, rührend anhänglich und zeigt in jeder Situation Charakter. Sie versteht mit blitzschneller, durchschlagender Kampfeslust ihren Herrn zu verteidigen. Wer diesen massigen Hund sieht und seine Gemütlichkeit bewundert oder gar belächelt, hat selten eine Ahnung, wie schlagartig seine Laune wechseln kann, wie unerhört rasch er dann reagiert, und mit welchem Startvermögen er lossaust.

Der Bulldog ist mit seiner Unerschrockenheit und seiner Tapferkeit längst zum Symbol der britischen Nation geworden. Man kann sich keine Abbildung John Bull's ohne seinen treuen Begleiter, den Bulldog vorstellen. Das Beispiel aus jüngster Vergangenheit ist uns sicher noch gegenwärtig; Winston Churchill, die lebende Verkörperung von Mut, Hartnäckigkeit und Treue, wurde voller Bewunderung „der alte Bulldog" genannt.

Als Liebhaber, Züchter und Aussteller von Bulldogs stehen wir je länger je mehr im Kreuzfeuer der Kritik. Die jetzige „grüne Welle" und die „Zurück zur Natur-Epoche" werfen natürlich ihre Schatten in die Runde. Wir sind mit unserer Rasse vielfach die Zielscheiben der Attacken.

Die typischen Rassemerkmale erinnern leider an viel blutrünstige Vergangenheit. Die spezielle Form des Kopfes und die Runzelbildung verleihen dem Bulldoggesicht seine mannigfaltigen Ausdrucksmöglichkeiten. Bulldogs können strahlen und Grimassen schneiden, wenn sie unternehmungslustig und fröhlich sind. Umgekehrt versinken sie in scheinbar unermessliche Trübsal und sehen aus wie zerknüllte Papiertüten. Man hat dann unweigerlich das Gefühl, sich bei ihnen entschuldigen zu müssen, da man ihrem sensiblen Seelchen vielleicht unbewusst ein bisschen weh getan haben könnte. Auf jeden Fall steht ihr grimmiger, mürrischer Ausdruck in krassem Gegensatz zu ihrem fröhlichen und verspielten Gemüt.

Es ist schwierig, dem Charme und der Liebenswürdigkeit eines guten Bulldogs zu widerstehen und ihn zu vergessen, wenn man ihn einmal gekannt und erfahren hat. Wie sagt doch der Engländer: „Once a bulldogman — always a bulldogman" (Einmal Bulldogmann — immer Bulldogmann). Allerdings liest man diesen berühmten Spruch neuerdings auch bei anderen Rassen. Ich werte es immer als gutes Zeichen, wenn jemand von einer Rasse, mit der er gute Erfahrungen gemacht hat, begeistert ist und ihr treu bleibt, egal welche das nun ist.

Die Einmaligkeit und die Qualitäten der Bulldogs verdienen jede Anstrengung, in der Zucht einen Weg zu suchen und beharrlich zu gehen, um den anatomischen Aufbau des

Abbildung 3: Drei Grazien.

Körpers, zum Wohle der Hunde und ihrer Besitzer, natürlicher und gesünder zu gestalten.

Es gibt verschiedene Gründe, die mich bewogen haben, auf die Anfrage von Herrn Dr. Fleig vom Kynos-Verlag ein Buch über English Bulldogs zu schreiben. Ich möchte:

1. ... mithelfen, den English Bulldog, diesen treuen, originellen und fröhlichen Freund des Menschen besser zu verstehen, ihn so zu lieben und zu achten, wie er es verdient. Leider sind ihm in den letzten Jahren viele Feinde erwachsen, die zum Teil berechtigte Kritik üben.

2. ... den Menschen, die sich für die Bulldogs interessieren sagen, wie diese Rasse wirklich ist, zu wem sie passt, und was sie für Anforderungen stellt.

3. ... der langen und oft traurigen Geschichte ihrer Entstehung nachforschen und sie erzählen.

4. ... meine Erfahrung aus 26 Jahren Bulldogzucht anderen mitteilen, um ihnen den Weg der Zucht zu erleichtern, damit sie nicht die gleichen Fehler machen, wie ich sie gemacht habe.

5. ... Missverständnisse aufklären und möglichst viele Richter und Züchter überzeugen, dass der Bulldog nur durch ihr mutiges Eingreifen vor Diskriminierung zu retten ist, indem sie durch restriktive Auslegung des Standards den gesunden, leichteren Tieren, die sich gut bewegen können, eine Chance geben. Liebhaber wie Züchter werden sich in kurzer Zeit darauf umstellen, wenn ein neuer Typ auf Ausstellungen gewinnen kann.

6. ... dass es endlich ein Buch über diese Rasse in deutscher Sprache gibt.

Einen ganz herzlichen Dank möchte ich dem Vorstand und allen Mitgliedern des Schweizer Clubs für English Bulldogs aussprechen. Sie haben durch eine sehr grosszügige Spende aus der Clubkasse die Herausgabe dieses Buches unterstützt, und viele haben mich immer wieder ermutigt, doch unbedingt zu schreiben.

Hoffentlich bleibt mir noch genügend Zeit, Kraft, Gesundheit und Züchterglück, um zu beweisen, dass es mit dem derzeitigen Standard möglich ist, GESUNDE UND SCHÖNE BULLDOGS MIT EINWANDFREIEM, FÜR DIESE RASSE TYPISCHEM WESEN zu züchten.

Imelda Angehrn.

Dezember 1992

I. Teil

Der Englische Bulldog und seine Haltung

3. Geschichte des Englischen Bulldogs

Vorfahren

Die als britische Nationalrasse und Landessymbol geltende Bulldogge hat eine lange und seltsame Geschichte hinter sich. Die genaue Herkunft des Bulldogs hat, wie bei den meisten alten Rassen, Anlass zu vielen Spekulationen geboten. Selbst über den Namen sind sich die alten Geschichtsschreiber uneinig: Bulldog — weil diese Hunde wirklich zum Kämpfen mit Bullen gehalten und gezüchtet wurden; Bulldog — aber auch weil sie in Gestalt und Figur einem Bullen glichen, vorne schwer und massig, hinten schmaler, leichter und behender.

In der Zeit der Völkerwanderung haben die Arier oder Phönizier ihre asiatischen Molosser-Hunde nach Europa gebracht. Erstmals wurde dies vom römischen Geschichtsschreiber Gratius Faliscus (etwa 95 v.Ch.) urkundlich erwähnt: „..die Phönizier haben um das 6. Jh.v.Ch. auf die britischen Inseln übergesetzt und dabei ihre molossischen Kampfhunde aus dem Epirus mitgeführt.“ Die Einwanderer fanden auf der Insel ansässige doggenähnliche Hunde vor, erzählt der römische Schreiber weiter. Ihre Namen waren „Molosser von Cornwall“ oder „Pugnaces Britanniae.“ Es gab also schon vor der Ankunft der Phönizier unter den ganz verschiedenen Hundetypen Englands grosse, schwere Tiere; im Gegensatz zu mittleren und kleineren Hunden, die für ganz andere Zwecke und Leistungen gehalten wurden.

In vorgeschichtlicher Zeit finden wir diesen molossoiden Hundetyp in Asien, Europa und Afrika gleichermassen verbreitet. Es handelte sich um schwere Hirtenhundetypen, meist mit Stehohren und verschiedener Haarstruktur, oft auch mit mähnenartiger Halskrause. Sie ähneln am ehesten heutigen Akitas oder Alaskan Malamutes. Die berühmte „Molosser-Statue“ im Vatikan und der Bronze-Molosser im Museum von Genf belegen das eindeutig. Es waren keine doggenähnlichen Hunde, wie dies heute falscherweise oft behauptet wird. Die Urvölker nahmen sie als eine der besten damaligen Waffen auf ihre Eroberungsfeldzüge mit. Kraft, Mut und die Eigenschaft, nie nachzugeben, waren die Kriterien nach denen Kriegshunde ausgesucht, gezüchtet und bewertet wurden. Viele alte Abbildungen zeigen diese bärenstarken Tiere, die an dicken Leinen und breiten Halsbändern mitgeführt wurden.

Wir dürfen uns nicht wundern, wenn in der Römerzeit noch nichts von englischen Hunden in Virgils Schriften festgehalten ist. Der Name Britanniae war vor der Invasion Julius Cäsar's den Römern kein Begriff. Erst Strabon (38 n.Ch.) erwähnt, man habe die Pugnaces Britanniae zu Jagd und Krieg verwendet. Er beschreibt sie als verschieden zu den Hunden der Römer: mit grossen Köpfen, hängenden Ohren und schweren Lefzen. Es muss sich also um ganz andere Hunde gehandelt haben, sonst wäre es Strabon nicht wichtig genug gewesen, diesen Unterschied so hervorzuheben. Dies berechtigt zur Annahme, dass der hautreiche, fleischige Doggentyp ursprünglich aus England kam. In den römischen Arenen bewunderte man den aussergewöhnlichen Mut und die Kampfeskraft, die diesen heroischen Tieren nachgesagt wurden. Der Kaiser entsandte einen höheren Offizier mit Namen Procurator Cynogie nach England. Er wohnte in Winchester und musste bestmögliche Hunde auslesen, einkaufen und nach Rom schicken.

Der Ruf der britischen Hunde wurde so grossartig, dass die Engländer bald auch Spanien mit ihren vorzüglichen Kampfhunden belieferten. Es scheint, dass die Tierzucht den Engländern wirklich schon seit jeher im Blut lag, und dass sie auf diesem Gebiet schon damals sehr erfolgreich arbeiteten.

Eigentliche Rassenamen finden wir aber noch nirgends in dieser Zeit. Erstmals werden ALAUNTZ als grosse, starke Hunde im beachtenswerten Buch „The Master of the Game" von Edmond von Langlay (1341-1412) erwähnt. Dieser trug als vierter Sohn Eduard III. den Titel Herzog von York, war Jagdmeister und Oberfalkner am Hof König Heinrich IV. Er nennt sie in seinem Werke ALAUNTZ, sagt aber, dass es für diese Hunde verschiedene Namen gebe: Alaunt — Alan — Alant — Alande — Alaune — Alaunus. Es ist in diesem Zusammenhang sehr interessant sich zu erinnern, dass in Italien die Deutschen Doggen noch heute ALANO heissen.

Er zählt drei verschiedene Arten auf:

1. Der sanfte, edle Alaunt = Jagdhund mit hohen Fähigkeiten.

„Sie sollen aussehen wie Windhunde, mit Ausnahme des Kopfes, welcher gross und kurz sein soll. Ein guter Alaunt dieser Art wird fester halten als drei Greyhounds. So ein edler Alaunt liebt seinen Herrn, folgt ihm und wird ihm in allen Notlagen helfen und tun, was immer er ihm befehlen möge.... „

2. Alaunt ventreres = Saupacker des Jägers

„Sie sind meist schöner von Gestalt als ein Greyhound, schweren Schlages, mit grossen Köpfen, Lippen und Ohren. Mit diesen kann man Bullen fangen, sie werden aber auch zur Jagd auf die wilden Schweine verwendet, das Sich-Verbeissen ist bei ihnen Naturveranlagung. Sie sind aber schwer und träge."

3. Alaunt of the butcheries = Bullenbeisser der Metzger

„Diese sieht man täglich in den grösseren Städten. Sie werden Metzgerhunde genannt und dienen dazu, das Vieh zu treiben. Wenn ein Ochse entläuft, müssen sie ihn einholen und festhalten, bis ihr Herr herankommt."

Derselbe Autor zählt auch den „Mastiff" noch als besonderen Hund auf. Also müssen wir davon ausgehen, dass es schon damals vier Varietäten dieser Grosshunde in England gab. Ein anderer Autor hingegen schreibt etwa um die gleiche Zeit, dass man allgemein die grossen, schweren Jagdhunde Alan oder Alaunt nenne und die Kampfhunde würden unter dem Namen Mastiff geläufig sein. Es war also schon früher wie heute: wenn zwei

Abbildung 4: Bulldog 1803, P. Reinagle.

Abbildung 5: Schottischer Bullenbeisser, Szekindek.

Abbildung 6: J.E. Ridinger: Größere Arth der Baehrenbeißer, ca. 1750.

verschiedene Autoren über das gleiche Thema ein Buch schreiben, können die Schlussfolgerungen dennoch verschieden sein!

Wir sehen, dass die Bezeichnug Alaunt und Mastiff eine ganze Gruppe grosser, starker Hunde umfasste, die aber sehr unterschiedlich in Typ, Charakter und Verwendung waren. Der freundliche, edle Alaunt der Jäger gilt unbestritten als einer der Ahnherren des Irish Wolfhounds und des Scottish Deerhounds.

Für unsere Bulldogs kommen fast nur die zweit- und drittgenannte Art der Alaunts als direkte Vorfahren in Frage. Es ist verblüffend, wie gut der Herzog von York diese Hunde beschreibt: „Der Alaunt ist von besserer äusserer Gestalt und stärker als irgend ein anderer Hund, wenn es darum geht, ein Tier anzugreifen.. Sie sind völlig unberechenbar, nehmen alles übel und sind verrückter und rabiater als irgendein anderer Hund.“ Er schildert den Alaunt als in seiner äusseren Gestalt ähnlich dem Greyhound, aber er habe einen sehr grossen und dicken Kopf mit schweren Lefzen und Behängen. Er werde hauptsächlich zum Bullenbeissen und zur Jagd auf Sauen eingesetzt. Für die Rasse sei charakteristisch, dass sie sich stets in ihren Gegner verbeisse und dann kaum dazu gebracht werden könne, die Kiefer wieder zu öffnen. In der Regel seien die Alaunts schwere Hunde und sehr hässlich. Darum sei es auch kein grosser Verlust, wenn sie von Bullen oder Sauen getötet würden. Der Alaunt werde auch von Metzgern in der Stadt zum Viehtrieb gehalten. Einen ausbrechenden Ochsen könne ein einziger Hund festhalten. Er werde auch zum Bull-Baiting eingesetzt und erweise sich zudem besonders nützlich, um Sauen herauszusprengen, wenn sich andere Hunde nicht mehr in das Dickicht trauen."

Dank dieser genauen Beschreibung können wir uns mit Leichtigkeit ein grosses, selbstbewusstes und sehr wehrhaftes Tier vorstellen, das man unter Umständen zu Recht fürchten musste. Dieser Hund mit dem auffallend grossen Schädel und den mächtigen Kiefern war ja wesentlich grösser als der spätere Bulldog und wurde sogar bei der Jagd auf Grosswild eingesetzt. Von dieser Verwendung abgesehen verrichtete er schon damals viele Aufgaben, die sehr dem Zweck glichen, für den er später gezielt gezüchtet wurde.

Ursprung des Namens

In der Literatur wird unsere Rasse erstmals anno 1500 erwähnt, und zwar mit zwei verschiedenen Namen: „Bonddogge“ und „Bolddogge“. BOND heisst Fessel oder (Eisen-) Band, BOLD meint übersetzt: kühn, keck oder dreist. Dr. Caius, der Leibarzt Königin Elisabeth I., benützt 1576 das Wort „Bandogge“, was soviel bedeutet wie „mit Band oder (Treib-) Riemen angebundener Hund“. Er schreibt, dass Mastiffs und Bandoggen sehr dienlich sind, um Füchse und Dachse zu packen. Sie würden wilde oder zahme Schweine aus Wiesen, Weiden, Pfarrland und Äckern treiben, aber auch Bullen in die Ohren beissen, wenn dies nötig sei.

Die Erklärung, warum diese Art Hunde so genannt wurde, finden wir bei William Harrison in seiner „Description of England“ (Ed. 1586): „...weil sie tagsüber mit Ketten oder schweren Bändern angebunden sein mussten, da sie sonst zuviel Schaden angerichtet hätten. Das sind ungeheure Tiere, eigensinnig, hässlich, jähzornig und mit schwerfälligem Körper, schrecklich und furchtbar anzusehen und meistens grimmiger und grausammer als irgendein griechisches oder korsisches Drecksbiest. Unsere englischen Männer richten ihn mit Gewöhnung und Geschick zum Kampf mit Stieren, Bären und Löwen ab. Sie wollen diese Hunde noch härter und wilder züchten und meinen, der Natur, den Sitten und Gebräuchen einen Dienst zu erweisen. Diese Art von Hunden ist schon längst mutig, gewalttätig, tapfer, stark und kühn genug. Sie planen dies alles noch zu vermehren. Sie wollen ihnen beibringen, mit grässlichen Biestern zu kämpfen und das ohne breites, starkes Halsband, um ihre Kehlen zu schützen. Oft trainiert man sie auch noch, um mit Menschen zu kämpfen und sie anzufallen. Diese sind zum Schutze ihres Lebens entweder mit Hacke, Stock, Keule oder Schwert bewaffnet, tragen aber gewöhnliche Kleidung. Dieses bezweckt, die Hunde noch schärfer und gefährlicher gegen Fremde zu machen."

Selbst Shakespeare (1564-1616) verwendet einmal den Ausdruck „Bandog” und zwar bei: King Henry VI, 1. Akt, 4. Bild.

„The time when screech-owles cry and bandogs howle,
and spirits walk, and ghosts break up their graves.“

(Die Zeit, wenn Käuze schreien und die Kettenhunde heulen, die
Geister gehen und die Gespenster aus ihren Gräbern steigen ..)

Zum erstenmal wird der Name Bulldog, so wie wir ihn heute kennen, in einem privaten Brief vom Jahre 1631 erwähnt. Dieser ist im Record-Office in London aufbewahrt, geschrieben von Prestwick Eaton aus St. Sebastian in Spanien an George Willingham, St. Swithin's Lane, London. Er zählt darin mehrere Sachen auf, die man ihm unbedingt schicken solle. Unter anderem: „eine gute Mastiff-Dogge; seine Kiste mit Flaschen, wieder aufgefüllt mit bestem Likör; und bitte, verschaffe mir zwei gute Bulldogs und schicke sie baldmöglichst mit dem Schiff“. In einem späteren Brief dankt Eaton seinem Korrespondenten für einen anderen Hund, den er bekommen hat, und bestellt nochmals ein Bulldog-Paar. „Lass sie am Bullen gut sein und kosten, soviel immer es sei, solange es wirklich gute Köter sind. Sie sind nicht für mich selber, sondern für gute Freunde, ich muss mich darauf verlassen können, wenn sich die Gelegenheit ergibt. Deshalb, lieber Bruder, kaufe sie in ‚Bear-Garden', dort sind die begehrtesten. Sie nützen weit mehr als ein viel teureres Geschenk.“

Diese Briefe sind von verschiedenen Gesichtspunkten aus sehr interessant. Erstens zeigen sie, dass schon in dieser frühen Zeit ein Unterschied zwischen Mastiff und Bulldog gemacht wurde; des weiteren, dass die British Bulldogs im Land der Stierkämpfer sehr geschätzt waren und dass schon damals Hunde in andere Länder verschickt wurden. Dies ist noch heute ein grosses, gutes und sehr gerne getätigtes Geschäft für die englischen Hundezüchter.

Im 19.Jahrhundert wurde der Bulldog in sehr viele andere Rassen zur Verbesserung eingekreuzt, sicher der allerbeste Beweis für seine überragenden Qualitäten. Überall wollte man seinen sprichwörtlichen Mut, seine Tapferkeit, seine Ruhe, Ehrlichkeit und was der guten Eigenschaften noch mehr waren, einbringen und züchterisch festigen. Es ist nur eine Auswahl, die ich hier anführen möchte: Bordeaux Dogge, Bullmastiff, Boxer, Bullterrier, Staffordshire Bullterrier, American Staffordshire Terrier, Mastino Napoletano, Dogo Argentino und Fila Brasileiro.

Der Bulldog gehört zu den ältesten Rassen, deren Alter, Herkunft und Anfänge der Reinzucht genau bekannt sind und zweifelsfrei belegt werden können. Schon sehr früh strebte man züchterisch Breitmauligkeit, starken Vorbiss und gut zurückliegende Nase an. Dies, damit er sich bei seiner Aufgabe als Kampfhund fester verbeissen konnte und zum Atmen nicht loslassen musste. Man sagte in früheren Zeiten auch, dass die Stirnfalten genau quer über den Augen liegen müssten. Dies sollte verhindern, dass ihm beim Kämpfen das herunterrinnende Blut in die Augen floss und die Sicht unmöglich machte.

Kämpfe

Fitz-Stephen erzählt in der „Beschreibung der Stadt London" (1174): „... an den Vorabenden der Winterferien wurden die jungen Engländer in London mit verschiedenen Kämpfen unterhalten, wie Eber, die einander gegenübergestellt wurden oder Stiere und ausgewachsene Bären, auf die man bissige Hunde hetzte." Dies ist die älteste, schriftliche Bestätigung, aber man weiss, dass schon Jahrhunderte vorher Tierkämpfe die makabren Vergnügungen der alten Völker waren.

a) Bull-Running = Bullen-Hetzen

Den Beginn der Bullen Hetzen erzählt die folgende Geschichte: Am 13. November, dem St. Brice's Tag 1209, sah Lord Warren, hoch zu Pferd, in der Nähe seines Schlosses in Stamford, Lincolnshire, wie zwei riesige Bullen auf seiner Wiese kämpften. Der Metzger, dem sie ausgebrochen waren, versuchte vergebens sie zu trennen und erreichte schliesslich nur, dass sie wutschnaubend von der Wiese auf die Strasse rannten. Die Hunde des Schlächters griffen einen der Stiere an und jagten ihn durch den ganzen Ort. Die Leute stoben kreischend davon, und es entstand ein grosses Durcheinander und allseitige Aufregung. Lord Warren vergnügte sich so sehr bei dieser Hetze, die er reitend verfolgte, dass er dem Metzger die grosse Wiese bei seinem Schloss schenken wollte, wenn dieser ihm dafür jedes Jahr am St. Brice Tage einen streitsüchtigen Bullen verschaffe. Diese Bullenhetzen wurden unglaublich schnell populär, und man weiss, dass auch Königin Elisabeth I. oft zu den Zuschauern gehörte. Die grössten und bekanntesten Bullenhetzen, die eigentliche Volksfeste waren, fanden im 14., 15. und 16. Jahrhundert statt. Hochburgen dieser Ereignisse waren die Städte Stamford in Lincolnshire, Tutbery in Staffordshire und Tetbury in Gloucestershire.

Diese Bullenhetzen wurden an vorausbestimmten Daten abgehalten und waren fast vergleichbar mit heutigen Jahrmärkten oder Messen. Sie wurden mit grossen Vorbereitungen und sehr geschäftlich aufgezogen. Jedermann wollte und konnte dabei sein und genoss die verschiedenen Attraktionen, die geboten wurden.

b) Bull-Baiting = Stierkampf mit Hunden

Im Gegensatz dazu fanden Stierkämpfe mit Hunden überall im ganzen Land statt. Wenn wir jetzt mit Schrecken und Abscheu an diese Vergnügungen zurückdenken, dürfen wir nicht vergessen, wie schlecht es in dieser Zeit vielen Menschen in England — und natürlich auch anderswo — erging. Die unteren Volksschichten wurden gnadenlos ausgebeutet. Unter miserablen Bedingungen verlangte man von ihnen Schwerstarbeit in Kohlengruben und Eisenwerken. Selbst Kinder mussten unter der Erde arbeiten, um mitzuhelfen, den Hunger und das Elend mit ihrem noch so kärglichen Lohn etwas zu lindern. Natürlich wurden trotz Armut und Hunger auch Haushunde gehalten, ihre Besitzer und die Kinder liebten sie meist abgöttisch; denn was hatten sie sonst, um sich etwas zu trösten und abzulenken, als vielleicht die totale Ergebenheit und Treue eines Hundes? Zudem musste man auch auf das wenige Hab und Gut aufpassen, dass es einem nicht gestohlen wurde, auch dafür eigneten sich mutige, tapfere Hunde am besten. Was war schon dabei, wenn man sein Tier auch einmal bei einem Kampf einsetzte und so seinen Mut und seine Tapferkeit erprobte? Dort konnte der vierbeinige Freund, falls er sich listig und kühn anstellte, ein paar Pennies verdienen. Ein nur einigermassen guter Kampfhund „erschaffte" sich schnell sein eigenes Futter, und ein gewonnener Kampf brachte rasch mehr ein, als seinem armen Meister 16 Stunden Pein und Qual pro Tag unter dem Boden. Aber mindestens so viel wog auch das Ansehen, das der Besitzer eines erfolgreichen Kampfhundes genoss. Von dem Moment an war man „Jemand", das bedeutete Bewunderung, Anerkennung und bares Geld. Der nächste Schritt war das Züchten mit seinem Sieger, dessen Junge das Vielfache eines gewöhnlichen Welpen einbrachten.

Schon damals wurde in England bei jeder Sportveranstaltung gewettet. Einem erfolgreichen Kämpfer erwuchsen aus diesen Wetteinsätzen beträchtliche Mehreinnahmen und es wurde ihm schon bald möglich, „seine, meist zahlreiche Familie" viel besser zu ernähren, als es dem Familienvater möglich gewesen wäre.

Es kann nicht verwundern, dass soviel Armut, Unterdrückung und Rechtlosigkeit diese Menschen abstumpften gegen alle Grausamkeiten, welche sie im Tierkampf verübten. Ihnen selbst ging es ja nicht besser. Ihnen fehlte alles. Sie hatten keine Anerkennung, nirgendwo sonst Erfolg — eines nur lockte als schillerndes und erstrebenswertes Ziel: die erfolgreiche Hundezucht und die Haltung eines siegreichen Kampfhundes.

Eine genaue alte Beschreibung eines Stierkampfes in Tutbury finden wir bei John Houghton: „Ich möchte noch etwas sagen zu den Stierkämpfen, die sich grösster Beliebtheit erfreuen. Man legt dem Stier ein sehr starkes Halsband um den Nacken, an dem ein dickes Seil befestigt ist, drei, vier oder fünf Yard lang, je nachdem. Dieses Seil muss an einem genügend kräftigen Eisenreifen, der um einen Baum gelegt wird, angemacht werden, so dass sich der Stier in der Runde bewegen kann, ohne sich zu verwickeln. Die Stiere werden durch das viele Volk, den Lärm und das Geschrei furchtbar aufgeregt und toben und stampfen meist wütend herum. Nun werden ihre Feinde, die sogenannten Bullen-Hunde, herbeigebracht, auf sie gehetzt und los gelassen. Diese müssen eine kurze Nase haben, damit sie — einmal fest in das Fleisch des Bullen verbissen — zum Schnaufen nicht loslassen müssen. Ein guter Hund wird von vorne auf den Stier losgehen und nicht von hinten. Er muss ihn an der Nase zu fassen versuchen oder am Hals. Der Stier kennt diese schwachen Punkte, senkt den Kopf tief zu Boden und geht mit seiner gefährlichsten Waffe, den Hörnern, auf den Hund los. Darum ist es wichtig, dass ein Bullen-Hund nieder auf den Beinen steht, damit er nicht so leicht aufgespiesst werden kann. Dies sage ich, ist ehrlicher Sport, aber nicht, wenn mehrere Hunde auf einen einzigen Stier losgelassen werden, oder wenn man es zulässt, dass ein Stier einen dieser tapferen Hunde tottrampelt!"

Abbildung 7 + 8: Bullbaiting. H. Alken, 1820.

Die Wettkampfregeln besagten, dass der Hund nur einzeln auf den Bullen angehetzt werden durfte. War der erste Hund abgeschlagen, kampfunfähig, dann durfte ein zweiter, später ein dritter Hund auf den Bullen losgelassen werden. Jeder Hundebesitzer zahlte einen Einsatz, damit die Tapferkeit seines Hundes überhaupt am Bullen erprobt werden durfte. Dieses Geld verfiel beim Misserfolg dem Bullenbesitzer. Die zahlreichen Zuschauer wetteten für oder gegen den Bullen untereinander. Erfahrene Wetter wussten ganz genau, welche Hunde und welche Stiere wann und wo erfolgreich gewesen waren. Sie schlossen dementsprechend Wetten auf Sieg oder Niederlage ab. Wie feierlich es bei diesen Kämpfen zuging, zeigt schon der „Sonntagsstaat", in dem Hundeführer und Zuschauer antraten. Die alten Stiche und Gemälde beweisen das mit grosser Eindrücklichkeit.

Bei solchen Kämpfen wurden immer auch hohe Wetten für die Hunde abgeschlossen. Da ging es darum, wie lange sich ein Bulldog verbeissen und am wütenden Stier festhalten konnte. Meist wurden, trotz der Kampfregeln, mehrere Hunde auf einen Stier gehetzt. Dies beweisen viele alte Gemälde und Stiche zur Genüge. Dann galt als Sieger jener Hund, der sich an der Nase festbeissen konnte. Zusätzlich zählte auch die Zeit. Obwohl diese Kämpfe grausam und mörderisch aussahen, so wurden doch verhältnismässig wenige Hunde beim Kämpfen getötet, meist waren sie mehr oder weniger schwer verletzt und wurden dann weggetragen. Die Zuchtauslese durch die Hundebesitzer war sehr streng und nur auf Leistung ausgerichtet: wer nur den geringsten Anflug von Angst beim Kämpfen zeigte, den nahm man gar nicht mehr mit nach Hause ....

Oft brachte man erprobte Kampfhündinnen samt ihren Welpen zum Schauplatz. Man versprach sich von ihnen ein noch viel wütenderes und bösartigeres Zubeissen, um ihre Kleinen zu verteidigen, obwohl diese natürlich ausserhalb festgehalten wurden. Siegte so eine Hündin, war ihr Meister seine Geldsorgen für längere Zeit los. Er konnte für die Jungen verlangen, was er wollte. In der Euphorie des Sieges bezahlten die Interessenten jeden Preis, und wenn es nur war, damit die allesversprechenden Welpen nicht in die Hände von Nebenbuhlern kamen.

Für Stiere, welche der Schlachtbank zugeführt wurden, arrangierte man vorher immer einen Kampf. Wenn dies nicht in der Öffentlichkeit geschah, dann auf der Wiese hinter dem Schlachtlokal. Man glaubte zu jener Zeit, dass Fleisch von Tieren, die in grosser Erregung sterben, besser und kräftiger sei im Geschmack. Es gab aber erfahrene Kampfstiere, eigens für diesen „Sport" gezüchtet und gehalten, die hunderte von unerfahrenen Hunden töteten. Sie entwickelten ihren eigenen Kampfstil, scharrten sich mit den Vorderhufen eine Bodengrube, in der sie ihre empfindliche Nase schützten. Den Hund erwarteten nur die drohenden Hörner. Es gab immer wieder eine Vielzahl von Narren, die das Leben ihrer Neulinge bei diesen Kämpfen riskierten. Der Kampf gegen Stiere war bis ins 17. Jahrhundert ein äusserst populärer Volkssport.

Samuel Pepys schreibt am 14.8.1666 in sein Tagebuch: „A very rude and nasty pleasure!" — ein sehr rohes und abstossendes Vergnügen — „ .... Nach dem Essen in den Bärengarten, wo wir einige gute Vorführungen von Bullen sahen, die Hunde angriffen und durch die Luft schleuderten — einmal sogar in eine Zuschauerloge. Ein wirklich rohes und unangenehmes Vergnügen.“ Fast habe ich mit dem „feinen Mr Pepys“ Erbarmen, musste er sich doch das unangenehme, schmutzige Vergnügen mitansehen (aber bestimmt freiwillig!) und könnte gar in seinem Innersten Schaden genommen haben. Wenn ich aber weiterlese, so stelle ich staunend fest, dass ihn die ganze Quälerei weiter nicht beeindruckt hat, geschweige denn veranlasste, etwas dagegen zu unternehmen.“...nachher gingen wir zu Mrs. Mercer, wo wir sehr ausgelassen waren“.

c) Dog — Fighting = Hundekämpfe

Die Kämpfe zwischen zwei Hunden erreichte im 18. Jahrhundert eine grosse Verbreitung; denn sie waren mit viel weniger Aufwand und Kosten verbunden als mit Bullen. Man hatte auch nicht jederzeit und an allen Orten passende Stiere zur Verfügung, an denen man die „Gameness“ — Kampfschneid seiner Hunde — unter Beweis stellen konnte.

Im Ritual des Sozialverhaltens unserer Hunde sind Kämpfe untereinander ein fester Bestandteil. In aller Regel handelt es sich um Rangordnungskämpfe im Rudelverband. Bei unseren heutigen Haushunden spielt vermutlich auch noch die Eifersucht eine nicht zu

A Grand Match at the Westminster Pit,
FOR 100 GUINEAS,
By 2 DOGS of 43-lb. weight each,
THE PROPERTY OF TWO SPORTING NOBLEMEN.
One, that famous
WHITE BITCH OF PADDINGTON,
Whose wonderful performances are so well known to the Fancy to require no further comment—the other
A BRINDLE DOG OF CAMBRIDGE,
A remarkable and well known favorite, as his fame bears extensive proof.—to fight from the scratch,
ON WEDNESDAY, 16th of JUNE, 1819,
at 6 o'clock in the evening precisely.—Doors open at half past 5

Abbildung 9: Inserat Hundekampf 1819.

unterschätzende Bedeutung, wenn zwei aneinander geraten. Bei sozial normal geprägten Hunden endet der Kampf Hund gegen Hund mit der Unterwerfung des schwächeren Hundes oder des Kampfunwilligen, vorausgesetzt, die jeweiligen Besitzer stehen nicht dabei und mischen sich schreiend und schlagend ein. Mit der „Demutsgeste" zeigt der Verlierer dem Sieger eindeutig seine Unterwerfung an, – damit endet im Normalfall jeder Hundekampf. Ich spreche hier bewusst und deutlich vom Normalfall. Für Hunde, welche von falschgeleiteten Besitzern zu Kämpfern und Raufern gezüchtet oder erzogen wurden, gilt dies leider nicht. Erschwerend kommt auch dazu, wenn eine an sich schon prickelnde Begegnung von zwei ranghohen Hunden in der Nähe des persönlichen Territoriums stattfindet. Schon das eigene Auto, Velo, Kinderwagen u.s.w. können im Hund erhöhte Verteidigungsbereitschaft auslösen.

Die Engländer wollten damals aber nicht faires Verhalten sehen, — nein, „bis zum bitteren Ende" sollte gekämpft werden, sonst war es gar nicht spannend und grausam genug; und leider, leider ging es um's Geld, und um viel Geld sogar. Die damaligen Hundezüchter waren aber beileibe keine kleinen Amateure, sondern grosse Könner, die wussten, wie man erwünschte Fähigkeiten und Rassemerkmale in seinen Tieren ausprägt und verankert, oder durch strengste Zuchtauswahl eliminiert. Also gingen sie zielstrebig daran, die „Beisshemmung" bei Unterwerfung, abzubauen. Dazu verwendete man Hunde, die ohnehin als schlimme Raufer verschrieen waren. Nach einigen Generationen züchterischer Auslese verkümmerte auch das kleinste Überbleibsel von „Hunde-Ritterlichkeit". Man hatte gar bald sein Ziel erreicht: Kampfhunde, die hemmungslos zubissen und sich auch in der ausweglosesten Situation nicht ergaben. Hand in Hand ging die Selektion für eine unerhörte Schmerzunempfindlichkeit.

Die Hundekämpfe fanden nicht wie die Bull-Baits in Wiesen oder auf offenem Feld statt, sondern in mit etwa hüfthohen Bretterwänden abgegrenzten, runden oder eckigen Kampfarenen, „PIT" genannt. Diese Pit's befanden sich grösstenteils in Scheunen, Hallen oder auch Kellern. In der Pit kämpften die Hunde, ähnlich wie im Boxsport, jeweils in gleichen Gewichtsklassen. Dabei war es völlig gleichgültig, welchem Geschlecht die jeweiligen Gegner angehörten, ein Kampf Rüde gegen Hündin war ebenso selbstverständlich wie Kämpfe gleichgeschlechtlicher Hunde. „Ein rechter Rüde beisst nie eine Hündin", das war im damaligen Hunde-Knigge längst weggezüchtet und nicht erwünscht.

d) Bear — Baiting = Bärenkämpfe

Im 16. und 17. Jahrhundert waren Bärenkämpfe fast gesuchter und begehrter als Stierkämpfe. Die Bären trugen eiserne Halsbänder, die einerseits mit einer Kette hoch oben an der Wand befestigt waren und anderseits an einem Seil, das durch eine Rolle laufen musste. Der Bärenwart hielt ein Ende des Seiles fest und konnte so kräftig anziehen, dass der Bär sehr stark gewürgt wurde, falls er einen der Hunde mit den Zähnen und den Pranken erwischen und festhalten konnte, was dessen sicheren Tod bedeutet hätte. Da das

Abbildung 10: Bärenkampf. H. Alken, 1821.

Halten von Kampfbären relativ kostspielig war, wurde diesem „Sport" hauptsächlich vom Adel und von reichen Leuten gefrönt. Es gab in London den berühmten „Bären-Garten" in Southwalk, wo die Kämpfe mit den königlichen Bären stattfanden. Sir Walter Raleigh zählte diese Bärenkämpfe zusammen mit Westminster Abbey als die zwei grossen Sehenswürdigkeiten London's auf, die man den Fremden unbedingt zeigen sollte. Von Zeit zu Zeit wurden mit den königlichen Bären sogenannte „general public bear-baits" für die unteren Klassen des Volkes abgehalten, welche sich keine teuren Eintrittsgelder leisten konnten. Aber vermutlich wollte man diesen eher den Zutritt zu den Vorstellungen, die für die feinen Leute und den Adel gedacht waren, unmöglich machen, als ihnen etwas Gutes tun! Die „public-baits" waren stets nur Training für kampfungewohnte Bären und Hunde.

Die Bärenkämpfe waren etwas vom Grausamsten, was man erleben konnte und wurden während der Pest (1665/66) verboten. Später waren sie nur noch Privileg der Höfe und Höchsten im Lande, verloren aber deren Gunst und Wertschätzung nach der Revolution.

Es existiert ein Schriftstück, in dem der Ambassador von Spanien 1623 während seines Englandbesuches nach Hause schrieb: „...sie zeigten mir in Southwalk die höchsten Vergnügen, die sie zu bieten haben, Stier- und Bärenkämpfe mit Hunden, dazu noch mit Eselshengsten und Affen. Sie führten mich dann zur Themse, wo man einen Bären ins Wasser warf und mehrere Hunde auf ihn hetzte. Dieser schwimmende Kampf war der beste Sport von allen!"

e) Rat — Killing = Ratten-Töten

Eine Abart oder fast Spielerei, möchte ich sagen, der Stier-, Bären- und Hundekämpfe, war das Ratten-Töten, ein Sport und dazu noch etwas Nützliches. London wimmelte damals von Ratten, und es galt als erwiesen, dass sie mit Pest-Erregern infiziert waren und diese grässliche Seuche auch verbreiteten. Von Ratten gebissen zu werden, war damals etwas Alltägliches, aber deshalb nicht weniger schmerzhaft. Vor allem Füsse und Hände waren sehr gefährdet. Daher schaute man auch gerne einem Hund zu, der mithalf, diese verhassten Biester auszurotteten. Dafür aber eigneten sich etwas anders gebaute Hunde besser als die schweren, muskulösen Stierkampfhunde. „Diese sollten wendiger und leichter sein und etwas längere Schnauzen mit nicht so dicken Lefzen haben," schreibt der Chronist. Die Bilder aus der Zeit bestätigen dies exakt; es waren eher Typen, die man als Vorläufer der heutigen Bullterrier oder Staffordshire bezeichnen könnte. Ihre Aufgabe war, innerhalb möglichst kurzer Zeit eine vorbestimmte Anzahl Ratten zu fangen und sofort tot zu beissen. Auch da wurde wieder gross gewettet, entweder für oder gegen den Hund, also ob er z.B. 20 Ratten in 2 Minuten schafft oder nicht. Einsätze zahlten die Zuschauer auch für eine zweite Wettart: für 2o Ratten braucht er z.B. 75 Sekunden oder 81 oder nur 52 ... Die Engländer waren schon immer fanatische Wetter und selbst die ärmsten Zuschauer spielten meist auf beide Arten.

Der berühmte Rattenkiller „Billy" tötete am 22.4.1823 in fünf Minuten und 30 Sekunden 100 Ratten. Alle dreieinhalb Sekunden eine tote Ratte, dies war Weltrekord und wurde nie überboten. Dabei war das für den Hund kein Kinderspiel. Ratten sind äusserst bissige und gefährliche Gegner, wenn sie nicht mehr fliehen können, und ihre Bisse in Lefzen und Läufe sind äusserst schmerzhaft. Wo nur soviele Ratten hernehmen, fragen Sie sich? London war damals eine Grosstadt, die enorm wuchs, sich ausbreitete und „aus allen Nähten platzte". Hygiene wurde noch sehr klein geschrieben und überall lagen Schmutz und Unrat; die vielen offenen Müllablagen, die stinkenden Abwasserkanäle und die erdigen Ufer der träge dahinfliessenden Themse waren ein Rattenparadies, und diese vermehrten sich ins Unermessliche. Die Stadtverwaltung Londons erklärte die Ratten zur Landesplage und engagierte eigens Rattenfänger, welche diese Plagegeister einfangen und töten sollten. Diese Männer gingen bestimmt nicht mit Seidenhandschuhen vor und entstammten ganz sicher nicht dem allerfeinsten Milieu. Zudem stand ja nirgends geschrieben, dass man nicht ein Geschäft mit dem andern verknüpfen kann. Also nahm man für's erste mal den Lohn von der Stadtverwaltung, den man für die vorgezeigten, eingefangenen Langschwanz-Viecher erhielt und flugs ging's zur Pit, wo man sie ein zweites Mal verkaufte!

f) Andere Kämpfe

Es ist grässlich, hier der Vollständigkeit halber auch Kämpfe von Menschen gegen Hunde erwähnen zu müssen. Wenn es sich bestimmt um Ausnahmen handelte, so entspricht es doch den Tatsachen. Schwarze Schafe gab es anscheinend schon damals unter den Hundehaltern! Sonst wird in allen Schriften und Überlieferungen immer die grosse Zärtlichkeit und Liebenswürdigkeit dieser Kampfhunde im Umgang mit Menschen gerühmt und darauf auch grössten Wert gelegt.

Vor allem die Besitzer der Kampfbulldogen suchten nach neuen, gewinnbringenden Möglichkeiten, um die Schärfe ihrer Hunde zu beweisen, als 1835 die Bären- und Hundekämpfe, das Bullenbeissen und die Hetzen gesetzlich verboten wurden. Er gab zwei verschiedene Arten dieser Mensch-Hund-Kämpfe. Bei der ersten erhielt die Bulldogge einen beissicheren Maulkorb und die Wetten konzentrierten sich darauf, wielange Zeit der Mann den Angriffen des Hunden standhielt, ohne dabei auf den Boden zu gehen.
Über die zweite Art möchte ich den Abschnitt aus Dr. Fleig's Buch Gladiatoren I zitieren: „Hierzu noch ein abschliessender Bericht, gefunden im „Daily Telegraph" 1874. Es handelt von einem Kampf zwischen einem weissen Bulldog Physic und einem ausserordentlich kräftigen Zwerg Brummy. Bei diesem Kampfe wurde der Bulldog so angebunden, dass sich Brummy stets ausserhalb der Reichweite von Physic halten konnte. Wurde der Hund für ihn zu gefährlich, so konnte er entsprechend zurückweichen. Der dadurch sicher nicht gerade chancengleiche Zweikampf wurde in Runden aufgeteilt, die jeweils dann endeten, wenn entweder Mensch oder Hund offensichtlich für einen Augenblick genug hatten. Den Sekundanten wurde dann eine Minute Zeit zugebilligt, um ihre Kämpfer wieder neu zu beleben. Die Zeitung berichtet, dass nach der 10. Runde der Kopf des Bulldogs sehr stark angeschwollen war, er hatte während des Kampfes zwei Zähne verloren und eines seiner Augen war ganz zugeschwollen. „Was den Zwerg anging so stanken sei-

Abbildung 11: Physic + Brummy. Alfred Concanen, 1874.

ne Fäuste und Füsse, sein fratzenhaftes Gesicht war blass und fahl vor Wut und auch Zweifel, ob es zum Siege wohl ausreiche." In der nächsten Runde gelang es dem Zwerg dann, dem Hund mit einem fürchterlichen Schlage das Bewusstsein zu rauben. Er wurde zum Sieger erklärt." (Zitat Ende)

Kämpfe mit Eselshengsten, Löwen, Dachsen oder Affen wurden öfters auch durchgeführt, erfreuten sich aber nie allgemeiner Beliebtheit. In den alten Dokumenten steht, dass niemals ein Kampfhund einen geübten Affen besiegen konnte. Diese liessen stets den Hund über sich herfallen, um sich dann blitzschnell an seinen Bauch zu krallen und furchtbar in die Kehle oder Weichteile zu beissen. Es soll keinem Hund je gelungen sein, sich eines Affen zu entledigen, der sich einmal richtig festgeklammert hatte.

Es muss uns bewusst sein, dass es sich bei den Kampfhunden absolut nicht um eine einheitliche Rasse handelte. Die Zuchtauswahl wurde rein punkto Leistung und Eignung für ihre zukünftige Aufgabe getroffen. Also hatte man verschiedene Hundetypen immer weiter entwickelt. Ihnen allen gemeinsam war nur der Kampftrieb und die Angriffslust. Aber selbst im Wesen dieser Hunde gab es Unterschiede, und diese wurden auch systematisch gefördert und durch Verpaarung untereinander (heute würde man sagen Inzucht) gefestigt. Brauchte man für die Stierkämpfe Hunde, die sich sehr fest verbissen und nicht mehr losliessen, wäre das total falsch gewesen für das Rattentöten. Man kann sich so leicht das lächerliche Bild von einem breitmauligen Kämpfer vorstellen, siegessicher in der Pit postiert, mit einer erbeuteten, toten Ratte im Fang, die er krampfhaft festhält. Er selbst wird gebissen und gequält von den restlichen, zur wütenden Selbstverteidigung übergegangenen Ratten.

Verbot der Tierkämpfe

Gegen Ende des 18. Jahrhunderts fielen die Bullen Hetzen, die Stier- und Bärenkämpfe beim englischen Adel immer mehr in Ungnade. Plötzlich galt es nicht mehr als fein, bei diesen Belustigungen dabei zu sein. Der Bulldog verlor immer mehr an Ansehen und wurde bald nur noch von den niedrigsten Volksschichten gehalten. Dies ist sicher der Grund, warum aus dieser Zeit kaum Gemälde von unserer Rasse existieren. Niemand hatte weder Geld noch Interesse, seine Hunde malen zu lassen. Die Opposition der Tierfreunde gegen die Kämpfe wurde zusehens grösser, die Kampfhundehaltung und die Kämpfe selbst mussten immer mehr verheimlicht werden, waren aber deswegen nicht weniger grausam.

Erstmals wurde 1802 im englischen Unterhaus ein Vorstoss gemacht, um die Bullenkämpfe abzuschaffen. Es kam aber kein Verbot zustande; denn der Gesetzesentwurf wurde in zweiter Lesung von den Abgeordneten abgelehnt. Die „Bullenhenker" wehrten sich natürlich vehement weiter für ihr lukratives Geschäft. Es gelang trotz mehreren Versuchen nie, ein totales Verbot durchzubringen, obwohl die öffentliche Meinung dies ganz klar haben wollte. Der Einfluss der Volkskreise, die damit viel Geld verdienten, war leider

Abbildung 1: 1. Bulldog, 2. Mastiff, London 1800.

Abbildung 2: Bull Broke Loose, London 1821.

Abbildung 3: A Dog Fight, Rowlandson, London 1813.

Abbildung 4: Wasp, Child and Billy. H.B. Chalon, London 1809.

Abbildung 5: Jem Burns Pets, I. Rooth, 1844.

Abbildung 6:

Crib and Rosa, handcolorierter Stich nach A. Cooper, 1817.

Abbildung 7: Bulldogs of the 20th Century, Arthur Wardle, 1903.

Abbildung 8: Bull-Bitches of the 20th Century, Arthur Wardle, 1906.

Abbildung 9: Bulldogshow Islington, 1889.

Abbildung 10: Modern Bulldogs. Arthur Wardle, 1924.

Abbildung 11: England's Pride. Arthur Wardle, 1902.

Abbildung 12: Bulldogs. Maud Earl, ca. 1900.

zu gross. Erst 1835 gelang der Durchbruch und das englische Parlament erliess ein Gesetz, das jegliche Art von Tierkämpfen verbot und unter Strafe stellte. Es dauerte aber noch viele Jahre, bis dem neuen Gesetz nachhaltig Geltung verschafft wurde. Es gab Städte wie Wildenhall, Tipton und Bilston, die noch Sondergenehmigungen für Bullenhetzen und -kämpfe besassen. Zum Glück flachte auch dort das Interesse ab, und sobald die Kassen nicht mehr stimmten, wurden die Kämpfe aufgegeben.

Hingegen erreichten Hundekämpfe „im Untergrund" einen nie erwarteten Aufschwung. In Kellern, einsamen Ställen oder Fabrikarealen wurden heimlich „Pits" eingerichtet. Die Polizei konnte dank des neuen Gesetzes wohl hart durchgreifen, wenn sie davon erfuhr, aber die Veranstaltungen wurden streng geheim gehalten. Nur wer aus der „Szene" war, wusste den Ort und die Zeit und bekam Zutritt zum jeweiligen Gelände. Wachtposten kontrollierten genau jeden Eintretenden.Wenn alles bereit war, stellte der Verantwortliche immer die Frage: „is everybody known here?" — Kennt man hier Jeden? - worauf sich alle an- und umsahen. Das eifrige Nicken in der spannungsgeladenen Runde galt dann als Startzeichen. Die Heimlichkeit und das Verbotensein reizten noch viele, dabei zu sein und dieses speziell prickelnde Gefühl auszukosten. Wenn einmal unvermutet die Hüter des Gesetzes eintrafen, gelang es meist noch, die Pit zu räumen. Da immer nur zwei Hunde im Kampfring sein durften, waren diese auch in Windeseile weggetragen... oder man leerte rasch einen Eimer voll Ratten, die man vorsichtshalber mitgebracht hatte, in die Mitte. Alles sah aus wie unterhaltsames Ratten-Töten, das nicht verboten war!

Man sagt, dass es seit 1850 in England keine Pits mehr gab, das Gegenteil wird vereinzelt aber immer wieder behauptet und kürzlich im Fernsehen durch Video-Aufnahmen belegt. Leider soll sich aber in Deutschland und auch Amerika diese schlimmste Art unmenschlicher Belustigungen in gewissen Kreisen wieder zunehmender Beliebtheit erfreuen. Sicher ist, dass Hundekämpfe nicht mehr mit Bulldogs ausgetragen werden, sondern mit den extra dafür weiter gezüchteten Pit-Bulls und ähnlichen Rassen. Aber dies ist leider kein Trost. Egal, mit welchen Hunden auch immer gekämpft wird, es ist ein schrecklich trübes Kapitel der Geschichte. Ob früher oder in der modernen Zeit, es bleibt eine Greueltat gestörter menschlicher Individuen, dies mit unserem treuesten Freund und Kameraden, dem Hund, zu veranstalten oder geschehen zu lassen.

Der Beinahe-Untergang der Rasse

Die öffentliche Meinung distanzierte sich schon Anfang des 19. Jahrhunderts vom Kampfsport, längst vor dem offiziellen Verbot. Tierschützer und Presse waren sich einig und fielen zu Recht bei jeder Gelegenheit in verächtlichem Ton über die Kampfhunde und ihre Besitzer her. Ein Auszug aus der Zeitung „British Field Sports 1818" spiegelt diese Gefühle wider: „Die Bulldogs sind die wirklichen Schufte unter den Hunden. Sie wurden von ihren elenden Besitzern einzig und allein für die schändlichsten Zwecke gezüchtet und verdienen heute weder Erbarmen noch Schutz. Die totale Ausrottung dieser Bestien wäre nur wünschenswert".

Trotz der grossen Antipathie eines bedeutenden Teils der Bevölkerung fiel die Glanzzeit eines gewissen Ben White in diese Jahre. Obwohl kein Pionier für den Haushund, verdient sein Name erwähnt zu werden. Er war ein sehr geschäftstüchtiger Kampfhunde-Händler aus dem Städtchen Bayswater. Jedermann wusste, dass Ben mit allen schmutzigen Geschäftemachern rund um die Pits sehr vertraut verkehrte. Alles, was die Bulldogs in so schlechten Ruf brachte, war sein tägliches Brot. Aus seiner Visitenkarte ersehen wir das Angebot, welches er seinen Kunden offerierte:

„Händler, Züchter, Hundepension, Maklergeschäft, Training, Abgewöhnung von Untugenden zu vernünftigen Preisen. Eigene grosse Pit mit der Möglichkeit, Hunde im Kampf zu testen, bevor man sie kauft. Auf Wunsch Kämpfe gegeneinander oder gegen Dachse!“
Auf einer andern Karte, die aber nicht so gut erhalten ist, preist er zudem Ratten-Töten und Hahnenkämpfe an.

Unvorstellbar für uns heutige Menschen, was man bei ihm alles haben konnte! Vermutlich wäre Ben White längst in Vergessenheit geraten, wenn von ihm nicht ein absolut einmalig schönes Bild, gemalt von J.C. Scanlan, existieren würde, betitelt: „ Ben White hetzt seinen Bulldog TUMBLER und Lady Sandwich's Hündin BESS auf den Bullen von Bill Gibbon“. Diese zwei Hunde scheinen Bulldogs von ganz hervorragendem Typ gewesen zu sein, natürlich feiner in den Linien und mehr Terrier-Habitus, als man ab 1860 für die Ausstellungen vorzog, ganz sicher aber bewegliche, gesunde Bulldogs, die ich mir auch in der jetzigen Zeit absolut wieder vorstellen könnte. Tumbler und Bess beweisen auch eindrücklich, wie unglaublich weit man vom ehemaligen Rasseideal abwich. In vielen Fällen blieb nur noch eine schwerfällige, viel zu tief gestellte Karikatur des ehemaligen Athleten übrig.

Endlich verbot im Jahre 1835 das Parlament diese blutrünstigen Kämpfe mit Tieren. Die hohen Strafen, die verhängt wurden, trugen dazu bei, diesen tierquälerischen Sport in der Öffentlichkeit auszurotten. Viele der sogenannten „Bulldoghenker“ aber existierten weiter. Sie tarnten sich als Hundehändler und -züchter und lebten ausschliesslich, — und gar nicht schlecht -, von diesem schmutzigen Geschäft. Der grösste Teil ihrer Tiere waren reine Kampfhunde. Diese fielen natürlich in einem grossen Bestand viel weniger auf und wurden immer noch trainiert. Die für sie veranstalteten Hunde-Kämpfe fanden aber nur noch heimlich statt. Sobald das ganze üble Tun nicht mehr genug Geld einbrachte, erlosch glücklicherweise für die Veranstalter das Interesse daran.

In der Folge gerieten die einst zu höchsten Liebhaberpreisen gehandelten Kampfhunde, von denen es einige Linien sogenannten „reinen Blutes“ gab, mehr und mehr in Vergessenheit. Die Rasse war nun zweck- und nutzlos. Da aber die meisten dieser wilden, angriffigen Tiere als Haus- oder Hofhunde nicht verwendet werden konnten, fehlte nicht viel, und die einst so gefeierten Bulldogs wären ausgestorben. Die wenigen übriggebliebenen Tiere schienen nur mehr in den Händen der untersten, unbeliebtesten Volksschicht zu sein. Diese erhoffte insgeheim eine Annullierung des Gesetzes und ein Wiederaufblühen ihres Geschäftes. Kein ehrenwerter Hundefreund wollte mit diesen Leuten Kontakt haben. Bulldogs schienen innerhalb kürzester Zeit ganz zu verschwinden, daran bestand kein Zweifel.

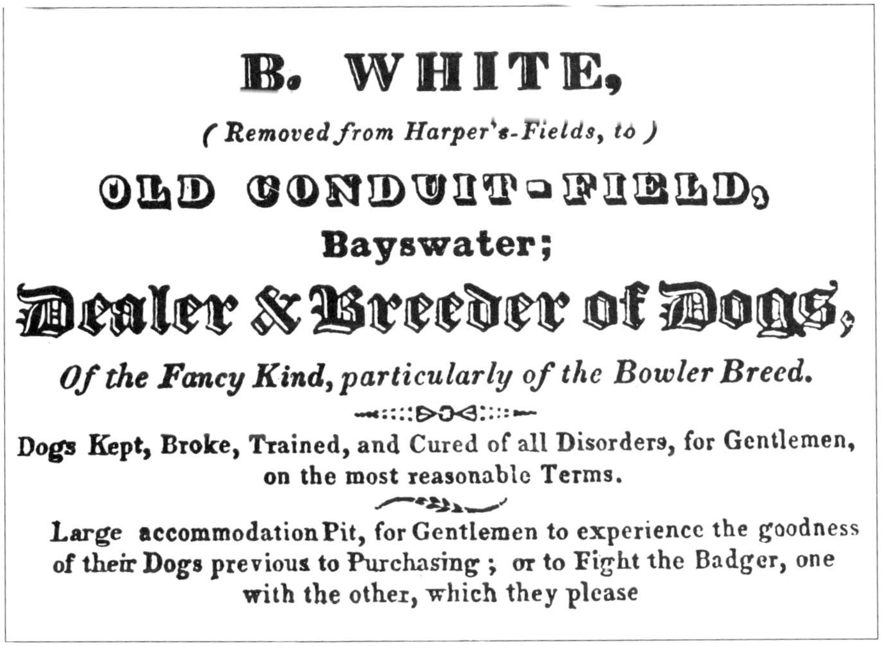

B. WHITE,

(Removed from Harper's-Fields, to)

OLD CONDUIT-FIELD,

Bayswater;

Dealer & Breeder of Dogs,

Of the Fancy Kind, particularly of the Bowler Breed.

Dogs Kept, Broke, Trained, and Cured of all Disorders, for Gentlemen, on the most reasonable Terms.

Large accommodation Pit, for Gentlemen to experience the goodness of their Dogs previous to Purchasing; or to Fight the Badger, one with the other, which they please

Abbildung 12: Inserat Ben White.

Abbildung 13: Ben White und seine Bulldogs.

In England sind sich heute alle Kenner der Geschichte einig, dass es den wenigen verbliebenen echten Bulldog-Liebhabern allein nicht möglich gewesen wäre, die Rasse über die schwierigen Jahre nach 1835 zu retten. Der Grossteil der noch verhandenen Bulldogs vegetierte bei den Arbeitern und Taglöhnern dahin oder wurde heimlich für die illegalen Kämpfe gehalten. Viele verdanken ihr Leben sicher der sprichwörtlichen Kinderliebe. Ich kann mir vorstellen, dass selbst härteste Väter dem Flehen und Betteln ihrer Kinder, den Bulldog zu behalten und mit ihm gut zu sein, nicht widerstanden. Ohne ihr Wissen haben diese Familien einen wesentlichen Beitrag geleistet, um das Aussterben des britischen Nationalhundes zu verhindern.

Dass man allgemein annahm, mit der Bulldograsse gehe es bald zu Ende, beweisen viele alte Aufzeichnungen. Auch das berühmte Gemälde des Tiermalers H.B. Chalon „Wasp, Child und Billy" aus dem Jahre 1809 bezeugt es (siehe Farbbild 4). Die Original Beschriftung lautet: „Die oben gezeigten Bulldogs sind das Eigentum von Henry Boynton und stammen aus der Zucht des Duke of Hamilton. Sie sind die einzigen, die aus dieser Zucht übrig geblieben sind und erfreuen sich so hoher Wertschätzung, dass Mr. B. das Angebot von 120 Guineas für Billy abgelehnt hat und ebenso die 20 Guineas für einen Welpen, der gerade von der Hündin abgesetzt war. Es wird versichert, dass dies die einzigen Bulldogs sind aus dieser Zucht, und dass nach deren Tod diese Hunderasse als ausgestorben angesehen werden muss." Ein Glück, dass trotz dieser schriftlichen Bestätigung der Bulldog dennoch weiterlebte!

Immer mehr schrumpfte die Zahl der fanatischen Liebhaber und Züchter, die den Bulldogs treu blieben, zusammen. Diese wenigen waren aber von den hervorragenden Charaktereigenschaften der guten Hunde so fasziniert, dass sie alles daran setzten, die Rasse zu erhalten und durch geschickte Zuchtauswahl einen angenehmen Haushund zu schaffen. Heute fällt es schwer zu glauben, dass Tiere, die früher einmal nur auf Bissigkeit, Mut, Angriffslust und Härte gezüchtet wurden, zu solch liebenswürdigen, charaktervollen Gefährten des Menschen umgewandelt werden konnten. Dies ist die ganz grosse Leistung der englischen Züchter, die unsere vollste Anerkennung verdient. Wir sind den Männern und Frauen dankbar, welche Liebe und Begeisterung zur Rasse über materielle Gewinne stellten und mithalfen, die Bulldogs vom sicheren Untergange zu retten.

Neue Blüte und Ausstellungsbeginn

Der berüchtigte Ben White, von dem ich vorne erzählte, verzog sich nach dem Verbot, welches ihm 1835 sein florierendes Geschäft zunichte gemacht hatte. Von Old Conduit Fields, Bayswater, ging er in die Gegend von Kensal New Town, wo ihn niemand kannte. Als argloser, unschuldiger Hundehändler frönte er dort bis zu seinem unerwarteten Tod 1839 den alten, verbotenen Leidenschaften. Sein Anwesen, welches inzwischen auf „Canine Castle" umgetauft worden war, und seine Hunde übernahm Bill George. Dieser galt, im Gegensatz zum alten Besitzer, als Ehrenmann und genoss einen guten Ruf als Bulldogzüchter. Bald hielt er über hundert Zuchttiere und verhalf der Rasse zu neuer

Abbildung 14: „Mr. Punch's visit to a very remarkable place", 1846.

Blüte. Nach einigen Jahren waren er und seine Bulldogs berühmt. Allgemein hatte er den Ruf, der geschickteste Züchter und Händler weit und breit zu sein. Er besass eine selten glückliche Hand im Umgang mit Bulldogs. Seine Tiere brachten ihm höchste Preise und allgemeine Anerkennung ein. Leech's bekannte Zeichnung „Mr. Punch's Visit to a very remarkable Place" zeigt sehr anschaulich und eindrücklich, wie es bei Bill George in Canine Castle ausgesehen hat. Betrachtet man die einzeln angeketteten Gesellen etwas genauer, kann man sich ausmalen, welch wilde, angriffslustige Raufbolde das gewesen sein mussten. Bill George führte seine bemerkenswerte Zucht bis zu seinem Tode am 4.6.1884 im Alter von 79 Jahren. Er ging in die Geschichte ein als ein Mann von grosser Persönlichkeit und ehrenvollem Ruf, und das will etwas heissen bei einem Hundezüchter!

Aus der Zeit zwischen 1820 und 1860 dokumentieren nur sehr wenige Bilder unsere Rasse. Der Grund dafür ist einfach zu erklären. Die wenigsten jener Besitzer hatten Geld genug oder das Bedürfnis, ihre Hunde malen zu lassen. Zu feinen, gebildeten oder reichen Leuten passte andererseits kein Bulldog, sondern Jagdhundemeuten, elegante Windhunde oder süsse Schosshündchen. Diese sind, wie wir alle wissen, in grosser Zahl von verschiedenen Künstlern verewigt worden.

Ein Gemälde, welches allen voran in die Bulldoggeschichte einging, heisst „Crib und Rosa", gemalt von A. Copper im Jahre 1816 (siehe Farbbild 6). „Rosa" war der Bulldog, den sich die Züchter etwa ab 1840 als erstrebenswertes Zuchtziel setzten. Sie zeigt einen erstklassigen, anatomischen Körperbau auf geraden, starken Läufen. Ihre Hinterhand ist vorzüglich gewinkelt. Der Rutenansatz wäre auch für den heutigen Standard ideal. Der schön geschwungene, kräftig bemuskelte Hals hat eine gute Länge, hingegen hätten wir sicher viel Mühe, uns an den viel leichteren Kopf und die langen Läufe zu gewöhnen. „Crib“ war „Rosa's“ Sohn. Er wurde Stammvater der vier ältesten bekannten Bulldog-Linien.

Im Jahre 1856 fand die erste Hundeausstellung in Newcastle statt. Diese Veranstaltungen, die nun regelmässig abgehalten wurden, erlangten grosse Beliebtheit und brachten der Rassehundezucht in England ungeahnten Aufschwung. An vielen Orten schlossen sich Liebhaber und Züchter zu eigenen Rasseclubs zusammen. Als 1873 der „English Kennel Club“ als Dachverband gegründet wurde, begannen auch die systematischen Eintragungen der teilweise schon vorhandenen, privaten Abstammungsurkunden ins englische Hundestammbuch. Der K C veranstaltete auch sofort eigene, von ihm überwachte Ausstellungen.

An den Bulldogs aber haftete noch immer ein dermassen schlechter Ruf, dass sie in den ersten Jahren für die Ausstellungen gar nicht zugelassen wurden. Es war daher äusserst wichtig, durch wohlüberlegte Zuchtauswahl den Charakter zu mässigen; denn Ausstellungshunde durften nicht mehr bissig sein und mussten sich anfassen lassen. Dies war eine sehr ernstgemeinte Vorschrift für die Bewertungen. Auch heute noch sind in diesem Punkt die Engländer viel strenger als wir auf dem Kontinent. Ein Hund, egal welcher Rasse, wird sofort disqualifiziert, wenn er beisst oder im Ring ernstlich rauft. Falls ihn der Richter nicht aus dem Ring weist, hat er jedenfalls keine Chance auf einen vorderen Platz.

‚Abbildung 15: ‚Oh, welche Schönheit!"

Abbildung 16: Bulldogausstellung Alexandra Palace, London. Nach R.H. Moore.

Abbildung 17:

Notizen von einer Bulldog-Show.

Wollten also die Züchter das Ansehen ihrer Rasse verbessern und durch Ausstellen bekannt und beliebt machen, war schnelles Handeln unbedingt angezeigt, um den Anschluss nicht zu verpassen. Es gelang ihnen anscheinend rasch; denn auf der grossen Show in Birmingham 1860 gab es erstmals Bulldogs zu sehen. Dabei wurde offensichtlich, wie schwierig es war, dermassen in Gestalt und Grösse unterschiedliche Hunde in der gleichen Klasse zu richten. Bereits zwei Jahre später wurden auf der Ausstellung in London die Bulldogs in Leicht- und Schwergewichte aufgeteilt. Wieviel aber einer wiegen durfte, stand nirgends geschrieben. Erst 1863 in Chelsea heisst es: „Bulldogs über 18 lbs (8,150 kg) und Bulldogs unter 18 lbs". Diese Grenze erwies sich jedoch als zu niedrig, da es zusätzlich noch den Miniatur-Bulldog gab, auf den ich später zu sprechen komme. Die Ausstellungsleitungen legten verschiedene, individuelle Gewichtsgrenzen fest. 1872 betrug sie 25 lbs (11,320 kg) und wurde nach weiteren Schwankungen dann dort verbindlich festgesetzt. Es ist in der jetzigen Zeit fast unmöglich, sich einen Bulldog mit sowenig Gewicht vorzustellen und vor allem zu wissen, dass es die gleiche Rasse war!

Der Miniatur — Bulldog

Als ab 1860 auf Ausstellungen Klassen für Bulldogs eingeführt wurden, kam ganz deut-

Abbildung 18: Toy Bulldog „Norland Chei Pei".

Abbildung 19:
The Hon. Mrs. Baillie.
Member of the Bulldog Club (Incorporated).
Hon. Secretary of the Toy Bulldog Club.

lich zu Tage, wie unerhört gross die Differenzen in Bezug auf Grösse und Gewicht waren. In der Zucht wurde dies früher absichtlich angestrebt, um speziell angepasste Typen für die unterschiedlichen Verwendungszwecke hervorzubringen. Aber schon längst gab es Züchter, vor allem Frauen, die ausschliesslich Zwerg-Bulldogs hielten. Die Aufteilung in niedrigere und höhere Gewichts-Klassen der „normalen“ Bulldogs schaffte dann auch Klarheit bei den Kleinsten der Kleinen und war daher nur sinnvoll und gegeben. Sobald sich die Unterteilung in Leicht- und Schwergewicht bewährt hatte und beibehalten wurde, spezialisierten sich noch mehr Züchter und entschieden sich für grosse oder kleine Bulldogs. Oft war die Meldezahl der Zwerg-Bulldogs höher als die ihrer grossen Verwandten. Sie durften höchstens 20 lbs.(9 kg) wiegen. Bei mehr Gewicht wurden sie zu den Leicht-Gewicht der normalen Bulldogs umgeteilt. Später wurden diese Umschreibungen verboten und Gewicht über 10 kg hatte Disqualifikation zur Folge.

Der Standard der Toy's stimmte fast wörtlich mit dem der Grossen überein und heisst zu Beginn: „Die allgemeine Erscheinung des Toy-Bulldogs muss dem grossen Bulldog so ähnlich wie möglich sein. Er soll die genaue Verkleinerung des grossen Bruders veranschaulichen".

In der schweren Wirtschaftskrise in England zwischen 1845 und 1860 lebten viele Menschen in engsten Verhältnissen, und man war froh, wenigstens noch ein kleines Hündchen halten zu können, das auch im Futter nicht so grosse Ansprüche stellte. Vor allem die Textilbranche lag im Argen. Viele der englischen Spitzenklöppler und Facharbeiter aus der Bekleidungsindustrie wurden arbeitslos und wanderten nach Frankreich aus. Sie nahmen nach Möglichkeit ihre Hunde mit. Speziell in diesen Kreisen hatten die Miniatur-Bulldogs zahlreiche Liebhaber. Für die Auswanderer bedeutete diese englische Rasse ein Stück alte Heimat am neuen Arbeits- und Wohnort in Frankreich. Die Franzosen ihrerseits fanden Gefallen an der neuen Rasse und bewunderten vor allem den Mut und das Draufgängertum dieser kleinen, runzeligen Athleten. Gepaart und gekreuzt mit verschiedenen einheimischen Rassen wurde daraus später die Französische Bulldogge geschaffen.

Vor allem die englischen Ladys liebten und vergötterten diese Toy-Bulldogs sehr und gründeten 1898 den eigenständigen Toy Bulldog Club, um die Rasse rein zu züchten und zu erhalten. Der Bulldog Club (INC) war damit gar nicht einverstanden; denn er wollte die Kleinen unter seinen Fittichen behalten. Diese hatten schon zehn Jahre früher versucht, „flügge" zu werden, aber die Anerkennung blieb ihnen damals versagt.

Die Blütezeit erlebte der Toy zwischen 1860 und 1910. Die Aktivität der Züchter, Händler und Aussteller war enorm. Die Ausfuhrmöglichkeiten nach dem Kontinent und Amerika stieg gewaltig, und der Nachfrage konnte kaum entsprochen werden. Die Engländer liessen ihre Toys immer kleiner werden. Die Ansicht: „Je leichter, umso wertvoller" grassierte damals wie heute bei vielen Zwerghund- Liebhabern.

Unter den kleinen Bulldogs gab es viele Tiere, die nicht mehr gesund waren, und durch zu enge Zuchtlinien traten auch gehäuft Erbfehler auf. Die Rückschläge waren gross und zahlreich und nahmen vielen, anfänglich sehr begeisterten Züchtern den Mut und die Ausdauer zum Weitermachen. Die allgemeine Qualität erreichte niemals nur annähernd den Stand des grösseren Schlages.

Als 1893 ganz plötzlich und unerwartet ein Mr. Krehl mit sechs frisch importierten französischen Bulldogs auf der bedeutenden Kennel Club Show auftauchte, war die Sensation perfekt. Diese kleinen, drolligen Kerlchen mit den grossen Fledermausohren wurden überall bewundert und stahlen den englischen Toy-Bulldogs natürlich die „Schau"; denn sie wurden in der gleichen Klasse ausgestellt. Ihr Körper war wesentlich kräftiger, und sie machten einen viel gesunderen und weniger krüppelhaften Eindruck als die original englischen Miniaturen. Wir können uns ausmalen, wie unfreundlich und feindselig die anderen Züchter auf diese Eindringlinge reagierten. Kaum war etwas Gras über die üblen Geschichten und schlechten Erfahrungen mit den spanischen Importhunden gewachsen

Abbildung 20: Little Jemina and Champion Père Boojum. Toy Bulldogs, 1896.

Abbildung 21: Lina II. (K.C.S.B. 645 A). Toy Bulldog 1893.

Abbildung 22: Französische Bulldogs.

(s. Erster Standard — Erster Club), standen neue Eindringlinge ins Haus. Andere Bulldogs als englische durfte es einfach nicht geben. Eine erboste Toy-Züchterin schrieb in jenen Tagen in der Kennel-Gazette: „Das ist nichts anderes als die Wiedergeburt unserer Toys. Aber man kann nicht sagen, der Aufenthalt in Paris hätte ihnen gut getan. Ausser einem perfekten französischen Akzent und einwandfreien Manieren haben sie nichts als Fehler zurückgebracht; z.B. diese abscheulichen Fledermausohren".

Mit grosser Begeisterung und Verzückung aber reagierten die Ausstellungsbesucher auf diese Kuriosität „made in France". Die ungeteilte Sympathie der privaten Hundefreunde war ihnen sicher. Überall besprach und beschrieb man diese reizenden Geschöpfe aus Paris, sehr zum Ärger der englischen Züchter. „Angriff ist die beste Verteidigung" dachten sich diese und verlangten die Anerkennung als englische Rasse, da sie nachweislich aus den englischen Toys hervorgegangen wären und jetzt nur in ihre Heimat zurückgekehrt seien. Damit waren aber Frankreich und Herr Krehl nicht einverstanden, und es gab einen grossen Prozess, den Herr Krehl gewann. Die beiden Rassen wurden vorerst nebeneinander gezüchtet und beide vom Bulldogclub (INC) betreut, aber die Streitereien und Unstimmigkeiten nahmen kein Ende. 1906 schritt der Kennel Club als oberste Instanz ein, und der Beschluss, Französische Bulldogs und Englische Toy-Bulldogs total zu trennen und keine Kreuzungen untereinander mehr zu dulden, wurde auf einer Konferenz mit dem Bulldog Club (INC) Komitee unter grossem Widerstand erarbeitet. Dies bedeutete aber gleichzeitig das Todesurteil für die Toys. Obwohl ihre Zucht nicht verboten oder sonstwie anrüchig geworden war, nahm die Zahl der Liebhaber rasch ab zugunsten der französischen Bulldogge. Die Rasse verschwand um 1930 ganz.

4. Der Bulldog Standard

Heutige Problematik

In jüngster Zeit gerät der Bulldog immer mehr in das Schussfeld heftiger Kritik. Seine Abweichungen gegenüber dem Erscheinungsbild „normalgebauter" Hunde, seine Kurzatmigkeit, ihm nachgesagte Anfälligkeit für Krankheiten, insbesondere aber seine wachsenden Geburtsschwierigkeiten rufen nach vielen, zum Teil unsachlichen und ungerechtfertigen Vorwürfen. In Deutschland ist ein Verbot für „Qual-Züchtungen" in Vorbereitung, und auch da stehen die Bulldogs oben auf der Liste. Es muss uns doch aufrütteln, wenn sogar ein Bulldogclub in einem seiner Mitteilungsblätter 1991 schreiben muss, dass man, um die Hündinnen nicht unnötig leiden zu lassen und um keine Welpen bei der ohnehin schier unmöglichen Geburt zu verlieren, am besten gleich Kaiserschnitt macht.

Wenn wir nicht bald handeln und uns für einen gesünderen Bulldogtyp einsetzen, ist es leicht möglich, dass wir wieder einmal vor dem nahenden Ende unserer geliebten Rasse stehen.

Diese Feststellung scheint mir von zentraler Bedeutung. Ich habe deshalb dem Kapitel „Standard" einen breiten Raum gelassen, damit sich der Leser eine klare Vorstellung von der Entwicklung und den Veränderungen des Bulldog-Idealbildes im Laufe der Jahrzehnte machen kann. Er kann dann auch mit Leichtigkeit feststellen, dass die Praxis der meisten Richter, möglichst schwere und massige Bulldogs mit vordersten Plätzen zu belohnen, mit dem heute gültigen Standard in keiner Weise übereinstimmt, gar ein krasses Fehlurteil bedeutet. Aber da allen die grossen Köpfe gefallen, sagt niemand, wie falsch sie laut Standard sind. Ein erwachsener Bulldogrüde mit dem standardkonformen Idealgewicht von 25 kg hat praktisch keine Chance, einen Siegertitel zu erobern.

Immer wird gesagt, man müsste eben den Standard ändern, um zum alten Typ zurückzukehren. Dies ist überhaupt nicht notwendig und zudem nur für die Engländer möglich. Es würde nur zwei Dinge wirklich brauchen, das sind **Richter, die nach dem Standard richten und bewerten** und **Bulldog-Freunde, die nicht nur sagen, dass man gesündere Typen züchten sollte, sondern dann auch bereit sind, ihren Geschmack zu ändern und an leichteren Hunden mit kleineren Köpfen Gefallen zu finden.**

Würden die Richter bei der Auslegung des Standard nur einen Teil von dem, was sie jetzt an schlechten Konzessionen machen, einem gesunderen, leichteren Typ zugestehen, dann wäre den Tieren und der Sache der echten Bulldog-Liebhaber geholfen. Wir müssen heute eindeutig ein Abweichen vom Standard feststellen: in der Kopfgrösse, im zu niedrigen Stand, beim viel zu hohem Gewicht und bei den unerwünschten Korkzieherruten. Alles Punkte, welche die Gesundheit des Bulldogs ganz gravierend beeinträchtigen.

Malen wir uns nun den Standard als gerade Linie vor unser inneres Auge. Wenn schon vom vorgeschriebenen Standard abgewichen wird, ist die Distanz zu der imaginären

*Abbildung 23:
1895 als guter Typ
beurteilt.*

*Abbildung 24:
1894 als schlechter Typ
beurteilt.*

Ideallinie nicht grösser, respektive gravierender, ob wir uns auf diese oder jene Seite entfernen. Als Beispiel die gut zwischen die Augen zurückgesetzte Nase: Gestatten wir dem Wohlbefinden des Bulldogs zuliebe einen etwas längeren Nasenrücken als vorgeschrieben; wir entfernen uns dadurch etwas von der Ideallinie, aber .... es geht dem Bulldog eindeutig viel besser. Wir sind dadurch nicht weiter weg von unserer vorschriftsgemässen Linie, als wenn wir zu hohes Gewicht dulden, das zudem noch Probleme macht. Der Unterschied und die Vorteile die sich daraus für unsere Bulldogs ergäben, aber wären enorm.

Erster Standard — Erster Club

Vermutlich beurteilte man die Bulldogs auf der ersten Ausstellung 1856 und in den folgenden Jahren nach ihrem Leitbild „Rosa"; denn andere Bewertungsgrundlagen gab es noch nicht. Wohl hatte ein bekannter und erfolgreicher Züchter, Jacob Lamphier von Birmingham eine „Beschreibung von Bulldogs für Züchter und Richter nach Punkten" geschrieben, aber die allgemeine Anerkennung fehlte. Im Jahre 1864 gründete ein Mr. Rockstro mit einigen Freunden den ersten Bulldogclub. Trotz des alles versprechenden Namens: „The Bulldog Club" hielt er aber nur knapp drei Jahre und fiel dann auseinander. Seine einzige grosse Tat aber ging in die Bulldog-Annalen ein. Eines der Mitglieder war der Schriftsteller Mr. Samuel Wickens, der zudem ein guter Züchter und fundierter Bulldogkenner war. Auf Drängen seiner Clubfreunde verfasste er unter seinem Pseudonym „Philo-Kuôn" den ersten Bulldog Standard und veröffentlichte ihn im Februar 1865. Diese Wegleitung wurde allgemein als gut befunden und von Züchtern wie Richtern anerkannt. Man befolgte ihn auch noch, als vom verantwortlichen Club längst nichts mehr übrig war.

Ich übersetze hier den sogenannten „Philo-Kuôn-Standard" möglichst wörtlich in seiner komplizierten, erklärenden Art.

The Philo-Kuôn Description of a Bulldog
(1865)
THE BRITISH BULLDOG
(Canis Pugnax)

Der English Bulldog ist eine sehr alte, majestätische Hunderasse. Sie ist sehr selten geworden, wurde viel misshandelt und in der Regel sehr wenig verstanden. Behandelt man diesen Hund mit Freundlichkeit, schenkt ihm viel Aufmerksamkeit und lebt er zusammen mit seinem Meister, so ist er ein ruhiger, angenehmer Hund. Wird er jedoch als Kettenhund gehalten, fehlt ihm der Umgang mit seinem Herrn, so wird auch er weniger gesellig und sanftmütig. Hetzt man ihn aber und macht ihn böse, wird er zu einem der gefährlichsten Tiere. Im allgemeinen ist er ein vorzüglicher Wächter, ein aussergewöhnlich guter Wasserhund und besonders wertvoll als Zuchtpartner für Terrier, Pointer, Jagdhunde, Greyhounds, etc.. Er bringt diesen Hunderassen Mut und Ausdauer.

Abbildung 25: Bulldogausstellung England, ca. 1880.

Er ist das kühnste und willensstärkste Tier. Der Kampfhahn ist sicher ein sehr mutiger Vogel, aber er wird stets nur seinesgleichen angreifen. Es gibt aber nichts auf der Welt, das ein guter Bulldog nicht jederzeit attackieren würde, stets mit vollem Einsatz und mit beispielhaftem Mut. Er wird erst aufgeben, wenn er tot ist.

Dieser edle Hund degeneriert in fremden Ländern, — für uns aber ist er wahrhaftig der National-Hund, — völlig identisch mit Old-England - ein Hund, auf den jeder Engländer stolz sein kann.

EIGENSCHAFTEN

1. Der Kopf soll gross und hoch sein, mit Erhöhung über den Schläfen und einer tiefen Grube zwischen den Augen, welche Stop genannt wird. Dieser Stop muss sich in einer Furche gegen den Schädel verlängern. Die Haut auf dem Kopf muss gefaltet sein. Die Backen müssen seitlich neben den Augen gut herausstehen. Die Stirnpartie darf nicht vorstehen wie bei einem King Charles Spaniel und nicht zu rund sein, sonst ist es ein „Apfel-Kopf". Der Kopf von einem guten Bulldog mit 50 lbs Idealgewicht (22,650 kg) sollte an seiner dicksten Stelle ungefähr 20 inches (50,8 cm) messen.

2. Die Augen sollen weit auseinander liegen, fast schwarz und von mittlerer Grösse sein. Lieber gross als zu klein, rund und nicht tiefliegend. Sie müssen in rechten Winkeln zur Gesichtsmittellinie und gut vorne plaziert sein, soweit von den Ohren entfernt und so nah bei der Nase wie möglich.

3. Die Ohren sollen klein, dünn und weit auseinander sein, entweder Rosen-, Knopf- oder Tulpenform. Das Rosenohr fällt rückwärts mit nach aussen überhängenden Enden, einen Teil des Innenohrs sichtbar machend. Das Knopfohr unterscheidet sich vom Rosenohr nur, indem es vorwärts überfällt und das Innere verdeckt. Das Tulpenohr ist beinahe aufgerichtet. Dies sind die einzigen unterschiedlichen Arten von Bulldogohren, aber es gibt verschiedene Übergangsformen dazwischen. Der Hund trägt sie auch nicht immer gleich, z.B. kann ein natürliches Rosenohr fast aufrecht, stehen wenn das Tier aufgeregt ist.

4. Die Nasenlöcher sollen weit geöffnet und die Nase gross, fast zwischen den Augen liegen, und schwarz und tief sein — also — diese Tiefe der Nase und die Länge vom Auge bis zur Nasenspitze, sollten ungefähr gleich sein. Die Nasenlöcher sollen durch eine gerade, senkrechte, klare Linie getrennt sein. Selbst best-gezüchtete Hunde neigen zu fleischfarbigen oder gefleckten Nasen, dies ist ein Schönheitsfehler, aber noch kein Zeichen schlechter Zucht; reingezüchtete Bulldogs können gelegentlich fleischfarbene Nasen haben.

5. Der Fang soll breit, tief und kurz sein, mit tief gefalteter, herabhängender Haut, aber keine sichtbaren Zähne. Wenn die Haut um den Fang zu flach und glatt ist, sieht es aus wie ein „Fisch-Kopf". Dies ist sehr verwerflich. Der Unterkiefer muss kantig und gut aufgebogen sein, mit viel Platz für die in einer nahezu geraden Linie stehenden sechs

Abbildung 26: Ch. Crib, 1871.

Schneidezähne zwischen den beiden Fangzähnen. Dies ist ein wichtiger Punkt; denn er bestimmt Breite und eckige Form des Unterkiefers.

6. Der Hals soll mässig lang, dick und an der Rückseite gewölbt sein, mit viel loser, gefalteter Haut über der Brust. Die Rippen sollen schön gerundet und die Brust breit, tief und rund sein. Die Rute eher tief angesetzt, dick an ihrem Ansatz, lang und dünn und an ihrem Ende rund aufgebogen, genannt „Ring- oder Tigerrute", gleich wie bei einem Greyhound, nur kürzer. Eine perfekte Rute zeigt das Gemälde von Mr. Lovell's „Ball", diese kommt dem Ideal am nächsten. Die dünne, spitz zulaufende Rute, gebogen über den Rücken oder herabhängend getragen, heisst Tiger-Schwanz; selten aufgerichtet und nur dann, wenn das Tier erregt ist (siehe in Cynographia Britannica 1800).

7. Der Rücken soll kurz und über den Lenden aufgewölbt sein, was man „Roach-Back" nennt, breit über den Schultern und schmal über den Hüften. Den gewünschten „Roach-Back" zeigt das Bild „Crib und Rosa" in Perfektion. Rosa's Linie ist ideal.

8. Die Läufe. Die Vorderläufe sollen kräftig, kurz und sehr weit auseinander sein, mit gut betonter, auswärts gerundeter Oberarmmuskulatur. Die Hinterläufe sollen ein wenig länger sein im Vergleich mit den vorderen, damit sie die Lenden erhöhen. Die Sprunggelenke sollen sich ziemlich nahe kommen, was zur Folge hat, dass die gut gerundeten Kniegelenke leicht nach aussen drehen.
Dies scheint die Geschwindigkeit beim Rennen zu behindern, ist aber wunderbar geeignet, die Bewegung zu verstärken wenn ein Bulldog am Boden kriechend kämpft. Die Pfoten sollen mässig rund sein; nicht so rund wie die einer Katze, noch so lang wie die eines Hasen, und gut gespalten zwischen den Zehen. Die Vorderpfoten sollen gerade, mit gut sichtbaren Knöcheln sein. Die Fesseln müssen stark sein, damit der Hund gut auf seinen Zehen läuft.

9. Die Behaarung soll fein, kurz und anliegend sein. Der Bulldog hat ein sehr spezielles Gangwerk, schwerfällig und eher langsam. Er rollt sehr stark beim Gehen, und in der Regel läuft er etwas seitlich. Seine Hinterläufe hebt er selten hoch, darum scheint es, als würde er mit den Pfoten (welche wie das Kniegelenk auswärts drehen) den Boden streifen.

10. Die Farbe sollte lachs, falb, rot, gestromt oder weiss mit diesen verschiedenen Farben gescheckt, sein. Die Lachsfarbenen und Falben mit schwarzen Schnauzen heisst man „Smuts", dies sind die Bevorzugten. Viele bewundern die ganz Weissen, aber ein strahlend Lachsfarbener mit schwarzer Maske ist doch die schönste aller Farben. Schwarz galt ehemals als gute Farbe, aber schwarz mit braun (black and tan) und blau ist sehr schlecht. Es besteht eine grosse Ähnlichkeit zwischen einem gestromten Bulldog und einer gestreiften Hyäne.

11. Gewicht. Ein Bulldog wiegt selten mehr als 27,1 kg. (60 lbs.) Ist er grösser, vermutet man eine Mastiffkreuzung. Andernteils sollte er nicht weniger als 9 kg (20 lbs.) wiegen, sonst könnte man Blut von einem kleinen Terrier darin erwarten. Die grossen Bulldogs sind besser und bestechender in den Proportionen als die Kleinen.

London, Februar 1865. Philo-Kuôn

Endlich war mit diesem Philo-Kuôn-Standard die Grundlage für ein einheitliches Zuchtziel gegeben, Richtlinien für die Bewertung nach gleichen Massstäben auf Ausstellungen damit vorgezeichnet. Das Wichtigste aber war, dass er von Züchtern wie auch Richtern gut befunden wurde und man sich allgemein daran hielt.

Schon bald machte sich neuer Widerspruch bemerkbar. Mr. Adock und Mr. Danver, zwei Händler, die schon vor Jahren grosse Kampfhunde aus Spanien importiert und mit English Bulldogs gekreuzt hatten, bemühten sich bei den Ausstellungsleitungen und beim

Kennel Club um die Erhöhung des zulässigen Gewichtes auf 45 — 54 kg, anstatt der 27,1 kg bei Philo-Kuôn. Ihre eigenen, viel zu massigen Zuchtprodukte hätten dann eben mit konkurrieren können. Die übrigen Züchter und Liebhaber reagierten auf dieses Ansinnen schnell und wirkungsvoll, indem sie sich 1875 im „Bulldog Club Incorporated" zusammenschlossen. Sie erkannten den Standard von Philo-Kuôn mit minimalen Änderungen an und erklärten ihn für verbindlich. Dieser Club existiert heute noch unter dem gleichen Namen und darf sich zu Recht „Mutterclub der Rasse" nennen. Er ist der älteste Rassehundeclub der ganzen Welt. Der Jahresbeitrag beträgt seit der Gründung bis zum heutigen Tag 1 guinae (£ 1.05 = ca. SFr. 2.50).

Erste Stammbucheintragungen

London, Birmingham und Sheffield erwiesen sich bald als Zentren der kontrollierten Bulldogzucht. Einem Bulldog „Adam", geboren 1864, Gewicht 13,5 kg und falbfarben, fällt die Ehre zu, als erster seiner Rasse ins Kennel Club Zuchtbuch eingetragen zu sein, sein Besitzer war Mr. R. Heatfield. Dann wurden aber schnell viele andere auch eingetragen, oft unter den gleichen Namen, was viel Verwirrung verursachte. „Crib's" und „Rosa's" sind über 80 vorhanden, „Tumbler", „Nell", „Dan", „Dick", „Billy", „King Dick" figurieren auch je mit mehr als 20 Eintragungen. Soll sich da noch einer zurecht finden!

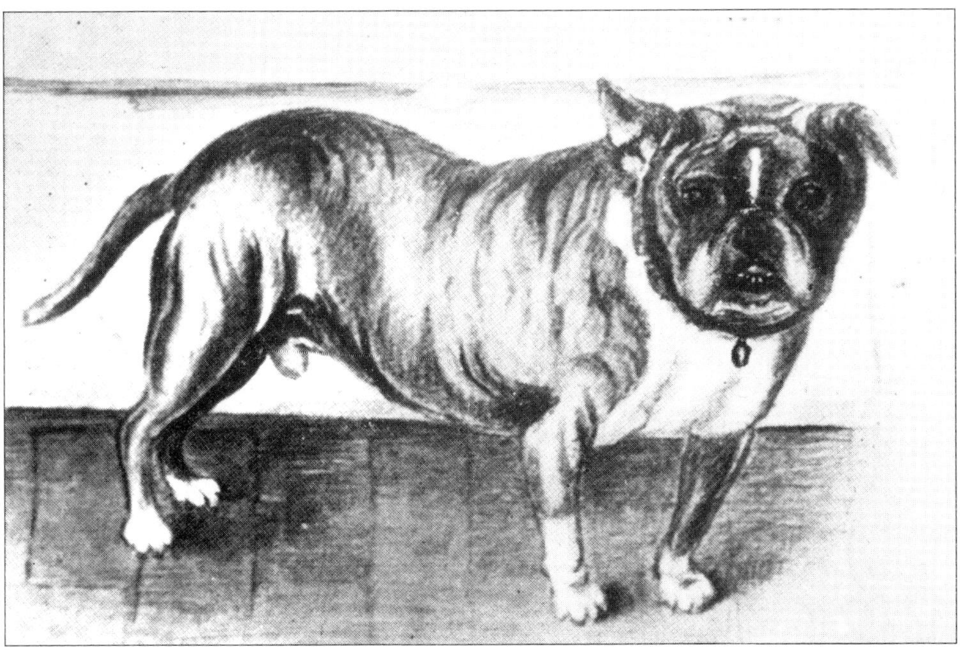

Abbildung 27: Dan, the Post Worrier, owned by Mr. F. Adcock.

Aber dies muss uns heutzutage auch keine Sorgen mehr machen, es liegt viel zu weit zurück. Rasch begann man, zur besseren Unterscheidung die Namen zu spezifizieren, wie: „Dan the Cropped Dog", „Dan the Post Worrier", „The Kensingthon Dog", „The Bristol Road Dog", „The Navigator's Bitch" u.s.w. Diese Anhängsel trugen auch nicht viel zur sicheren Unterscheidung der Zuchttiere in den Ahnentafeln bei. Erst als man dazu überging, den Vor- und Nachnamen des Züchters vor den Hundenamen zu stellen, waren sofort viel klarere Verhältnisse geschaffen. Als erster wird „Jacob Lamphier's Ch. King Dick" als grosser Sieger auf Ausstellungen auf diese Art erwähnt.

In alten englischen Büchern findet man natürlich massenweise die Namen früherer Züchter, alte Stammbäume und die Auflistung ehemaliger Blutlinien und deren spezielle Qualitäten oder auch Nachteile. Ich denke aber, dass Bulldogliebhaber, die sich für diese uralten Details interessieren, in der Original-Literatur nachlesen können. Alles hier aufzuführen, würde zu umfangreich werden und für die Wenigsten von Nutzen sein. Eines der wertvollsten alten Bücher, enthaltend die Originalmanuskripte von Stammbäumen der Kampfhunde von 1722 — 1820, ist leider im Zweiten Weltkrieg zerstört worden. Die unersetzbaren Schätze des Incorporated Bulldog Clubs — die herrlichen Silbertrophäen, Bilder, Bücher u.s.w. — wurden bei Kriegsausbruch sicherheitshalber zum Teil bei Maples in London deponiert, ein anderer Teil an die Vorstandsmitglieder zum Aufbewahren und Verstecken verteilt. Maples — eine Gebäude, das als ganz sicher galt — wurde durch Bomben total ruiniert und damit, nebst vielen anderen Schätzen, auch diese genannte Pedigree Sammlung zerstört.

Vor der Jahrhundertwende galt der Bulldog als Anziehungspunkt auf Ausstellungen. Er fand zunehmende und sehr anerkennende Beachtung. Seine Liebhaber waren jetzt angesehene Leute, und man musste keine Angst mehr um sein Fortbestehen haben.In den fünfundsechzig Jahren nach dem Gesetz, das jeden Kampf mit Tieren verbot, fand eine gewaltige Umwandlung im Verhältnis zu den Tieren im allgemeinen und den Bulldogs im besonderen statt. Die schlimmen, alten Tage waren vergangen, um nie mehr wiederzukehren. Der Bulldog gehörte jetzt zur Familie als geliebter Kamerad, als Begleiter und Bewacher der Häuser. Nie mehr sollte er Mittel und Opfer sein, um brutalen Menschen zu ermöglichen, ihre niedrigsten, gemeinsten Instinkte zu befriedigen.

Dass die Weiterzüchtung, welche jetzt nur noch auf Schönheit und teilweise groteske Übertreibungen ausgerichtet war, der Rasse gesundheitlich enorm geschadet hat, stellte man nun langsam fest. Im berühmten Buch von Edgar Farman, selbst ein sehr bekannter Züchter und fachkundiger Richter, lese ich 1899:

„Was geschickte Züchter in so kurzer Zeit verändern können, wenn sie systematisch arbeiten, dafür ist der Bulldog ein Musterbeispiel, ein vorzügliches Ergebnis des Triumphes des Menschen über die Natur. Wenn man aber bedenkt, was dieser Hund vorher war, kann man dies mit dem besten Willen nicht als Erfolg bezeichnen. Die ersten Ausstellungshunde verkörperten noch nicht solche Kolosse wie die teilweise übertriebenen Exemplare von heute. Ihre Bewegungsfähigkeit war noch nicht behindert durch den viel zu schweren Bau. Aber sie waren auch nicht so weichherzige, freundliche Hunde wie

THE
CANINE WORLD
AND
SPORTS AND SPORTSMEN.

Vol. II.—No. 42. FRIDAY, MARCH 6, 1891. REGISTERED AS A NEWSPAPER AND FOR TRANSMISSION ABROAD. [PRICE TWOPENCE.

Abbildung 28: Titelseite „Canine World", 1891.

jetzt, das dürfen wir nicht vergessen. Die Mortalität bei den Jungen liegt viel höher als bei andern Rassen. Die Fruchtbarkeit der Hündinnen ist schlecht, und wenn sie dann doch noch Welpen bekommen, sterben sie nach ein paar Tagen dahin wie die Fliegen. Selbst wenn man ihnen allerbeste Pflege angedeihen lässt". (1899!!!)

Es scheint, Edgar Farman, der solche Feststellungen machte, sei allein auf weiter Flur. Sicher, er galt als weitblickender, sehr gescheiter Züchter und erkannte vielleicht Probleme, die von den meisten noch nicht in ihrer ganzen Tragweite erfasst worden waren.

Aber andere mussten doch unweigerlich ähnliche Erfahrungen gemacht haben. Vielleicht trösteten sich viele mit dem Gedanken, leider einer schwierig zu züchtenden Rasse verfallen zu sein und mehr Opfer bringen zu müssen als andere..... Oder wollte man diesen neuen Problemen gegenüber mit Gewalt blind sein, nur um den einmal begonnen Weg fortzusetzen? .... Herrschte vielleicht schon damals eine ähnliche Mentalität wie heute, vorhandene Rasseprobleme möglichst zu vertuschen?......

Dabei würde ich mich überglücklich schätzen, wenn der allgemein bevorzugte Typ von heute nur wenigstens noch so gesund und so gut wäre wie jener um die Jahrhundertwende, über den Edgar Farman ein so vernichtendes Urteil abgibt! Gemälde und Stiche von 1880 — bis etwa 1920 stellen oft Exemplare dar, mit denen wir heute ohne weiteres auf Ausstellungen aufkreuzen dürften ohne negativ aufzufallen. Wir hätten schon wesentlich gesündere Grundlagen, wenn wenigstens dieser Typ wieder angestrebt würde. Die Guten dieser Bulldogs entsprechen nämlich dem Standard unerwartet gut — nur nicht dem heutigen Geschmack. Sie stehen wohl eine Spur höher auf den Läufen und der Kopf ist nicht so überwältigend gross und schwer, aber das wären doch Plus-Punkte! Dem Grossteil des Publikums würden sie mit Bestimmtheit besser gefallen. Heute wird der vom Standard nicht gewollten Übertreibung rassetypischer Merkmale zu viel Gewicht beigemessen. Der Standard lässt dem Richter und Liebhaber einen enormen Spielraum für die Beurteilung und Gewichtung der einzelnen Punkte.

Der Unterschied vom ersten zum heutigen Standard ist klein, die Differenzen des Erscheinungsbildes sind hingegen sehr gross.

In den 122 Jahren zwischen dem ersten Standard und dem heute gültigen sind einige Male kleine Korrekturen vorgenommen worden. Sie haben aber weder erwähnenswerte Änderungen, noch gesundheitsfördernde Verbesserungen gebracht. Für alle der F.C.I. angeschlossenen Länder ist — oder richtiger gesagt, wäre die am Ende des Kapitels folgende Standard Beschreibung absolut verbindlich. Amerika hat wohl den englischen Standard im Grossen und Ganzen auch anerkannt, aber doch mancherlei andere Vorschriften und Regeln herausgegeben und oft andere Ausdrücke gewählt. Es ist aber nicht so, dass dort die Bulldogs wesentlich anders aussehen als bei uns. Sie sind meist noch massiger gebaut und haben mehr und dickere Falten am Kopf. Hingegen hat der Grossteil der amerikanischen Bulldogs eine besser gewinkelte Hinterhand als die unsrigen.

Weiterzucht ohne „Rosa-Ideal“

Verschiedene alte Schriftstücke beweisen eindeutig, dass Philo-Kuôn und dann auch der Bulldogclub (INC) die Hündin „Rosa“ aus dem berühmten Gemälde „Crib und Rosa“ von A.Copper, als Idealbulldog für die Beurteilung der Rasse bestimmten. Sie wurde allgemein als wichtigstes und erstrebenswertes Zuchtziel dargestellt. Umso eigenartiger mutet es an, dass bereits 1894 das Clubkomitee eine gravierende Änderung vornahm: „Rosa“ wurde von ihrem erhabenen Sockel unbarmherzig heruntergefegt, sie sei nicht mehr als Idol und Masstab zu betrachten und wurde ersatzlos aus dem Standard gestrichen. Die Richter bekamen Order, diesen Abschnitt bei der Beurteilung zu ignorieren.

Was war passiert? Ein solcher Sinneswandel kann nur damit erklärt werden, dass zu dieser Zeit die meisten Ausstellungs- und Zucht-Bulldogs bereits nicht mehr den Anforderungen von „Rosa“ entsprachen. Früher mussten sich Bulldogs durch Leistung bewähren. Nun hatten sie sich in den paar Jahrzehnten planmässiger Zucht, nur noch auf Liebenswürdigkeit und Schönheit, schon dermassen weit vom Leitbild entfernt, dass man den Standard anpassen musste, wollte man noch einigermassen glaubwürdig bleiben.

Wieso aber diese bedeutungsvolle Abkehr vom ehemaligen, in höchsten Tönen gepriesenen Ideal? Wie wir hörten, verlangte man für Ausstellungen brave, wohlerzogene Bull-

Abbildung 29: Rosa, 1817.

Abbildung 30: Tom Ball und „Bullfighter", 1898.

dogs. Es blieb den Züchtern keine andere Wahl, als ihre Hunde möglichst den Vorschriften entsprechend zu züchten; denn ohne Zulassung zu den Schauen wären die Bulldogs vor dem Untergang gestanden. Die vergangenen Jahre hatten den selbstlosen Liebhabern so grosse Opfer abverlangt, dass es jammerschade gewesen wäre, jetzt aufzugeben, wo man die Rasse gerettet glaubte.

Ich bin sicher, dass diese Züchter in der Zwischenzeit alles mögliche versucht hatten, die enorme Angrifflust, Beissbereitschaft und Gefährlichkeit der ehemaligen Kampf-Bulldogs zu mässigen und zugleich den schönen, athletischen Körper der Tiere beizubehalten. Anscheinend war dies in der kurzen Zeitspanne, die zur Verfügung stand, ein unmögliches Unterfangen. Sanftere und einigermassen gut zu haltende Haushunde zu bekommen, gelang ihnen erst, als der tiefe Körperbau, die Schwerfälligkeit und die extrem verkürzte Nase wie eine natürliche Bremse die Temperamentsausbrüche abschwächten oder unmöglich machten. Bestimmt waren die Bulldogs nicht plötzlich so unerhört viel artiger, lieber und einfacher in ihrem Kern geworden, sondern nur körperlich nicht mehr fähig, ihre frühere Wildheit auszuleben. Je mehr ich nach anderen Auslegungen suche, desto sicherer werde ich, dass dies so gewesen sein muss! Tiere im Wesen so gewaltig zu verändern, hätte einfach bedeutend mehr Zeit beansprucht. Im Gegensatz zu gravierenden Wesenskorrekturen ist es relativ einfach, in wenigen Generationen anatomische Veränderungen herbeizuführen und durch Inzucht zu festigen. Zudem waren als Ausgangspunkt nur Kampfhunde vorhanden. Die sanften „Hunde-Lämmer“ merzte man früher erbarmungslos aus.

Der Geschmack des Publikums begünstigte enorm die neue Zuchtrichtung. Die kleinen, breiten Hunde mit den grossen Köpfen und dem fast menschlichen Gesichtsausdruck gefielen ungemein gut. Man fand sie lustig. Die Welpen konnten zu guten Preisen verkauft werden, und die Nachfrage stieg zusehens. Das englische Volk sah in dem bulligen, mutigen, kleinen Kerl seinen Nationalhund der viele seiner ideellen Vorstellungen verkörperte. Die Haltung dieser Tiere war nun problemlos geworden, sie benahmen sich ruhig, brauchten nicht stundenlang ausgeführt werden, waren kinderlieb, tapfer und auffällige Erscheinungen, mit denen man beachtet wurde. Zudem können wir dem englischen Volk einen gewissen Hang zum Grotesken nicht absprechen. Einmal mit den ersten Importexemplaren konfrontiert, setzte auch in Amerika der Siegeszug ein. Da ein grosser Teil der amerikanischen Bevölkerung englischer Abstammung ist, hatte es der neue, knuddelige Bulldog natürlich leicht, die Herzen dort ebenfalls im Sturm zu erobern. Er war ja ein richtiger, kleiner Engländer! Die Gründung des Bulldogclubs von Amerika schon 1890 ist ein deutlicher Beweis dafür.

In andern Ländern fing man an, sich für die „vor lauter Hässlichkeit wieder Schönen“ zu interessieren und bezahlte horrend hohe Beträge beim Kauf von berühmten Ausstellungssiegern. Je ausgefallener die Neuankömmlinge aussahen, umso grösseres Aufsehen konnte man damit bewirken. Was weiter passierte, ist schnell erzählt. Es gab immer mehr Liebhaber, die an den einzigartigen, ausdruckstarken Bulldogs Gefallen fanden und sie ins Herz schlossen. In der Zwischenzeit war den englischen Züchtern auch das Meisterwerk gelungen, die Liebenswürdigkeit und Einmaligkeit im Wesen dieser Hunde zu betonen und zu festigen.

All diese verschiedenen Aspekte zusammen bestärkten sie in ihren Bemühungen. Die steigende Beliebtheit des niedrigeren, schwereren Typs bot ihnen Gewähr, auf dem richtigen Wege zu sein. Der Beweis, dass sie etwas Gutes leisteten, war erbracht.

Welch grosser und gravierender Irrtum dies war, zeigte sich erst viel später in der Zucht. Die Bulldogs dieser Ära waren, verglichen mit unseren modernen Typen, immer noch relativ hochbeinig und weniger plattgedrückt. In ihnen schlummerten so viele Reserven, dass sie immer noch leistungsfähig genug waren, die Erwartungen zu erfüllen, die man an sie stellte. Jene Züchter hatten noch keinen Grund, sich ernstlich zu sorgen.

Nur auf diese Weise kann ich mir erklären, weshalb man unsere Rasse damals so gegen alle Regeln einer gesunden Anatomie stets extremer weiterzüchtete.

Vom Kampf- zum Familienhund

Nach dem Verbot der Hundekämpfe hat sich der Bulldog innerhalb unglaublich kurzer Zeit zu einem Haushund entwickelt, der an Treue, Zuneigung und Originalität einmalig ist. Um dies zu verstehen muss man sich folgende Daten vergegenwärtigen:

1835	Verbot der Kämpfe
1856	Erste Hundeausstellung — aber verboten für Bulldogs!
1860	Grosse Hundeausstellung in Birmingham, erstmals mit Bulldogs
1865	Erster Bulldog Standard von Philo-Kuôn mit dem Idealtyp „Rosa"
1875	Gründung des Bulldog Club Inc., erster Rasse-Hundeklub der Welt
1894	Offizielle Abkehr von „Rosa" als Standard-Typ

Nach dem Verbot der Hundekämpfe wurden diese noch eine Zeitlang illegal weitergeführt. Die Hunde waren aber rasch viel seltener geworden und wären in Vergessenheit geraten, wenn nicht viele Bulldogfreunde alles daran gesetzt hätten, um die Rasse zu erhalten. Der Charakter der damaligen Bulldogs muss wirklich einmalig gewesen sein. Wie wäre es sonst zu erklären, dass ausgerechnet für eine zum Untergang verurteilten Rasse der erste Rasse-Hundeklub der Welt gegründet wurde?

Diesen Rasseliebhabern oblag die schwierige, aber höchst interessante Aufgabe, den bissigsten Kampfhund zum friedlichen Familienhund zu entwickeln.

Züchter mit Erfahrung und einigen genetischen Kenntnissen wissen, dass es unendlich viel schwieriger ist, den Charakter eines Tieres durch züchterische Massnahmen zu ändern, als das Aussehen einem vorgezeichneten Standard anzupassen. Was früher den Bulldog so gefährlich machte, war seine blitzschnelle Reaktionsfähigkeit, gepaart mit dem kämpferischen Wesen. Es liegt also nahe, dass die Hunde, nebst der gezielten Auswahl verträglicher Tiere, auch viel schwerfälliger gezüchtet wurden, um sie in ihrer Bewegungsfähigkeit und Aggressivität zu begrenzen. Dies musste auch unbedingt geschehen, um erstens die Zulassung zu den Ausstellungen zu bekommen und zweitens, um zu verhindern, dass bissige oder raufende Hunde sofort disqualifiziert und aus dem Richterring gewiesen wurden.

Man konnte nun bald feststellen, dass die neue skurrile Erscheinung des Bulldogs, die sich von allen andern Hunden so gewaltig unterschied, sehr rasch ihre Liebhaber fand. Der schwere Typ mit dem bulligen Aussehen war zudem so angenehm zu halten, dass die Nachfrage stark anstieg.

Als man 1894 „Rosa" ignorierte und ein neues Bulldogideal erkor, war dieser Wandel bereits vollzogen und die Änderung des Standard nur noch eine überfällige Formsache.

Beurteilung nach Punkten

Für die grosse Ausstellung 1876 wurde erstmals ein Punktesystem eingeführt und danach gerichtet. Auf einem Blatt Papier benotete der Richter die ihm vorgeführten Bulldogs nach folgenden Kriterien, basierend auf einem Total von 100 Punkten:

Schnauze	5	Breite und Eckigkeit der Kiefer	2 P.
		Vorbiss + Aufbiegung des Unterkiefers	2
		Grösse + Qualität der Zähne	1
Fang	5	Breite	2
		Tiefe	2
		Komplettes Decken der Schneidezähne	1
Gesicht	5	Kürze	1
		Breite	1
		Tiefe	1
		Form und Aufwärtsbiegung	1
		Runzeln	1
Stop	5	Tiefe	2
		Breite	2
		Ausdehnung	1
Schädel	15	Grösse	5
		Höhe	1
		Breite und Eckigkeit	3
		Form	2
		Runzeln	4
Augen	5	Plazierung	2
		Grösse	1
		Form	1
		Farbe	1
Ohren	5	Plazierung	1
		Form	1,5
		Grösse	1,5

		Dünne	1
Brust + Hals	5	Länge	1
		Dicke	1
		Nackenwölbung	1
		Wamme	1
		Breite, Tiefe + Rundung der Brust	1
Schultern	5	Form	2
		Breite	2
		Muskeln	1
Körper	5	Tiefe + Volumen des Brustkorbes	2
		Geräumigkeit + Rundung der Rippen	3
Rücken	5	Kürze	2
		Breite der Schulterpartie	1
		Form, Stärke + Bogen über Lende	2
Vorderhand	5	Stämmigkeit	1,5
		Kürze	1
		Entwicklung	1
		Pfoten	1,5
Hinterhand	5	Stämmigkeit	1
		Länge	1
		Form + Entwicklung	2
		Pfoten	1
Grösse	5		
Fell	5		
Rute	5		
Gesamteindruck	10	=	100 Punkte

Wir ersehen aus dieser Punkteskala, dass für den Kopf allein 45 Punkte von 100 vergeben wurden. Es ist typisch, dass man es schon damals nicht für notwendig erachtete, Kondition, Bewegungsfreundigkeit, Gangwerk, Atmung usw. auch mit Punkten zu belohnen. All' diese wichtigen Voraussetzungen für ein gesundes Hundeleben ignorierte man total. Einzig und allein der Schönheit und der aussergewöhnlichen Anatomie schenkte man genügend Beachtung.

Ich erinnere mich noch gut, dass unsere früheren Richter, wie die Herren Charles Maison, Fred Rufer und Arnold Beck in den Jahren 1966 — ca. 1975 nach diesem System richteten. Die Punkte wurden nach der Beurteilung zusammengezählt und die Plazierung stand fest. Allerdings weiss ich nicht mehr, ob es je geschah, dass zwei Hunde genau gleichviel Punkte bekamen. In seinem berühmten Buch von 1899 empfiehlt Edgar Farman in einer so aussergewöhnlichen Situation „a very serious“ (eine sehr ernsthafte!!) zweite Beurteilung vorzunehmen!

Die Entwicklung des Bulldog-Typs von 1878 bis 1992

Auf den folgenden Seiten versuche ich die Entwicklung des Bulldog-Typs seit der Gründung des ersten Clubs 1875 in Bildern aufzuzeigen. Die Reihe kann sich nur auf einige wenige Beispiele beschränken. Selbstverständlich gäbe es eine riesige Zahl von berühmten Rassevertretern, die für ihre Zeit genauso repräsentativ wären, aber aus Platzgründen hier nicht veröffentlicht werden können.

Es handelt sich bei allen Tieren um berühmte Champions ihrer Zeit, die das Idealbild im Urteil eines oder mehrerer Richter verkörperten, obwohl sie teilweise ganz verschieden aussehen.

Es ist ersichtlich, dass schon früher der Hang nach einem massigen Idealbild vorhanden war. Nur war dieser Typ damals noch relativ selten weil die Natur den Züchtern Grenzen setzte. Bevor Kaiserschnitte nach dem zweiten Weltkrieg zu Routineoperationen wurden, hat man in der Regel mit leichten, gut gebärenden Hündinnen gezüchtet, die selten oder nie ausgestellt wurden. In sehr alten Stammbäumen erscheinen deshalb zumeist nur berühmte Väter und kaum bekannte Mütter.

Erst die operative Entbindung eröffnete den Züchtern die Möglichkeit gezielt den Wünschen von Liebhabern und Richtern nach einem massigen, bulligen Idealtyp mit übermässig grossem Kopf und breiten Schultern nachzukommen.

Die gesundheitlichen Nachteile dieser Extrem-Züchtungen sind erst später sichtbar geworden. Es liegt nun an den Richtern, durch die entsprechende Bewertung der Gesundheit den Bulldog wieder auf einen befriedigenden Typ zurückzuführen, und an den Züchtern den neuen Trend zu unterstützen um dem heutigen Bulldog ein normales Hundeleben zu ermöglichen.

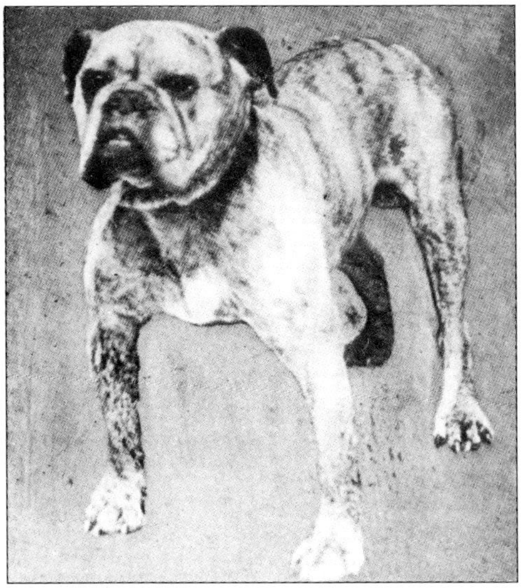

Abbildung 31:
Ch. Gamester (KCSB 10770), geb. 17.9.1878 aus Crib und Rose, Z. J.W. Berrie, B. Harry Layton.

Abbildung 31a:
Ch. Willsmere Solid Silver, geb. 20.5.1986 aus Ch. Aldridge Avanti und Ch. Willsmere Naughty but Nice, Z.+B. V. Williams.

Abbildung 32:
Reeves' Crib, geb. 18.6.1879 aus Tiger + Mab.
Z.+B. F. Reeves.

Abbildung 33:
Ch. Facey Romford (KCSB 37001), geb. 20.7.1891 aus King Orry und Maud Monarch.
Z. W. Wilson, B. D.Y. Cassels.

Abbildung 34: Ch. Baron Sedgemere (KCSB 1326 A), geb. 3.4.1895 aus Stockwell und Blackberry. Z. Sam Woodiwiss, B. Fred W. Taylor.

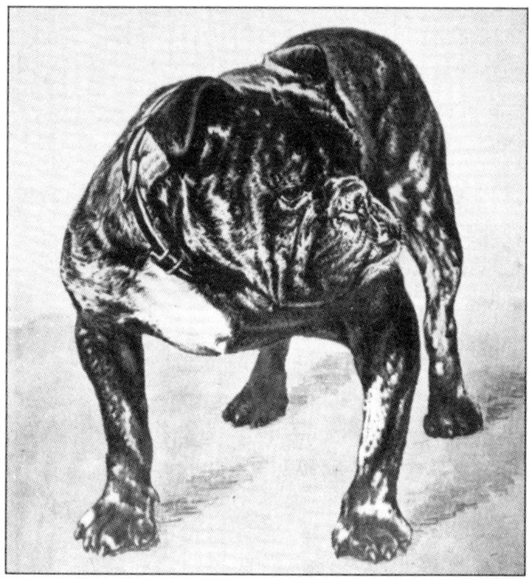

Abbildung 35: Ch. Rodey Stone (KCSB 331C), geb. am 1.9.1897 aus John of the Funnels und Lucy Loo. Z.+B. Walter F. Jefferies

Dies sind vier Vertreter vom Ende des 19. Jahrhunderts. Es ist schwierig zu sagen, auf was man speziell Wert legte. Mit Bestimmtheit wirken sie gesund und beweglich, sind leichter gebaut, noch nicht so tief gestellt, länger im Rücken und besitzen ausgeprägtere Nasen als unser jetziges Schönheitsideal.

Abbildung 36: Ch. Silent Duchess 1904, eine gesunde, kräftige Hündin, die mir sehr gut gefallen würde.

*Abbildung 37:
Ch. Roseville Blaze, geb. 16.11.1910.
Z.+B. G. Wollons.
Diese Hündin wird von vielen alten Bulldogkennern als die beste Hündin aller Zeiten gelobt.*

38: Ch. Pugilist 1926, B. Mrs. B.J. Walz. Gehörte zu den allerbesten seiner Zeit mit einem Rekord an Show-Gewinnen.

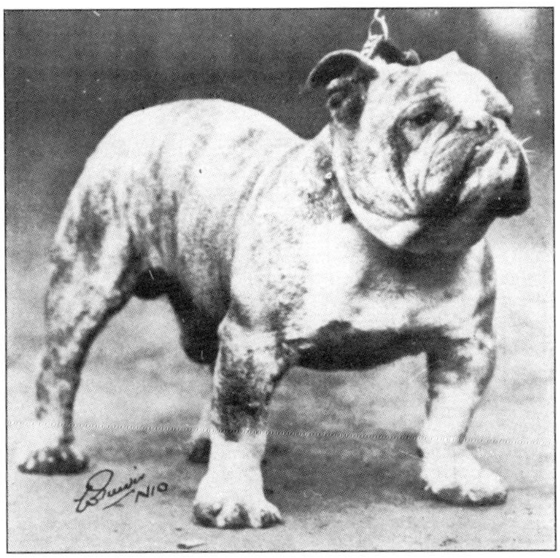

Abbildung 39: Ch. Jasperdin of Din, 1930.

Hier erkennt man in aller Deutlichkeit, daß der Trend in Richtung Massigkeit, tieferer Stand und mehr Brustbreite geht.

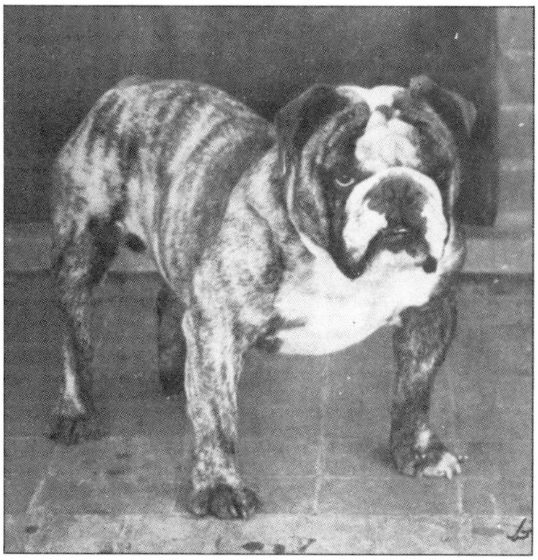

Abbildung 40:
Leodride Air Marshall, geb. 22.3.1944 aus King of the Air und Roseville Bonanza. Z. Mrs. M.G. Mansel, B. Mrs. E. Smith.

Abbildung 41:
Easter Sensation of Wiggin, geb. 8.12.1944 aus Falstone Sensation und Princess Bonnie. Z. Mrs. Green, B. Mr. Clayton.

Abbildung 42:
Ch. Noways Chuckles, geb. 17.10.1950 aus Ch. Prince of Woodgate und Noways Vikroria. Z.+B. Marjorie Barnard.
Chuckles ist bis heute der einzige Bulldog, der auf Cruft's „Best in Show" wurde (1952).

Abbildung 43:
Ch. Milord of the Regions, geb. 28.12.1953 aus Ch. Maelor Solarium und Wicked Lady of the Region.
Z.+B. G. Parker.

Hier habe ich vier sehr berühmte Bulldogs ihrer Zeit ausgewählt. Sie verkörpern alle einen gesunden, nicht übermäßig extremen Typ. Dies sind Bulldogs, die ich mit Freude und Stolz zur Ausstellung bringen würde und die sicher viele Liebhaber begeistern könnten.

Abbildung 44:
Ch. Denbrough Leander, geb. 1.7.1968 aus Ch. Castizo Canford Trailblazer und Castizo Manuela. Z.+B. D. Shaw.

Abbildung 45:
Ch. Portfield So Small, geb. 5.8.1969 aus Int. Ch. Vardona Frosty's Masterpiece und Zircon Red Pixie. Z.+B. Sheila Goodard.

Abbildung 46: Ch. Beechlyn Golden Nuggett of Denbrough, geb. 22.4.1972 aus Ch. Denbrough Leander + Beechlyn Carmen of Barabull. Z. Joe Fox, B. Dennis Shaw.

Abbildung 47: Ch. Outdoors Jubilant, geb. 23.8.1977 aus Ch. Aldrige Advent Gold und Outdoors Sunshine.
Z.+B. G. Wakefield
Die großen Sieger dieser Dekade zeigen überzeugend den neuen, gewünschten Idealtyp: große Köpfe, massige Brust und kürzere Läufe.

Abbildung 48:
Ch. Ocobo Skipper, geb. 6.9.1980 aus Ch. Kingrock Captain Christian und Rabmoga Second go Lucky of Ocobo.
Z.+B. Norman Davis

Abbildung 49:
Ch. Merriveen Poppy Daze, geb. 9.11.1980 aus Ch. Merriveen Happy Daze und Merriveen Hells Delight.
Z.+B. Pat Dellar.

Abbildung 50:
Ch. Sandean Sophie's Baby, geb. 25.3.1983 aus Ch. Ocobo Skipper und Sandean Miss World. Z.+B. Terry Brunton.
Sophie's Baby ist die Hündin in England, die mit 33 gewonnenen CC's den Rekord hält.

Abbildung 51:
Ch. Kelloe White Glove, geb. 28.12.1990 aus Tugga Tough Decision for Kelloe und Kelloe Gello. Z.+B. C. Burton / D. McHale.
Diese erfolgreiche Hündin wurde „Top Bulldog 1992" in England.

Mit diesen vier Spitzenhunden der letzten Jahre schließe ich diese Ahnengalerie im Bewußtsein, daß man nie allen schönen Hunden und allen engagierten Züchtern gerecht werden kann.

Der heute gültige Standard

Der englische Originaltext lautet:

No. 149 The 24th June 1987

Standard : Bulldog
English breed

General appearance : smooth-coated, thick set, rather low in stature, broad, powerful and compact. Head massive, fairly large in proportion to size, but no point so much in excess of others as to destroy the general symmetry, or make the dog appear deformed, or interfere with its powers of motion. Face short, muzzle broad, blunt and inclined upwards. Body short, well knit, limbs stout, well muscled and in hard condition. Hindquaters high and strong but somewhat lighter in comparison with heavy foreparts. Bitches not so grand or well-developed as dogs.

Characteristics : conveys impression of determination, strength and activity.

Temperament : alert, bold, loyal, dependable, courageous, fierce in appearance, but possessed of affectionate nature.

Head & Skull : skull large in circumference, should measure round (in front of ears) approximately height of dog at shoulder. Viewed from front appears very high from corner of lower jaw to apex of skull; also very broad and square. Cheeks well-rounded and extended sideways beyond eyes. Viewed from side, head appears very high and short from back to point of nose. Forehead flat with skin upon and about head, loose and wrinkled, neither prominent nor overhanging face. Projections of frontal bones prominent, broad, square and high; deep, wide indentation between eyes. From stop, a furrow, both broad and deep extending to middle of skull being traceable to apex. Face from front of cheekbone to nose, short, skin wrinkled. Muzzle short, broad, turned upwards and very deep from corner of eye to corner of mouth. Nose and nostrils large, broad and black, under no circumstances liver colour, red or brown; top set back towards eyes. Distance from inner corner of eye (or from centre of stop between eyes) to extreme tip of nose not exceeding length from tip of nose to edge of underlip. Nostrils large and wide with well-defined vertical straight line between. Flews (chops) thick, broad, pendant and very deep, hanging completely over lower jaws at sides, not in front. Joining underlip in front and quite covering teeth. Jaws broad, massive and square, lower jaw projecting considerably in front of upper and turning up. Viewed from front, the various properties of the face must be equally balanced on either side of an imaginary line down centre.

Eyes : seen from front, situated low down in skull, well away from ears. Eyes and stop in same straight line, at right angles to furrow. Wide apart, but outer corners within the outline of cheeks. Round in shape, of moderate size, neither sunken nor prominent, in colour very dark -almost black- showing no white when looking directly forward.

Ears : set high-i.e. front edge of each ear (as viewed from front) joins outline of skull at top corner of such outline, so as to place them as wide apart, as high and as far from eyes as possible. Small and thin. „Rose ear" correct, i.e. folding inwards at back, upper or front inner edge curving outwards and backwards, showing part of inside of burr.

Mouth : jaws broad and square with six small front teeth between canines in an even row. Canines wide apart. Teeth large and strong not seen when mouth closed. When viewed from front underjaw directly under upper jaw and parallel.

Neck : moderate in length (rather short than long), very thick, deep and strong. Well-arched at back, with much loose, thick and wrinkled skin about throat, forming dewlap on each side, from lower jaw to chest.

Forequaters : shoulders broad, sloping and deep, very powerful and muscular giving appearance of being „tacked on" body. Brisket capacious, round and very deep from top of shoulders to lowest part where it joins chest. Well let down between forelegs. Large in diameter, round behind forelegs (not flat-sided, ribs well-rounded). Forelegs very stout and strong, well-developed, set wide apart, thick, muscular and straight, presenting rather bowed outline, but bones of legs large and straight, not bandy nor curved and short in proportion to hindlegs, but not so short as to make back appear long, or detract from dog's activity and so cripple him. Elbows low and standig well away from ribs. Pasterns short, straight and strong.

Body : chest wide, laterally round, prominent and deep. Back short, strong, broad at shoulders, comparatively narrower at loins. Slight fall to back close behind shoulders (lowest part) whence spine should rise to loins (top higher than top of shoulder), curving again more suddenly to tail, forming arch (termed roach back)- a distinctive characteristic of breed. Body well-ribbed up behind with belly tucked up and not pendulous.

Hindquaters :legs large and muscular, longer in proportion than forelegs, so as to elevate loins. Hocks slightly bent, well let down; leg long and muscular from loins to hock; short, straight, strong lower part. Stifles round and turned slightly outwards away from body. Hocks thereby made to approach each other and hind feet to turn outwards.

Feet : fore, straight and turning very slightly outward; of medium size and moderately round. Hind round and compact. Toes compact and thick, well split up, making knuckles prominent and high.

Tail : set on low, jutting out rather straight and then turning downwards. Round, smooth and devoid of fringe or coarse hair. Moderate in length -rather short than long- thick at root, tapering quickly to a fine point. Downward carriage (not having a decided upward curve at end) and never carried above back.

Gait/Movement : peculiarly heavy and constrained, appearing to walk with short, quick steps on tips of toes, hind feet not lifted high, appearing to skim ground, running with one or other shoulder rather advanced.

Coat : fine texture, short, close and smooth (hard only from shortness and closeness, not wiry)

Colour : whole or smut, (i.e. whole colour with black mask or muzzle). Only whole colours (which should be brilliant and pure of their sort) viz., brindles, reds with their various shades, fawns, fallows etc., white and pied (i.e. combination of white with any of the foregoing colours). Dudley, black and black with tan highly undesirable.

Size : dogs : 25 kgs (55 lbs); bitches 22.7 kg (50 lbs).

Faults : any departure from the foregoing points should be considered a fault and the seriousness with which the fault should be regarded should be in exact proportion to its degree.

Note : male animals should have two apparently normal testicles fully descended into the scrotum.

Approved by the General Assembly on the 23th and 24th June 1987 in Jerusalem.

Standard No. 149 Bulldog

Englische Rasse
Von der F.C.I. Generalversammlung angenommen am 24. Juni 1987 in Jerusalem.

Übersetzung: Imelda Angehrn,
überarbeitet von Harry G.A. Hinckeldeyn

Allgemeine Erscheinung
Kurzhaarig, untersetzt, eher tief gestellt, breit gebaut, kraftvoll und kompakt. Massiver Kopf, im Verhältnis zum Körper ziemlich gross. Kein Merkmal darf derart dominieren, dass die Ausgewogenheit insgesamt gestört ist, oder der Hund verformt oder in seiner Bewegungsfähigkeit beeinträchtigt erscheint. Gesicht kurz, Fang breit, stumpf und nach oben gerichtet. Körper kurz, gut zusammengefügt, Gliedmassen stämmig, gut bemuskelt und von starker Kondition. Hinterhand hoch und kräftig, aber im Vergleich zur schweren Vorderhand etwas leichter. Hündinnen nicht so grossrahmig und stark entwickelt wie Rüden.

Charakteristika
Vermittelt den Eindruck von Entschlossenheit, Kraft und Aktivität.

Wesen
Aufmerksam, kühn, loyal, zuverlässig, unerschrocken, grimmiges Aussehen, aber liebenswürdig im Wesen.

Kopf und Schädel

Kopfumfang gross, sollte (vor den Ohren gemessen) ungefähr der Schulterhöhe des Hundes entsprechen. Von vorne gesehen erscheint der Kopf vom Kinn bis zum Scheitel sehr hoch, auch sehr breit und kantig. Sich neben den Augen ausdehnende, gut gerundete Backen. Von der Seite gesehen erscheint der Kopf vom Hinterkopf bis zur Nasenspitze sehr hoch und kurz. Stirnpartie flach, lose Hautfalten auf und um den Kopf, die aber weder zu stark ausgebildet noch das Gesicht überlappen dürfen. Stirnknochen ausgeprägt, breit, quadratisch und hoch; tiefe und breite Einbuchtung zwischen den Augen. Vom Stop verläuft bis zur Mitte des Scheitels eine breite und tiefe Stirnfurche die bis zum Hinterhauptbein fühlbar ist. Gesicht vom vorderen Teil der Backenknochen bis zur Nasenspitze kurz, mit Hautfalten. Fang kurz, breit, aufwärts gebogen und vom Augenwinkel bis zum Lefzenwinkel sehr tief. Nase und Nasenlöcher gross, breit und schwarz, keinesfalls leberfarben, rot oder braun. Nasenspitze in Richtung der Augen zurückgesetzt. Abstand vom inneren Augenwinkel (oder von der Mitte des Stops) bis zur Nasenspitze nicht länger als jener von der Nasenspitze zum Rand der Unterlippe. Nasenlöcher gross und weit geöffnet mit einer deutlichen, senkrechten, geraden Linie dazwischen. Lefzen dick, breit, hängend und sehr tief, den Unterkiefer seitlich vollständig überlappend, aber nicht vorne; dort müssen sie bis zur Unterlippe reichen und vollständig die Zahnreihe be-

Abbildung 52: Kopfstudie.

decken. Kiefer breit, massiv und kantig. Unterkiefer vorne beträchtlich länger als der Oberkiefer und aufgebogen. Von vorne gesehen müssen die verschiedenen Partien des Gesichtes beidseits einer gedachten Mittellinie gleichmässig ausgewogen erscheinen.

Augen
Von vorne gesehen tief unten im Schädel eingesetzt, gut entfernt von den Ohren. Augen und Stop in einer geraden Linie, in rechten Winkeln zur Stirnfurche. Weit auseinander eingesetzt, jedoch die äusseren Augenwinkel noch innerhalb der Backenaussenlinie liegend. Ihre Form rund, mässig gross, weder eingesunken noch hervorstehend, Augenfarbe sehr dunkel — nahezu schwarz. Sie dürfen kein Weiss zeigen, wenn der Hund geradeaus schaut.

Ohren
Hoch angesetzt, sodass der Vorderrand von beiden Ohren von vorne gesehen die Fortsetzung der Aussenlinie des Oberkopfes an seinem höchsten Punkt bildet. Sie sollen möglichst weit auseinander, möglichst hoch über den Augen und möglichst weit von diesen entfernt sein. Klein und dünn. „Rosenohren“ sind korrekt, d.h. auf der Rückseite nach innen gefaltet und zurückgelegt, der obere oder vordere Ohrenrand fällt nach aussen und hinten, das Innere der Ohrmuschel ist teilweise sichtbar.

Gebiss
Kiefer breit und kantig, die sechs kleinen Schneidezähne in gerader Linie zwischen den Fangzähnen, welche weit auseinander stehen. Zähne gross und kräftig, bei geschlossenem Fang nicht sichtbar. Von vorne gesehen steht der Unterkiefer direkt und parallel unter dem Oberkiefer.

Hals
Von mässiger Länge (eher kurz als lang), sehr dick, tief und kräftig. Gut gewölbte Nackenlinie, mit viel losen, dicken Hautfalten im Bereich der Kehle, beidseitig vom Unterkiefer bis zur Brust eine Wamme bildend.

Vorderhand
Schultern breit, schräg liegend und tief, sehr kraftvoll und muskulös, geben den Anschein, als wären sie seitlich des Körpers befestigt. Brustkorb geräumig, rund und sehr tief vom oberen Schulterrand bis zum untersten Punkt des Brustbeines. Gut zwischen die Vorderläufe heruntergelassen. Brustkorb gross im Durchmesser, hinter den Vorderläufen rund (nicht flachrippig sondern gut gerundete Rippen). Vorderläufe sehr stämmig und stark, gut entwickelt, weit auseinander stehend, dick, muskulös und gerade. Die äussere Linie erscheint eher gewölbt, aber die Knochen sind stark und gerade, nicht krumm oder gebogen; im Verhältnis zu den Hinterläufen kurz, aber nicht so kurz, dass dadurch der Rücken lang erscheint oder die Aktivität des Hundes darunter leidet und er verkrüppelt wirkt. Ellbogen tief angesetzt, deutlich vom Rippenkorb abstehend. Vordermittelfuss kurz, gerade und kräftig.

Rumpf
Brustkorb breit, seitlich gerundet, ausgeprägt und tief. Rücken kurz, kräftig, im Schul-

Abbildung 53: Standmodell.

terbereich breit, in der Lendenpartie vergleichsweise schmäler. Unmittelbar hinter den Schultern ist der Rücken geringfügig eingesenkt (tiefste Stelle), von da an steigt die Wirbelsäule bis zu den Lenden an (wobei der oberste Punkt der Lendenpartie höher liegt als die Schulter), danach fällt die Rückenlinie — einen Bogen bildend — zur Rute hin steiler ab (genannt „roach-back"), ein für diese Rasse charakteristisches Merkmal. Körper bis weit nach hinten gut aufgerippt, Bauch aufgezogen und nicht hängend.

Hinterhand
Hinterläufe starkknochig und muskulös, vergleichsweise länger als die Vorderläufe, wodurch die Lendenpartie erhöht wird. Sprunggelenke leicht gewinkelt, tiefstehend. Läufe lang und muskulös, von der Lende bis zum Sprunggelenk, der Hintermittelfuss kurz, gerade und stark. Kniegelenke rund und leicht auswärts gedreht, wodurch sich die Sprunggelenke einander nähern und die Pfoten auswärts gestellt werden.

Pfoten
Vorderpfoten, gerade und ganz wenig auswärts gestellt, von mittlerer Grösse und mässig rund. Hinterpfoten rund und kompakt, Zehen kompakt und dick, gut voneinander getrennt, gut aufgeknöchelt.

Rute
Tief angesetzt, an der Wurzel ziemlich gerade heraustretend und dann nach unten gebogen. Rund, glatthaarig und ohne Fransen oder grobe Behaarung. Mässig lang — eher kurz als lang — dick am Ansatz, sich schnell zu einer feinen Spitze verjüngend. Abwärts gerichtet getragen (ohne aufwärts gebogenes Rutenende) und nie über der Rückenlinie.

Gangart/Bewegung
Vornehmlich schwer und gebunden, scheint mit kurzen, schnellen Schritten auf den Zehenspitzen zu gehen, hebt die Hinterläufe nicht hoch vom Boden, was aussieht, als ob sie über den Boden gleiten würden, beim Laufen werden die Schultern abwechselnd etwas vorgeschoben.

Abbildung 54: Korrekte Ansicht von hinten.

Haarkleid
Von feiner Struktur, kurz, dicht und glatt (hart nur infolge der Kürze und Dichte, jedoch niemals borstig).

Farben
Einfarbig oder einfarbig mit schwarzer Maske (Smuts). Farbige (die immer leuchtend und rein in ihrer Farbe sein sollen) nämlich: Gestromte, Rote in allen Schattierungen wie: rehbraun, falb, fahl u.s.w., Weisse und Gescheckte (d.h. weiss in Kombination mit jeder der obengenannten Farben). „Dudley“ (d.h. mit brauner oder leberfarbenen Nase), schwarz und schwarz mit braun höchst unerwünscht.

Grösse — Gewicht
Rüden 25 kg (55 lbs); Hündinnen 22.7 kg (50 lbs).

Fehler
Jede Abweichung von den vorgenannten Punkten sollte als Fehler angesehen werden, dessen Bewertung in genauem Verhältnis zum Grad der Abweichung stehen sollte.

Anmerkung
Rüden sollten zwei offensichtlich normal entwickelte Hoden aufweisen, die sich vollständig im Skrotum befinden.

The

Perfect Bulldog

in Word and Picture

A GUIDE

for Exhibitors,
Breeders & Judges

By J. Hay Hutchison

THE PERFECT BULLDOG.

Die Neuauflage dieses im Jahre 1908 erschienenen Standardwerkes ermöglichte der Bulldog Club Incorporated im Jahre 1977, ihm verdanke ich die freundliche Genehmigung zur Veröffentlichung.

VORWORT

Mit der vorliegenden Schrift habe ich versucht, mittels leichtverständlicher Zeichnungen, die Fehler und die ideale Form des Bulldogs gemäss Beschreibungen von verschiedenen Bulldog-Clubs darzustellen. Ich habe diese Aufgabe übernommen, weil erfahrungsgemäss eine Vielzahl von Fachleuten die gleichen theoretischen Auffassungen in der Praxis so verschieden interpretieren, als wären sie Kunstkritiker. Meiner Ansicht nach beruht diese Diskrepanz auf der Tatsache, dass sich bis heute sämtliche Abhandlungen über die Bulldogs auf schriftliche Aufzeichnungen und auf Diskussionen beschränken, ohne dass bildliche Darstellungen diese Punkte klar und unmissverständlich festhalten. Ich bin überzeugt, dass durch meine Skizzen nicht nur die Fehler, sondern auch die erwünschten Formen und Eigenschaften dieser edlen Hunderasse in einer leicht verständlichen und bisher noch nie versuchten Art und Weise besser dargestellt werden können.

In über zwanzigjährigen Bulldog Studien bin ich zur Überzeugung gelangt, dass der heutige perfekte Bulldog in seiner Erscheinung Beweglichkeit, Kraft und Ausdauer verkörpern sollte, wie früher, als er für den Stierkampf gebraucht wurde, obwohl er diese Vorzüge nicht mehr öffentlich unter Beweis stellen muss. Die heutige Zivilisation hat Kämpfe mit Stieren und Bären abgeschafft, und der Bulldog wäre wie der Dodo ausgestorben, wenn es nicht seine vielen begeisterten Anhänger gäbe. Wer sich jedoch auf dem Gebiet auskennt, der weiss auch vom Vorhandensein dieser alten Instinkte, die auch heute noch bei sich bietender Gelegenheit zum Vorschein kommen. Durch wissenschaftliche Studien und Anstrengungen in der Zucht des idealen Bulldogs, steht dieser seinem Vorgänger nicht nach. Was heute fehlt, sind Trainingsmöglichkeiten, die dem Wesen des Bulldogs entsprechen. Trotzdem dürfen seine Hartnäckigkeit und seine Unerschrockenheit nicht angezweifelt werden, und die breite Brust, die kurze Nase und die leichgebaute Hinterhand haben heute noch ihre Berechtigung. Der perfekte Bulldog, wie ich ihn darzustellen versuche, weist einen symetrischen, gutproportionierten Bau auf. Er ist aktiv und ohne monströse Übertreibung.

Ich würde mich freuen, wenn meine Zeichnungen dazu beitragen, die wichtigsten Punkte eines perfekten Bulldogs zu erfassen und gleichzeitig zu vermeidende Fehler klarzustellen.

J. Hay Hutchison.

November 1908

DER KÖRPER

Fachausdrücke

1 Hinterhauptbein
2 Hirnschädel
3 Vertikale Stirnfurche
4 Stop
5 Nasenschwamm
6 Layback (=Kinn-Nasen-Stop-Linie)
7 Unterkiefer
8 Lefzen
9 Lefzenpolster
10 Fangwinkel
11 Jochbogen
12 äusserer Augenwinkel
13 Wange
14 Ohrmuschelansatz
15 Nacken
16 Wamme (Kehlhaut)
17 Vorbrust
18 Schulter
19 Oberarm
20 Ellbogen
21 Unterarm
22 Fessel
23 Vorderpfote
24 Zehen
25 Afterkralle
26 Rippenwölbung
27 Bauch
28 Lenden
29 Widerrist
30 Rücken
31 Kruppe
32 Rutenansatz
33 Rute
34 Hüfte
35 Oberschenkel
36 Kniegelenk
37 Sprunggelenk
38 Hintermittelfuß
39 Hinterpfote

DER KOPF

Schädel und Gesicht

Obwohl allgemein bekannt ist, dass der Bulldog einen grossen Schädel und ein massives „Gesicht" haben sollte, ist vielfach nicht klar, wie ein korrekter Schädel und ein gutes „Gesicht" aussehen müssen. Ein Bulldog kann u.U. einen Schädel aufweisen, der bezüglich Grösse erwünscht, jedoch so unförmig ist, dass er als Missbildung qualifiziert wird. Anderseits kann ein grosser Schädel mit relativ guten Proportionen und Aussenlinien eine mangelnde Detailausbildung aufweisen, sodass eine Klassifizierung als erstklassiger Rassevertreter entfällt. Fehlt die Harmonie, so genügt ein massiver Bau und ein gut proportioniertes „Gesicht" auch nicht. Ebenso kann trotz einem massiven Vorgesicht und gutem Layback die gute Proportion fehlen. Auf Grund der nachfolgenden Zeichnungen soll versucht werden, so gut als möglich die Eigenschaften eines ausgezeichneten Schädels und die häufigsten Fehler darzustellen.

Abb. 1
zeigt die Seitenansicht eines vollkommenen Schädels. Sie soll zu einem klaren Verständnis verhelfen, welche verschiedenen Knochenformen schlussendlich den erwünschten Finish eines guten Kopfes ausmachen. Gut ersichtlich ist die tiefe und weite Ausbildung des „Stops", wobei eine Furche bis zur Mitte des Vorderkopfes vorhanden ist, die den Schädelknochen vertikal trennt und bis zur Stirne deutlich fühlbar ist. Bestimmend ist auch der abgerundete Jochbogen, der sich seitwärts der Augen erstreckt.

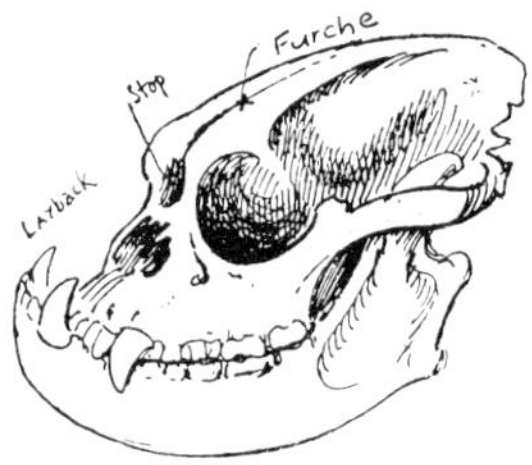

Abb. 2
stellt den unerwünschten gewölbten Schädel, den sog. **Apfelkopf** dar, in Verbindung mit einem an sich gutausgebildeten Vorgesicht. Die Furche, die Jochbogen und die Wangen kommen nicht klar und genügend deutlich zum Ausdruck. Die kantige Form entlang der Jochbogen fehlt, was den Eindruck eines scharf gezeichneten Kopfes schmälert. Das Vorgesicht hat die gewünschte Quadratur und die Massigkeit. Die Schnauze ist kurz, breit und gut aufgebogen. Die Breite und quadratische Form des Vorgesichts hängt

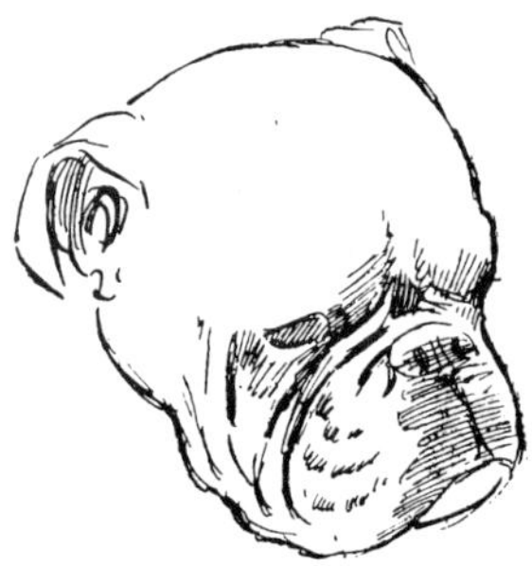

weitgehend von der Lage der Eckzähne im Unterkiefer und der Breite ihres Zwischenraumes ab. Bei eng beieinanderliegenden Eckzähnen ist keine quadratische Form des Vorgesichts möglich, da diese als Stützen der sog. Cushion (Oberlippenpolster) dienen. Bezüglich der Nase ist zu beachten, dass diese gross und breit sein muss, jedoch nicht übermässig aus dem „Layback“ hervorragen darf. Die Kombination eines idealen „Layback“ mit grosser Nase und offenen Nüstern ist selten vorhanden.

Abb. 3
Hier sehen wir den gut ausgeformten Schädel in Verbindung mit einem mangelhaft ausgebildeten Vorgesicht. Der Schädel ist gross, lang, breit und quadratisch, mit deutlich sichtbarer Furche und gut ausgebildeter Schläfe und Wange, sowie tiefem, breitem Stop. Das Vorgesicht ist aber im Verhältnis zum übrigen Kopf zu klein und nicht massig genug.

Abb. 4
zeigt den Umriss eines idealen Kopfes mit ausgewogenen Proportionen von Schädel und Vorgesicht.

Der Unterkiefer

In Ausstellungen hört man oft, dass dieser oder jener Hund einen wunderschönen Unterkiefer habe. Diese Bemerkung wird von Laien oft angebracht, wenn ein übergrosser, langer und gerader Unterkiefer vorhanden ist, was beweist, dass der Durchschnittsliebhaber von Bulldoggen oft nicht weiss, wie ein korrekt geformter Unterkiefer aussehen sollte. Der Bulldog-Club sagt diesbezüglich in einer ausgezeichneten Beschreibung des korrekt geformten Bulldogs das Folgende:

„Die Kiefer müssen breit, massiv und eckig sein, mit weit auseinandergesetzten Eckzähnen. Der Unterkiefer muss den Oberkiefer überragen und aufgebogen sein. Der Unterkiefer muss breit und eckig sein, wobei die sechs Schneidezähne in einer geraden Linie zwischen den Eckzähnen liegen.“

Sicherlich eine gute Definition, die jedoch nicht absolut eindeutig ist. Das Bronzemodell des idealen Bulldogs des Bulldog-Clubs entspricht genau diesen Anforderungen. Leider haben jedoch nicht alle Bulldogfreunde die Möglichkeit, dieses Modell zu studieren, was nachfolgende Zeichnungen nunmehr darzutun versuchen.

Abb. 5
zeigt einen übergrossen, langen und geradlinig verlaufenden Unterkiefer, bei welchem die Eckzähne vorstehen. Obwohl dieser Typ häufig mit einem breitausgebildeten Kiefer vorkommt, fehlt meistens die Tiefe durch das Gesicht.

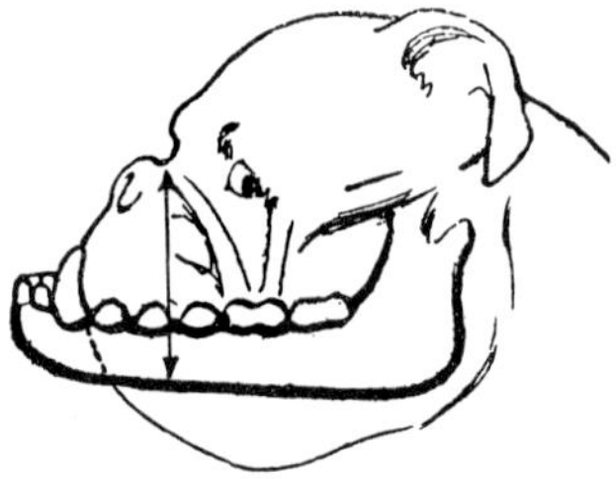

Abb. 6
zeigt ebenfalls einen geradlinig verlaufenden Unterkiefer, der lediglich gegen die Spitze hin leicht aufgebogen ist. Dieser Typ ist noch unerwünschter als Abb. 5, hat er doch die Tendenz, sich nach vorne zu verjüngen.

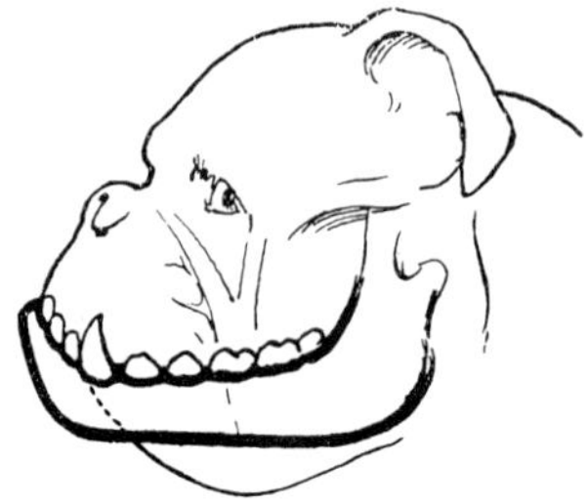

Abb. 7
stellt bereits einen besseren Typ dar, der zur genauen Beurteilung zwingt, wenn er vom Idealtyp unterschieden werden soll. Der Unterkiefer weist wohl einen, wenn auch zu geraden Zug gegen oben auf, ermangelt aber der so begehrten durchgehenden Aufwärtsbiegung.

Abb. 8
verkörpert endlich die ideale, durchgehend nach oben gehende Biegung des Unterkiefers.

Beim Vergleich dieser vier Abbildungen wird offenbar, dass es nicht leicht ist, den Idealtyp zu erkennen. Beurteilt man z.B. einen Hund wie Abbildung 4, so kann die Frontansicht sogar einen Kenner täuschen, während eine nähere Betrachtung der Zahnstellung sofort einen geraden Unterkiefer erkennen lässt. Zur richtigen Beurteilung der Kieferausbildung ist deshalb eine genaue Betrachtung des Fanges unerlässlich.

Die Ohren

Zur Diskussion innerhalb des Kennelclubs, ob sog. „Tulpenohren" die Disqualifikation eines Bulldogs zur Folge haben, dürften die nachfolgenden Abbildungen von Interesse sein. Sie sollten vor allem zeigen, wie stark die Stellung der Ohren den Gesichtsausdruck beeinflusst.

Abb. 9

Das aufrecht stehende Ohr entspricht dem alten Bulldogtyp, zur Zeit der Stierkämpfe. Man trifft diese Stellung der Ohren auf vielen Bildern aus jener Zeit an. Diese Form entspricht bestimmt dem Ohr eines freilebenden Hundes.

Abb. 10

Hier könnte es sich um eine erste Entwicklungsstufe zum Rosenohr handeln. Diese Form ist gemäss alten Bildern ebenfalls bei Hunden, die zu Stierkämpfen Verwendung fanden, anzutreffen. Gemäss heutiger Auffassung ist diese Ohrstellung als fehlerhaft zu betrachten, stellt aber keine Missbildung dar.

Abb. 11

Das sog. Knopfohr stellt keine Unterentwicklung oder Missbildung dar. Die Abweichung vom heutigen Standard und der entstehende Eindruck sind jedoch dem erwünschten Ausdruck so abträglich, dass man diese Form in der Praxis als groben Fehler beurteilt. Durch das Herunterlappen scheint nicht nur die Stirnpartie verkleinert, sondern auch der Gesamteindruck eines an sich gut geformten Kopfes wird verdorben.

Abb. 12

stellt die dem Standard entsprechende Form und Plazierung der Ohren dar, die zweifellos die Kopfform des Bulldogs vorteilhaft zur Geltung bringt. Sie harmonisiert mit dem Schädel und bewirkt gewissermassen eine Vergrösserung desselben, ohne irgendwie den muter wirkenden Ausdruck des Bulldogs zu stören.

Der Gesichtsausdruck

Ob der moderne Bulldog noch genügend Ausdruck als Kampfhund besitzt, ist eine vieldiskutierte Frage. Da es nicht leicht ist, den gewünschten Bulldog-Ausdruck zu definieren, liegt es auf der Hand, dass diesbezüglich viele divergierende Meinungen existieren. Durch ständige Beobachtung und Vergleich kann man sich jedoch ein einigermassen zutreffendes Wissen über die wichtigsten Merkmale der Rasse aneignen und dieses bei der Beurteilung eines Hundes anwenden, indem gute und schlechte Eigenschaften spezifisch erwähnt und entsprechend gewichtet werden. Offenbar gibt es jedoch nur wenige Personen, die in der Lage sind, einen Hund so subtil zu beurteilen, dass sie genau erklären können, welche Eigenschaften den Ausdruck positiv oder negativ beeinflussen. Zweifelsohne ist die Mehrzahl unserer Bulldog-Experten befähigt, eine allgemeine, konkrete Beurteilung zu geben. Weil der Ausdruck von der Form und der strukturbedingten Linienführung des Kopfes abhängt, sollte eigentlich eine Definition möglich sein, was den guten oder schlechten Ausdruck des Kopfes bewirkt, oder wie allfällige Fehler den Ausdruck beeinflussen.

Zuvor müssen wir uns jedoch klar werden, welche Form des Ausdrucks überhaupt erwünscht ist, weil die Meinungen diesbezüglich weit auseinanderklaffen. Einerseits wird der Ausdruck von Aggressivität mit Stolz als typisches Merkmal angesehen, anderseits wird der Ausdruck von Liebenswürdigkeit als dominierende, wünschbare Eigenschaft gepriesen.

Abb. 13
Gute Kopfproportionen, guter Ausdruck, verstärkt durch eine Linienführung, welche den erwünschten „sauren“ Ausdruck ergibt. (Sourness)

An sich verkörpert der Ausdruck die Natur eines Tieres, sodass -unter Weglassung emotioneller Gefühle — dadurch sein Charakter und seine Veranlagung sichtbar werden. Diesbezüglich bestehen glücklicherweise keine grossen Meinungsverschiedenheiten. Wir dürfen ruhig annehmen, dass ein Bulldog folgende Eigenschaften haben soll: Unerschrockenheit, Entschlossenheit, Ausdauer, Kraft und Lebhaftigkeit, gepaart mit Intelligenz, Aufrichtigkeit und ausgeglichenem Temperament. Der echte und erwünschte Bulldogausdruck soll deshalb alle diese Eigenschaften in möglichster Vollkommenheit verkörpern.

Bulldogliebhaber legen sehr viel Wert auf den Begriff „Sourness", (Bitterkeit). Ein besserer Ausdruck existiert leider nicht als Qualitätsmerkmal für den gewünschten Ausdruck. Er zeigt sich jedoch nicht als Verbitterung oder schlechte Laune, sondern als stolze Erhabenheit. Der schottische Ausdruck „Dourness", welcher Selbstbewusstsein, Erhabenheit und Stolz umfasst, wäre eher am Platz. Diese „Sourness" wird richtigerweise als wichtigstes Ausdrucksmerkmal, als Inbegriff von Mut, Entschlossenheit, Ausdruck und Stärke gefordert. Fragen wir uns deshalb, welche Merkmale und Gesichtszüge diese begehrte Erhabenheit des Ausdrucks bewirken. Vor allem sind dies: ein breiter, tiefer „Stop", verstärkt durch gut ausgebildete Schläfen, sowie eine deutlich sichtbare Furche entlang des Schädels zum Stop hin, ein Gesicht, das klar unterteilt ist durch eine ausgeprägte Stirne und breite, gut aufgebogene Unterkiefer mit langen, nach unten verlaufenden, geschwungenen Lefzenlinien, die stark und deutlich markiert sind. Ausserdem darf das Auge als Mittel des Ausdrucks nicht unterschätzt werden. Das Bulldogauge soll eine gewisse Annäherung an den mürrischen oder vielleicht grimmigen Blick des menschlichen Auges erreichen. Dieser Ausdruck wird hervorgerufen durch ein klar erkennbares oberes Augenlid, das sich leicht gegen das Auge hin senkt.

Abb. 14
Die Proportionen dieses Kopfes sind analog der Abb. 13, jedoch gestört durch lange, schlecht getragene Ohren, schlechten Ausdruck, hervorgerufen durch zu eng beieinanderliegende schräge Augen, schlechten Unterkiefer, mangelhaft ausgebildeten Stop und Schläfen und allgemein schlechten Gesichtszügen.

Abb. 15
zeigt einen Kopf mit mangelnden Proportionen von Vorgesicht und Schädel und zu schwachem Gesichtsausdruck.

Das Auge selbst und seine Plazierung sind für den Gesichtsausdruck von grösster Bedeutung. Das, was wir vorhin als Ehrlichkeit des Bulldogs bezeichnet haben, hängt vollständig vom Ausdruck und der Stellung der Augen ab. Weit auseinanderliegende und gerade gestellte Augen bewirken das erwünschte ehrliche Aussehen, während schräg plazierte, nahe beieinanderliegende Augen einen hinterlistigen Eindruck vermitteln. Störend wirkt ein Auge, das zuviel Weiss zeigt. Dieser Mangel, gepaart mit einer gewissen Ruhelosigkeit des Auges lässt den Eindruck der Treulosigkeit aufkommen. Eine grosse Weissfläche sollte nur bei einem stark erregten Tier, bei hochgezogenen Augenliedern und weitgeöffneten Augen sichtbar sein. Der gleiche Effekt von zuviel Weiss entsteht bei zu wenig gefärbten Pupillen.

Zusammenfassend halten wir fest, dass die Augen weit auseinanderliegen, gerade gestellt und von dunkler Farbe sein müssen. Auch sollten sie weder zu klein noch zu gross sein. Ein zu kleines Auge beeinflusst den Ausdruck sehr stark. Anderseits sind „Glotzaugen" sehr oft mit einem „Froschgesicht" kombiniert, was absolut unerwünscht ist. Das Auge sollte gross, aber nicht vorstehend und genügend weit geöffnet sein, um in seinem Glanz den Ausdruck von geistiger Beweglichkeit, Gesundheit und Vitalität zu vermitteln.

Um den Gesichtsausdruck als Gradmesser von Stärke und Intelligenz zu beurteilen, ist es erforderlich, den Kopf als Ganzes in Betracht zu ziehen, da die Ausgewogenheit von der Proportion von Schädel und Vorgesicht abhängt. Ein starkes Vorgesicht bei schwach ausgebildetem Schädel bringt Stärke, ohne Intelligenz, ein massiver Schädel mit schwach ausgebildetem Vorgesicht, Intelligenz ohne Stärke zum Ausdruck. Eine kurze Schnauze mit tiefem Vorgesicht und ein grosser, gut aufgebogener Unterkiefer vermitteln den Eindruck von Stärke. Beim Bulldog, wie bei allen fleischfressenden Tieren, hängt der Gesichtsausdruck wesentlich vom Ausbildungsgrad der Kieferknochen ab, deren Dicke für die Verankerung der Reisszähne erforderlich ist. Die Form und die Grösse der Knochen müssen diesen Erfordernissen angepasst sein. Daher sollten die Kiefer eines Bulldogs im Verhältnis zu den übrigen Gesichtspartien ausserordentlich stark sein, und irgendwelche Mängel in der Kiefer-Ausbildung müssen als wichtige Fehler betrachtet werden. In Bezug auf den Gesichtsausdruck schadet dem Eindruck von Stärke nichts mehr, als ein schwach ausgebildetes Vorgesicht und ein ungenügender Unterkiefer, der zurücksteht. Ebenso wichtig sind die grossen Muskeln entlang der Wangen, welche zum Schliessen der Kiefer dienen und die deutlich ausgebildeten Wangen selber. Sie stellen wichtige Punkte dar, um den Ausdruck der Stärke zu manifestieren.

Unerwünscht sind vorstehende, unbedeckte Eckzähne, weil dadurch der Eindruck von Wildheit und Aggressivität entsteht. Dieser kann durch keine anderen Merkmale kompensiert werden. Die Ausgeglichenheit des Ausdrucks, ja sogar die Würde des Bulldogs gehen dadurch verloren. Sobald das Tier aufgeregt oder gereizt ist, dürfen die Zähne selbstverständlich sichtbar sein. Vollständig geschlossene Lippen ergeben das perfekte Bild der Schnauze, wogegen lose, schlaffe Lippen die geschwungene Linie der Lefzen stören und den Ausdruck des Unterkiefers schwächen.

Abb. 16
zeigt die unausgeglichene Proportion von Vorgesicht und Schädel. Dadurch wird der Eindruck mangelnder Intelligenz erweckt.

Abb. 17
zeigt ein „Froschgesicht“ mit schmalem Vorgesicht, schwachem Unterkiefer und zu grossen vorstehenden Augen. Dadurch entsteht ein unerwünschter Ausdruck.

Die Nasenpartie zeigt nicht nur Geist und Vitalität, sondern verstärkt auch den Gesichtsaudruck in seiner Gesamtheit. Die Nasenlöcher können als Indikator für den Ausbildungsgrad der Lunge dienen, denn offene, grosse Nüstern deuten auf eine gute Lungenkapazität hin. Die Proportionen der einzelnen Gesichtspartien beeinflussen immer wieder unser Urteil. Vor allem erweckt eine Schädelkapazität, die im Verhältnis zum Vorgesicht zu klein erscheint, den Eindruck von Unterentwicklung und Brutalität. Mit anderen Worten verlangen stark entwickelte Vordergesichtspartien und Unterkiefer eine dazu passende, starke Entwicklung des Schädels. Durch eine massive Aussbildung des Bulldogschädels wird der Eindruck von Unterentwicklung und Brutalität vermieden, und durch gute Proportionen werden Noblesse und Würde zum Ausdruck gebracht.

Sehr oft wird der Ausdruck durch ein schlecht getragenes, abstehendes Ohr gestört, indem durch diesen Fehler die Schädelgrösse reduziert erscheint, wogegen ein kleines, gut angesetztes Ohr den gegensätzlichen Effekt erzielt. Das korrekt getragene Ohr betont die äussere Schädellinie, wodurch dieser grösser erscheint.

Für den richtigen Gesichtsaudruck ist die Massigkeit des Schädels bezüglich Länge, Breite und Tiefe von grösster Wichtigkeit, und eine beinahe quadratische Form bewirkt eine Ausgeglichenheit und Harmonie, die anders nicht erreicht werden kann. Der Gesichtsausdruck wird überdies durch die „Runzeln“ geprägt. Lose Haut und Runzeln, die der Schädelform entsprechen, haben einen vorteilhaften Einfluss auf die Gesamterscheinung. Zuviele, übermässig dicke oder in der Linienführung nicht zur Schädelform passende Runzeln sind für den Ausdruck von zweifelhaftem Wert.

Ein dunkles, ruhiges Auge stellt ein nicht zu übersehendes Element von geistiger Beweglichkeit und Intelligenz dar. Man darf schliesslich nie vergessen, dass die typischen Bulldog-Merkmale, der vornehme Ausdruck und die Fähigkeit, sich auszudrücken, Zeichen von Intelligenz sind.

Abb. 18

zeigt die Proportionen und die Linienführung eines Bulldogkopfes, analog zu Abb. 13, jedoch mit wütendem Ausdruck, mit weit geöffneten Augen und Nüstern und zurückgezogenen Lippen, wodurch der Eindruck des Knurrens entsteht und die Zähne freigelegt werden.

Zur Beurteilung eines ausgeglichenen Charakters muss man die Ausgewogenheit der Proportionen des Schädels, der Augenabstände und der Augen selber berücksichtigen. Eng beieinanderliegende oder unruhig wirkende Augen, viel sichtbares Weiss, ständig entblösste Zähne, tiefe Einbuchtungen der Nasenflügel oder Zucken der Oberlippen beeinträchtigen den Ausdruck oder weisen sogar auf einen unausgeglichenen Charakter hin.

DAS SKELETT

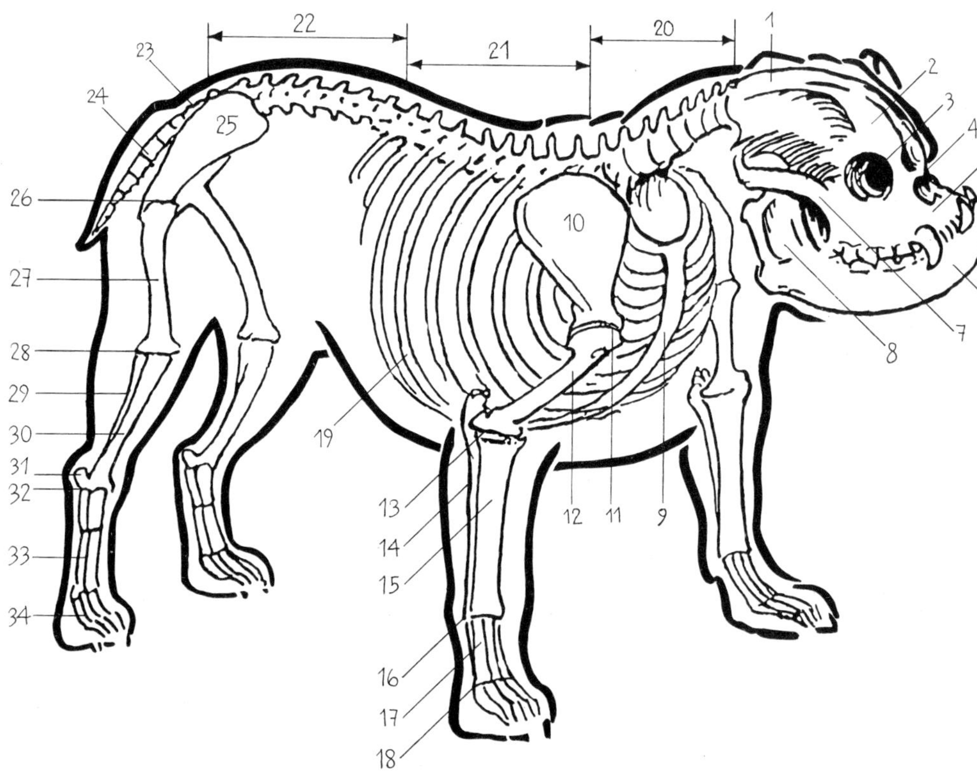

Fachausdrücke

1 Hinterhauptbein
2 Hirnschädel
3 Augenhöhle
4 Nasenbein
5 Oberkiefer
6 Unterkiefer
7 Jochbogen
8 Wangenknochen
9 Brustbein
10 Schulterblatt
11 Schultergelenk
12 Oberarm
13 Ellbogengelenk
14 Elle
15 Speiche
16 Vorderfusswurzelgelenk
17 Vordermittelfuss
18 Zehengelenke
19 Rippen
20 Halswirbel (7)
21 Brustwirbel (13)
22 Lendenwirbel (7)
23 Kreuzwirbel (3)
24 Rutenwirbel
25 Becken
26 Hüftgelenk
27 Oberschenkel
28 Kniegelenk
29 Wadenbein
30 Schienbein
31 Sprunggelenkhöcker
32 Sprunggelenk
33 Hintermittelfuss
34 Hinterzehen

DER KÖRPER

Schulterpartie und Vorderläufe

Zur Beurteilung der Körpereigenschaften des Bulldogs ist die Gestaltung der Schulter und Front von allergrösster Bedeutung. Die breitausgebildete Brustpartie stellt eine der spezifischen Eigenschaften der Rasse dar. Sie wird von Bulldog-Liebhabern so stark gewichtet, dass bei deren Fehlen keine Ansprüche auf Siegerehren bestehen, so schön der Hund im übrigen gebaut sein mag.

Der Anfänger ist gut beraten, diesen Punkt in erster Linie zu beachten. Er wird jedoch bald herausfinden, dass es nicht einfach ist, festzustellen, ob ein Bulldog den Anforderungen entspricht und dass es noch viele Mängel und Fehler gibt, die zunächst verborgen bleiben. Weit auseinander stehende Vorderläufe allein bedeuten noch keine gute Front. Die Läufe können schlecht geformt oder gebogen oder mit einer fehlerhaften Schulter verbunden sein. Zudem kann die Schulter selbst zu eng sein und eine scheinbare Breite der Front kann ebenso durch fehlerhafte Stellung der Ellbogen hervorgerufen werden. Früher hatte man oft den Verdacht, dass eine breite Front durch rücksichtslose Züchter künstlich geschaffen wurde. Zwecks Feststellung dieser Fehler ist der Bewegungsablauf sorgfältig zu studieren, da bei einem Defekt der Schulterpartie die Bewegungsfreiheit des perfekten Tieres nur äusserst selten gewahrt ist.

Die nachfolgenden Zeichnungen sollen die perfekte Gestaltung sowie einige Fehler aufzeigen.

Abb. 19

stellt den sog. „Foxterrier-Typ“ dar mit langen Läufen, fehlender Substanz und engen Schultern. Es fehlt die für den Bulldog typsche breite Front, die auch für eine volle Entwicklung der Organe im Brustkorb nötig ist.

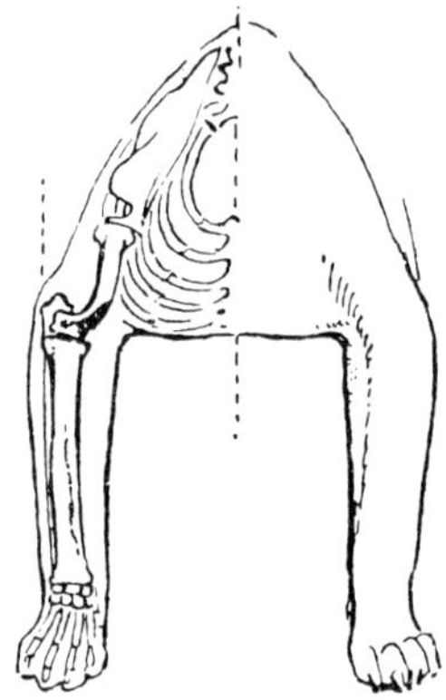

Abb.20

zeigt dieselbe Schulterformation wie Abb. 19, jedoch mit verschiedener Beinstellung. Die Front wird breiter eingeschätzt als sie effektiv ist.

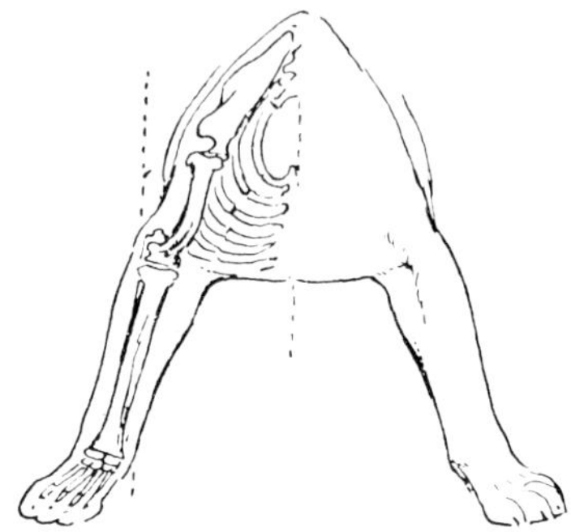

Abb. 21

stellt einen Körperbau dar, der landläufig als rachitisch bezeichnet wird. Die Schulterpartie ist schwach und die Breite der Front hängt hauptsächlich von der Auswärtsdrehung der Ellbogen ab. Die Fesseln sind nach innen und die Füsse zu stark nach aussen gedreht.

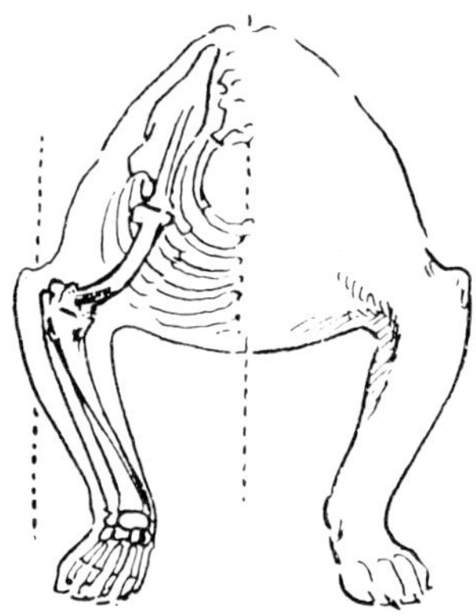

Abb. 22

stellt eine abnormale Entwicklung der Breite dar, die mit der geforderten Stärke und Bewegungsfreiheit nicht zu vereinbaren ist. Solch gekrümmte Vorderläufe lassen immer den Verdacht aufkommen, dass in frühester Jugend etwas passiert ist.

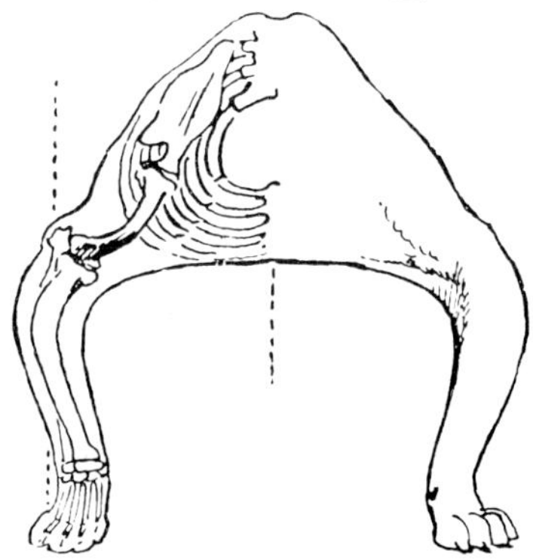

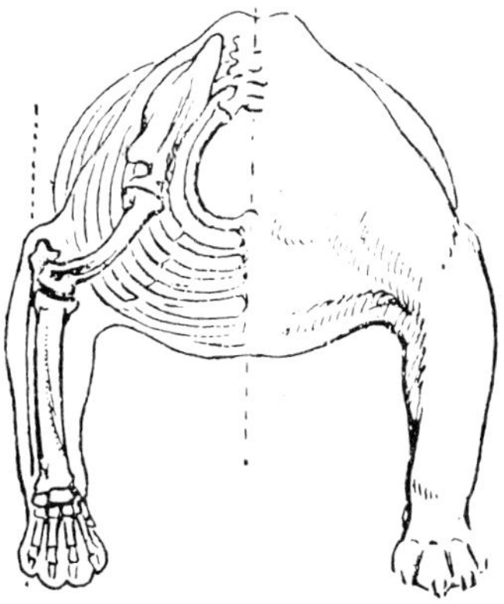

Abb. 23
zeigt endlich die vollkommene Front mit korrekter Ausbildung und Stellung der Schultern. Hier finden wir die richtige Breite, hervorgerufen durch schräg abfallende Schultern, viel Substanz in den Läufen und Tiefe des Brustkastens, kombiniert mit geraden Vorderarmknochen, sowie der notwendigen Drehung beim Ellbogen und leicht nach auswärts gestellten Zehen, was dem Tier einen festen Stand gibt.

Abb. 24
zeigt die perfekte Front in Verbindung mit Hals und Kopf.

Rippen, Brust und Lenden

Wenn man den Bulldog als Ganzes betrachtet, ist die Linienführung bezüglich Brustkasten und aufgezogenen Lenden von grösster Wichtigkeit. Fitness und Schönheit sind untrennbar, was sich speziell bei der anatomischen Beurteilung ergibt. Wie bei einem Athleten hängt die Stärke und Ausdauer des Tieres von der Entwicklung des Brustkastens ab, während Schlaffheit der Muskeln das Gegenteil bewirkt. Halten wir uns deshalb immer vor Augen, dass die Tiefe des Brustkastens, die hochgezogene Lendenpartie und die gut gerundeten Rippen sichtbare Kennzeichen für gut entwickelte Lungen und somit auch für die Bewegungsfreudigkeit des Tieres sind, während ein flacher Brustkasten, flache Seiten und Hängebäuche den Eindruck von schwachen, lustlosen und minderwertigen Tieren erwecken.

Der grösste Fehler eines Richters, ist die Verleihung eines Preises an einen Bulldog, der nicht die Merkmale von Stärke und Ausdauer aufweist. Obwohl der moderne Bulldog nicht mehr die Heldentaten seiner Ahnen vollbringen muss, gibt es keinen Grund dafür, offenbare Zeichen von Schwäche und Dekadenz bei Ausstellungstieren zu dulden. Der moderne Bulldog sollte im Gegenteil durch sorgfältige Berücksichtigung der Erbanlagen der Elterntiere und rassegerechte Aufzucht ein Bild von Stärke und Ausdauer vermitteln können.

Abb. 25
zeigt einen flach ausgebildeten Brustkorb und einen schlaffen Hängebauch. Von einem derart entwickelten Hund kann weder Stärke noch Bewegungsfreude erwartet werden. Mangelhafte Tiefe des Brustkorbes verunmöglicht die volle Entwicklung der Lungen und der in der Brusthöhle gelagerten Organe. Die Plumpheit der Lendenpartie stört die Bewegungsfreiheit der Hinterläufe, was wiederum die Bewegungsfreude des Tieres beeinflusst. Die Linienführung von Brust und Lenden, die normalerweise eine der schönsten sein sollte, wirkt uninteressant und unbedeutend.

Abb. 26
zeigt hingegen einen tiefen, geräumigen Brustkorb, der für die Entwicklung der Lunge viel Raum lässt. Die hochgezogene Lendenpartie gewährt den Hinterläufen viel Freiheit mit einem Minimum an Belastung und ergibt eine Linienführung, die Stärke und Aktivität, gepaart mit Schönheit verkörpert.

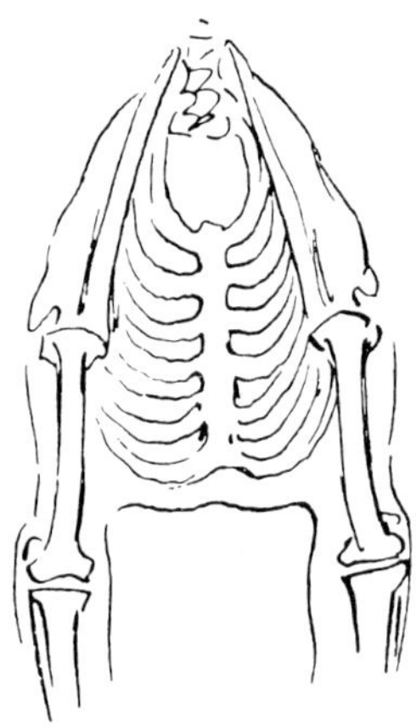

Abb. 27
zeigt die Frontansicht eines Tieres mit flacher, schlechter Rippenformation. Die Rundung der Rippen fehlt.

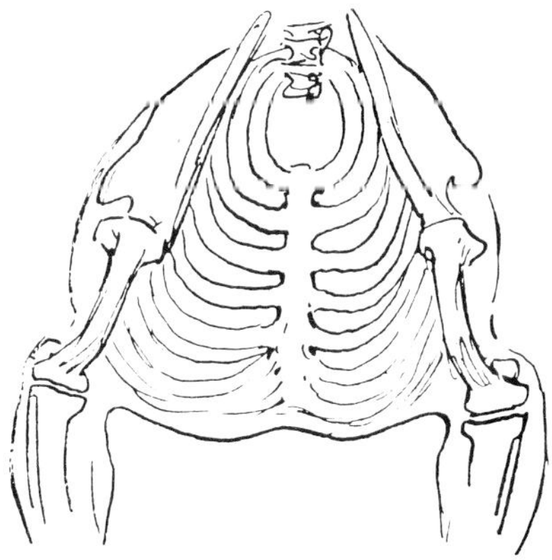

Abb. 28
zeigt ein gutentwickeltes Tier. Die Rippen sind gut gerundet. Die stärkste Rundung liegt direkt hinter den Schultern.

Der Rücken

Die Form des Rückens, der sog. „Karpfenrücken“ oder „Radrücken“ (Roach or Wheel) stellt beim Bulldog seit jeher ein sehr wichtiges Kennzeichen der Rasse dar. Ein Merkmal, das ohne Zweifel schon die ehemaligen Bulldogs, wie die alten Stiche zeigen, aufgewiesen haben. Dies kann heute leider nicht mehr ohne Einschränkung gesagt werden, und dies ist sehr zu bedauern. Nichts bringt die Bewegungslust und Stärke so zum Ausdruck, wie ein perfekter Karpfenrücken. Es bleibt nur zu hoffen, dass sich die Züchter dessen bewusst werden und das Aeusserste unternehmen, um die Form, die den Bulldog-Liebhabern der alten Schule soviel bedeutet, zu erhalten.

Abb. 29
Der gerade Rücken, obwohl bei gewissen Hunderassen sehr erstrebenswert, ist beim Bulldog unerwünscht, weil eine derart gerade Linienführung allen übrigen Linien entgegensteht. Der gerade Rücken hat auch zur Folge, dass die Rute zu hoch angesetzt ist.

Abb. 30
Der sog. „Sattelrücken“ (Senkrücken) kommt oft bei relativ lang gebauten Tieren vor. Auch diese Form ist schlecht und kann von Anfängern mit der Idealform verwechselt werden. Im Vergleich zur guten Form fällt jedoch die Kurve nach dem Widerrist zu plötzlich ab, um gegen den Rutenansatz wieder anzusteigen.

Abb. 31
Der nach oben gekrümmte, sog. „Kamelrücken“ wird ebenfalls des öftern mit einem Karpfenrücken verwechselt. Auffällig ist dabei, dass die Krümmung des Rückgrates zu früh nach dem Widerrist eingesetzt und dann in einem Zug gegen das Hinterteil abfällt.

Abb. 32
zeigt die perfekte Form des „Karpfenrückens“ (Roachback oder Wheelback). Dieser besteht aus einer Linie, die nach dem Widerrist leicht abfällt, um dann zu den Lenden aufzusteigen und wiederum in einer plötzlichen Kurve zum tiefer liegenden Rutenansatz abzufallen.

Die Hinterläufe

Bei der Beurteilung des Bulldogs werden die Vorderläufe und die Front meistens so stark beachtet, dass die Hinterläufe leicht übergangen werden, wenn sie nicht grobe Fehler aufweisen. Dies ist eigentlich erstaunlich, weil gerade beim Bulldog, der lebhaft und beweglich sein soll, Stärke und Ausbildung der Hinterläufe wesentlich sind. Besonders die Form und die Stellung der Sprunggelenke tragen nicht wenig zur vollendeten Gestaltung einer guten Hinterhand bei.

Abb. 33
stellt den wahrscheinlich häufigsten Fehler dar, ein in der Ruhestellung geradlinig verlaufendes Bein, eine keineswegs erfreuliche Form. In der Bewegung vermittelt es den Eindruck, als ob das Tier auf Stelzen ginge. Des weitern wird die Fussstellung beeinträchtigt, indem die Zehen zur Auswärtstendenz neigen.

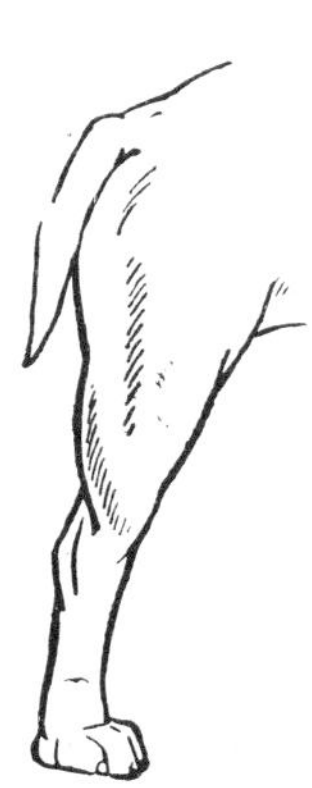

Abb. 34
zeigt genau den gegenteiligen Fehler von Abb. 33. Der Beugungswinkel des Sprunggelenkes ist übergross und die Ursache eines mangelnden Standvermögens. Diese Form ist oft begleitet von Sprunggelenkschwäche und Hasenpfoten. (siehe Abb. 40)

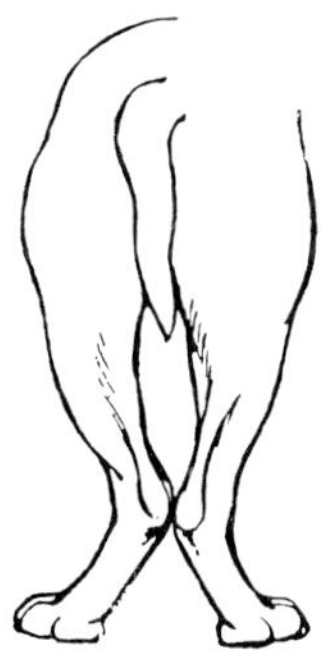

Abb. 35
zeigt „Kuhhessigkeit", eine besonders unschöne Form. Das Sprunggelenk ist zu stark nach innen gedreht, sodass der Mittelfuss und die Zehen nach aussen gedrückt werden. Dies gibt einen schlurfenden Gang.

Abb. 36
Eine solche Hinterhand wird als Fassbeinig oder O-beinig bezeichnet. Es handelt sich um einen Fehler, der Abb. 35 entgegensteht, indem das Sprunggelenk nach aussen gedreht ist, sodass der Mittelfuss und die Zehen nach innen gedrückt werden, was sich wiederum unschön auf den Gang auswirkt.

Abb. 37 und 38
zeigen endlich die perfekte Form aus verschiedenen Blickwinkeln. In Abb. 37 ist ersichtlich, wie das Gelenk minimal nach innen gedreht ist, sodass Mittelfuss und Pfote ganz leicht nach aussen gestellt werden.

Abb. 38 stellt die perfekte Winkelung des Sprunggelenkes dar, mit den langgezogenen Muskellinien von den Lenden zum Sprunggelenk.

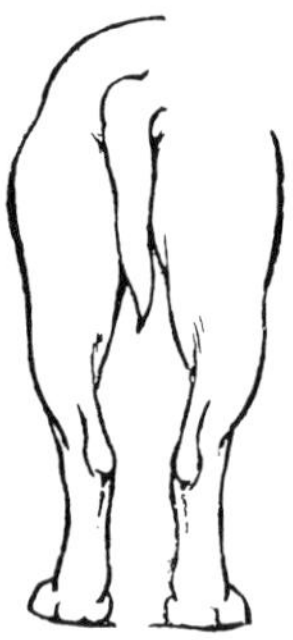

Die Pfoten

Die Qualität der Pfoten wird oft zu wenig beachtet. Zweifelsohne setzt eine schlechte Pfotenbildung sowohl den Gesamt-Eindruck des Hundes, als auch seine Bewegungslust herab und übt somit einen negativen Einfluss auf den Gesundheitszustand aus. Ein gesunder Bulldog sollte wie ein Kätzchen herumtollen können, was ihm aber nur mit gesunden, perfekten Pfoten möglich ist. Es ist höchste Zeit, dass diesem Problem vermehrte Aufmerksamkeit geschenkt wird, insbesondere, weil gewisse preisgekrönte Hunde kaum mehr fähig sind, mehr als einen Kilometer zu gehen ohne komplett „auf den Hund zu kommen". Schon allein aus diesem Grunde stellen schlechte Pfoten einen ernst zu nehmenden Fehler dar.
Beim Foxterrier und anderen Rassen wird speziell auf die Pfoten geachtet. Warum sollte man dies beim Bulldog nicht tun? Ein Tier mit einem derart massigen Kopf und stark ausgebildetem Vorderkörper bedarf kompakter und gutgepolsterter Pfoten, um sein Gewicht zu tragen. Wie oft sieht man an Ausstellungen Hunde mit gutgeformten Vorderläufen, die jedoch schwache oder schlechtgestellte Pfoten aufweisen. Die nachfolgenden Skizzen mögen das Problem besser erläutern.

Abb. 39
zeigt die „Pflattpfote oder Entenpfote", welche durch mangelnde Festigkeit der Fussmuskulatur die Zehen weit auseinanderklaffen lässt und auch den Krallenwuchs beeinflusst. Derart verformte Pfoten lassen einen Hund sehr rasch lahm gehen, weil die Krallen infolge fehlerhafter Stellung die Zehen nicht richtig schützen können. Ein solcher Hund kann kaum rennen und ermüdet beim Gehen sehr rasch.

Abb. 40
zeigt die sog. „Hasenpfote“, eine weitere schwache und unerwünschte Form, die immerhin nicht so unansehnlich wirkt wie Abb. 39. Ein Hund mit Hasenpfoten ist gewöhnlich engbrüstig gebaut und zu wenig steil gestellt in den Fesseln, sodass er nicht lange rennen oder gehen kann.

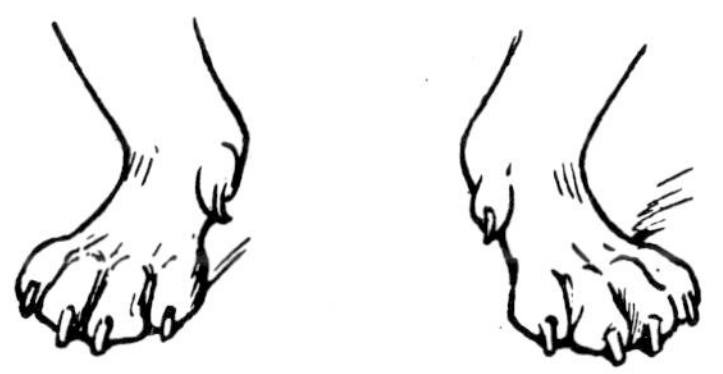

Abb. 41
zeigt mehr einen Fehler in der Stellung von Fuss und Fesseln als in der Form der Pfote. Obwohl gemäss Standard eine leichte Auswärtsdrehung der Pfoten erwünscht ist, darf diese nicht so gross sein, weil sonst die Fesseln geschwächt werden, was bei einem Bulldog als ernst zu nehmender Fehler gilt.

Abb. 42
Die perfekte Pfote manifestiert sich durch eine wohlgebaute, kompakte Form mit leichter Auswärtsdrehung. Die Zehen sind deutlich getrennt, jedoch ohne grosse Zwischenräume. Die Knöchel sind ausgeprägt und hochstehend, die Pfote als Ganzes mittelgross, mässig rund und mit grossen Ballen. Ein Hund mit derart gebauten Pfoten ist ein guter Läufer, der nicht leicht lahm geht.

Die Rute

Ein weitverbreiteter Fehler des heutigen Bulldogs ist eine hoch angesetzte und schlecht getragene Rute. Weil dieser Fehler eher zu als abnimmt, scheint der Zeitpunkt gekommen zu sein, dass die Züchter diesem Punkt vermehrte Aufmerksamkeit schenken. Wahrscheinlich beeinträchtigt die Art und Weise, wie die Rute getragen wird, das Erscheinungsbild eines Hundes bei keiner Rasse so stark, wie beim Bulldog. Eine tief angesetzte, unauffällig getragene Rute hat einen wirksamen Effekt auf den Gesamteindruck. Anderseits schmälert eine hochangesetzte „lustig“ getragene Rute den Gesamteindruck eines sonst gutaussehenden Bulldogs. Obwohl die letztgeschilderte Tragart bei manchen Rassen sehr erwünscht ist, wirkt sie beim Bulldog vollends unharmonisch und macht ihn beinahe lächerlich.

Abb. 43
zeigt eine hochangesetzte, borstig behaarte Rute, die unwillkürlich in Verbindung mit einem geraden Rücken vorkommt. Diese Form ist als grober Fehler zu beurteilen, selbst wenn der Hund durch Training oder Einschüchterung dazu gebracht wird, die Rute bei besonderen Gelegenheiten niedrig zu tragen.

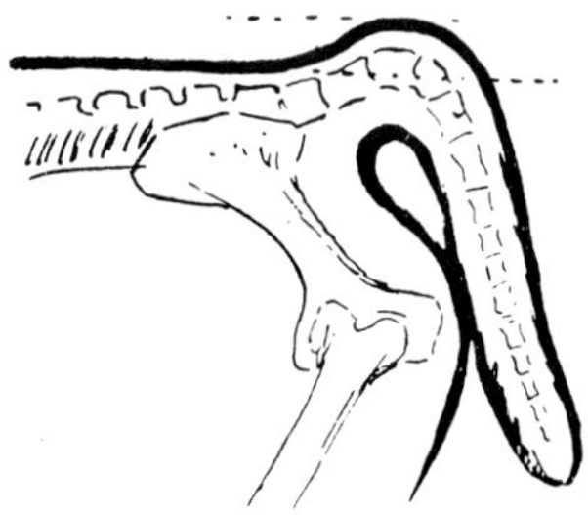

Abb. 44
Eine derart hochangesetzte, grobhaarige und „lustig" getragene Rute zerstört überdies das Charakterbild eines Bulldogs.

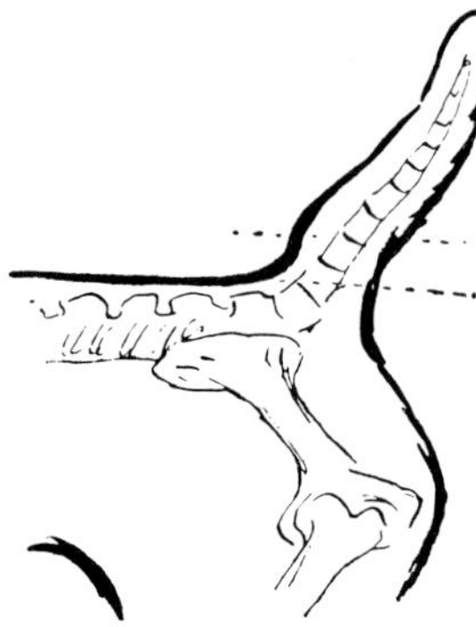

Abb. 45
Diese, als „Korkenzieher-Rute" bezeichnete Form wird ebenfalls als Fehler betrachtet. Sie ist heutzutage leider vorherrschend, und viele Bulldogleute sind der Auffassung, dass es sich hierbei um die korrekte Form handle. Obwohl eine solche Rute das Gesamtbild nicht stört, ist sie dennoch unerwünscht.

Abb. 46
zeigt die perfekte, standardgemässe, tief angesetzte Rute, die sich gegen das Ende verjüngt und harmonisch der Linie der Oberschenkel folgt.

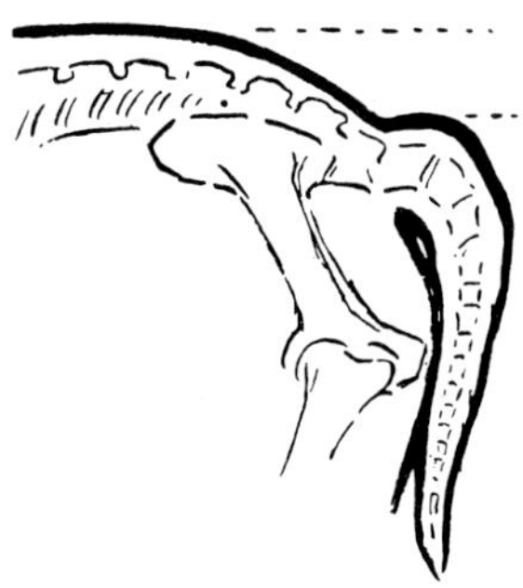

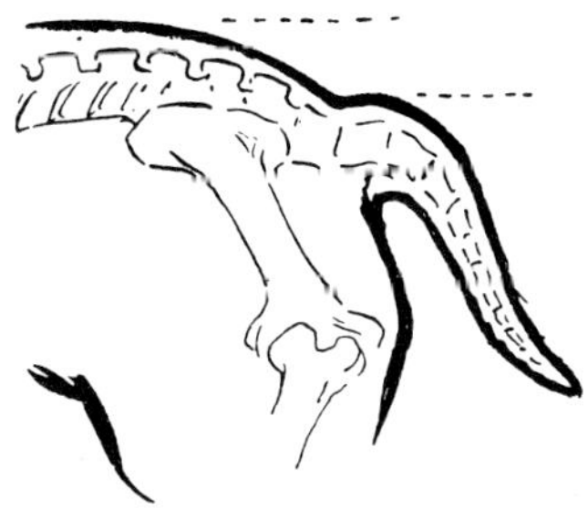

Abb. 47
zeigt die Stellung der perfekten Rute, wenn sich der Hund in Alarmstimmung oder Aufregung befindet. Unter diesen Umständen ist die dargestellte Tragart nicht zu beanstanden.

Wie aus den Abb. 46 und 47 ersichtlich, besteht in Verbindung mit einem guten Karpfenrücken keinerlei Tendenz, die Rute „lustig“ zu tragen.

5. Der heutige Bulldog-Typ

Der Standard unter der Lupe

a) Das Gewicht

Unser Standard wird heute allgemein in vielen Positionen übertrieben ausgelegt und bewertet. Man bevorzugt grössere Köpfe als erlaubt, mehr Falten, niedrigeren Stand, und vor allem ein viel zu hohes Gewicht. Der Standard sagt klar und deutlich: Idealgewicht für Rüden 25 kg (55 lbs.) Hündinnen 22.7 kg (50 lbs). Es gewinnen aber sehr oft Kolosse mit wesentlich mehr als 30 Kg. Schon diese Selektion allein ergäbe teilweise andere Sieger. Es ist ganz klar, dass wir keine mageren Hunde ausstellen können, wenn wir eine gute Bewertung haben möchten. Die Hunde müssten notwendigerweise im ganzen Aufbau und von der Knochenmasse her leichter sein. Es wäre etwas vom Wichtigsten, baldmöglichst durch Eingaben an die FCI in Brüssel eine Festsetzung der maximal tolerierten Gewichts- und Grösselimits zu erreichen. Damit es leichtere und nicht nur kleinere Bulldogs gibt, müsste eine verbindliche Widerristhöhe im Standard vorgeschrieben sein. Eine gefällige und dem Idealgewicht entsprechende Höhe müsste zwischen 37 und 43 cm. liegen.

Die Formulierung könnte wie folgt aussehen:

**Idealgewicht: Rüden 25 kg, Hündinnen 22,7 kg toleriert +/- 4 kg
Grösse: 37 — 43 cm Widerristhöhe. Abweichungen von diesen Massen oder Gewichten sind als gravierende Fehler zu beurteilen und schliessen eine „Vorzüglich"-Bewertung aus.**

Es wäre nur von Vorteil, wenn Bulldogs im Ring gewogen und gemessen würden, damit eine gerechte und absolut klare Bewertung dieser wichtigen Punkte gemacht werden könnte. Andere Rassen werden auch gemessen und bei Zwerghunden überprüft man das Gewicht. Bulldogs vor Betreten des Richterringes öffentlich zu wiegen, forderten früher die beiden grössten und einflussreichsten englischen Rasseclubs, der Bulldog Club (INC) und die London Bulldog Society (gegr.1891) in ihren Ausstellungsreglementen. 1949 strichen beide diesen massgebenden Absatz heraus, ähnlich wie 50 Jahre vorher das Bulldogideal „Rosa". Genau das Gleiche war passiert wie damals: man fand an viel zu schweren Hunden Gefallen und verlieh ihnen Siegertitel. Den Standard änderte man nicht, man liess nur eine Forderung weg, der man nicht mehr nachkommen wollte. So einfach war das!

Mr. Berrie, der erste Präsident des Bulldog Club (INC), hat um 1885 bei einer Versammlung einen ganz wichtigen Satz für die Bulldogzüchter ausgesprochen, der für alle Rassen gelten könnte: **„Bringen Sie nie den Standard herunter zum Hund, sondern immer den Hund hinauf zum Standard."** Sehr schade, dass der Herr Präsident vergessen hat, dem „gepredigten Ideal" bei seiner eigenen Rasse Geltung zu verschaffen!

Die Angriffe und Verunglimpfungen unserer Bulldogs betreffen immer ihren unnatürlichen Körperbau und die damit verbundenen, gesundheitlichen Schwierigkeiten. Ich fühle mich, je länger ich die Bulldogs kenne und liebe, immer mehr verpflichtet, das Möglichste zu unternehmen, um eine **Wende in der Auslegung** des Standards zu erwirken. Es sind an unserer Rasse so viele Verzüchtungen durch unnatürliche Forderungen in der Anatomie verübt — fast wollte ich schreiben verbrochen — worden, dass die Zeit eilt, wenn man noch etwas vom ursprünglichen, im wahrsten Sinn des Wortes guten Bulldog retten will.

b) Die Riesenköpfe

Bei dieser rettenden Veränderung spielen die Ausstellungsrichter eine ganz entscheidende Rolle, denn auf vielen Ausstellungen sind gesund wirkende, sich gefällig und harmonisch bewegende Hunde, die ihren Kopf schön erhoben tragen (weil er nicht überschwer ist!), fast immer im letzten Drittel der rangierten Klasse zu finden. Im Standard aber heisst es: „Kopfumfang gross, sollte (vor den Ohren gemessen) ungefähr der Schulterhöhe des Hundes entsprechen". Ein geübtes Richterauge kann wohl die Schulterhöhe eines Tieres ziemlich genau einschätzen. Dagegen dürfte die exakte
Beurteilung des Kopfumfanges ohne Messen kaum möglich sein.

Nun schleicht sich bei mir plötzlich ein sehr ungutes Gefühl ein: „Sind wohl die Köpfe all meiner Hunde sogar zu klein?" Ich muss, um es im Buch niederzuschreiben, der Sache sicher sein und schreite zum Test!

Im Augenblick, da ich dies tippe, komme ich zurück von einer allgemeinen „Hunde-Messung" in meinem Bestand. Meine Vierbeiner haben sich schön gewundert und dachten vermutlich: „Jetzt spinnt sie, in dunkler Nacht mit Stock und Messband, was soll der Quatsch!" Das Resultat glich fast einer Offenbarung und hat mich selbst ganz gründlich erstaunt. Dass die Diskrepanz so enorm ist, hätte ich nie erwartet. Meine kleinste, ausgewachsene Hündin misst 38 cm am Widerrist, ihr „kleines Köpfchen" (sehr kleiner, femininer Kopf — stand im Richterbericht) misst aber immer noch 42 cm! Meine Weltsiegerin „Bumble Bee" präsentiert den phantastischen Kopf von 53 cm Umfang bei 39 cm Höhe! Mein mickrigster Rüde hat ebenfalls 39 cm Schulterhöhe und sein „zu kleines Köpfchen im Verhältnis zum Körper" (wie ein Richter fand) mit 47 cm Umfang trägt er stolz wie ein Pferdchen im Trab. Das würdige Haupt meines „Herrn Internationaler-, Schweizer- und Deutscher Champion" von gleicher Grösse misst sage und schreibe 57 cm! Dabei wird er von echten Rassekennern als sehr ausgewogen beurteilt. Es stimmt also: wir finden viel zu riesige Köpfe gut und schön!

Standard-konforme Köpfe, selbst wenn sie die Schulterhöhe noch etwas übertreffen, empfinden wir immer als zu klein. Meine eigenen Hunde beweisen mir dies zur Genüge. Wir kommen nicht umhin, unsere Richter, und vor allem auch uns selbst, von der Notwendigkeit einer neuen Beurteilung zu überzeugen und unsere Vorstellung des Schönheitsideals zu verändern. Ich meine aber, dass es uns jetzt gelingen müsste, da wir um die

Abbildung 55: Übertrieben großer Kopf, zu kleine Augen, „Krötentyp".

Abbildung 56: Zu großer Kopf im Verhältnis zum Körper.

Abbildung 57:
Rüde
39 cm Widerristhöhe
57 cm Kopfumfang

18 cm Differenz = 46%

Abbildung 58:
Hündin
38 cm Widerristhöhe
53 cm Kopfumfang

15 cm Differenz = 39%

Gründe, den Werdegang und vor allem um die gesundheitlichen Nachteile dieser Zuchtrichtung wissen.

Im Standard müsste die Vorschrift über das Verhältnis von Kopfgrösse zu Schulterhöhe mit einem *Toleranz-Maximum von 20% für Hündinnen, 30% für Rüden,* ergänzt werden.

Ich möchte wiederholen; denn es ist ein Hauptanliegen dieses Buches:

1. Jedermann fand die übergrossen Köpfe mit dem fast „menschlichen" Ausdruck schön, **je grösser, umso schöner.** (Dieser Wortlaut stand im englischen Standard, wurde aber von der F.C.I. 1987 herausgestrichen.) Früher konnte man jedoch nur bis zu einem gewissen Punkt gehen, sonst folgten unweigerlich Geburtsprobleme.

2. Seitdem die Veterinär-Chirurgie gewaltige Fortschritte gemacht hat, haben Kaiserschnitte ihren Schrecken verloren und wurden bei Bulldog-Züchtern zur bequemen Usanz, mit der man sich abzufinden scheint.

3. Im Laufe der Jahre mussten wir unsere Fehler einsehen, und viele stehen heute mit mir dazu. Wir wollen in Zukunft die Gesundheitsprobleme unserer guten Rasse und ihren Besitzern ersparen, welche der überschwere, grossköpfige Typ erwiesenermassen mit sich bringt.

c) Die Superfronten

Allround-Richter plazieren in vielen Fällen den gesünderen und leichteren Bulldog besser, weil sie unsere Rasse im Ring länger laufen lassen als die „Spezialisten", worauf sich rasch die Spreu vom Weizen scheidet, wenn man den korrekten Bewegungsablauf in die Beurteilung einbezieht. Es ist schlichtweg unverständlich wie viele Richter diesem für die Gesundheit und das Wohlbefinden eines Hundes so wesentlichen Punkt überhaupt keine Beachtung schenken und katastrophal schlechte Läufer mit vordersten Plätzen belohnen.

Bulldogs mit superbreiten Fronten zeigen selten ein gutes, fliessendes Gangwerk. Meist schlenkern sie die Vorderläufe unkorrekt in einem Aussenbogen nach vorne, — „sie paddeln", heisst der Fachausdruck — und setzen die Pfoten dann am Boden sehr nahe auf, direkt unter der Körpermitte. Eine ebenfalls falsche Bewegung, „pfoteneng gehen", resultiert meist von viel zu breiten und losen Schultern. So unglaublich es klingt, wir haben sogar Champions die „stricken", das heisst, sie setzen die Vorderpfoten jenseits der Mittellinie auf, kreuzen sie also in der Bewegung. Eine dermassen anstrengende und unnatürliche Vorwärtsbewegung ist sehr kräfteverschleissend und bringt Bulldogs rasch in Atemnot, wenn sie über einige Zeit gefordert wird. Zudem schlagen oder schürfen sich dabei die Pfoten wund, sobald auf der Strasse gegangen wird, was anderseits der ganzen Muskulatur wieder äusserst gut tun würde. Von der Seite gesehen wird dieser Bulldogtyp im Gehen stets länger und länger. Mit hängendem Haupt latscht er durch den Ring. Sei-

Abbildung 59 (oben):
Vorzügliche Front.

Abbildung 60 (rechts):
Lose Front,
zu weiche Pfoten.

ne Front sackt zusehens mehr ab, der Rücken sinkt ein, und die Hinterhand wird mit jedem Schritt höher und unnatürlicher.

Solche Tiere sehen im Stand sehr imposant aus, wenn sie von ihrem Vorführer richtig schön aufgebaut werden und sich nicht mehr rühren. Sobald sie sich aber ohne Hilfe gelöst und frei postieren, sind sie nur noch ein Abglanz ihrer selbst. Zusammengesunken hängt ihre Masse zwischen den Vorderläufen, welche am Boden, durch ganz nah zusammengestellte Pfoten, fast immer mit weichen Fesseln, dem unnatürlichen Gebäude Halt zu geben versuchen. Viele sind auch so faul und desinteressiert während des Wartens, dass sie fast stehend einschlafen. Dies allein wäre laut Standard schon ein Grund, sie nicht gewinnen zu lassen; denn Aufmerksamkeit steht im Standard bei WESEN an erster Stelle!

Bemerkungen zur Standard-Auslegung

Wenn wir ganz speziell wichtige Stellen des Standards der Reihe nach durchgehen, finden wir sehr viele Punkte, die zuwenig oder auch zuviel gewertet werden.

Allgemeine Erscheinung:.... *Der Hund darf nicht verformt oder in seiner Bewegungsfähigkeit beinträchtigt erscheinen.* Von wievielen Bulldogs können wir dies heute noch sagen? .. *gut bemuskelt und in harter Kondition....* viele sind „pfluderweich", weil sie zuwenig Bewegung bekommen oder nicht mehr gesund genug sind, dass man ihnen genügend Training geben kann. Harte Muskulatur bekommt ein Hund nur, wenn er regelmässig und für ihn angepasst läuft.

Charakteristik: keine grossen Probleme.

Wesen: *Aufmerksam, kühn, unerschrocken* ... es gibt mehrere Sieger, denen die Ehre im Schlafe zuteil wurde. Sie hatten mit geschlossenen Augen gewonnen! Dermassen desinteressierte Bulldogs widersprechen dem Standard. Leider aber kennen wir auch das Gegenteil. Wir haben übermässig aufgeregte Tiere, die nur ihres unkorrekten Wesens wegen keuchen und Atemnot bekommen, nicht wegen der kurzen Nase. Dieses hypernervöse Gehabe steht aber in krassem Gegensatz zu einem ruhigen Hund mit hoher Reizschwelle, und es ist ein beachtenswerter Fehler, der oft vorkommt und falscherweise meist einer schlechten Atmung angelastet wird.

Kopf und Schädel. Von der richtigen Kopfgrösse habe ich bereits gesprochen. ... *Nasenspitze in Richtung der Augen zurückgesetzt...* Wenn diese extrem zurückgestossene Nase der Atmung zuliebe, die bei den kurznasigen Rassen immer ein mehr oder weniger ernsthaftes Problem darstellt, von unsern Richtern nur zwei bis drei Zentimeter länger geduldet würde, wäre schon viel geholfen. Dabei ergäbe sich, fast als glückliche Zugabe, ein geringerer Vorbiss und somit besserer Zahnschluss, vor allem auch der Backenzähne. ... *die oberen Lefzen müssen sich vorne mit den unteren direkt treffen und die Zähne* *ganz decken...* viele, viele Bulldogs „zeigen“ immer die unteren Schneidezähne, manchmal sogar noch die Fangzähne und oft die Zunge.

Augen *...mässig gross, weder eingesunken ....* wir haben oft Bulldogs mit viel zu kleinen und zu tief liegenden Augen. Diese neigen dann sehr leicht zu Entropium (Einrollen) der Augenlider und müssen, um dauernde Horn- und Bindehautentzündungen zu vermeiden, operiert werden.

Die Ohren *....hochangesetzt und weit auseinander...abschliessend mit der Oberkopflinie....klein und dünn....korrektes Rosenohr....*Wir sollten nie vergessen, dass die Ohrenform und -haltung wohl den Ausdruck des Gesichts stark beeinflussen, aber ganz sicher nicht die Gesundheit des Tieres. Diese Forderung muss also in der Bewertung hinter krankmachenden Fehlern zurückstehen. Zu hochangesetzte und manchmal fast aufrechtstehende „Tulpenohren“ machen uns in einigen Blutlinien hartnäckig zu schaffen, wie auch zu dicke, fleischige Ohrenleder, die kaum ein korrektes, schön nach hinten getragenes Rosenohr bilden können.

Die Kiefer *sollen breit und kantig sein mit sechs Schneidezähnen in gerader Linie zwischen den Fangzähnen, welche weit auseinander stehen. Grosse, starke Zähne, die bei geschlossenem Fang nicht sichtbar sein sollen. Von vorne muss der Unterkiefer direkt und parallel unter dem Oberkiefer liegen.* Der ideale Kiefer macht uns in der Zucht viel Mühe. Breite, gerade Unterkiefer, mit sechs, schön in einer Reihe stehenden Schneidezähnen sind eine Rarität. Oft sind diese infolge Nichtgebrauchs stark verkümmert und fallen schon mit fünf, sechs Jahren aus. Da hilft nur, weniger Abstand zwischen den beiden Kiefern anzustreben. Zähne, die nicht mehr gebraucht werden können, weil der Unterkiefer den Oberkiefer um 3 bis 5 cm überragt, werden ihrer Funktion total enthoben. Guter Lefzenschluss ist ebenfalls ein Problem. Viele der heutigen Bulldogs zeigen nicht mehr den gewünschten, parallelen Kieferstand, d.h. der Unterkiefer steht schief zum Oberkiefer. Richtigerweise muss die Mitte der sechs unteren Schneidezähne genau senkrecht unter der Nasenspalte liegen.

Eine dauernd heraushängende Zunge verformt mit den Jahren einen anfangs geraden Unterkiefer wie eine Zahnspange. Wenn schon ein Jungtier meistens die Zunge zeigt, bekommt es mit jeder Garantie im Alter einen schiefen Kiefer. Das Gleiche passiert, wenn einer, oder gar beide Fangzähne in der Entwicklungsphase etwas zu weit vorstehen (es kann sich um Bruchteile von Millimetern handeln), dann klemmen sich die oberen Lefzen dahinter und drücken den Unterkiefer samt den Zähnen immer weiter nach vorne. Wenn dieser stete Druck beidseits gleichmässig ist, bleibt wenigstens der Unterkiefer im g esamten waagrecht, verliert aber die gewünschte Aufwärtsbiegung. Erfolgt der Druck nur auf einer Seite, so kann der Druck von Zunge und Lefze mit den Jahren eine kaum zu glaubende Deformation des Unterkiefers und des Zahnstandes herbeiführen. Diese hier genannten Probleme wären mit längerem Nasenbein resp. mehr Fanglänge praktisch vom Tisch gewischt. Läge der Vorbiss im Maximum bei etwa einem Centimeter, könnten sämtliche Zähne viel korrekter, d.h. gesünder funktionieren, für die Zunge wäre genügend Platz vorhanden und die Lefzen könnten sich nicht hinter die Fangzähne schieben.

Abbildung 61: Zu wenig Hals.

Der Hals *ist von mässiger Länge ..... Gut gewölbte Nackenlinie...* Der Halslänge fällt in der gesunden Anatomie eine wichtige Funktion zu. Sie muss in der Rachen / Kehlkopfgegend für genügend offenen Raum zum Zirkulieren der Atemluft bürgen. Durch die Überbetonung der Kürze beim Bulldog verliert man leicht den guten Hals. Der Kopf sitzt dann fast auf den Schultern, und diese Hunde wirken beim Herumgucken eigenartig gehemmt und sind praktisch immer schlechte Atmer. Die schön gewölbte Nackenlinie können wir bei den meistens gesehenen kurzen Hälsen grad zum vorneherein vergessen, sie ist bei den schweren Typen sehr selten.

Die Vorderhand. Diesen ganzen Abschnitt dürfte man nicht so betont auslegen und bewerten, wie es heute üblich ist. Jetzt gewinnt, wer noch tiefer, massiger und breiter ist als der Standard es verlangt. Dies ist ein deutlicher Punkt, wo zu extensiv gerichtet wird. Wenn wir der Gesundheit zu liebe keine losen Ellbogen dulden und keine überdimensionierte Brustbreite und -tiefe, so verlassen wir wohl den Ideal-Standard auch um ein paar Nuancen, aber zugunsten der Gesundheit. Die Entfernung vom Leitbild ist nicht grösser, nur in die andere Richtung.

Abbildung 62 (oben): Steile Hinterhand. *Abbildung 63 (unten): Gut gewinkelte Hinterhand.*

Der Rumpf ...*Unmittelbar hinter den Schultern ist der Rücken geringfügig eingesenkt.* Wir haben viele Bulldogs, die einen richtig tiefen Knick haben hinter dem Widerrist. Man kann sich mit Leichtigkeit vorstellen, welch unnatürlich krankhafte Stellung für Wirbelsäule und Gliedmassen dadurch entsteht. ...*verhältnismässig schmaler bei den Lenden.* Übertrieben schmale Lenden dürfen nicht als Ideal herausgestellt werden. Die enge Beckenpartie, die daraus erfolgt trägt sicher Mitschuld an den schwierigen Geburten. Der leichte Karpfenrücken wird oft mit einem eingesunkenen, fast geknickten Senkrücken verwechselt. Bestimmt käme eine flachere Rückenlinie der Gesundheit und Beweglichkeit nur entgegen. Wir sollten eher in diese Richtung tendieren. Wir sehen aber oft echte „Krücken", deren Hinterteil sogar höher steht als der Kopf. Eigenartig ist, dass im ganzen Standard nichts von der allseits höchstgepriesenen Birnenform steht. Also auch eine Übertreibung, die sehr gerne gesehen und grossartig honoriert, aber nirgends verlangt wird.

Die Hinterhand. Es ist unverständlich, in einem Rassestandard keine gute Hinterhandwinkelung zu verlangen. Dabei wäre dies ein so wichtiger Punkt für die gesunde Fortbewegung und Aktivität unserer Hunde. Wir haben viele, deren Hinterläufe so gerade und steil sind wie die von Chow-Chows und einen stelzenden, ungesunden Gang bewirken. Wir kennen sogar dermassen durchgestreckte Sprunggelenke, dass sie beinahe nach vorne durchdrücken, dass sie richtig deformiert und krank wirken (oder sind!), und keiner sagt etwas. *Eine normale, gut gewinkelte Hinterhand müsste verlangt werden.*

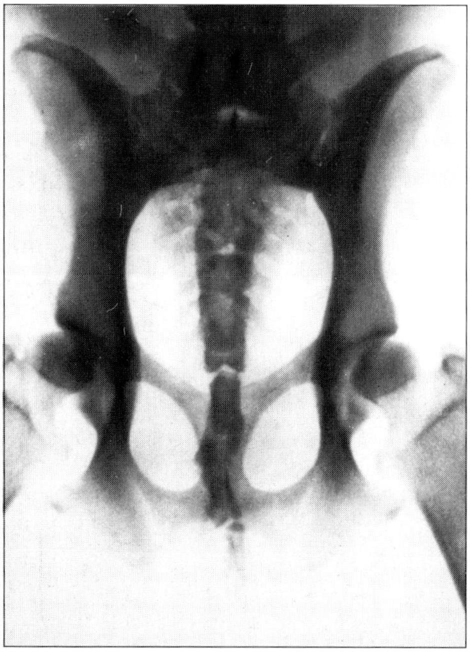

Abbildung 64: Korrekte Rute.

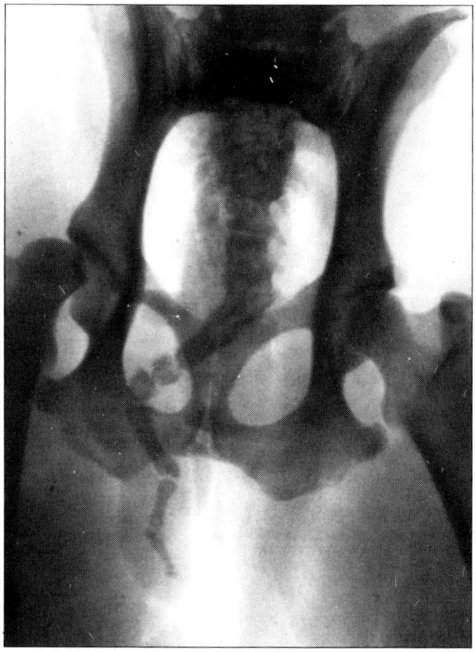

Abbildung 65: Knickrute mit Verwachsungen über den Beckenrand.

Abbildung 13: Weltsieger, 1985.

Abbildung 14: Fünf Generationen Pickwick's.

Abbildung 15:

Siesta in Rio de Janeiro.

Abbildung 16: Clubshow-Idylle.

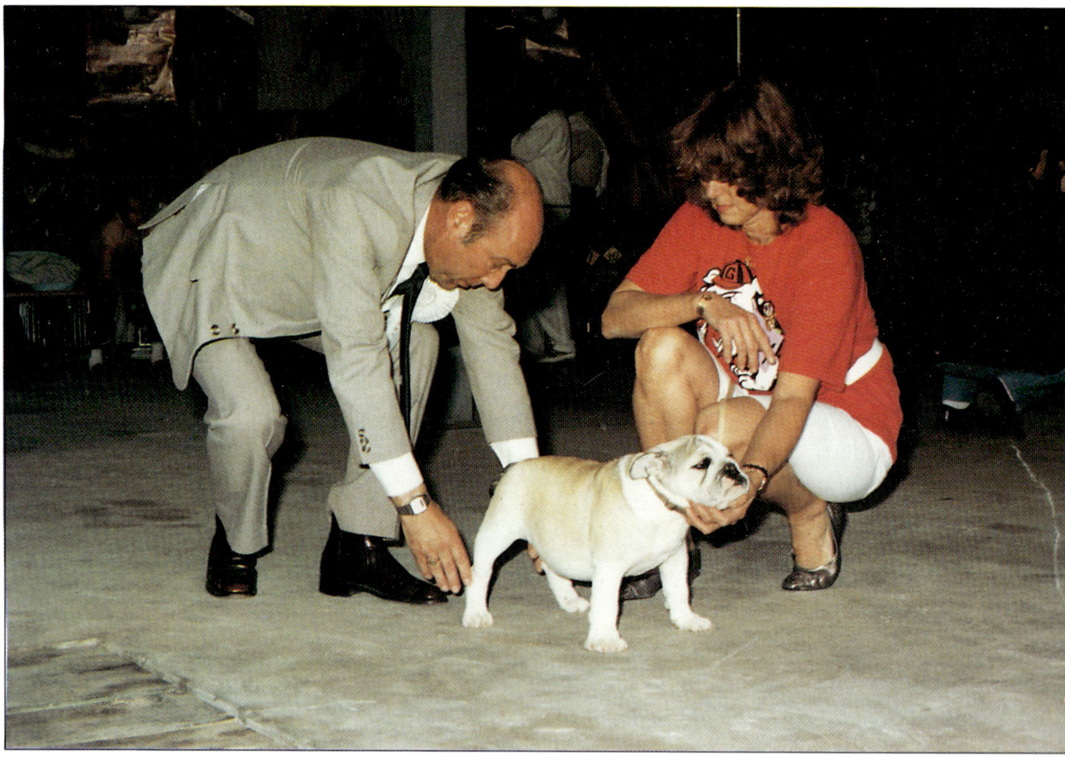

Abbildung 17: Richter prüft die Hinterläufe.

Abbildung 18: Plazierung.

Abbildung 19: Die Sieger Clubshow 1990.

Abbildung 20.

Schweizer Clubshow 1980.

Abbildung 21: Geballte Kraft!

Die Pfoten. *....mittlere Grösse und mässig rund, gut aufgeknöchelt.* Grosse, weiche Platschpfoten mit durchgetretenen Knöcheln sind ein Problem. Sie verursachen immer wieder schmerzhafte Entzündungen und werden leider oft als schön empfunden.

Die Rute. ... *gerade, eher kurze Rute* wird verlangt. Niemand kümmert sich darum. Es gewinnen Bulldogs mit total verkrüppelten Korkziehern die nichts als Probleme machen und im Alter oft schwierige, langdauernde Operationen erfordern, obwohl man sich dauernd Mühe gegeben hat mit putzen, ölen und salben. Mit der Zeit fängt das Fell unter diesen angedrückten Knüppelruten an zu ersticken, sich zu entzünden und zu faulen. Zudem ist eine dermassen verkümmerte Rute ein schweres Degenerationszeichen der Wirbelsäule und hätte schon längst ausgemerzt werden müssen. Aber das Gegenteil ist der Fall: Viele Richter und auch Bulldogfreunde finden Korkzieherruten wunderbar und geben ihr den Vorzug gegenüber einer schönen geraden Rute, absolut den Vorschriften widersprechend.

Das Gangwerk macht keine gesundheitlichen Probleme wenn es so beurteilt wird wie vorgeschrieben. Einem korrekten, flüssigen Gangwerk müsste aber von den Richtern die verdiente Honorierung zuteil werden.

Die Behaarung und die Farbe sind klar.

Grösse und Gewicht: weiter vorne bereits erwähnt.

Der enorme Einfluss der Ausstellungs-Richter

Die amtierenden Schönheitsrichter haben auf die von ihnen gerichteten Rassen einen gewaltigen Einfluss, der immer wieder unterschätzt wird. In ihren Händen liegt es, die Richtlinien aufzuzeigen, welche die Züchter befolgen müssen. Dies ist auch der Grund, weshalb keine positive Veränderung ohne Mithilfe der Richter möglich ist. Ein erfolgreicher Züchter kommt auf die Dauer einfach nicht an ihnen vorbei.

Wir haben in den vorangehenden Kapiteln gesehen, dass wir uns mit dem heutigen schweren Bulldogtyp stark vom Standard entfernt haben. Leider gefallen diese kuriosen, gemütlichen Kolosse den Liebhabern, sodass sie auf den Schauen regelmässig die ersten Plätze belegen.

Wir sind jedoch an einem Punkt angelangt, wo in vielen Fällen zu recht von Qualzüchtungen gesprochen werden kann. Auch die Richter sehen diese Entwicklung und bedauern, dass der Standard nicht geändert werden könne. **Er braucht aber nicht geändert, sondern lediglich befolgt zu werden.**

Trotz gutem Willen dürfen wir eine plötzliche Rechtsumkehrtwendung der Richter nicht erwarten, sonst hätten wir berühmte Champions, die mit einem „gut“ vorlieb nehmen müssten! Man kann sich den Aufruhr in und um den Ausstellungsring kaum vorstellen, den eine solche Änderung auslösen würde! Die Richter müssten der Solidarität der Clubs sicher sein, wenn sie dem leichteren, „normaleren" Bulldogtyp den Vorzug gäben. Die Entwicklung müsste soweit zurückgehen, bis unsere Hündinnen wieder normal gebären können, und alle Bulldogs punkto Atmung und Kreislauf belastbarer sind.

Ein Ausweg aus dem Dilemma zwischen dem heutigen Schönheitsideal und einem gesunden Bulldog ist nur möglich, wenn sich die Richter in Zukunft an die Standardvorschriften halten und die Clubs darüber wachen.

Die entsprechenden Abschnitte des Standards lauten:
Idealgewicht: Rüden 25 kg, Hündinnen 22,7 kg.
Kopfumfang gross, sollte (vor den Ohren gemessen) ungefähr der Schulterhöhe des Hundes entsprechen.

Wie in früheren Zeiten sollten deshalb die Bulldogs auf den Ausstellungen wieder gewogen und gemessen werden. Auf jeden Fall solange, bis unsere Augen und unser Schönheitsempfinden auf den neu erwünschten Typ umgepolt sind. Auf jedem Richterbericht müsste Gewicht, Schulterhöhe und Kopfumfang vermerkt sein. Abweichungen beim Gewicht von mehr als 4 kg und beim Kopfumfang von über 20% bei Hündinnen, 30% bei Rüden, sollten als gravierende Fehler beurteilt werden, die jeder für sich allein schon eine Benotung mit „vorzüglich" ausschliesst. Aussteller oder Clubs müssten die Möglichkeit haben, Fehlurteile bei diesen beiden Punkten, die leicht überprüfbar sind, anzufechten.

Auch mir ist klar, dass Hunde vom Gewicht eines Bulldogs im Ring zu wägen, mit Umtrieben verbunden ist. Aber mit gutem Willen liesse sich dies mit einer Personenwaage bestimmt machen. Dafür wäre das Messen einfach. Ein Stockmass für die Widerristhöhe und ein Messband für den Kopfumfang sind einfach mitzubringen.

Am erfolgversprechendsten wäre, wenn sich die Clubs mehrerer Länder zusammenfinden könnten und gemeinsam die Einführung von Gewichts- und Grössenlimiten als Zusatz im Bulldogstandard bei der F.C.I. in Brüssel erwirken würden.

Die Landesclubs sollten Richtereinladungen davon abhängig machen, ob der entsprechende Richter bereit wäre:

a) für jeden ausgestellten Hund Gewicht, Schulterhöhe und Kopfumfang festzustellen und auf dem Richterbericht zu vermerken,
b) keinem Hund die Bewertung „vorzüglich" zu erteilen, bei dem schon eines der Toleranzlimits überschritten ist.

Selbst ein einzelner Club hat bereits jetzt die Möglichkeit, etwas zu unternehmen, längst bevor international etwas ins Rollen kommt. Wir wissen ja, dass jeder Beschluss umso mehr Zeit beansprucht, je mehr Personen mitreden.

OUR DOGS August 4, 1939

"THE LIFE OF A FAMOUS DOG."

Abbildung 66: 1993, wie schon anno 1939.

Noch immer sind genügend gesunde, standardgemässe Bulldogs vorhanden. Sie werden nur kaum mehr ausgestellt, weil sie keine Aussicht auf Erfolg haben. Wir müssten sie im „Abseits“ aufstöbern und in die Zucht holen. Mit ihnen könnten die Züchter in kürzester Zeit Tiere präsentieren, die wohl mehr dem älteren Typ gleichen, aber im übrigen von ausgewogener Schönheit und gesund sind.
Ich bin mir bewusst, dass eine so einschneidende Änderung der Richterpraxis problematisch ist. Auch das Messen und Wiegen könnte bei manchen Missfallen erregen. Trotzdem habe ich bei fast allen Richtern, mit denen ich gesprochen habe, viel Interesse und auch Beifall gespürt. Eine gravierende, wirkungsvolle Änderung wäre aber nur möglich, wenn sich sehr viele Richter an die neue Regelung halten würden. Dies wäre aber mit Aufklärung, Gesprächsrunden, Richtersitzungen, Clubvorschriften und mit einem Anfechtungsrecht der Aussteller ohne weiteres zu erreichen.
Jetzt hat man mit einem leichteren, beweglichen Bulldog mit gesunder, gerader Front, der etwas längere Läufe hat als die grossen Sieger, keine Chance, eine vorzügliche Bewertung zu bekommen. Diese Besitzer sind nach der ersten Ausstellung, die sie mit einem „gut“ oder „genügend“ verlassen, meist sehr enttäuscht und kommen nicht wieder, da sie nicht züchten wollen resp. dürfen, sondern nur Spass am Bulldog haben. Wenn sie nicht blind sind, stellen sie mit Leichtigkeit fest, dass der Hund an ihrer Leine nicht den jetzt gefragten Typ verkörpert. Also herrscht landläufig oft die Meinung, dass es diese „Sorte“ gar nicht mehr gebe. Würden aber die Richter solche Bulldogs gut bewerten und, wenn sie in andern Punkten sehr gut sind, eventuell gewinnen lassen, würde dies sich wie ein Lauffeuer herumsprechen.
Wir müssen hier eindeutig festhalten, dass niemand ausser England das Recht hat, den Standard der Bulldogs zu ändern, aber das ist auch nicht notwendig. Es muss nur den Richtern klar werden, dass sie, wissentlich oder unwissentlich, in den beiden Abschnitten des Standards, welche die Kopfgrösse und das Idealgewicht festlegen, **krasse Fehlurteile fällen.** Wir müssten die Möglichkeit haben, gegen dermassen offensichtliche Irrtümer Beschwerde einzureichen. Masse und Gewichte sind unumstössliche Tatsachen, die aufgeschrieben, überprüft und bewiesen werden können und daher jeder Anfechtung Stand halten, im Gegensatz zu vielen anderen Punkten, die Ermessens- oder Geschmacksfragen sind, und wo man in „guten Treuen“ verschiedener Ansicht sein kann.
Der Standard lässt den Richtern genügend Spielraum, um die ihnen vorgeführten Hunde wieder mehr in Richtung des älteren, leichteren Types zu beurteilen. Mit praktisch den gleichen Vorschriften sah man früher „Rosa“ als Ideal und bewertete dementsprechend.
In den Händen der Richter liegt ein unglaublicher Einfluss über eine Rasse und deren Erscheinungsbild. Für eine ernsthafte, langjährige Zucht ist die gute Bewertung durch die Richter lebenswichtig. Zukünftige Zuchttiere brauchen zudem in vielen Ländern eine Zuchtgenehmigung. Bei uns in der Schweiz zweimal mindestens ein „sehr gut“ von zwei verschiedenen Richtern. Diese Vorschriften variieren aber von Land zu Land. England kennt sowas nicht und belächelt eher unsere kontinentalen Gepflogenheiten.
Ich wage zu behaupten, dass sich heute (1992) kein Richter an die Standardvorschrift, welche die Kopfgrösse betrifft, diesen so zentralen Problempunkt der Rasse, hält. Der lebendige Beweis dafür liegt in unserer Küche: mehrfacher Champion 39 cm hoch und 57 cm Kopfumfang. Differenz sage und schreibe 18 cm! Ich muss aber zugeben, dass ich selbst sehr lange ebenfalls überzeugt war, er sei ein ganz vorzüglicher Bulldog.

6. Zielsetzung der Zucht

„Die wichtigste Pflicht des Züchters ist die Erhaltung der Lebenstüchtigkeit der Rasse. Sodann gilt es, Form und Leistung auf der Höhe zu halten, im Bedarfsfall sogar abzuändern und zu verbessern! Bevor gezüchtet wird, ist das notwendige Wissen zu erwerben." Ich weiss keine besseren Worte um mein Kapitel über die Bulldogzucht zu beginnen als diese des grossen alten Herrn der österreichischen Kynologie Dr. Hauck.

Es hat längst genug Hunde auf der Welt, wir brauchen sie nicht einfach noch zu vermehren. Gelingt es uns nicht — oder haben wir nicht wenigstens den festen Vorsatz — eine Verbesserung der Rasse herbeizuführen, sollten wir besser die Finger davon lassen und uns ein anderes Hobby suchen.

Wertungs-Reihenfolge der Zuchtziele

Wir müssen uns endlich dazu durchringen die Zuchtziele anders zu gewichten. An erster Stelle muss die Gesundheit stehen, an zweiter Stelle ein rassetypisches, gutes Wesen und erst an dritter Stelle kommt die Schönheit.

a) Gesundheit

Unsere Rasse hat im allgemeinen Publikum, bei Kynologen wie bei Tierärzten, einen schlechten Ruf. Dies aber ausschliesslich wegen ihres unnatürlichen Baus und den daraus resultierenden Problemen. Es ist die allererste Forderung, dass unsere Zucht auf gesunde Bulldogs ausgerichtet ist. Bei diesem so immens wichtigen Punkt für Mensch und Tier hapert es leider sehr stark. Wir werden durch falschinterpretierte Standardregeln und Richterurteile gezwungen, eine der Natur zuwider laufende Anatomie zu züchten. Ich glaube, es ist an der Zeit, dies unserer guten Rasse zuliebe nicht mehr weiter in diesem Masse mitzumachen und uns dagegen zu wehren.

Es hat sich auch gezeigt, dass diese schweren, niedrigen Typen viel kurzlebiger sind als die etwas höher gestellten, leichteren Tiere. Ein Hundeleben ist sowieso zu kurz, aber wenn der Durchschnitt nur noch bei sechs bis sieben Jahren liegt, kann ein Bulldogliebhaber fast verzweifeln. Dabei kann ich beweisen, dass schon ein nur wenig anderer Typ zehn bis zwölf Jahre spielend erreicht. Mein Ältester wurde 14 1/2 Jahre und erfreute sich bester Gesundheit bis kurz vor seinem Tode.

Um gesündere, leistungsfähigere und langlebigere Bulldogs zu bekommen, müssen sie in erster Linie wieder im ganzen Habitus leichter gebaut sein. Das Verhältnis Höhe zu Breite muss ins Lot gerückt werden. Etwas mehr Nase als der Standard erlaubt, verbunden mit gestreckterem, das heisst längerem Hals. Schon diese Änderungen allein bringen bedeutend leichtere Atmung. Die unumstössliche, positive Folge davon: viel weniger Anstrengung für Herz und Kreislauf, kein Röcheln, kaum mehr Schnarchen und auch weniger Hitzeempfindlichkeit. Sobald der Bulldog wieder weniger klobig ist, erleichtert dies alle seine Bewegungen, es resultiert trainierte, leistungsfähigere Muskulatur. Je normaler der Körper, umso schneller erreichen wir das Ziel von natürlichen Geburten. Jetzt, da ich die Zusammenhänge erkannt habe und die Gewissheit besitze, verpflichtet mich die Liebe zum Bulldog, bis zu dieser Barriere zurückzugehen.

Im „The 20th Century Bulldog“ von Marjorie Barnard lese ich: „Es ist interessant sich in Erinnerung zu rufen, dass man nur im äussersten Notfall Zuflucht zu einem Kaiserschnitt nahm, bis in die späten Vierzigerjahre. Bei einer unmöglichen Geburt fragte der Tierarzt meistens: »Wen soll ich retten, die Hündin oder die Welpen?« Dies änderte sich erst, als Mr. Oddy, ein berühmter Tierarzt aus Manchester, der eine grosse Liebe zu Bulldogs hatte und ihnen viel Verständnis entgegenbrachte, neue verbesserte Narkosen entwickelte, und dann mit viel Geschick meistens Hündin und Welpen rettete. Dies sprach sich rasch im Lande herum und von überall her reisten die Bulldogzüchter mit ihren

Abbildung 67: Mr. H.G. Kersley mit einigen seiner Hunde, Newbridge Hill House, Bath, 1913.

Abbildung 68: Ein leichterer, beweglicherer Typ.

Hündinnen an, die Probleme beim Werfen hatten. Als Assistent waltete bei diesen Operationen kein geringerer als Harold Dooler von den weltberühmten Kippax-Kennels, und gelegentlich half auch Jack Cock aus.

Man kannte in dieser Zeit mehrere Frauen, denen man Hündinnen zur Geburt und Überwachung des Wurfes in der ersten Zeit übergeben konnte. Eine davon, Miss Lupton, inserierte in den Hundezeitschriften und pries sich als „Hunde-Nurse“ an, von Beruf war sie Säuglingsschwester. Sie kam auch tageweise ins Haus oder nur während der Geburt, ähnlich einer Hebamme.“

Wir selbst haben vor vielen Jahren in England festgestellt, obwohl man versuchte, es zu verheimlichen, dass namhafte Züchter zu Hause in ihren Kennels ganz andere Zuchthündinnen hielten, als was uns auf den grossen Ausstellungen mit den Champions vorgegaukelt wurde. Leichte, dünne, hohe, schmale und langnasigere Typen waren das, womit man Welpen machte. „Mit typischen, schweren Rüden gepaart, gibt das prima Puppies“, hiess es. Der vielgehörte Ausspruch: »Nicht für die Ausstellung, aber gut für die Zucht« muss uns doch skeptisch machen. Unsere grossen Ausstellungen heissen doch auch „Zuchtschauen“, nicht? Logischerweise müssten doch auf den vordersten Plätzen die Tiere stehen, welche sich für die Zucht am besten eignen. Man darf in diesem Punkt nicht zweierlei Masstäbe ansetzen. Vergewissern Sie sich einmal in den älteren Stammbäumen, wie verschwindend wenig Champion-Mütter aufgeführt sind! Das kommt nicht von ungefähr! Man wollte doch das Leben dieser wertvollen Tiere nicht durch schwierige oder unmögliche Geburten aufs Spiel setzen. Heute kann man viel sorgloser mit dem Ausstellungstyp züchten; denn Kaiserschnitte sind dermassen Routine geworden, dass man sich deshalb keine Sorgen mehr macht und sich nicht mehr ängstigen muss, eine kostbare Hündin oder die ersehnten Welpen infolge einer Geburt zu verlieren.

b) Charakter / Wesen

Bis jetzt machte uns der Charakter des modernen Bulldogs nicht allzuviel Sorgen. Es ist in den über 1oo Jahren planmässiger Zucht längst gelungen, wesensmässig angenehme und liebenswürdige Bulldogs hervorzubringen. Wenn einer zu böse wird, darf man in sehr vielen Fällen den Fehler in falscher Erziehung oder/und Haltung suchen. Es kann immer mal einzelne Tiere geben, bei denen das alte Urwesen plötzlich und oft völlig unerwartet durchbricht. Wenn dies öfters passiert und wirklich keine gravierenden Fehler in der Erziehung gemacht wurden, sollten solche Bulldogs nicht zur Zucht verwendet werden. Ein Hund von der Kraft, Wucht und Stärke eines Bulldogs, gepaart mit seiner Schmerzunempfindlichkeit und Beharrlichkeit, kann gefährlich werden und ist echt zu fürchten.

Ganz bestimmt müssten wir, sobald ein leichterer, ausdauernderer und beweglicherer Typ gezüchtet würde, dem einwandfreien, korrekten Bulldogwesen noch vermehrt Achtung schenken. Dann ist der Bulldog wieder fähig, körperlich seinem Temperament zu entsprechen und es auszuleben. Jetzt stellen wir bei vielen Exemplaren diesbezüglich eine riesige Diskrepanz fest. Bulldogs rennen los, oder toben umher in wildem Spiel, bis sie fast oder ganz kollabieren. Die armen Kerle „wissen“ eben nicht, dass sie in einem, für ausgelassene Bewegungen ungeeigneten Körper stecken.

Durch die vielen Generationen Zuchtauslese ist aber soviel Gutes erreicht worden, dass wir absolut zuversichtlich sein dürfen. Wie wir wissen, lassen sich anatomische Veränderungen viel leichter bewerkstelligen als Wesenskorrekturen. Diese Tatsache wirkt sich beim jetzigen Vorhaben nun sehr positiv aus und kommt unseren Wünschen riesig entgegen. Sehr im Gegensatz zu den Erfordernissen in der Mitte des 19. Jahrhunderts, als man dringendst angenehmere Charaktereigenschaften in die athletischen Bulldog-Körper bringen musste.

Ein Hund ist heute ganz anderen Umwelteinflüssen ausgesetzt als vor 50 Jahren. Er hat auch grundlegend andere Aufgaben, und es werden immer wechselnde Erwartungen an ihn gestellt. Unser Ziel soll ein belastbares, anpassungsfähiges Tier sein, das sich selbst auch wohl fühlt bei seinen Menschen und ihrer Lebensweise. Es sollte weder gefährliche Agressionen zeigen, noch ängstlich oder gar scheu sein.

c) Schönheit

Schönheit ist vor allem Geschmacksache und immer relativ Überall im Leben neigen wir dazu, ihr einen riesigen Wert beizumessen. Auch ich freue mich natürlich schöne Bulldogs um mich zu haben und bin glücklich, wenn Richter oder andere Sachverständige meine Zuchtprodukte schön finden. Wir müssen aber bedenken, dass ein „Normalbürger“ seinen Hund, wenn es hoch kommt zwei oder dreimal pro Jahr ausstellt. Die restlichen 362 Tage des Jahres muss er ganz einfach einen *guten Bulldog* besitzen, der ihm persönlich gefällt und nebst viel Freude möglichst wenig Sorgen macht.

Sorgen machen dem Besitzer aber vor allem fehlende Gesundheit oder Wesensmängel. Das sind auch Kriterien, unter denen das Tier selbst leidet. Ausstellungssiege verlieren gewaltig von ihrem Reiz und büssen ihn in Kürze ganz ein, wenn die Grundsäulen eines harmonischen Zusammenlebens mit dem Bulldog fehlen, die da unverrückbar sind: *Gesundheit und korrektes, rassetypisches Wesen.*

Es erscheint mir wichtig, die Überbewertung von Richterurteilen ein bisschen ins Wanken zu bringen. Wir züchten nicht in erster Linie für die wenigen Ausstellungstermine, sondern für den Alltag, der glücklich und problemlos mit dem neuen Besitzer verlaufen sollte.

Ausstellungssiege sind oft sowieso nur eine kurzlebige Sache. Jeder Richter sieht seinen Idealbulldog etwas anders. Es heisst noch nicht viel, wenn Ihnen vergönnt ist, einmal zusammen mit Ihrem Vierbeiner und geblähter Brust auf dem Siegerpodest zu posieren. Ein Wochenende später bleiben Sie vielleicht kaum beachtet in der Reihe. Deshalb ist es so wichtig, sich nicht hauptsächlich auf Schönheit zu fixieren, die Enttäuschung müsste zwangsläufig hinter Ihnen hereilen.

Ein neuer Bulldog-Typ

Es wäre der einfachste, schnellste und zugleich erfolgversprechendste Weg, wenn alle Züchter gemeinsam diese Korrektur vornehmen würden, zum Wohle unserer Bulldogs. Niemand kann aber im Ernst an ein solches Wunder glauben. Da sind vor allem die Engländer! Sie sind als Mutterland für den Standard des English Bulldog in erster Linie verantwortlich, allein zuständig und berechtigt, Änderungen vorzunehmen. Wie wir später sehen werden, ist es aber gar nicht notwendig, den Standard abzuändern, sondern man muss ihn nur befolgen.

Ich habe vor züchterischen Leistungen der Engländer auf allen Gebieten der Tierzucht die grösste Hochachtung, aber nicht umsonst ist der Bulldog ihr Nationalhund. Verbissenheit und Beharrlichkeit gehören auch zu ihren dominierendsten Eigenschaften. Noch nie gab es in England eine Revolution. Die Probleme haben sich immer langsam, aber sicher von selbst gelöst. Die F.C.I. hat 1987 im Bulldogstandard im Artikel „Kopf und

Abbildung 69: Bulldog Richard Strebel, 1890.
Ein Bulldogtyp, der nach 100 Jahren uns als Modell dienen könnte.

Abbildung 70:
Ein attraktiver englischer Typ um die Jahrhundertwende.

Schädel“ den Wortlaut: *je grösser, desto besser* ersatzlos gestrichen. Obwohl der englische Kennel Club, als höchstes Gremium des Landes dies befürwortet, weigern sich die englischen Clubs und mit ihnen die Züchter, dies anzuerkennen. Das ist nur möglich, weil Grosbritannien nicht der F.C.I. angeschlossen ist. Es wird allmählich auch in England einen Wechsel geben müssen zu einem gesünderen, natürlicheren Bulldog. Aber können und wollen wir so lange warten?

Wie steht es bei uns auf dem Kontinent? Ich weiss einige wenige Züchter, die ganz meiner Meinung sind und mitmachen würden. Aber wieviele der anderen sind bereit, ihr jetziges Zuchtmaterial aufzugeben, wieder von vorne und ganz anders anzufangen? Das grosse Risiko auf sich zu nehmen, ohne zu wissen, ob man auf dem neuen Weg überhaupt Erfolg haben würde, ist keine Kleinigkeit! Dies kostet viel Zeit, Geduld und Geld. Wer garantiert, dass die Richter die Anstrengungen honorieren und die neuen Tiere besser bewerten als die imposanten Schwergewichte?

Wir müssen dermassen viel Rückschläge, Verluste und Sorgen aushalten mit dem jetzigen Zustand unserer Rasse, dass es sehr viel Idealismus braucht, um trotz aller Probleme nicht aufzugeben. Aber gute Bulldogs – gesundheitlich und wesensmässig – sind nun einmal so begeisternd tolle Hunde für die Menschen, die zu ihnen passen, dass wir wirklich alles versuchen sollten, um sie wieder zu dem zu machen, was sie Ende des 19. Jahrhunderts waren: gesunde, lustige, angenehm zu haltende Familienhunde. Ich behaupte nicht, alle damaligen Champions seien hervorragend gewesen, hingegen der Typ im Allgemeinen. Aber bestimmt liegt es nicht mehr allzu fern, das strahlende Ziel: Wieder normal gebärende Hündinnen, robustere Welpen und gesunde, langlebige Erwachsene zu haben!

Der Mops entspricht im weiteren Sinne auch dem Bulldogtyp. Bei ihm ist aber nie dermassen viel Wert auf überdimensionierten Kopf und niedrigen Stand gelegt worden. Zudem hat man ihm glücklicherweise keinen „Karpfenrücken“ angezüchtet. Möpse können in der Regel gut gebären, die Rasse ist robust und langlebig. Dies ist für mich ein Hinweis und eine Bestätigung, dass ich keiner Utopie nachrenne. Hingegen kranken die französischen Bulldogs an den gleichen Übeln wie die englischen, sobald sie den heute bevorzugten, grossköpfigen, niedrigen „Supertyp“ mit aufgebogenem Rücken, verkörpern.

Wir müssen der Gesundheit unserer Rasse zuliebe vom jetzigen Schönheitsideal abweichen und wieder an leichteren Bulldogs mit weniger riesigen Köpfen Gefallen finden. Wir Züchter dürfen uns nicht scheuen, den Interessenten die Wahrheit zu sagen über die Gesundheitsprobleme, welche den heutigen Schwergewichtlern anhaften.

Der „Neue Typ" ist bei weitem nicht eine Erfindung von mir. Es gab diese Bulldogs schon früher und auch heute immer wieder. Diese gesunden, ausgewogenen Tiere müßten nur bevorzugt werden und als Vorbild gelten.

Abbildung 71: Champion Totora, 1903.

Abbildung 72: Ch. Kitty Royal, 1904.

Abbildung 73: Champion Donachadh Ban, 1920.

*Abbildung 74:
Ch. Limehurst
Marquis,
1920.*

Abbildung 75 (oben): Champion Dunscar Draftsman, 1922.
Abbildung 76 (unten): Champion Glendene Sunya, 1931.

Abbildung 77 + 78: Obwohl ich sie früher auch geliebt habe, möchte ich heute keine so niedrigen, schwergebauten Bulldogs mehr züchten.

Abbildung 79 +
Abbildung 80:
Diese ehemaligen Weltsieger erachte ich heute als zu massig und zu niedrig.

So stelle ich mir ungefähr die „neuen" Rüden vor:

Abbildung 81:
41 cm Widerristhöhe, 51 cm Kopfumfang.

Abbildung 82:
41 cm Widerristhöhe, 50 cm Kopfumfang.

Abbildung 83:
40 cm Widerristhöhe, 51 cm Kopfumfang.

Abbildung 84:
42 cm Widerristhöhe,
51 cm Kopfumfang

Die neuen Hündinnen:

Abbildung 85 (oben). Abbildung 86 (unten): 41 cm Widerristhöhe, 47 cm Kopfumfang.

Abbildung 87: 41 cm Widerrist, 46 cm Kopfumfang.

Abbildung 88:
40 cm Widerrist, 47 cm Kopfumfang.

Abbildung 89:
41 cm Widerrist, 47 cm Kopfumfang.

Die Hündinnen dieser und der folgenden Seite haben alle mehrmals problemlos geworfen.

Abbildung 90: 39 cm Widerristhöhe, 47 cm Kopfumfang.

Abbildung 91: 40 cm Widerristhöhe, 46 cm Kopfumfang.

7. Die Haltung

Leidenschaftliche Verehrung oder hitzige Ablehnung

Es gibt sicher kaum eine andere Rasse, an der sich die Gemüter dermassen extrem scheiden. Die einen vergöttern sie, andere machen einen weiten Bogen und finden sie abscheulich. Jeder Bulldogbesitzer kennt dieses Theater auf der Strasse: sein Hund wird unterwegs von wildfremden Menschen angehimmelt und wenn möglich auch gestreichelt und liebkost. Sie schätzen sich glücklich, endlich wieder einmal ihren Traumhund leibhaftig vor sich zu sehen. Sie flöten ihre Begeisterung und ihre Lobeshymnen ungehemmt und ungefragt heraus, so dass es einem als Besitzer leicht peinlich wird. Endlich gelingt es, sich von der neuen Strassenbekanntschaft zu verabschieden.

Fünfzig Schritte weiter passiert das Gegenteil: „Wissen Sie überhaupt, was für einen miesen Hund Sie an der Leine führen? Haben Sie schon je etwas von Tierquälerei gehört? Sowas müsste verboten werden.... und überhaupt ist Ihr Hund auch noch viel zu dick... so ein Krüppel .. sowas Hässliches ..“ Dann sind Sie froh, wenn Sie von der vorhergegangenen Begeisterung noch ein ganz wenig zehren können und Ihnen die Nerven nicht durchgehen. Als Bulldog-Besitzer müssen Sie — jeder wird es Ihnen bestätigen — mit solch schlimmen Begegnungen fertig werden und sie verkraften, ohne auch ausfallend zu werden. Ich hatte stets am meisten Erfolg, wenn ich solchen Leuten ganz betont freundlich sagte: „Wünschen Sie, dass auch ich ungefragt meine Gefühle über Sie ausspreche?“ Bis heute, es sind 28 Jahre seit mich der Bulldog Virus unheilbar befallen hat, wünschte leider noch niemand, meine Meinung über sich zu hören, schade... Man zieht dann die Leine etwas straffer, worauf einem der geliebte Dicke fragend anstaunt, was denn von ihm gewünscht werde. Man schaut in sein verständnisvolles Runzelgesicht und ist im Weitergehen ganz sicher: hässliche, gemeine Hunde gibt es keine, — aber Menschen?

Für viele heutige Menschen ist der Bulldog in Wirklichkeit ein idealer Hund. Dies sage ich ohne jeden Rassenfanatismus, sondern aus Überzeugung. Ob er einem gefällt und man ihn haben möchte, dies ist eine ganz andere Frage, die hier nicht diskutiert werden soll. Es ist persönliche Geschmacksache, und ich verarge es niemandem, wenn ihm dieser Hund nicht gefällt. Im Gegenteil, ich habe dafür vollstes Verständnis; denn ich predigte jahrelang, dass mir nie ein solch grässlicher Hund ins Haus käme!

Wie ich zu meinem Ehemann und zum ersten Bulldog kam

a) Meine Jugend

Tiere, und ganz speziell Hunde, bedeuten mir seit meiner Kindheit fast alles. Ich hatte das Riesenglück auf einem für damalige Begriffe grossen und schönen Bauernhof mit fünf Brüdern aufzuwachsen. Unser Dorf liegt direkt in der Mitte zwischen St. Gallen und Romanshorn. Ich wünschte mir sehnlichst ein Hündchen. Aber weil der grosse Hofhund überfahren wurde, wollte man keinen neuen mehr haben. Zudem fuhren immer mehr Autos, und ein neuer Hund würde schon am ersten Tag totgefahren werden, sagte der Vater; als erfahrener Landtierarzt musste er das wohl wissen. Einen Kettenhund aber wolle er nicht, und ich solle mal darüber nachdenken, wie furchtbar das wäre, wenn mein Hündchen überfahren würde... Ich kann mich immer noch an diese Worte erinnern, so oft hörte ich sie. Ich konnte betteln, soviel ich wollte, alles bekam ich — nur keinen Hund.

Nichts machte mir soviel Freude, wie mit Papa, den ich über alles liebte (... „er mich auch", behaupteten meine fünf Brüder!) auf die Praxis zu den Bauern zu fahren. Wo ich konnte, half ich ein wenig mit. Schwänze festhalten ... Kühe beruhigen mit Streicheln... Kälbchen im Fell kraulen, damit sie ruhig standen ... das war mein Leben. Tierärztin wollte ich werden, so tüchtig und beliebt wie mein Vater, dies war mein sehnlichster Kinderwunsch!

b) Mein erster Hund

Eines Tages war mir das Glück hold. Ein Bauer schenkte mir ein ganz kleines, erst einige Wochen altes Appenzeller-Blässli. Vater sagte zwar, dass wir wegen der Strasse keinen Hund mehr haben können. Der Bauer Sturzenegger aber meinte, er müsste das Blässli sowieso töten, und deshalb könnten wir es doch wenigstens mit ihm versuchen, es schaue nämlich sehr gescheit aus und würde bestimmt lernen, wegen der Autos gut aufzupassen. Vater wollte zwar immer noch nicht, aber ich hielt längst das süsse Geschöpfchen in den Armen und war selig. Der Bauer schien sehr enttäuscht zu sein und sagte, dass er nicht gedacht hätte, dass der Herr Doktor seiner einzigen Tochter nicht einmal ein junges Hündchen lasse, wenn man es ihr doch schenke und sie sich so riesig freue. Das war zuviel. Mürrisch hiess mein Vater mich samt Wuschelhund ins Auto steigen. Ich war überglücklich, obwohl Vater dauernd ein bisschen vor sich hinknurrte und wütend mit seiner Brissago Rauchwolken paffte auf der Heimfahrt. Bestimmt hätte ich das Blässli nicht mitnehmen dürfen, wäre der Bauer Sturzenegger nicht ein so guter Kunde meines Vaters gewesen.

Mein Kinderglück war nun vollkommen. Ich liess meinen Liebling keinen Moment aus den Augen. Als ich später dann zur Schule gehen musste, brachte ich „Blässli" jeweils zur Grossmutter, sie hatte mir versprochen, gut darauf aufzupassen, wenn ich weg war. Der Schulweg führte an ihrem Haus vorbei, und ich liess Blässli nur rasch bei ihr zur Haustüre hinein und rannte mit den andern Kindern weiter. Sobald Grossmutter nach Schulschluss das Rudel von uns Schülern auf dem Heimweg erspähte, öffnete sie für „Blässli" das Stubenfenster, der hüpfte hinaus und rannte uns entgegen. Die Begrüssung war jeweils unglaublich, und auch die andern Kinder freuten sich an meinem fröhlichen Hund. Schön wie ein richtiger Appenzeller Sennenhund ist er zwar nie geworden, aber unsagbar lieb und brav war er.

„Blässli“ war mittlerweile schon ein gesetzter Herr geworden, aber er war immer noch meine ganze Freude. Er schlief nie an einem andern Ort als bei mir im Zimmer. Der Weg in die Sekundarschule führte nun nicht mehr an Grossmutters Haus vorbei, und so liess ich „Blässli“ während der Schulzeit zu Hause. Da passierte nach über einem Jahr das Unglück. Von der Schule kommend, fand ich ihn eines Tages schwerverletzt am Strassenrand liegen. Ich trug ihn schnell ins Haus — aber kurz darauf starb er in meinen Armen, noch bevor Papa da war, um ihn vielleicht noch zu retten. Das Tierchen, das ich so über alles geliebt hatte, war nicht mehr. Mein Schmerz war grenzenlos, und nie, nie mehr wollte ich wieder einen Hund haben.

Nach der Sekundarschule fanden meine Eltern, dass ihre Tochter noch im Welschland (französisch sprechender Teil der Schweiz) ein Institut besuchen und nebst gutem Französisch auch eine Portion „savoir vivre“ lernen sollte. Ich war ihnen eine Nuance zu wild geraten. Vor allem die Mutter hätte sehr gerne ein „feines Mädchen“ aus mir gemacht. Aber wie konnte ich anders werden neben fünf Brüdern und den sieben „Rimle-Buben“ von der Schmiede nebenan. Kaum wage ich sie heute noch aufzuzählen, meine besten Kollegen waren die zehn „Pfister-Buben“ von der Zimmerei. Nur der Bäcker hatte noch zwei Töchter in meinem Alter. Aber die eine übte dauernd Klavier; denn sie wollte Musikerin werden, und die andere nähte nichts als Puppenkleider und spielte tagelag damit. Das waren mit dem allerbesten Willen keine passenden Freundinnen für mich. Im Institut unter den vielen Töchtern gefiel es mir natürlich überhaupt nicht, und ich litt ganz schrecklich unter Heimweh. Aber alles half nichts, ich musste bleiben. Im nachhinein denke ich, dass es meine Eltern schon richtig meinten. Aber damals hasste ich sie oft. Ich schrieb auch nach Hause, dass sie mich hier sterben liessen vor Heimweh. Dann bekam ich wieder einen tröstenden Brief von Mama mit vielen guten Ratschlägen. Oftmals hegte ich den Verdacht, dass sie meine verzweifelten Briefe dem Vater nicht zeigte; denn er hätte mich hier bestimmt herausgeholt, wenn er von meiner Not gewusst hätte.

Als ich mich einmal bei der Präfektin ausweinte, bekam ich von ihr die Spezialerlaubnis, ab und zu in der Freizeit zur Nonne zu gehen, die im angeschlossenen Bauernhof die Kleintiere betreute. Das waren wunderschöne Stunden und diese Schwester fand ich einmalig. Ich war wieder in meinem Element. Ich striegelte die beiden deutschen Schäferhunde, liess sie von den Ketten und tobte mit ihnen hinter der Scheune herum, fütterte Schweine und Hühner, Katzen und Tauben ... es ging mir zusehends besser und die Tage und Wochen wurden wenigstens erträglich. Den grössten Eindruck machte mir, als die Nonne einmal beiläufig von den „Stammbäumen“ der Schäferhunde sprach und mir diese wichtigen Dokumente auf mein Bitten hin gar „in natura“ zeigte. Da blieb mir doch beinahe der Mund offen stehen. Hunde mit Stammbaum, irrsinnig, dass es so etwas gab, und ich zerschmolz fast aus Ehrfurcht vor den Hunden.

Wie alles Schlimme im Leben vergingen auch die zwei Welschland-Jahre. Mit einem vorzüglich abgeschlossenen Diplom kam ich nach Hause. Meine Eltern waren natürlich stolz, und ich durfte mir etwas „richtig Schönes“ wünschen. Das hiess in dieser Betonung, dass mein Geschenk schon einen rechten Batzen kosten durfte. Ich überlegte nicht lange und wünschte: EINEN HUND — MIT STAMMBAUM.

c) Mein erster Zuchtversuch

Meine Wahl fiel auf eine schwarze Belgische Schäferhündin. Ich besuchte mit ihr einen Erziehungskurs und hatte grosse Freude, mit der arbeitsfreudigen, intelligenten Hündin in der Begleithundeklasse weiterzuarbeiten. Dann entschloss ich mich, mit „Britta" zu züchten und liess mir 1952 bei der Schweizerischen Kynologischen Gesellschaft den Zwingernamen „v. Burg Ramswag" — dem Wahrzeichen unseres Dorfes — schützen. Diesen Namen liess ich 1966 auf mein heutiges Präfix „Pickwick" umschreiben. Leider begann „Britta" plötzlich mit dem Schäferbastard des Nachbarn in den nahen Wald abzuhauen und mit ihm zusammen zu jagen. Es war schlimm. Manchmal erwischten wir die beiden einen ganzen Tag nicht mehr. Der ganze Gehorsam war in jenen Momenten dahin. Die Leidenschaft verschlimmerte sich zusehends, und man konnte die Hündin keinen Schritt mehr von der Leine lassen. Die Jäger hatten mich zu Recht schon mehrmals verwarnt. Wir alle passten auf, und doch gelang es der raffinierten Hündin immer wieder wegzukommen, entweder durch ein offenes Fenster, einen Türspalt oder auch irgend einem Eintretenden zwischen den Beinen hindurch. Mir taten die Waldtiere sehr leid; denn die Hündin war, wenn auch nicht böse, so doch unerhört schnell und ausdauernd. Ich hatte oft dermassen eine Wut, wenn sie im Wald wie ein Pfeil an mir vorbei schoss, dass ich im ersten Moment fast erlöst war, als ein Jäger sie beim Wildern erschoss. Die Trauer um meine schöne Hündin kam erst nachher, — sie war wirklich unhaltbar geworden und hatte mir zum Schluss nur noch Kummer und Ärger bereitet. Ich war wohl die falsche Meisterin für diesen Hund gewesen ... und kämpfte lange Zeit mit Schuldgefühlen.

Mit einem schönen Zuschuss vom Vater kaufte ich mir eine junge Neufundländerhündin aus einer sehr guten Berner Zucht. „Lettie" wurde wiederum meine ganze Freude, und ich hatte mit ihr „das grosse Los" gewonnen. Sie war eine ganz tolle Hündin in Wesen und Charakter, und als sie dann bei „meiner" ersten Hundeausstellung in Langenthal den Jugendsiegertitel gewann, war ich einmal mehr der glücklichste Mensch. Von ihren schönen Jungen behielt ich einen Rüden und eine Hündin, in Haus und Hof war ja genügend Platz.

Es muss zwei oder drei Jahre vorher gewesen sein, als ich den ersten Bulldog meines Lebens sah. Ein Studienfreund meines Vaters kam zu Besuch, begleitet von seinem Sohn samt Bulldog. Ich hatte mir diese Hunde in Wirklichkeit nie so schrecklich vorgestellt. Es muss aber auch eine schlimme Kreatur gewesen sein, wenn mich die Erinnerung nicht täuscht. Unsere Gäste waren aber dermassen des Lobes voll über diesen einmaligen Hund, dass ich langsam an ihren fünf gesunden Sinnen zu zweifeln begann. Also, so ein Hund, niemals! ... Der käme mir nicht ins Haus, das hätte ich schwören können!

d) Wie ich zu meinem Mann kam

Einmal einen Bulldog zu besitzen, das war seit seiner Englandzeit der Wunschtraum meines Mannes. Aber schon als Student stiess er damit bei seinen Eltern auf taube Ohren. Ein Boxer war grad noch das Ähnlichste, wofür man bei ihm zu Hause Verständnis aufbrachte. Ich muss aber zur Ehrenrettung meiner längst verstorbenen Schwiegereltern sagen, dass dieser „Dany“, obwohl vorerst im Haushalt nicht sonderlich erwünscht, nachher heiss geliebt wurde. Er war ein herrlicher Boxer, in jeder Beziehung, und für mich von ganz besonderer Bedeutung: ohne ihn hätte ich vermutlich meinen Mann gar nie näher kennen gelernt. Obwohl dies ein Thema ist, das in unsere Familienchronik gehört und nicht hier ins Bulldogbuch, will ich es doch kurz erwähnen, denn so, wie sich ein grosser Teil unseres späteren, gemeinsamen Lebensweges um Tiere drehen sollte, so hat er begonnen....

Ein rüstiger Jüngling aus St. Gallen machte mit seinem ungestüm- lebhaften Boxer einen Frühlingsmarsch aufs Land, wo die Wiesen und Obstbäume in wunderbarster Blüte standen. Etwa zwei Stunden des geplanten Weges hatte man glücklich, zufrieden und ohne nennenswerte Zwischenfälle zurückgelegt, wenn man grosszügigerweise von ein paar Katzenjagden bei Bauernhöfen absieht. In einer Viertelstunde wäre die Bahnstation erreicht gewesen, von wo die Bodensee Toggenburgbahn die beiden müden Wanderer zurück nach St. Gallen gebracht hätte. Aber da wohnten wir...

Auf unserem Bauernhof hielten wir eine Riesenschar guter, weisser Leghorn-Hühner mit einem majestätischen, ganz zahmen Gockel. Dieser fürchtete natürlich keinen Hund. Allerdings war er eher an verschiedene Bauernhunde und selbstverständlich an meine drei schwarzen Neufundländerbären gewöhnt. Sicherheitshalber flog er dennoch auf den Holzhag, als der „rehbraune Bomber“ auf dem Feldweg daher gerannt kam und hinterher sein Meister. Leider war er um den Bruchteil einer Sekunde zu spät auf dem Zaun,

Abbildung 92: Wo bleibt mein Früstücksei?

und „Dany“ erwischte den Hahn an seinen herrlich langen, geschweiften Schwanzfedern. Ein furchtbares Gekrächze .... und dann überschlugen sich die Ereignisse.

Einer unserer Knechte rannte mit der Mistgabel daher und wollte den Köter gleich umbringen. Gäste stürmten aus der nahen Wirtschaft, auch ich war gleich zur Stelle, und meine Hunde gingen auf den Fremdling los. Selbst der Leghorn-Harem flatterte aufgeregt gackernd daher, um kampfbereit für den verwundeten Chef einzustehen. Dem Herrn aus der Stadt war der ganze Auflauf furchtbar peinlich. Die Situation wurde auch nicht besser, als sich der Boxer gehorsamst „bei Fuss“ setzte, wie er es im soeben abgeschlossenen Erziehungskurs gelernt hatte. Aus seiner Schnauze hingen rechts und links blutverschmierte Federn. Die Atmosphäre war brenzlig und fast feindselig. Stadt gegen Land. Ich gestehe beschämt, dass ich mehrere ganz böse Worte dem netten Herrn über seinen Misthund ins Gesicht geschrieen habe.

Aber dann ertönte die sonore Stimme meines Vaters, der gewichtigen Schrittes daher kam. Wie immer übersah er ruhig die Lage und befahl, was zu tun war: „Meitä“ (das war sein Kosenamen für mich) und „Badista“ (unser italienischer, treuer Knecht) fangen nun den Gockel, damit man sieht, ob er ernstlich verletzt ist. Der Herr da, bindet seinen Hund an den Pfahl, aber richtig.. und dann sehen wir weiter!“ Es war wie immer bei Vater, niemand widersprach, denn seine Anordnungen waren zum vornherein richtig. Er strahlte eine so sichere Überlegenheit aus, an ihm konnte man einfach nicht zweifeln. Ich empfand das schon als Kind so. Dieses wohltuende Gefühl begleitete mich auch später und fehlte mir unsäglich, als er 1960 nach langer Leidenszeit starb.-

Ein total verschüchtertes Federvieh einzufangen ist gar keine leichte Sache. Traurig konnten Badista und ich den Blutspuren folgen, die schnurstracks zum Hühnerhaus führten. Wir unterliessen natürlich nicht, unterwegs gebührend über Städter und ihre unerzogenen Hunde zu wettern. Der Hahn stand total verstört im Stall und blutete ernsthaft an seinem hinteren Ende, wo, konnte man auf Distanz nicht genau sehen. Mit etwas Mühe gelang es uns, ihn einzufangen und dem Vater zu bringen. Wenn einer noch helfen konnte, dann sicher er. Er war ja Tierarzt, aber nicht für Federvieh und kleines „G’schmäus“, wie er stets betonte. Seine Fürsorge galt den grossen Tieren: Pferden, Kühen, Stieren, Kälbern, Schweinen; er war halt ein richtiger, alter Landtierarzt, der Tag und Nacht, sonntags und werktags für seine Bauern da war, wenn sie ihn brauchten.

Beim sorgfältigen Auseinanderteilen der Federn klaffte wirklich eine grosse Wunde dort, wo früher der schöne Schwanz herauswuchs. „Das bringt nichts,“ sagte Vater, „das ist nur ein armer Kerl, und man tötet ihn besser sofort.“ Jammernd bettelte ich, es doch wenigstens mit Nähen versuchen zu dürfen, wenn er mir die Instrumente und Medikamente gebe. Es brauchte meine ganze Überredungskunst, bis er endlich nachgab, denn bei ihm durfte kein Tier unnötig leiden. Ich begleitete Vater sehr oft und furchtbar gerne auf die Praxis. Bei den Behandlungen half ich viel mit und konnte daher die grosse Fleischwunde unter Vaters Anweisungen ganz schön zusammenflicken. Badista hielt den geschockten Hahn mustergültig fest und kraulte ihm immerzu den dicken roten Kamm, was ihn scheinbar ungemein beruhigte. Nach gründlicher Desinfektion und bestmöglicher Federnwäsche liessen wir den immer noch blutverschmierten, ehemals schneeweissen Patienten in sein Revier zurückflattern.

Es blieb uns nun noch der Herr mit seinem angebundenen Boxer. Geld für den havarierten Hahn wollte Vater unter keinen Umständen, aber seinen Hund anständig erziehen und auch besser beaufsichtigen, wenn er über's Land gehe, das gab er dem sich sehr entschuldigenden Herrn noch mit auf seinen Lebensweg. Vater schritt von dannen in die Wirtschaft, denn dort war er ja mitten im Sonntag-Nachmittags-Jass gestört worden. Herr und Hund begaben sich Richtung Bahnhof, froh, diesen schlimmen Ort verlassen zu können. Ich ging in den Hühnerhof, um dem Hahn seine Lieblingskörner als kleinen Trost zu streuen, die er aber nicht fressen mochte. Es war ein trauriger Anblick. Mitten im Stall stand total zerknirscht und leidend der „Chef". Nichts war von seiner Wichtigtuerei übrig geblieben, um ihn herum staunend und ungläubig seine blöden Hennen. Sie konnten nicht verstehen, warum er nur noch halb so gross aussah, und wo denn so plötzlich sein stolzes Gehabe geblieben war.

Eine Woche später tauchte der Herr aus der Stadt wieder in unserer Wirtschaft auf, um sich nach dem Ergehen des Hahnes zu erkundigen. Wohlweislich kam er diesmal ohne Hund. Sichtlich erleichtert vernahm er die frohe Kunde, dass der Patient noch lebte und scheinbar auf dem Weg zur Genesung war.

Die Verletzungen unseres Hahnes heilten mit der Zeit ohne Schaden aus. Aber es dauerte mehrere Monate, bis ihm neue Schwanzfedern sprossen. Die Geschichte endete wie ein wahres Märchen: je mehr Fortschritte die Heilung des Gockels machte, umso mehr kam der Herr aus St. Gallen, um sich nach ihm zu erkundigen. Eineinhalb Jahre später wurde er mein Mann!

e) Die Flitterwochen

Da wir die ersten Jahre in St. Gallen wohnten, konnte ich nur einen der Neufundländer mitnehmen. Ich entschied mich ohne Zögern für die Mutter „Lettie". Sie konnte sich aber nicht mit den städtischen Verhältnissen abfinden, obwohl wir genügend Platz hatten. Uns allen tat die gute Hündin leid. In der Stadt legte sie sich auf's Trottoir und war nicht zu bewegen, weiter zu gehen. Nach jeweils zwei, drei Tagen Aufenthalt verweigerte sie auch jedes noch so gute Futter. Traurig brachten wir sie als einzigen Ausweg wieder nach Lömmenschwil, wo sie jedermann auf's herzlichste begrüsste und wo sie scheinbar unerhört glücklich war. Nach weiteren zwei Tagen ging dort das Theater los. Sie bemerkte, dass ich nun ungewohnt lange fort war, wurde traurig und teilnahmslos und fing an zu fasten. Mama war verzweifelt — also holten wir „Lettie" wieder. Ich weiss heute nicht mehr, wie oft dieses Hin und Her stattfand, auf jeden Fall wochenlang. Mein Gatte war alles andere als zu beneiden in seinen vermeintlichen Flitterwochen: entweder weinte seine junge Frau und ass nicht mehr aus lauter Heimweh nach ihren Hunden und der ländlichen Athmosphäre — holte er ihr den Lieblingshund wieder, heulten sie nach zwei Tagen einfach zu zweit. Beide wollten um alles in der Welt wieder nach Hause ...

Abbildung 93: Eignet sich doch besser für Babies!

Die Eltern meines Mannes dachten nicht im Traume daran, den guten „Dany" seinem rechtmässigen Besitzer mit in die Ehe zu geben, sie liebten und verwöhnten den Boxer gewaltig. Der Sohn hatte nun ja Frau und Hund aus Lömmenschwil und war für's erste voll mit deren Akklimatisierungs-Problemen beschäftigt. Das war 1955.

Wie in allen jungen Familien traten die Hunde ein wenig in den Hintergrund als unser erster Sohn 1957 geboren wurde und ihm später noch ein paar Geschwisterchen folgten. Zwischendurch musste einmal ein junger, hübscher Wolfspitz ganz dringend ein neues Heim haben .... Natürlich konnte das goldige Hündchen zu uns kommen. Es hiess „Pitta" und war ein richtiger Schatz, aber bellte den ganzen Tag! Wenn mein Mann manchmal zögernd zu erwähnen begann, dass in unserm ganzen Kinder- und Hundelärm ein Bulldog schon ruhiger wäre, blockte ich seine Phantasien gleich ab. Nur keinen Bulldog ... fast alles, aber das nicht.

f) Es ist passiert

Im Frühjahr 1965 zogen wir aus geschäftlichen Gründen nach Gossau, einem damals 8000 Einwohner zählenden Vorort von St.Gallen. Wir wohnten ausserhalb des Dorfes und die Kinder konnten spielen und herumtollen wie sie wollten und auch Hunde zu halten war kein Problem. Mein Mann hielt eines Tages die Besprechung mit unserem deutschen Betriebsberater in unserer „guten Stube" ab,anstatt wie gewöhnlich in der Firma. Die Kinder und ich gaben uns redlich Mühe, ordentlich leise zu sein, damit die Herren ungestört blieben. Unser Spitz aber hasste es, fremde Menschen in seiner Wohnung zu wissen und bellte andauernd. Er lärmte auch weiter, als er längst ins Schlafzimmer gesperrt worden war. Später, bei einem Glas Wein, fragte Herr Raymann meinen Mann, wieso er auf eine so urdeutsche Rasse gekommen sei?... Sein Traumhund wäre ein Bulldog — aber die Frau ... und hier gäbe es ohnehin keine Bulldogs zu kaufen ... antwortete mein Göttergatte resigniert. „Schade, wenn ich das nur gewusst hätte. Ich war letzte Woche in der Nähe von Baden-Baden bei einem Herrn Seemann, und der hat gerade einen Wurf ganz goldiger Bulldogs. Ohne Probleme hätte ich Ihnen heute einen mitbringen können!"

Eigenartigerweise eilte es jetzt plötzlich, den meinen Mann interessierenden Betrieb in Deutschland zu besichtigen. Zufälligerweise war sein Termin auch für diesen gewissen Herrn Seemann enorm günstig. Also fuhren wir los. Etwa fünf ausgewachsene Bulldogs veranstalteten eine kolossale Begrüssung. „Nein, bitte keinen Bulldog", flehte meine innere Stimme, „die sind so hässlich!"...

Bei Kaffee und Kuchen unterhielten wir uns schon über eine Stunde mit dem Züchterehepaar. Ich glaube, mein Mann war sehr glücklich. Bei mir auf dem Sofa hatte längst eine Bulldogge Platz genommen und ihren dicken, warmen Kopf auf meinen Knien zur Ruhe gebettet. Als sie plötzlich ganz laut zu schnarchen begann, erschrak ich fast zu Tode. „Die wird doch nicht gleich einen anständigen Besucher auffressen", dachte ich, „aber man weiss ja nie". Ein etwa achtwöchiger, weicher Welpe kuschelte sich wohlig in meine Armbeuge und schnurrte vor sich hin, während ich ihm sein viel zu grosses Fell kraulte. Sein Gesichtchen konnte man vor lauter Falten fast nicht sehen... „Gell', er gefällt Dir auch" stellte mein Mann strahlend fest, bezahlte die kleine, dicke Hundewurst, nahm noch ein paar schriftliche Anweisungen mit, und ab ging's nach Hause mit „Jonny" auf dem Arm. Es war passiert!

Zu Hause herrschte eitel Freude. Die Kinder fanden den „Jonny" super und er sie auch. Wir hatten überhaupt keine Probleme mit ihm und stellten täglich deutlicher fest, dass nur ein Bulldog wahnsinnig wenig ist. Dem konnte abgeholfen werden; denn Herr Seemanns Hündin warf zwei Tage nach unserem Besuch sechs Welpen. Selbstverständlich war nun ich auf dem Laufenden. Wir kauften uns noch ein rehbraunes Bulldog-Mädchen mit schwarzer, samtiger Maske. Das war nun wirklich eine süsse, kleine Nudel. Ihr Stammbaumname war „Haubitze" — aber man konnte doch nicht so einem Goldschatz einen so schlimmen Namen geben! Die Kleine wurde aber ein dermassen freches und gefitztes Luder, dass der Name schon gepasst hätte. „Hexli", wie wir sie tauften, war nur ein leiser Schatten gegen das, was die dauernd anstellte.

Mein Bulldog-Start

Unser erster Bulldog „Goldenboy vom Grafensprung“, genannt „Jonny“, kam am 28. 12. 1965 im zarten Alter von acht Wochen in unsere Familie. Um mich wieder richtig in diese erste Zeit zurückzuversetzen, sehe ich gleich bei meinen Aufzeichnungen von damals nach. Ende März 1966 schrieb ich in mein „Hunde-Tagebuch“:

„Jonny“ ist ein überaus kräftiges Jungtier mit Pfoten wie ein kleiner Bernhardiner. Er zeigte überhaupt kein Heimweh, machte munter und vergnügt seine Bächlein und Häufchen auf unsere Spannteppiche. Er hat nur schwer begriffen, dass man diese Sachen draussen verrichten sollte. Es dauerte lange Zeit bis er richtig, zuverlässig stubenrein wurde. Mit vier Monaten war es dann soweit.

Am 11. März fuhren wir wiederum nach Baden-Baden zu Seemann's. Ein Herr Prenner aus Wien war auch dort, zusammen mit der österreichischen Bulldogklub-Präsidentin Frau Schwatzeck, um für sich ebenfalls eine kleine Hündin auszusuchen. Wir wählten den unternehmungslustigsten und wildesten der Welpen aus vom Wurf. Nun haben wir das Geschenk!! Ein lieber kleiner Schatz – aber ein Teufel, was Grobheit, Kratzen und Beissen anbetrifft. Jonny weiss sich manchmal kaum mehr zu helfen mit seiner nimmermüden, neuen Freundin, die, wie es mir scheinen will, fast ohne Schlaf oder wenigstens Ruhepausen auskommt. was aber das Verblüffendste ist: die kleine Kröte ist sozusagen schon stubenrein. Die hat das erfasst im gleichen rasanten Tempo wie sie durch die Wohnung saust und alle Kinder zur Verzweiflung bringt. Sie stiehlt Puppen, Klötze, Stofftiere, kurzum einfach alles und zerbeisst es. Hexli ist nicht e i n junger Hund, nein das sind fünf in einem, ein richtiges „Mulipack“. Zugleich aber ist sie von so umwerfend aufdringlicher Liebenswürdigkeit, dass man sie doch wieder gern haben muss. Sie ist im Stande, mir – noch während der Strafpredigt – in einem Satz auf die Knie zu springen und mit Zunge und Pfötchen im Gesicht herum zu laborieren, dass man gar nicht weiter schimpfen kann, sondern sie wieder streicheln und liebhaben muss, damit sie sich nur beruhigt.

Alles, was „Jonny“ bis anhin in Sachen Anstand und guten Manieren erlernt hat, vergisst er jetzt mit erstaunlicher Geschwindigkeit.
Die kleine Hexe bringt ihn immer wieder mit ihrer List auf Abwege und verführt ihn zu dummen Streichen. Auf jeden Fall soweit, dass Jonny bei dem Unsinn — wenn auch nur halbherzig — so doch meist auch beteiligt erscheint.

Es ist sehr interessant, den Charakterunterschied der beiden Junghunde zu beobachten. Jonny, schon immer ruhig, bedächtig, sehr sensibel und fein in seinen Liebkosungen, Hexli dagegen ein wahrer Wirbelwind von Leben und überströmendem Draufgängertum, dabei von viel zarterem Aussehen als der wuchtige Jungrüde. Sie will lieb sein, macht das aber auf so ungestüme Art und Weise, dass man sich halbhavariert auf einen Stuhl oder besser Tisch flüchtet, um den Liebesbezeugungen auszuweichen. .... Soweit meine Niederschrift vor 26 Jahren, als ich noch ganz am Anfang stand.

Natürlich fielen wir bei uns in Gossau auf mit unsern drei so verschiedenen Hunden. Der

Abbildung 94: Jonny.

Abbildung 95: Hexli.

Abbildung 96: Schrecklich, der schläft schon wieder!

Ortsphotograph fand sie ebenfalls sehr lustig und wollte unbedingt eine schöne Aufnahme machen. Natürlich ohne den Wolfsspitz! Das Bild von „Goldenboy und Haubitze vom Grafensprung“ gelang ihm nach meinen Begriffen sehr gut und erschien in der Tageszeitung. Wir erhielten eine gute Schwarz-Weiss-Vergrösserung als „Gage“. Mit so einer seltenen Aufnahme musste doch irgendetwas unternommen werden, fand ich, und sandte das Bild an die Redaktion des „Schweizer Hundesportes“. Postwendend erhielt ich vom Redaktor, Herrn Hans Räber (1966 noch ohne seinen verdienten Dr.h.c.!), einen Brief. Er teilte mir mit, dass er natürlich sehr gerne wieder einmal eine gute Bulldogaufnahme veröffentliche, aber dazu auch noch ein wenig Text haben sollte. Am meisten würde ihn eine kurze Rassebeschreibung freuen. Also begann ich mit Schreiben.

Mein Bulldog-Paar erschien in einer der nächsten Ausgaben auf dem Titelblatt ... und gefiel. Mein kleiner Artikel, dessen Inhalt ich in der mir erreichbaren Literatur zusammengekratzt und mit meinen eigenen, noch sehr wenigen Erfahrungen gemixt hatte, fand auch Anklang. Ich erhielt mehrere Briefe; die einen fanden meinen Plan, es in der

Abbildung 97: Das umstrittene Titelbild!

Schweiz mit einer Bulldogzucht zu probieren, grossartig; andere erachteten dies als grossen Blödsinn. Sogar erste Bestellungen für Welpen waren dabei. Unter dieser Post war ein ganz besonderer Brief, sehr offiziell mit Bulldogkopf und Absender: CLUB SUISSE DU BULLDOG ANGLAIS. Nun zeigte sich endlich, dass sich meine Welschlandjahre doch gelohnt hatten! Spielend gelang es mir, diesen Absendertext zu übersetzen!

Da freute ich mich sehr; denn ich hatte natürlich keine Ahnung von der Existenz eines solchen Vereins. Beim Lesen aber verging mir die Hochstimmung zusehends. Da hatte ich aber ganz böse ins „Fettnäpfchen getreten"! Der Herr Club-Präsident schrieb mir, dass es sehr ungeziemend sei, ohne die ausdrückliche Genehmigung des diesbezüglichen Clubs etwas über Bulldogs zu veröffentlichen. Sollte der Vorstand es für notwendig erachten, würde er es selbst und mit genügend Sachkenntnis tun. Er rate mir dringendst, mich in Zukunft zurückhaltender zu benehmen. Meine Pläne, Bulldogs zu importieren, hätte ich auch vorher bekannt geben sollen. (Wie ungeplant ich zu Bulldogs kam, konnte der Herr Präsident eben nicht wissen!) Anlässlich der in zwei Wochen stattfindenden Hundeausstellung in Bern würde sich der Club zur Hauptversammlung treffen und dann eventuelle Sanktionen beschliessen. – Hoppla!! Das war vermutlich sehr unklug, was ich da wieder angestellt hatte. Zudem war „Jonny" für diese Schau in Bern gemeldet und sollte sein Ausstellungs-Debut feiern. Das konnte ja gut heraus kommen, wenn ich diesen Vorstand treffen würde ...

Also schrieb ich dem Herrn Präsidenten einen Brief und teilte ihm mit, dass ich leider weder von seiner eigenen, noch von der Existenz des Clubs je etwas gehört hätte und deshalb nicht alle meine Pläne aufgeben würde. Dann schrieb ich auch noch, dass ich mich freuen würde, ihn bald persönlich kennen zu lernen (was natürlich nicht stimmte!).

Meine Gefühle am Morgen des Ausstellungstages waren, gelinde gesagt, sehr gemischt. Hinter jedem Unbekannten argwöhnte ich ein strafendes Vorstandsmitglied oder gar den Herrn Präsidenten persönlich. Aber es passierte überhaupt nichts. Da waren viele nette Leute, die sich für meine Hunde interessierten und auch noch zwei andere ausgestellte Bulldogs. Plötzlich sprach mich ein sehr netter Herr an und fragte, ob ich eventuell die Autorin des Artikels sei, und ob mir die beiden schönen Bulldogs auf der Titelseite des „Hundesportes" gehören. Er sei Herr Heyl aus Luzern und müsse jetzt gerade an die Clubhauptversammlung, da er im Vorstand sei. „Jetzt geht's los" dachte ich und ergriff gleich die Offensive, indem ich vom Brief des Präsidenten erzählte. „Quatsch", lachte Herr Heyl und sagte, ich solle unbedingt zur Hauptversammlung mitkommen, solche Leute wie mich würden sie gerade jetzt brauchen. Alles weitere bringe er schon wieder in Ordnung. — Ich ging wirklich nur Herrn Heyl zuliebe mit. Es war eine Runde von 6 Personen und mir passierte nichts, so unglaublich es scheint, rein gar nichts — im Gegenteil, man hiess mich nach einer kurzen, leise und geheim geflüsterten Intervention durch Herrn Heyl auf's herzlichste willkommen. Kaum hatte ich mich gesetzt, war ich bereits einstimmig als neues Vorstands-Mitglied gewählt, — noch bevor ich überhaupt Clubmitglied war. So schnell ging das .... und dauert nun schon so lange!

Abbildung 98: Gleich und gleich ...

Der richtige Bulldog-Besitzer

Der Bulldog ist super für Menschen, die keinen „hündischen" Hund wollen, sondern eher eine Persönlichkeit. Er hat nämlich nicht im Sinn, in ihrem Leben eine untergeordnete Rolle zu spielen, sondern steht gerne im Mittelpunkt. Er will beachtet und ins Familienleben einbezogen werden. Fehlt ihm dieser enge Kontakt zu seinen Menschen, kommen die unerhörten, fast unglaublichen Gegensätze seines Wesens, welche einen grossen Teil des Charmes dieser Rasse ausmachen, nicht zum Vorschein.

Seine Ruhe und Gemütlichkeit sind weitere Pluspunkte. Die mittelgrosse Statur bringt wenig Probleme, er kann noch gut mitgenommen werden und beansprucht daheim nicht allzuviel Platz.
Er begnügt sich mit ein bis zwei Stunden Bewegung pro Tag, alles zusammen gerechnet, und fühlt sich wohl dabei. Nicht jeder Hundebesitzer hat Zeit und Lust, mit seinem Liebling pro Tag drei Stunden oder gar länger zu wandern.

Dass er sehr wenig bellt und doch mit tiefer, knurriger Stimme anschlägt, wenn Fremde an die Tür kommen, wird sehr geschätzt. Sein grimmiges Aussehen allein prädestiniert ihn schon als Beschützer und Wächter. Hingegen ihn als ausgezeichneten Wachhund zu empfehlen, wie dies in so vielen Beschreibungen zu lesen ist, finde ich falsch. Am besten klappt es, wenn er im Haus oder in der Wohnung gehalten wird und keinen direkten Kontakt zu den Neuankommenden hat. Ungewöhnliche Geräusche oder Eindringlinge meldet er dann sicher — vorausgesetzt, er ist nicht in tiefstem Schlaf versunken oder schnarcht so laut, dass er selbst nichts anderes mehr hört. Dagegen würde er aus „komaverdächtigem“ Zustand heraus auf einen Fremden losgehen, in einem Tempo, das für Uneingeweihte nicht möglich scheint.

Den Beweis kann ich dafür erbringen. „Emma“, die Lieblingshündin unserer Tochter Marlis, schlief immer bei ihr im Zimmer. Es war eine warme Sommernacht. In dem ebenerdig liegenden Zimmer stand das Fenster weit offen. Unser Sohn kam spät vom Ausgang zurück und hatte keinen Hausschlüssel. Um nicht alle wach zu läuten und ein allgemeines Gebell zu provozieren, schlich er auf leisen Sohlen ums Haus in der Hoffnung, irgendwo Einschlupf zu finden. Das offene Fenster bei Marlis war Spitze. Die Bulldogge schnarchte dermassen laut, dass jeder Fremde das Weite gesucht hätte. Der Sohn kannte sich aber aus und machte ohne jedes Geräusch einen Schritt mit seinen langen Beinen über die Fensterbrüstung — und schon hatte die vermeintlich „zutiefst schnarchende, dicke Wurst“ zugepackt. Das gab natürlich Krach, Radau und Geschimpfe, dass ich schnellstens hellwach und auch zur Stelle war. Es ging lange, bis Marlis und ich „Emma“ einigermassen beruhigen konnten, so wütend war sie. In der Hitze des Gefechtes wollte sie gar noch auf mich losgehen, als ich zu Hilfe eilte. Die allseitige Hochachtung vor „Emma“ war natürlich durch diesen Vorfall besiegelt. Ich erzähle dies, um aufzuzeigen, wie Bulldogs reagieren können. Hätte unser Sohn „Emma“ leise beim Namen gerufen, lieb mit ihr gesprochen und ihr „erklärt“, dass er unbedingt hier durchgehen müsse, sie hätte ihn bestimmt über die Brüstung klettern lassen; denn sie kannte ihn bestens. Aber so nicht! Er hatte sie damit dermassen verärgert, dass sie ihn tagelag mit totaler Verachtung strafte und ihn noch lange Zeit stets äusserst feindselig betrachtete. Ich bin sicher, er hätte nie mehr nachts, weder durch die Tür, noch durch's Fenster, dieses Zimmer betreten können.

Ist ein Bulldog im Garten oder hinter einem Zaun, kann er selbst von wildfremden Menschen nach kürzester Zeit angefasst und gestreichelt werden, wenn man mit ihm ruhig spricht und ihm gut zuredet. Es ist sehr typisch für unsere Rasse, so wenig misstrauisch zu sein. Es entspringt dies teilweise ihrem grossen Selbstbewusstsein und anderseits ihrer sprichwörtlichen Unerschrockenheit. Ich spreche hier ausdrücklich von der Regel. Natürlich gibt es Bulldogs, die sich nicht so rasch „verführen“ lassen, aber es ist eher die Seltenheit, dass sie gegen Fremde sehr scharf sind. Dies heisst aber nicht, dass ein Bulldog nicht ohne jede weitere Dressur seinen Herrn verteidigt, wenn diesem etwas getan würde.

Allgemein neigen Bulldogs dazu, Situationen selbst zu begutachten und dann auch eigene Entscheidungen zu treffen. Diese sind aber sehr oft nicht in unserm Sinne! Vielleicht finden sie genau den Briefträger verdächtig oder einen Boten mit Paket, der uns etwas bringen möchte. Es ist dann nicht die Art des Bulldogs, diesen Eindringling — in seinem

Sinn — durch furchterregendes Gebell auf Distanz zu halten, sondern dann geht er eben auf ihn los, ohne grosse Vorwarnung. Anderseits bin ich fast sicher, dass der gefährlichste Räuber untertags durch gutes Zureden an den meisten Bulldogs ungeschoren vorbei kommt, wenn er nur eine leise Ahnung von ihrem Wesen und ihren Reaktionen hat. Sollte er aber den gravierenden Fehler begehen und die Bulldogge wegscheuchen zu wollen, z.B. mit dem Schuh, dann könnte er sich fast hundert-prozentig auf einen Angriff gefasst machen; denn sowas lässt sich unsere Rasse nicht bieten. Als Beschützer kann ich Bulldogs bestens empfehlen, schon weil sie dermassen gefürchtet werden; ausgesprochene Wachhhunde gibt es viel geeignetere. Den Hofhund, der stundenlang vor dem Haus liegt und rundherum aufpasst und meldet, was passiert, verkörpern sie mit Bestimmtheit nicht.

Der Englische Bulldog ist ein relativ kleiner (ca. 37 — 43 cm Widerristhöhe), sehr kompakter, äusserst kräftiger Hund. Sein Gewicht variert von 22 — 30 kg. Menschen die ihn besitzen möchten, müssen in erster Linie kräftig genug sein, ihn festzuhalten. Ideal wäre, wenn sie ihn auch notfalls auf die Arme nehmen und tragen könnten. Die Standfestigkeit und die Schnelligkeit der Bulldogs werden allgemein **immer unterschätzt.** Bulldogs können nicht von Kindern allein spazieren geführt werden, ebensowenig von gebrechlichen Menschen, die ihnen kräftemässig nicht gewachsen sind.

Bulldogs sind sehr kinderliebende Hunde, vorausgesetzt, dass sie ihren Umgang gewohnt sind. So lümmelhaft und scheinbar rücksichtslos sie umhertollen können, so unglaublich zart und feinfühlig können sie mit Babies sein. Sie lassen sich von Kindern alles gefallen und würden nie zuschnappen, selbst wenn ihnen wehgemacht wird. Die Schmerzunempfindlichkeit, die ihnen nachgesagt wird, existiert real. Sie sind ruhige Patienten beim Tierarzt und lassen Behandlungen oder Spritzen ohne Wimpernzucken über sich ergehen. Manchmal wäre etwas mehr Sensibilität schon von Nutzen. Die Krankheitsdiagnose wird sehr erschwert, weil sie Schmerzen relativ lange ertragen und äusserlich nicht zeigen. Ebenso wären sie dann vorsichtiger und rücksichtvoller im Umgang mit andern Hunden oder uns Menschen. Sie haben stets das Gefühl, nicht aufpassen zu müssen. Ihnen ist egal, was passiert, wenn sie uns mit Vollgas in die Beine rennen, dass wir beinahe oder ganz den Stand verlieren. Sollte dabei ihr harter Schädel auch ein bisschen brummen, stört sie das weiter nicht. Vorsicht ist ein Wort, das im Hundevokabular der Bulldogs kaum existiert. Scheinbar sind sie überzeugt, dass ihr Meister, den sie so überströmend lieben, schon auf sie aufpassen wird!

Köpfe von Bulldogs sind im wahrsten Sinne des Wortes hart. Ihre Erziehung braucht Konsequenz, Bestimmtheit, viel Einfühlungsvermögen und Liebe. Bulldogs eignen sich absolut nicht zum Drill. Irgendwie muss man versuchen, ihnen die Befehle „verständlich" zu unterbreiten. Nur einfach, weil es jemand befiehlt, wird ihn ein Bulldog nicht ausführen. Vermenschlicht ausgedrückt: Er muss es einsehen, und dann gehorcht er.... und das ist leider manchmal nicht sofort der Fall!

Obwohl es immer heisst, ein Bulldog brauche kaum Bewegung, bin ich da anderer Meinung. Sicher benötigt er nur einen Bruchteil des Trainings, das für Lauf- oder Winde-

Abbildung 99:
Gute Freunde.

Abbildung 100:
Liebe!

Abbildung 101:
Müde!

hunderassen nötig ist. Deshalb ist es auch so wichtig, dass Menschen, die das Bedürfnis und die Zeit haben, täglich 2 — 4 Stunden zu marschieren, nicht Bulldogs wählen, die damit überfordert wären. Spaziergänge von 30 — 60 Minuten und, wenn es nicht heiss ist, auch mal 2 — 3 Stunden, tun ihnen aber sicher gut. Solche Bulldogs haben dann auch Muskulatur und nicht nur Speck. Spielen in Wohnung und Garten ist natürlich auch ein Teil der Bewegung, ersetzt aber auf die Dauer nicht Laufen an frischer Luft, auf verschiedenen Terrains mit immer neuen Eindrücken, Gerüchen, Düften, Begegnungen, .. u.s.w. Selbst ein grosser Garten wird mit der Zeit langweilig und ein einzelner Bulldog liegt dann nur noch herum — vorausgesetzt er unterhält sich nicht mit noch dümmeren Sachen; z.B. Pflanzen auszugraben oder Rinde von Bäumen und Sträuchern abzunagen.

Wenn Sie aber einen „Kollegen" wünschen, der mit Ihnen durch dick und dünn geht, der Sie fast abgöttisch liebt und es Ihnen auch immer wieder zeigt; der Sie mit seinen lustigen Einfällen in den unmöglichsten Situationen erheitert; Ihnen einfach unbeweglich zu Füssen liegt, wenn Sie keine Zeit für ihn haben, und immer einen ganz plausiblen Grund findet, weshalb es gerade in diesem Moment für ihn unmöglich ist, Ihren Wünschen oder Befehlen nachzukommen — dann liegen Sie beim Bulldog sehr wahrscheinlich richtig!

Der Bulldog verlangt viel Zeit und Zuneigung seiner Menschen. Er verkümmert, wenn man sich zu wenig mit ihm beschäftigt. Er wird zuerst traurig und dann aber rasch lasterhaft und aufmüpfig, wenn er nur eine kleine Nebenrolle im Leben spielen sollte. Er ist dermassen anhänglich, dass er nicht verkraftet, unbeachtet ein kärgliches Hundelben zu fristen. Meist ist er absolut nicht bescheiden, neigt eher zum Grössenwahn und spielt sehr gerne den Mittelpunkt. Sich von einer scharfen einschüchternden Stimme herum kommandieren zu lassen, liegt ihm gar nicht. Er gehorcht, wenn Sie ihm mit Liebe und Konsequenz die Befehle erteilen und sich dann auch durchsetzen. Angeschrien oder geschlagen zu werden, empfinden viele Bulldogs als Angriff, und es kann absolut sein, dass er Sie in einem solchen Moment anknurrt oder gar auf Sie losgeht.

Erste Kontaktaufnahme

Bulldoginteressierte Leute wählen verschiedene Wege, um an einen Züchter zu gelangen. Sie fragen beim Rasseclub oder der Kynologischen Gesellschaft nach entsprechenden Adressen. Vielleicht suchen sie in Hundezeitschriften nach Verkaufsinseraten. Sie besuchen eine Hundeausstellung und treffen dort bereits viele Bulldogleute und bekommen Empfehlungen. Der weitaus häufigste Fall bei einem langjährigen Züchter ist, dass ein glücklicher Bulldogbesitzer „seinen Züchter" weiterempfiehlt.

Viele der neuen Interessenten fragen mich bereits am Telephon, ob ich den gesünderen, leichteren Typ wirklich auch züchte; denn sie haben irgendwo einmal eine Greuelgeschichte über Bulldogs gehört oder das magische Wort „Überzüchtung" gelesen.

Meine erste Frage an Unbekannte ist fast immer: „Warum wünschen Sie sich ausgerechnet einen Bulldog?“ Wenn die Argumente einigermassen vernünftig sind und auch das weitere Gespräch mir einen guten Eindruck macht, vereinbaren wir gewöhnlich einen Besuchstermin. Handelt es sich um Leute, die Bulldogs kaum einmal lebendig vor sich gesehen haben, ist es gut, wenn sie bald kommen, um sich ein reelles Bild von der Rasse zu machen, von der Grösse, dem Gewicht, dem Wesen.... damit sie nicht lange auf den „falschen“ Hund warten, wenn es sich zeigen sollte, dass eine andere Rasse für sie besser wäre. Bulldog-Kenner, falls sie uns nicht schon vorher besuchen können, möchten dann gerne sofort Bericht bekommen, wenn Welpen da sind, von denen sie aussuchen können.

Ich verkaufe prinzipiell keinen Hund am Telephon, mache höchsten seine Reservation auf einen bestimmten Termin. Wer für eine so wichtige Sache, wie sich einen neuen Hundekameraden auszusuchen, keine Zeit erübrigen kann, bekommt von mir keinen! Wie auch nur der Wunsch, eine ausgefallene Hunderasse zu besitzen, bei weitem nicht ausreicht, einen Bulldog zu erwerben. Manchmal tut es fast weh, netten, hundevernarrten Menschen, die voll berufstätig sind, keinen Hund abzugeben. Aber ich habe nun einmal die Ansicht, dass beides zusammen auf die Dauer praktisch immer den Hundebesitzer überfordert, wenn er sein Tier gut betreuen will. Einen anhänglichen, sehr menschbezogenen Hund täglich soviele Stunden allein zu lassen, ist einem Tier gegenüber, das uns so total liebt, einfach ungerecht. Daran ändert der grösste Garten oder der bestens eingerichtete Zwinger nichts. Der Bulldog braucht uns als seinen „Ansprechpartner“ um sich. Kein noch so gut veranlagter Hund kann sein Wesen voll entfalten, wenn er zuviel allein gelassen wird. Nur um zu Hause einen Hund zu haben, der vor lauter Freude beinahe durchdreht, wenn man von der Arbeit heimkommt, braucht man wirklich keinen. Regelmässige Abwesenheit von etwa vier bis höchstens sechs Stunden täglich ist meienr Ansicht nach das absolute Maximum.

Sind die Leute, die vielleicht den ersten Bulldog haben möchten, zum vereinbarten Gespräch und zur ersten Besichtigung gekommen, passiert in acht von zehn Fällen folgendes: Sie wünschen sich einen lieben, ruhigen Haushund, nicht zu gross, kurzhaarig, gut zu Kindern, keinen Kläffer, dennoch einen absolut zuverlässigen Wächter und Beschützer mit wenig Bewegungsdrang; er sollte freudig mitgehen zum Spazieren, — am Wochenende sogar einige Stunden, — brav daheim bleiben, wenn er muss; sicher auch gesund und wenn möglich noch sehr schön sein, ... und dann würden einem die ganz weissen, aber mit einem Monokel ums linke Auge oder die dunkelroten mit schöner weisser Blesse am besten gefallen...

Nach der Auflistung all dieser Wünsche versuche ich zu erklären, dass es meiner Meinung nach keine Rasse gibt, die so perfekt funktioniert. Hunde sind nun einmal keine Puzzles, die man nach Lust und Laune zusammensetzen kann. Die meisten Hundefreunde sehen auch bald ein, dass man nicht alle gewünschten Vorzüge in einem einzigen Exemplar perfekt angeordnet vorfindet. Es war ihnen überhaupt nicht bewusst, welch hochgeschraubte, teilweise unvereinbare Erwartungen ihnen vorschwebten. Wir beginnen zusammen Konzessionen auszuhandeln, um festzustellen, ob denn wirklich der Bulldog die zu ihren Lebensgewohnheiten am besten passende Rasse sei. Ja, daran besteht natür-

Abbildung 102: Erstes Kennenlernen.

lich in den Augen der Interessenten absolut kein Zweifel. Das ist der Traumhund seit Jahren, wenn nicht schon seit dem Baby-Alter!

Die enorme Vielfalt unserer so verschiedenen, herrlichen Hunde-Rassen ermöglicht es nämlich jedem, D E N Hund für sich zu finden, vielleicht nicht auf Anhieb, aber mit gutem Willen sicher beim zweitenmal. Vielleicht ist der Bulldog wirklich der ideale Hund für diese Leute. Aber unter Umständen ist es viel besser, wenn wir zu einer anderen Rasse raten. Es ist doch unseren Tieren und uns selbst als verantwortungsbewusste Züchter nur gedient, wenn Besitzer und Hund zusammen glücklich werden und ohne grosse Zwänge und tiefgreifende Gewohnheitsumstellungen harmonieren.

Wir besichtigen dann zusammen unsere Bulldogs. Zuerst in den Zwingern und Ausläufen, da es unmöglich ist, die ganze Meute frei auf dem Gelände toben zu lassen, wenn Fremde hier sind. Später dürfen sie dann allein oder zu zweit herauskommen, gestreichelt und liebkost werden. Natürlich lassen dies nicht alle Bulldogs zu, aber ich kenne meine Pappenheimer und richte mich danach. Gar bald höre ich heraus, welche Tiere und welche Typen die zukünftigen Besitzer bevorzugen. „Schau dort, den herrlich Breiten mit den vielen Falten auf seinem grossen Kopf, oh, wie ist der kleine Dicke süss, sowas möchten wir!" - Schon haben wir das Dilemma, die „Total-Zerknautschten" gefallen fast immer am besten, sogar den Interessenten, die wegen gesunden, beweglichen, nicht überzüchteten Bulldogs, die ein ganz normales Hundeleben führen können, gekommen sind. Ich habe dann alle Mühe, sie davon zu überzeugen, dass ihre Auserwählten wohl oft ganz grosse, bekannte Champions sind, aber alles andere als „gewöhnliche, anpassungsfähige Familienhunde, mit denen man vieles unternehmen kann". Es ist leider mit guter Gesundheit und normalen Pflegeansprüchen unvereinbar, übermässig schwer gebaut zu sein und viele, tiefe Falten im Fell zu haben, auch wenn es unserem Geschmack und Hang zum Skurrilen entgegen kommt.

Dies zu verstehen und zu akzeptieren, fällt den meisten Amateuren schwer. Aber nicht nur diesen. Nach den vielen Jahren meiner züchterischen Tätigkeit bin auch ich nicht mehr bereit, diese Diskrepanz zwischen Vernunft und Tierliebe einerseits, und falschgeleitetem Schönheitsempfinden und Standard-Hörigkeit anderseits hinzunehmen und zu befolgen. Dabei muss ich gestehen, auch gerne einen „pfluderweichen" Bulldog zu klopfen, bis er vor Wohligkeit grunzt wie ein Schweinchen oder laut dröhnend schnurrt wie eine überdimensionierte Katze. Die meisten Bulldogs lieben es sehr, wenn sie am viel zu grossen Fell gefasst werden. Beinahe könnte man sie da herausschütteln. Vielleicht ist im menschlichen Unterbewusstsein irgendwo ein Code gespeichert: „Lebendiges Knuddeltier, das wir so gerne besitzen möchten". Aber in allem Ernst, es ist sicher tierlieber, für diesen Zweck einen grossen, weichen Plüschbär zu erstehen, als sich einen extrem gezüchteten Bulldog zu wünschen.

Ich bin überzeugt, dass mit der richtigen, ehrlichen Aufklärung über die Probleme, die dem extrem schweren, zu niedrigen, riesenköpfigen Typ anhaften, mit der Zeit eine Geschmacksänderung der Bulldog-Liebhaber ins Rollen gebracht werden kann.

Übernahme und erste Tage im neuen Zuhause

Die Eingewöhnung geht müheloser, wenn der Welpe Zeit genug hat, seine neue Umgebung noch bei Tageslicht zu inspizieren. Wichtig ist auch, dass die ersten Tage im neuen Heim möglichst ruhig verlaufen, ohne viel Besuch und Kontakte mit andern Menschen und Tieren. Je kleiner der Kreis, umso schneller fühlt sich der Welpe heimisch. Ich würde auch abraten, den kleinen Hund auf Weihnachten zu holen, wenn Kinder da sind. So turbulente Festtage sind mit viel Stress verbunden und erschweren die Eingewöhnungszeit.

Schon vorher habe ich mit dem zukünftigen Besitzer besprochen, was er für den neuen Kameraden einkaufen und vorbereiten muss nebst der Nahrung:

1 Bett zum Schlafen, ich finde die Hartplastik-Wannen am besten. Weidenkörbe und Schaumstoffbetten halten den unternehmungslustigen Gebissen junger Bulldogs nicht Stand. Sehr praktisch ist für den Anfang auch ein Gitterkäfig, in dem sich ein

Welpe sehr geborgen fühlt und ihn selbst bei offener Türe als Schlafplatz benützt. Diese Käfige sind für's Auto und auf Reisen im Hotel von unschätzbaren Diensten.
2 waschbare Kunstfell-Einlagen, zum auswechseln
2 Chromstahl-Schüsseln, eine für Futter und eine für Wasser
1 Leine, nicht zu schwer für den Anfang
je 1 Bürste und Gummistriegel für die Fellpflege

Ich gebe jedem Hundekind sein erstes Halsbändchen, ein Spielzeug, das es kennt und liebt, einen genauen schriftlichen Futterplan und meine „Gebrauchsanweisung für kleine Bulldogs“ mit, welche lautet:

Mein lieber, neuer Meister.

Denke bitte ganz fest daran, dass für mich die Umstellung nicht leicht ist, wenn Du mich heute aus der Pickwick-Zucht zu Dir holst. Ich muss auf meine Geschwister, meine Mutter und alle anderen Bulldogs verzichten, die immer so lustig mit mir gespielt und getobt haben. Auch werden mir meine Pflegeeltern, die ich nun so gut kenne und gern habe, sehr fehlen. Ich bin das Alleinsein gar nicht gewohnt, und vermutlich mag ich das gar nicht gerne. Schimpfe darum nicht, wenn ich in den nächsten Tagen jaule und in meiner Verzweiflung jeden Moment ein Bächlein mache. Trage mich so oft wie möglich hinaus (stündlich!); denn ich weiss, dass man diese Sachen ins Gras macht, aber eben, sehr wahrscheinlich kommt mir alles, was ich bis jetzt gelernt habe ein bisschen durcheinander. Nach dem Essen und wenn ich aus einem Schläfchen erwache ist immer „Not am Manne“, dann musst Du mich in Windeseile an mein Plätzchen tragen und dort langsam, ruhig und ohne viel Kommentar mit mir umher gehen. Es ist sehr wichtig, dass Du dabei nicht mit mir spielst, bevor mein „Geschäftchen“ erledigt ist. Es soll sich in meinem kleinen Gehirn ein deutlicher Unterschied einprägen zwischen Versäuberung und fröhlicher Unterhaltung. Bestimmt lobst Du mich überschwänglich, wenn ich brav „gemacht“ habe.

Lasse nicht zu, dass ich mich als junges Puppy selbst übermüde durch zu langes Spiel. Besonders, wenn Kinder und/oder andere Hunde da sind, muss man sehr darauf achten, dass ich genügend schlafe. Wie alle Babies verlangt auch ein Hundekind einen grossen Teil Ruhe. Das ist sehr, sehr wichtig! Ein Bulldog-Puppy das nicht viel schläft und sich überanstrengt, wird sehr bald „hoch auf die Beine kommen“, schmale Schultern entwickeln und gar mit Hinken reagieren. Als Kleiner sollte ich nicht regelmässig weit spazieren gehen, jetzt am Anfang höchstens eine halbe Stunde. Aber man gewöhnt mich mit Vorteil sofort an Halsband, Leine und Auto. Da ich doch weit und breit das schönste Hundekind bin, will mich bestimmt Jedermann streicheln, was Du aber nicht dulden solltest, sonst begrüsse ich bald alle Leute auf der Strasse. Kleine Spaziergänge geben mir Vertrauen in die Umgebung und den Verkehr. Selbst wenn Du einen genügend grossen Garten für mich zum Spielen und Herumtrollen hast, solltest Du mich oft mit „hinaus in die grosse Welt“ nehmen. Später habe ich dann gar keine Angst, wenn ich regelmässig spazieren darf. Wenn ich grösser und älter werde, übernehme ich mit Freuden Deine

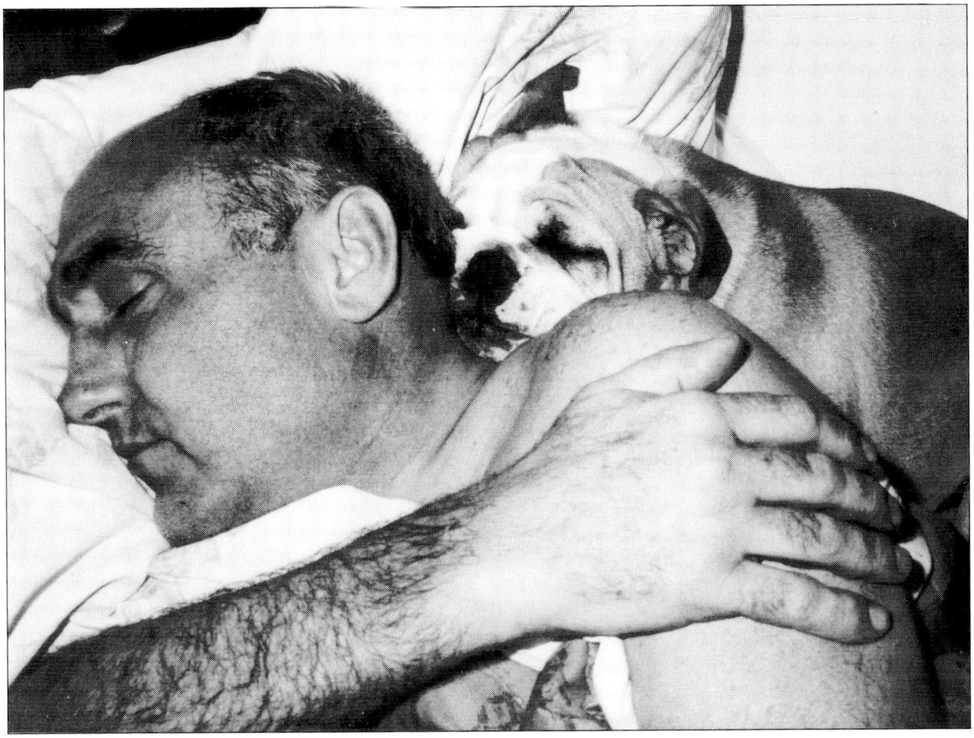

Abbildung 103: Wo du bist, bin ich auch!

Laufgewohnheiten, und Du wirst staunen, wie bemerkenswert lange Strecken ich zurücklegen kann, wenn es nicht heiss ist. Ich werde aber auch Dein fröhlicher, gesunder Kamerad bleiben, wenn Du einmal nicht soviel Zeit für mich hast.

In meiner breiten, grossen Brust schlummert noch immer mein ursprünglicher Kampfgeist. Es ist daher nicht gut, wenn man mit mir kämpft und wild herumtobt – obwohl mir das viel Spass machen würde! Ich ereifere mich dabei so sehr, dass es später nicht mehr angenehm wäre. Man kann jeden Hund „bös und scharf" machen, aber dies ist bei uns uralten, kraftstrotzenden Rassen, die einmal speziell dafür gezüchtet wurden, wirklich echt gefährlich, und zwar deshalb, weil wir Freude daran bekommen. Bitte, bitte mein lieber neuer Besitzer, mache das nicht mit mir, Du bringst uns alle sonst in Verruf! Man soll mich ausgesprochen ruhig, aber bestimmt und konsequent behandeln und mir viel Liebe geben. Bin ich einmal gross und vernünftig, werde ich meinen geliebten Meister nie enttäuschen.

Ich, Dein kleines Bulldog-Puppy bitte Dich, mich — vor allem am Anfang — so zu füttern, wie ich es gewohnt bin. Es steht ja ganz genau auf dem Menuplan, und im Zweifelsfalle kannst Du immer den „Pickwicks" telephonieren. Sie freuen sich sowieso über jeden Anruf, damit sie auch sicher sind, dass es mir gut geht. Ich benötige, um ein Super-Bulldog zu werden, im ersten Jahr viel und sehr gutes Futter. Meine ganze Liebe, Treue und Gesundheit werden es Dir lohnen. Ich sollte oft einen grossen Kalbsknochen zum Knabbern und Spielen bekommen. Am besten ein Kalbsbein mitsamt den Kugeln oder, solange ich noch sehr jung, bin eine breite Kalbsrippe oder Brustbein (nicht verwechseln mit den weichen Kalbsbrüstchen, die sind wegen dem Hinunterwürgen gefährlich!). Aber nie, nie kleine Knochen oder solche, denen man leicht ein Stück abbeissen kann, wir schlucken diese, ohne gut zu kauen, hinunter und sehr leicht kann ein Unglück geschehen!

Als „Spezial-Rasse“ benötigen wir Bulldogs auch ein bisschen „Spezial-Pflege“. Bestimmt weisst Du längst, dass wir nicht gerne heiss mögen. Durch unsere zurückgestossene Nase und verkürzte Schnauzenpartie ertragen wir die Hitze schlecht, und im Sommer musst Du immer gut aufpassen beim Spazieren oder Autofahren. Geh bitte dann nur in den kühlen Morgen- und Abendstunden mit mir fort und lasse mich in der Mittagshitze zu Hause. Da liege ich aber mit Vergnügen in der Sonne, bis mein Fell ganz heiss ist. Für Autofahrten, ausgenommen im Winter, **immer** eine grosse Flasche oder Kanister mit Wasser mitführen. Es muss nicht frisch zum Trinken sein, sondern um Kopf, Nacken und Rücken nass zu machen, wenn es trotz aller Vorsicht für mich einmal zu heiss und kritisch würde. Dieses grosszügige Benetzen bringt sofortige Erleichterung und kann vor einem Hitzschlag bewahren.

Unser so liebes, gerunzeltes Gesicht darf keine Entzündungen haben. Am besten geht es, wenn man mir täglich (oder wenigstens sehr oft!) die Runzeln und Tränenfalten mit Kleenex-Tissue austrocknet und wenn nötig mit Vaseline ein wenig einfettet. Sollte sich

Abbildung 104: Zwei Hunde an einem Knochen!

Abbildung 105-107: Erfrischende Abkühlung.

eine Falte dennoch ausnahmsweise entzünden und rot werden, mit fetter Wundsalbe bestreichen. Bei uns nehmen sie „Bepanthen“ von Roche, wie für Menschen.

Unsere kurze Nase fängt vielleicht später an etwas spröde und rauh zu werden. Das kann man sehr gut durch leichtes Eincremen mit neutraler Vaseline oder Melkfett verhindern. Die Pflege mit der Bürste lieben wir ganz besonders, und wir haben uns zu Hause immer gestritten, wer zuerst dran kommt. Da wir uns unter dem Schwänzchen nicht sauber lecken können, muss man dort hin und wieder nachsehen und wenn nötig mit einem feuchten Tüchlein, eventuell mit Babyoel, auswischen. Korkzieherruten galten früher als erstrebenswertes Rassekennzeichen bei uns, und daher gibt es auch jetzt noch sehr viele Bulldogs mit dieser Rutenform. Wenn eine solche Rute fest angedrückt ist, braucht es vom Besitzer sorgfältige Überwachung und oft etwas Wundsalbe drunter, damit keine Entzündungen entstehen. Auch da passt Bepanthen-Salbe prima, sie ist universal: für vorne am Gesicht, für hinten und sogar für unten gegen Entzündungen und Risse an den Fussballen und zwischen den Zehen.

Die ersten Tage und Nächte in unserem Beisammensein sind meist aufregend — aber wegweisend für mein späteres Verhalten. Soll ich, wenn ich mal gross bin, nicht ins Bett oder auf's Sofa steigen, so muss man es mir schon jetzt konsequent verbieten. Auch das Betteln am Tisch kenne ich jetzt nicht, und ein bettelnder Hund zu Hause oder im Restaurant ist sehr unangenehm. Gib mir also trotz meinen fast unwiderstehlichen Blicken und süssem „Patsch-Pfoten-Geben“ keinen einzigen Happen bei Tisch. Lege die essbaren Dinge, die für mich bestimmt sind, in meine Schüssel — oder verabreiche sie mir wenigstens in der Küche. Wenn ich mir das Betteln angewöhne, kommt bald ein so grosser „Gluscht“, dass ich zu Speicheln beginne, was sehr schade wäre — vor allem für Deine Kleider!

Es wird das Beste sein, mir anfangs noch nicht die ganze Wohnung zur „freien Benützung ohne Aufsicht“ zu überlassen, sondern nur einen relativ kleinen Raum, der sich gut reinigen lässt und in dem keine wertvollen Möbel stehen. Meist ist die Küche am geeignetsten. Nachtsüber kann ein kleiner Kerl wie ich noch nicht ganz „dicht“ halten und es wird öfters mal ein kleines Unglück passieren. Schuhe und Pantoffeln sind keine geeigneten Spielsachen für mich, wie schnell könnte mir doch ein Irrtum mit einem falschen Paar unterlaufen! Besser sind Quietschtierchen, ein fest verknotetes Seil oder ganz dicke Schnur, ein grosser, ausgekochter Röhrenknochen oder ein dickes Stück frischer Haselnussstaude. In jedem Haushalt finden sich wieder andere Dinge die sich gut als Tröster, Zeitvertreiber und zur Unterhaltung eignen. Die erste Zeit muss alles — wirklich alles — was ich nicht haben darf, entfernt werden und man sollte mich nur unter Aufsicht ins Wohnzimmer, Salon, Kinderzimmer ... lassen. Elektrische Kabel sind eine nicht zu unterschätzende Gefahr. Sobald ich mal meine spitzen Milchzähnchen verloren habe — zwischen 4 und 8 Monaten — hört meist die schlimmste Nagerei auf, oder Du musst mich mit einem ganz scharfen „Pfui“ oder „Nein“ eben daran erinnern.

Alles, was bestraft werden muss, nur dann schimpfen und eventuell einen Klaps geben, wenn Du mich direkt bei der Tat ertappst. Bin ich schon fort vom Ort des Missgeschickes, helfen kein Pfui und kein Klaps, dann weiss ich gar nicht, warum Du mit mir böse bist. Selbst wenn ich in solchen Situationen aussehe, als hätte ich ein schlechtes Gewissen, sind das Gefühle, die nur Ihr Menschen in uns Hunde hineinprojiziert. Ich selbst bin nur total verunsichert oder verängstigt, weil ich Dich nicht verstehen kann.

Das Schwimmbad oder ein Teich im Garten sind für kleine Bulldogs lebensgefährlich. Ich kann nämlich noch nicht schwimmen und selbst wenn ich es könnte, wäre ein Ausstieg unmöglich, falls nicht ganz flache Stufen vorhanden sind. Gewöhnliche Schwimmbadabdeckungen sind für einen Welpen in der Regel nicht sicher genug, da sich immer eine Stelle zum Durchschlüpfen findet. Bitte, bitte aufpassen!

Obwohl ich Dir, lieber neuer Meister oder Meisterin, in der nächsten Zeit viel Mühe und Arbeit machen werde, wirst Du später doch mit viel Freude an diese schöne, erste Zeit zurückdenken, als ich noch so ein patschiges, dickes Hundewürstchen und mein Fell noch überall viel zu gross für mich war. Wenn Du jetzt viel Geduld und Liebe zu mir hast - und das wirst Du sicher haben, sonst hätte mich die Pickwick-Mama Dir nicht gegeben — und mich mit der richtigen Konsequenz erziehst, werde ich bald ein grosser, starker Bulldog werden, auf den Du Dich immer verlassen kannst!

P.S. Nicht für „Hunde-Damen" Besitzer.
Glücklich und stolz haben Sie sich einen kleinen Rüden ausgewählt. Ich möchte Ihnen ja nicht die Freude daran trüben, kann Sie aber nicht eindringlich genug vor einem gängigen Übel warnen: den sogenannten „Schlechten Manieren". Viele Rüden haben die üble Gewohnheit, sich an Kinder oder die Beine Erwachsener zu klammern und mit Stossbewegungen zu beginnen. Dies ist furchtbar unangenehm und man kann es später einem älteren Rüden nur wieder sehr mühsam abgewöhnen. Wehren Sie daher den Anfängen, dann ist es spielend leicht.

Allerdings liegt der Beginn dazu schon in frühester Jugend, wenn noch niemand die ersten Anzeichen in diese Richtung deutet. Schon 3 - 4 Monate alte Puppies beginnen spielerisch, sich an Schuhen und Beinen festzuklammern. Sind Sie bitte in diesen Momenten sehr streng und rasch. Schütteln Sie den kleinen Wicht am Nackenfell und weisen ihn mit einem ganz scharfen „Pfui" oder „Nein" in die Schranken. Wichtig ist nun, den kleinen Sünder unbeachtet zu lassen, nicht durch Erklärungen und Gespräche die etwas schockierende Wirkung, welche wir durch das Schütteln erreichen wollen, wieder aufzulösen. Dies hilft praktisch sicher, wenn es mit einiger Hartnäckigkeit durchgeführt wird. Später werden Sie endgültig Ruhe haben. Wenn Sie darauf achten, sehen Sie sofort den Unterschied, ob Ihr kleiner Schatz nur mit Ihren Schuhen und Beinen spielt oder eben .... Es geht mir nur darum, Sie darauf aufmerksam zu machen; denn am Anfang ist das eher lustig, und man denkt, dass der Kleine wirklich nur spielt!

Abbildung 108:

Malerisch ... nur für Welpen gefährlich!

Fütterung

Seit längerer Zeit füttere ich unsere Bulldogs zu einem grossen Teil mit Fertigfutter. Es gibt aber deren soviele auf dem Markt, dass ich Ihnen nur die Produkte empfehlen kann, mit denen ich selbst über längere Zeit gute Erfahrungen gemacht habe, das sind die verschiedenen Sorten von *Original Recipe oder Eukanuba.*

Ein drei Monate alter Welpe bekommt 3 Mahlzeiten pro Tag, 8 — 12 — 17 Uhr. Ich gebe 2 x Fertigfutter und 1 x Frischfleisch.

Das Fertigfutter (jetzt noch von Original Recipe das „Lam and Rice", von Eukanuba das „Premium"), pro Mahlzeit ca. 100 — 150 gr (ca. eine Kaffeetasse voll), werden mit knapp gleichviel lauwarmem Wasser übergossen und etwa 20 Minuten stehen gelassen zum Aufquellen und dann gefüttert.

Für die Frischfutter-Mahlzeit benötigen Sie 150 — 200 gr Rindfleisch gehackt (nie Schwein!), Kopffleisch, Herz, Lammfleisch, Huhn, Truthahn, Fisch oder Pansen roh. Dazu kommen eine bis zwei Tassen Flocken, Reis oder Teigwaren und eine Dosis eines guten Kalkaufbaupräparates, das Sie im Zoofachgeschäft oder von Ihrem Tierarzt bekommen, und einen Teelöffel Lebertran.

Mit Dosenfleisch habe ich nicht viel gute Erfahrung gemacht, es gibt sehr leicht Durchfall und Blähungen.

Einmal pro Tag gebe ich zu einer Mahlzeit feingeraffeltes Gemüse oder Früchte. Schnittlauch oder Petersilie sind auch gesund, ebenso zerdrückte Banane und zur Abwechslung hie und da ein wenig Joghurt oder Quark ins Futter.

Sie können Ihren Welpen sehr gut nur mit Fertigfutter ernähren oder die Fleischmahlzeit auf ein — bis zweimal pro Woche beschränken, ohne dass Ihr Liebling Schaden nimmt.

Ab ca. 6 — 7 Monate gehe ich auf 2 malige Fütterung pro Tag zurück und bleibe dann dabei. Ich denke, die Bulldogs fühlen sich wohler bei 2 Mahlzeiten als einer üppigen.

Nach dem Füttern sollten Welpen, aber auch erwachsene Hunde in Ruhe gelassen werden. Höchstens noch rasch hinaus, um die Geschäftchen zu erledigen. Unter keinen Umständen mit ihnen herumtollen oder sie auf den Rücken wenden, wegen der gefährlichen Magendrehung.

Abends als Bettmümpfeli oder als Zeitvertreib grosse Hundebiscuits, getrocknete Stockfische oder hartes Brot. Zum Nagen und Spielen ab und zu grosse Kalbsknochen, am besten Röhrenknochen samt den Gelenkkugeln. Sobald Knochen soweit abgenagt sind, dass sie in der Schnauze verschwinden können, muss man sie wegnehmen. Bulldogs sind ungeduldige Schlinger. Wenn sie einen Knochen nicht gleich zerbeissen können, wird er einfach hinunter gewürgt. Das hat schon manchem kurzschnauzigen Hund schlimmste Probleme gebracht. Zwischendurch kann man die Knochen wegnehmen und in Alufolie verpackt im Kühlschrank aufbewahren. Ich koche oft grosse Kalbsknochen etwa 40 Minuten aus. Welpen können dann wochenlang daran herumknabbern und damit spielen, da solche Knochen nicht mehr verderben. Die Fleischbrühe ist erst noch eine tolle Abwechslung zum Einweichen des Fertigfutters. Kleine Büffelhautknochen eignen sich gar nicht für unsere Rasse, grosse werden erst gefährlich wenn sie ganz aufgeweicht sind und sich in lange Stücke auflösen. Büffelhautknochen nur geben, wenn man den Bulldog beaufsichtigen kann.

Die Futtermenge muss langsam je nach Appetit und Wachstum erhöht werden. Ein kleiner „Engländer" darf und soll **dick und rund aussehen**, auch wenn Ihnen die Leute auf der Strasse immer wieder das Gegenteil klarmachen wollen. Dies natürlich im gesunden Rahmen, ich predige hier nicht für „dicke Würste", die sich kaum mehr fortbewegen können. Sicher ist falsch, wenn ein 6 Monate alter Junghund schon das Erwachsenengewicht herumschleppt.

Zwischen 3 — 6 Monaten soll ein Welpe 500 — 700 gr pro Woche zunehmen. Wenn Sie ihn anfangs ein paarmal wiegen, bekommen Sie das rasch „ins Gefühl", wie es richtig ist.

Das Futter so berechnen, dass der Hund mit gutem Appetit innerhalb längstens 10 Minuten leerfrisst und die **Schüssel ausleckt**, sonst beim nächsten Mal die Ration kürzen – und zwar nicht nur die Flocken, sondern auch das Fleisch! Wenn Ihr Bulldog nicht sofort kommt und freudig zu fressen beginnt, Schüssel wegnehmen und erst zur nächsten Fütterungszeit wieder hinstellen. Auf diese Weise werden Sie sich immer an einem guten Fressen erfreuen können. Mit frischerworbenen Hunden darf man natürlich nicht so rabiat sein. Es ist fast normal, dass sie anfangs am neuen Ort noch nicht so Appetit haben. Besonders bei Welpen fehlt der Futterneid, und es ist nicht halb so lustig, wenn man die feinen Sachen nicht dem Bruder wegstehlen kann! Manchmal muss man auch versuchen, ganz schlechten Fressern das Futter über Nacht stehen zu lassen. Wenn sie ganz allein sind und sich total unbeobachtet fühlen, mögen sie plötzlich. In der Regel aber sind gesunde Bulldogs nicht schwierige Esser. Aber es ist Tatsache, dass einem schlechten Fresser sein bisschen Appetit vor einer gefüllten Futterschüssel noch ganz vergeht. Er nimmt viel eher, wenn ganz wenig drin ist, und dafür in vier Stunden wieder **ein wenig**.

Das Normalgewicht für einen ausgewachsenen Bulldog, also über zwei Jahre, schwankt sehr stark je nach Grösse und Massigkeit. Für Rüden wäre 25 kg Standard-Ideal, für Hündinnen 22,5 kg. Heute sind aber die Meisten so gross und massig gebaut, dass sie leider schwerer sind. Als Faustregel möchte ich sagen: gut bedeckte Rippen und Rückgrat nicht sicht-, aber fühlbar, ohne dicke Fettschicht drüber. Die Lende dann aber schlank und aufgezogen, beim nüchternen Hund.

Tischreste dürfen Sie ohne weiteres verfüttern, aber dann dementsprechend das andere Futter kürzen. Unter keinen Umständen aber Hunde am Tisch füttern, sie fangen sonst sehr leicht an zu speicheln und zu betteln, und das ist sehr unangenehm.

Frisches Wasser sollte immer am gleichen Platz bereit stehen. Bei Welpen muss man es manchmal wegnehmen, da sie oft anfangen, damit zu spielen und zu planschen. Nachts bei Welpen kein Wasser stehen lassen.

Spielsachen für Bulldogs immer gross genug wählen. Ich habe in letzter Zeit beste Erfahrungen gemacht mit leeren, gut ausgespühlten Plastikflaschen (z.B. von Reinigungsmitteln). Wenn sie einen Handgriff haben, an den man ein Stück Stoff knüpfen kann, umso besser. Ich suche mir einen Stein aus, den ich kaum durch die Öffnung schieben kann, dann kommt er auch nicht wieder so leicht heraus. Mit dieser Klapperflasche vergnügen sich Welpen stundenlang.

Entwurmung Welpen von einem guten Züchter sind vor der Abgabe schon mehrmals entwurmt worden, befolgen Sie seinen Rat, wie Sie weiterfahren sollen. Es ist ratsam, etwa im Alter von 6 Monaten mit Ihrem Tierarzt wieder darüber zu sprechen.

Impfungen Meine Welpen sind gewöhnlich 3 x geimpft vor der Abgabe. Einmal gegen Parvo-Virus und 2 x gegen Staupe/Hepatitis/Leptospirose und Zwingerhusten. Mit 4 Monaten sollte die Parvo-Impfung nochmals wiederholt werden. Tollwutschutzimpfung ist in der Schweiz ab 6 Monaten vorgeschrieben. Für Grenzübertritte muss die Tollwutimpfung jährlich wiederholt werden. Den Impfplan müssen Sie mit dem Tierarzt Ihrer Wahl besprechen. Es gibt verschiedene Vorgehen, und in jeder Gegend sind wieder etwas andere Infektionskrankheiten aktuell.

Für Autofahrten immer einen Kanister mit Wasser mitnehmen, um den Bulldog abzukühlen, falls es plötzlich heiss wird oder Sie in einem Stau stehen. Wenn Sie zusätzlich eine Flasche mit Trinkwasser einpacken, muss das Kanisterwasser nicht jedesmal frisch sein. Leider sind unsere Lieblinge sehr hitzeempfindlich, fangen an zu keuchen und bekommen Atemnot. Wenn man ihnen Nacken und Rücken nass macht, erleichtert das enorm.

Aufheben Muss man einen Bulldog aufheben oder tragen, so fasst man ihn mit einer Hand zwischen den Vorderläufen am Brustkorb und mit der andern zwischen den Hinterläufen. Sie sind zu schwer um sie nur mit beiden Händen um den Rippenkorb zu halten. Sehr schädlich ist das Aufheben, vor allem von Welpen an den Vorderläufen. Man fügt damit der Schultermuskulatur unwiderrufliche Schäden zu.

Erziehung zum Familienhund

Die meisten Bulldogs werden als Familienhunde gehalten. Diese Lebensart entspricht ihnen sehr, und sie fühlen sich wohl, überall dabeisein zu dürfen. Ordentlicher Gehorsam ist auch für sie unerlässlich, selbst wenn eine eigentliche Dressur in der Regel nicht notwendig ist.

Die wichtigste Voraussetzung für eine gute Erziehung ist Konsequenz. Zudem muss man sich bei jedem Kommando fragen, ob uns der Vierbeiner wirklich versteht, ob er erfasst und richtig interpretiert, was wir von ihm wollen. Wenn wir schimpfen, wird sich der Hund möglichst verkriechen oder bedrückt auf seinen Platz gehen. Aus seiner geduckten Haltung und Verunsicherung nun zu schliessen, er wisse, warum wir böse sind und habe ein schlechtes Gewissen, wäre nun unsererseits eine total falsche Interpretation der Lage.

Wie schwierig es manchmal ist, sich seinem Hund für ihn verständlich zu machen, weiss ich aus Erfahrung. Als junges Mädchen besass ich eine Groenendaelhündin. Im Hundekurs erhielten wir die Hausaufgabe, unseren Zöglingen „gib Laut" beizubringen, bis zur nächsten Übung. Es wurde uns genau gezeigt, wie man das richtig und erfolgreich macht, und zudem stand es noch schwarz auf weiss im Erziehungsbuch. Ich hielt vorschriftsgemäss die Futterschüssel vor die Hundeschnauze und dann aber in die Höhe. Dies, mehrmals ausgeführt, sollte den Hund so reizen, dass er plötzlich bellt und sein Futter unbedingt haben will. Mit meinem Hund klappte das überhaupt nicht. „Britta" wurde wohl ganz nervös und zapplig, leckte sich die Schnauze und sprang hoch. Aber Bellen, so wie im Hundebuch stand .... nein! Also machte ich ihr vor, wie man bellt. Sie fand das lustig und spitzte die Ohren ... und wurde immer unruhiger. Sie hatte doch Hunger, und nun dieses unnütze Getue mit ihrer Schüssel. „Wenn ihr Hund nach geduldigen Versuchen auf diese Weise noch nicht Laut gibt, müssen sie das Futter entfernen und später einen weiteren Versuch starten", stand im Hundebuch. Also schweren Herzens weg mit der Schüssel. Nach drei Stunden ein weiterer Versuch mit dem gleichen Ergebnis wie beim erstenmal. Ich machte genau vor, wie man für Futter bellt, aber mehr passierte nicht. Ich konnte meine Hündin nicht verhungern lassen, und schlussendlich erhielt sie ihr Futter nach meinem zwecklosen Lautgeben dann doch. Täglich übten wir gleich ergebnislos. Plötzlich geschah etwas Verblüffendes. Ich stellte den gefüllten Napf hin, da ich an jenem Tag keine Zeit für das „Gib-Laut-Theater" hatte ... und „Britta" setzte sich dazu, ohne nur einen Bissen anzurühren, sah mich nur sehr erwartungsvoll an. „Was hat nur die Hündin, putzmunter und doch nicht fressen?" Alles gute Zureden half nicht. Von da an frass sie nur noch, wenn ich zuerst Laut gab. Sie hatte mich eben immer falsch verstanden!

Erziehungskurse sind für Hund und Meister gut, beide lernen, miteinander umzugehen. Für den jungen Bulldog ist auch die Gesellschaft anderer Hunde von grossem Wert, da ja das Spiel dabei nicht zu kurz kommt. Für den Alltag aber ist das Wichtigste, dem jungen Hund seine Grenzen zu stecken, damit er ganz klar und unwiderruflich weiss, was erlaubt ist und was nicht. Dabei kann mit gezielter Ablenkung etwas Falsches oft leichter verhütet werden als mit Worten. Sehr gute Tips findet man im Buch von Urs Ochsenbein: „ABC für Hundebesitzer" und im „1x1 der Hundeerziehung" vom Kynos Verlag.

Für eine richtige Ausbildung in Abrichtegruppen eigenen sich Bulldogs nicht. Die erste Stufe bis zum Begleithund habe ich früher aber mit verschiedenen Bulldogs geschafft. Natürlich reichte es nie für Lorbeeren, hat aber den Hunden und mir immer viel Spass gemacht. Verständnisvolle Übungsleiter bauten jeweils einzelne Hindernisse rasch „körpergerecht" für meine Schwergewichtathleten um. Wir waren immer die Attraktion in der Gruppe, auch wenn nicht alles nach Vorschrift gelang. Vor allem gelang es aus nahmslos, anfängliche Bulldog-Verachter im Laufe der Kurse, wenn auch nicht zu heissen Liebhabern, so doch in staunende Verehrer umzustimmen. Niemand hätte von meinen Hunden diese Leistungen und vorzüglichen Charaktereigenschaften erwartet, die sie bei näherem Betrachten an den Tag legten.

Agility

Neuerdings gibt es die Möglichkeit, im Agility-Training mitzumachen, wer sich selbst und seinen Hund auf diese Weise mehr bewegen und unterhalten möchte. Wir sind noch längst nicht soweit, und vielleicht zu wenig ehrgeizig, um spezielle Gehorsams-Klassen für Bulldogs einzuführen, wie es sie in Amerika gibt. Aber Agility wird sich auch bei uns zum modernen Freizeitspass durchmausern. Spielerisch wird dabei ein toller Gehorsam und eine einmalige Bindung von Führer und Hund erreicht. Solche Bulldogs sind dann auch zu Hause angenehm in der Haltung, da sie nicht aus Langeweile und Nichtstun heraus Dummheiten anstellen. „Müssiggang ist aller Laster Anfang“, stimmt eben für Mensch und Tier!

Ich selbst besitze keine Erfahrung in dieser Hundesportsparte und weiss einzig von Mme. Hélène Denis, der Präsidentin des französischen Bulldogclubs, dass sie mit ihrem Championrüden „Bonifacio Fernando of Sandean“, mit grosser Begeisterung in Agility arbeitet, wie die Fotos hier im Buch bezeugen. Sie berichtet, dass nach anfänglichem Widerstand, nun auch in ihrer Agility-Gruppe der Bulldog d i e Sensation ist und zum Liebling aller avancierte.

Mme. Denis erzählt aus ihren Erfahrungen:
„Alle Hunde können Agility machen, — und da Bulldogs auch Hunde sind - können auch sie Agility machen!

Wenn es eine Rasse gibt, die niemanden gleichgültig lässt, ist es sicher der Bulldog. Entweder liebt oder verabscheut man ihn. Seine Feinde möchten uns glauben machen, alle seien Tölpel und schwer von Begriff. Es ist bestimmt sehr gut für den Ruf der Rasse, wenn man vermehrt Bulldogs bei Agility Concours antrifft. Zweifellos erleben sie dort grossen Erfolg. Die Mühe lohnt sich bestimmt, selbst ohne grosse Aussicht auf den Sieg, allein wegen des Spasses mit seinem Bulldog.

Das Recht auf den Unterschied.
Erlaubt ihr aussergewöhnlicher Körperbau die Teilnahme an Agility? Ja, vorausgesetzt, man passt die Hindernisse den körperlichen Möglichkeiten und die benötigte Zeit dem Habitus des Bulldogs an, kann man sehr gut mitmachen. Es ist wichtig, mit dem Verantwortlichen des Parcours zu sprechen, ihm die körperlichen Möglichkeiten und die Wesenseigenschaften von Bulldogs zu erklären. Weigert er sich und hat absolut kein Verständnis, nicht einmal die Geduld es zu probieren, so wechselt man besser den Club.

Abbildung 109: Laufsteg.

Abbildung 110: Weitsprung.

Einige Hindernisse sind für Bulldogs unannehmbar, aber mit gewisser Vorsicht kann man die meisten davon bewältigen.

Da Bulldogs hitzeempfindlich sind, darf man mit ihnen bei heissem Wetter nicht arbeiten. Letzten Sommer mussten wir deswegen fast zwei Monate den Agility Übungen fernbleiben.

Wie bin ich mir mit einem Bulldog auf dem Agility-Platz vorgekommen?
Wie bei vielen Ereignissen im Leben, spielte der Zufall eine grosse Rolle. Ich hatte einen 15 Monate alten Bulldog in England gekauft, der schon viele Ausstellungsgewinne verbuchen konnte. Da er aber dort ausschliesslich im Zwinger gelebt hatte, machte er bei mir zu Hause grosse Probleme mit der Eingewöhnung. Um seine Zuneigung zu bekommen und ihn auf etwas andere Gedanken zu bringen, besuchten wir beide an einem Sonntagmorgen das Hundesportcentrum im Nachbarort. Nicht um Agility zu lernen, nein, nur um einen Fachmann zu finden, der mir half, mit meinem neuen Bulldog zu üben und seine Beziehung zu mir zu verbessern. Wir begegneten in diesem Hundesportverein einer dymanischen und sympathischen Equipe, die mein Problem verstand und es ernst nahm. Die „Erzieher" erreichten in einigen Privatstunden eine positive Verwandlung von „Lucky" und ich gewann sein Vertrauen.

In jener Zeit entdeckte ich Agility. Nach den etwas anstrengenden und teilweise aufreibenden Stunden des Gehorsams und der Sozialisierung, fing ich aus Spass und zur Erholung an, einzelne Hindernisse des Agilityparcours mit Lucky zu versuchen. Rasch fand er Gefallen daran, und wir fingen gezielt an zu arbeiten. Vier andere Bulldogs stiessen durch unser Beispiel dazu.

In diese Zeit fiel der Erwerb eines Bulldogwelpen: Bonifacio Fernando of Sandean („Fergie", für seine Freunde). Sehr rasch bekam Fergie ebenfalls Spass an diesen sonntäglichen Vergnügungen auf dem Agility-Platz. Allein der Anblick des Halsbandes, das er jeweils trug, versetzte ihn in Freudenausbrüche.

Fergie ist ein sehr aufgeweckter Bulldog. Manchmal glaube ich, dass er selbst sich mindestens für einen Boxer hält. Er ist mit Abstand der geschickteste von all unsern Bulldogs im Parcours. Das ist auch der Grund, warum ich mich entschloss, eher mit ihm, denn mit Lucky „weiterzumachen". In vielen Zeitschriften wurden damals die Rassehunde verunglimpft und ihnen alle möglichen Fehler und Krankheiten nachgesagt. Ein schlimmes Foto von einem Bulldog prangerte auf einer Titelseite mit der Überschrift: „Sobald er läuft, fällt er auf den Kopf!" Ich glaubte, durch öffentliches Mitmachen bei Agility unserer Rasse nützen zu können und ihr Image in der Öffentlichkeit zu verbessern, was mir mit Sicherheit gelungen ist.

Ein Schönheitssieger
Es herrscht oft die Meinung, dass Hunde, die nicht schön genug sind für Ausstellungen, wenigstens gute Arbeitshunde sind. Ich wehre mich gegen diese Unterstellung und beweise das Gegenteil: Fergie hat soviele Auszeichnungen, Sieger- und Championtitel, dass

Abbildung 111: Tunnel.

Abbildung 112: Slalom.

man nicht sagen kann, er müsse sich mit Agility „trösten“. Aber vielleicht ist es gerade dank Agility, das dieser Hund so ausgeglichen und selbstsicher ist und sich an den Ausstellungen so perfekt zeigt.

In Wirklichkeit ist Agility vor allem Gehorsam
Die Übungsstunden beginnen immer mit einer Aufwärmungszeit, während welcher Gehorsamsübungen wie: sitz — platz — bleib — Abruf — Verträglichkeit -, als Grundlagen der Erziehung einbezogen werden. All dies sind unabdingbare Qualitäten für jeden guten Begleit- oder Familienhund wie auch für den Ausstellungsstar.

Sie fragen mich:
„Hat Fergie nun sein Agility-Diplom?“ Ich muss gestehen „nein“, und dies aus verschiedenen Gründen: vorerst müssen, seiner „Ausstellungskarrière“ wegen, zu viele Trainingsmöglichkeiten an den Wochenenden ausgelassen werden. Zudem ist es wie überall, ohne grossen Einsatz erntet man keine Lorbeeren, und für diesen Einsatz fehlt mir ganz einfach die notwenige Zeit.

Sodann hat Fergie seinen ganz persönlichen Stil, wie er sich Agility vorstellt. Selbst, wenn er gerne und mit Lust die Hindernisse bewältigt, nimmt er sich seine Zeit. Mit ihm kann man nicht mit der Stoppuhr arbeiten, und er überzieht zweifelsohne die ideale Parcourszeit. Es ist aber nicht möglich, das Gangwerk und die Bewegungen eines Bulldogs mit denen eines Schäferhundes zu vergleichen, der buchstäblich über die Hindernisse „fliegt“. Der Standard schreibt für unsere Rasse ein schwerfällig rollendes Gangwerk vor, daher wäre es müssig, an sie die gleichen Erwartungen zu stellen wie für ein viel leichter gebautes behenderes Tier. Fergie „begibt“ sich von einem Hindernis zum andern, hält an, und dann springt er aus dem Stehen. Er beeilt sich sehr langsam!

Trotz allem nehme ich mit ihm von Zeit zu Zeit an Agility-Vorführungen teil und werde auch oft darum gebeten. Fergie bekommt stets am meisten Applaus und stiehlt oft den grossen Könnern die Show. Im vergangenen Juni z.B., wurde eine grosse Agility-Demonstration im Fernsehen übertragen. Erraten sie, wen sah man die längste Zeit auf dem Bildschirm: Fergie!

Für mich ist Agility eine „Spanische Herberge“, ein jeder darf kommen und profitiert von dem, was er einbringt. Mit Lucky hatte ich nur die Kontakte zu Agility geschaffen, mit Fergie ist es mir gelungen, enge Freundschaftsbande für mich und die Rasse die ich liebe zu knüpfen.

Die spielerische Seite von Agility und ihr hauptsächlicher Charme
Ich verweise auf einen Satz von unserem Vice-Präsidenten Raymond Triquet: „Sicherlich ist der Bulldog kein Hund wie ein anderer. Er ist sogar in verschiedenen Aspekten das Gegenteil der anderen. Er darf aber nie behindert oder krüppelhaft wirken.“ Fergie beweist, dass man ein Bulldog sein kann und deswegen nicht weniger ein Hund.

1. **Grundschulung, angepasst an den Bulldog**
Der Bulldog ist sehr sensibel und äusserst empfänglich für Lob und Anerkennung, die er ununterbrochen sucht. Es ist unnütz ihn anzuschreien oder Gewalt anzuwenden, Sie werden der Verlierer sein in diesem Duell. Der Bulldog ist ein eigensinniger Hund. Sein Meister muss sich als noch dickköpfiger erweisen und darf sich keine Schwäche anmerken lassen. Einem gegebenen Befehl muss unbedingt der Gehorsam folgen.

Da jeder Bulldog gerne gefällt und Freude macht, ist dies der Weg, um sehr viel mit ihm zu erreichen. Mit Lob und Ermunterung darf man nie sparen, wenn er seine Sache ordentlich gemacht hat.

2. **Die Bewältigung der Hindernisse**
Eigentlich sind wir da keinen unlösbaren Schwierigkeiten begegnet, obwohl wir es erwartet hatten. Voraussetzung ist, dass Höhe und Breite nicht die Möglichkeiten überschreiten, deren ein Bulldog fähig ist, wenn man seinen Bau und sein Gewicht berücksichtigt.

3. **Hindernisse, die für einen Bulldog unmöglich sind**
Alle Hochsprünge, die nicht niedriger gemacht werden können, z.B. Hecken.
„Mein“ Agilityclub von Solgne hat einen niedrigeren Tisch für Fergie angefertigt, den Autoreifen tiefer gehängt und den Weitsprung verkürzt.

Hingegen machen das Tunnel, der Slalom (den alle Bulldogs, die ich kenne, heiss lieben!), die Passerelle und die Wippe absolut keine Probleme.

Ich selbst habe bei der Kletterwand kein gutes Gefühl. Für die speziell gebauten Schultern des Bulldogs kann der Aufsprung gefährlich sein. Vielleicht habe ich Unrecht, aber ich lasse Fergie nicht über die Kletterwand, obwohl er sie bewältigen könnte.

4. **Ist der Bulldog gehorsam im Parcours — seine Vorzüge und seine Fehler**
Was Fergie betrifft: ja und nein. Da er für einzelne Hindernisse eine deutliche Vorliebe zeigt, hat er immer die Tendenz, *seinen eigenen Parcours* zu absolvieren. Er muss genau überwacht werden, damit er nicht nach seinem Gutdünken ausschert. Zudem ist er ein hervorragender „Schauspieler“. Einmal hat er nach Absolvierung des halben Parcours innegehalten, da die Zuschauer sehr stark applaudierten für ein speziell gut bewältigtes Hindernis, begab sich an den Rand zur Volksmenge und liess sich beglückwünschen. Es gab ein grosses allgemeines Gelächter und Fergie war wieder einmal der Star, den er so gerne spielt.

Seine Vorzüge: wie er mich liebt, es macht ihm soviel Freude, mir zu gefallen, er bezeugt unerhört viel guten Willen, um auch mir Freude zu machen.

Seine Fehler: die Langsamkeit, die Langsamkeit, die Langsamkeit ..

5. **Der Weg, um mit einem Bulldog etwas zu erreichen im Parcours**
Viel Zärtlichkeit, viel Durchhaltevermögen (beim Meister!), viel Geduld, Aufmunterung

und Lob. Eine grosse Dosis Humor, wenn alles nicht so gelingt wie vorgesehen... (soweit Mme. Denis)."

Agility steckt bei uns sozusagen noch in den Kinderschuhen. Die Bulldogs sind aber nicht die einzige Rasse, die infolge ihres massigen Körperbaues nicht überall mithalten können. Mit gutem Willen gibt es bestimmt Lösungen, damit Agility-Parcours nicht ausschliesslich für zierliche, sehr bewegliche Hunderassen geeignet sind. Ich kann mir auch verschiedene Bewertungssysteme oder Gruppeneinteilungen vorstellen, damit Mitmachen auch für molossoide Rassen möglich wird. Wenn man weiss, welch innige Verbindung zwischen Mensch und Hund durch diese Art Freizeitbeschäftigung entsteht, und wie lustvoll und gerne Bulldogs da mitmachen, lohnt sich bestimmt jede Anstrengung. Es ist auch wichtig und nutzvoll, Bulldogs auf diese Art geistig zu fordern und sie nicht einfach auf dem Sofa vor sich hindösen zu lassen. Auf jeden Fall macht Agility weitaus mehr Spass für Hund und Besitzer als die üblichen Gehorsamsübungen und Erziehungskurse.

Der Ausstellungshund

Sind Sie glücklicher Besitzer eines guten Bulldogs, überkommt Sie vielleicht plötzlich die Lust, ihn auf Ausstellungen zu zeigen. Besprechen Sie doch Ihre Pläne mit dem Züchter des Hundes, er wird sich über Ihre Unternehmungslust freuen und kann Ihnen wertvolle Ratschläge erteilen. Sollte Ihr Hund schwerwiegende Fehler in punkto Schönheit aufweisen, ist es vielleicht besser, wenn Sie gar nicht anmelden. Es kann einem Aussteller sehr leicht passieren, dass eine schlechte Beurteilung des Richters ihn viel mehr belastet als er vorher meinte. Der Wert als Familienhund wird allerdings in keiner Weise dadurch geschmälert, wenn er ohne Siegestrophäe heimreist.

Für eine Ausstellung braucht es in unseren Breitengraden keine spezielle Schulung. In Amerika ist das anders. Dort werden Hunde sehr oft an professionelle „Handler" (= Vorführer) übergeben, die das erstaunlich gekonnt, und natürlich mit vielen Geheim-Tricks beherrschen. Erstmals habe ich nun kürzlich von einer „Handler-Schule" in England gelesen. Also wird es auch dort bald soweit sein.

Alles, was bei uns von einem guten Schau-Hund erwartet wird ist: anständiges Benehmen, an der lockeren Leine in Schritt oder gelöstem Trab gehen, ohne nach rechts oder links auszubrechen, ruhig stehen bleiben, sich vom Richter anfassen und in den Fang sehen lassen. Das alles kann man mit seinem Bulldog vorher üben. Dass ein Hund nur in bester Kondition und mit gesundem, schönen Fell gezeigt wird, ist fast Ehrensache.

Es ist aber von grossem Vorteil, wenn man mit einem zukünftigen „Ausstellungs-Star" schon in früher Jugend mit den Grundübungen beginnt. Dies ist einmal: ruhig stehen bleiben für mindestens fünf Minuten (anfangen mit einer Minute), und fürs andere: ohne ziehen willig an der Leine laufen.

Abbildung 113: Schönheit muß leiden!

Abbildung 114 + 115: Gutes Handling.

Im Ausstellungsring ist rassegerechte, gekonnte Vorführung ein grosser Vorteil. Es ist deshalb gut, wenn Sie vorgängig einmal als Zuschauer beim Richten von Bulldogs zusehen, damit Sie wissen, worauf es bei unserer Rasse ankommt. Dort können Sie von „Routiniers“ vieles abgucken und lernen. Sie sehen dann die grossen Unterschiede der einzelnen Kandidaten und wieviel gutes oder auch schlechtes Benehmen im Ring ausmachen kann. Desgleichen auch vorteilhaftes Vorführen und korrektes Gangwerk.

Es lohnt sich bestimmt, durch tägliche Spaziergänge seinen Bulldog in harte, muskulöse Kondition zu bringen, mit festen Pfoten und kurzen Zehennägeln. Durch regelmässiges Bürsten und ein Bad am Tag vor der Ausstellung wird sein Fell in Hochglanz erstrahlen. Ohren und Hautfalten werden sauber geputzt und braune Tränenspuren mit „Diamond Eye“ Speziallotion verschönert. Sie dürfen nicht unterschätzen, wie wichtig Ihr eigenes Interesse an der Sache ist. In den entscheidenden Minuten im Ring sollte man sich voll auf den eigenen Hund konzentrieren und ihn immer wieder in vorteilhafte Position bringen, ohne dauernd an ihm herum zu zerren, was die Tiere nur störrisch und nervös macht. „Behalten Sie immer den Richter in einem Auge und Ihren Hund im andern“, riet mir vor Jahren ein versierter englischer Aussteller. Stellen Sie sich nie zwischen Richter und Hund und vor allem, bleiben Sie ruhig. Wenn wir uns wohl hüten sollen, der Ausstellungsqualifikation einen zu hohen Wert beizumessen, heisst das noch lange nicht, dass es egal ist, wie gut oder wie schlecht wir infolge unseres persönlichen Einsatzes abschneiden.

Wenn Sie zu Hause für die Ausstellung üben, ist es sehr wichtig dabei nicht spielerisch mit dem Bulldog umzugehen. Es muss für ihn ein ganz klarer Unterschied sein zwischen Schau und Spass. Allein schon konzentriert ruhig stehen für einige Minuten muss gelernt sein. Stellen Sie ihn oft für einige Zeit in Position für die Ausstellung, und bitten Sie dann Jemanden (mit Vorteil Fremde), den Hund von allen Seiten zu betrachten, ihn anzufassen, ihm in den Fang zu schauen, Ohren, Rute, Hinterläufe, Bauch und Rücken zu betasten. Ein guter Ausstellungshund muss dies alles ruhig über sich ergehen lassen, ohne nach dem Richter zu schnappen oder an ihm hochzuspringen.

Bulldogs im heissen Wetter

Leider ist unsere Rasse sehr hitzeempfindlich. Es gibt zwar sehr grosse, individuelle Unterschiede, aber das ändert nichts an der Tatsache, dass Bulldogs, wie die meisten kurznasigen Hunde, Wärme schlecht vertragen. Eigenartigerweise scheinen Junghunde über drei Monate bis zu einem Jahr am wenigsten darunter zu leiden.

Es gibt vielerlei Hilfen, wenn ein Bulldog anfängt zu keuchen, und seine Überhitzung ihn in immer grössere Panik versetzt. Man muss ihn an einen kühlen Ort bringen, ohne viele Zuschauer, und möglichst ruhig behandeln. Man benetzt ihn grosszügig mit Wasser über Nacken und Rücken. Nie darf man ihn ganz in kaltes Wasser stellen, dieser Schock könnte seinen Tod bedeuten! Durch langes Keuchen schwellen die Schleimhäute des Ra-

Abbildung 116+117: Im Meer.

Abbildung 118: Man achte auf den Hund!

chens stark an und verengen die Luftpassage. Es kann sich dann zäher Schleim bilden, der ein zusätzliches Hindernis darstellt. Wenn sich auch noch die Zunge blau verfärbt, wird es lebensbedrohend. Zitronensaft in den Schlund geben, hilft den Schleim zu lösen, dass er erbrochen werden kann. Sicherheitshalber sollten Sie einen Tierarzt kommen lassen, bevor es ganz schlecht geht. Wichtig ist, den Hund nicht noch umherlaufen lassen. Nass-kalte Tücher oder Eiswürfel auf den Kopf legenund immer wieder mit Wasser begiessen zur Abkühlung. Liegen lassen, wohin immer er sich legen will.

Reisen bei heissem Wetter darf man nur mit Bulldogs wagen, die sich dabei ruhig verhalten, nicht aufregen und gerne autofahren. Auf Fahrten bei warmem Wetter bringen einige gefrorene Kühlelemente, die in ein Frottiertuch gewickelt neben oder unter dem mitreisenden Hund liegen, angenehme Temperatur. Hat man die Möglichkeit, vor einer längeren Fahrt einen Kanister oder grosse Plastikflaschen mit Wasser gefrieren zu lassen, halten diese Ihren Bulldog für mehrere Stunden kühl. Besser und sicherer aber ist, bei warmem Wetter seinen Bulldog zu Hause zu lassen.

Irrtümlicherweise glaubt man oft, dass die Sommerhitze nicht in die Wälder dringe und man dort unbeeinträchtigt lange Spaziergänge unternehmen könne. Dies ist aber nur in den Morgenstunden der Fall. Untertags bleibt es wohl schattig, die Luft aber steht und ist feucht-warm. Dieses Klima kann Kühle vortäuschen und genau dadurch für Bulldogs gefährlich werden, weil man es falsch einschätzt.

An heissen Tagen müssen Bulldogs in Ruhe gelassen werden. Erlauben Sie ihm dann nicht, mit Kindern, anderen Hunden oder mit Bällen zu spielen und herumzutoben. Bulldogs geben nie auf sich selbst acht, ereifern sich so leicht und spüren nicht mehr, wenns zuviel wird.

Im Gegensatz dazu ertragen Bulldogs Kälte oder Nässe sehr gut, solange sie in Bewegung sind. Sie benötigen weder Regen- noch Pelzmäntelchen. Wenn die meisten Bulldogs, wie viele andere Rassen auch, bei Regenwetter vorerst nicht gerne hinaus wollen, macht es ihnen nichts mehr aus, sobald sie mal weg von zu Hause sind. Gutes Abtrocknen mit Haushaltpapier oder Tuch bei der Rückkehr, reicht vollständig. Gefährlich für Erkältungen ist das Anbinden und Wartenlassen bei kaltem oder nassem Wetter vor Geschäften, nicht das Spazierengehen.

Abbildung 119: Der letzte Schrei, Super-Mini!

II. Teil

Die Bulldog Zucht

8. Problematik der Zucht

Bulldogs gelten nicht zu Unrecht als sehr schwierig zu züchtende Rasse. Wir stehen mit dieser Feststellung aber nicht allein da, auch viele andere Rassen sind durch unvernünftige Standard-Vorschriften oder Standard-Auslegungen davon betroffen. Zu diesem ganzen Problemkreis hat der Wissenschaftler und Praktiker Dr.h.c. Räber einen hervorragenden Artikel in „Hunde“ No. 1 (1992) verfasst, den ich mit freundlicher Erlaubnis des Autors hier etwas gekürzt zitiere.

Dr.h.c. Hans Räber:

Standard und gesundheitliche Schäden

Der Rassehund ist in der sogenannten „Regenbogenpresse“, aber nicht nur dort, sondern auch in durchaus seriösen Tageszeitungen in den letzten Jahren unter Beschuss geraten. Dass diese Kritik meistens von wenig Sachkenntnis getrübt ist, darf uns nicht hindern, sie ernst zu nehmen; denn vieles ist tatsächlich nicht mehr in Ordnung.

Kritisiert werden die sichtbaren Auswüchse der Rassenhundezucht, die man auch als absoluter Verfechter des Rassehundes als Missbildungen bezeichnen muss.

Diese Missbildungen haben sich nicht von gestern auf heute eingestellt, sie sind in der Regel das Endprodukt von über Generationen falsch verstandenen Zuchtzielen, von falsch verstandenen Schönheitsidealen, die zu einer Übertreibung von rassespezifischen Eigenheiten führten, die im Standard wohl festgehalten, aber ursprünglich gar nicht so gemeint waren.

Aus grossen Hunden sind unbewegliche Riesen, aus kleinen Hunden Winzlinge geworden, die kaum mehr ohne menschliche Hilfe zur Welt kommen und die ersten Lebenstage überleben können; (dies gilt ganz speziell auch für unsere Bulldogs Anm. Autorin) kurznasige Hunde verloren praktisch das Nasenbein, so dass, von der Seite gesehen, die Nasenkuppe hinter der vorgewölbten Stirne liegt. Wenn der Standard keine Höchstgrenze festsetzt, dann ist eben der Grösste der Schönste, und wenn er keine Minimalgrösse vorschreibt, dann ist der Kleinste der Schönste. Das sind für die Gesundheit einer Rasse höchst gefährliche Entwicklungen, die leider auch heute noch von den Ausstellungsrichtern nicht nur toleriert, sondern mit den höchsten Qualifikationen honoriert werden. Der Mensch nimmt dem übergrossen Riesen und dem Winzling die Möglichkeit einer harmonischen Entwicklung. Muskelmenge, Knochenmasse und Bänderfestigkeit stimmen bei den extrem gezüchteten Rassen nicht mehr überein.

Das Thema ist nicht von heute. Bereits vor rund 100 Jahren diskutierten Kynologen über ähnliche Fragen, nämlich damals, als die Engländer aus dem beweglichen, vielseitigen Gebrauchshund vom Grossen St. Bernhard einen schweren, unbeweglichen Koloss machten, der die ihm einst zugedachten Arbeiten nicht mehr wahrnehmen konnte. Ehedem war der Bernhardiner ein relativ drahtiger Bauernhund; die heute im Vordergrund stehenden Doggenmerkmale, als da sind: runder, schwerer Schädel, übermässige Faltenbildung an Kopf und Hals, Gewichte bis zu 90 kg und mehr, waren ihm fremd.

Im Flachland und im Hügelland der Schweiz war der Bernhardiner der Zughund der Bauern und Hausierer, auf dem Hospiz diente er als Wach- und Begleithund der Mönche und als Suchhund. Zu all diesen Funktionen ist der schwerfällige, moderne Bernhardiner heute nicht mehr fähig. Dabei sind diese Veränderungen ohne Änderung des Standards entstanden, erst später hat man den Standard dem veränderten Typ des Hundes angepasst. In der Schweiz sind einsichtige Züchter heute bestrebt, aus dem Bernhardiner wiederum einen beweglichen und dennoch imposanten Hund zu machen; aber es ist nicht leicht, sich von altgewohnten Bildern und Vorstellungen zu lösen.

Verfolgen wir gerade die Geschichte des Bernhardiners oder auch die Geschichte des Bulldogs oder des Bedlington Terriers, um nur drei Rassen zu nennen, so stossen wir unweigerlich auf das Problem des Rassewandels als primäre Ursache für die Entstehung übertriebener und im Endeffekt für den Hund unerwünschter Merkmale. Jeder der Hunde züchtet, erfährt früher oder später, dass das Erbbild, der Genotyp, auch bei sogenannten „durchgezüchteten" Rassen keine Konstante ist. Es treten immer wieder Abweichungen vom angestrebten Standardbild auf, und es ist relativ leicht, immer wieder neue Rassen zu züchten, insofern man die richtigen Zuchtpartner auswählt. Wir müssen aber nicht einmal so weit gehen und von neuen Rassen reden. Wir wissen, dass in vielen Zuchten die aus einem bestimmten Zwinger hervorgehenden Hunde sich in irgendeinem Merkmal von den Tieren aus anderen Zwingern unterscheiden, ohne dass sie deswegen vom Standard abweichen müssen. Vor Jahren, als es den pfeffersalzfarbigen Mittelpinscher noch gab, hatten alle Hunde aus dem Zwinger von Jean Pfister oberhalb des Fersengelenks einen fünffrankengrossen schwarzen Fleck, das „Markenzeichen der Pfisterlinge", wie wir diese Hunde nannten. Dieser Fleck wurde vom Standard nicht verlangt, er wurde aber auch nicht als Fehler aufgeführt, somit wurde er toleriert. Man hätte ihn aber leicht zu einem Rassemerkmal für den Glatthaarpinscher erheben können. Ich möchte damit nur darauf hinweisen, wie relativ einfach es ist, ein zufällig auftretendes Merkmal in der Zucht zu fixieren und unter Umständen zum Rassenmerkmal zu deklarieren, ohne dass dieses vorerst einmal im Standard festgehalten wird. Wir müssen in diesem Zusammenhang nochmals einen Blick rückwärts werfen.

Solange ein Haustier reines Nutztier ist, von dem der Mensch eine bestimmte, oft recht eng begrenzte Leistung verlangt, sind der Vielfalt der Rassen Grenzen gesetzt. Wird es aber vom Nutztier zum Luxustier, so fallen die Grenzen, wie sie umgekehrt sofort wieder aufgerichtet werden, wenn das Tier die gegenteilige Richtung einschlägt und vom Objekt einer Liebhaberei zum reinen Nutztier wird.

Der Hund war ein reines Nutztier, also genügten dem Menschen anfangs einige wenige Gebrauchshunderassen. Zur Jagd auf Fuchs und Dachs brauchte der Jäger einen krummläufigen „Dachsschliefer"; schön musste er nicht sein, nur tüchtig. Brauchte der Bauer einen

Wachhund, so musste dieser wachsam und nicht zu klein sein; brauchte er einen Viehtreiber, so musste dieser flink sein, und brauchte er einen Hund für den Milchkarren, so musste der Hund stark und ausdauernd sein. Ob der Hund ein-, zwei- oder dreifarbig war, das spielte überhaupt keine Rolle, ob er stock- oder langhaarig war, ebenfalls nicht, wichtig war nur, dass er wetterfest und genügsam war.

Und wenn der grosse Wachhund sich nicht vom Hause fortbegwegte, weil er an hochgradiger Hüftgelenkdysplasie litt, so war das in den Augen des Bauern kein Fehler, sondern sogar ein Vorteil!

Mit Anbruch des Industriezeitalters verlor der Hund aber mehr und mehr seine traditionellen Arbeitsgebiete, er stieg vom einstigen Nutztier zum Begleiter des Menschen auf, und damit wurde der Rassenbildung Tür und Tor geöffnet. Die ehemals ausschlaggebenden Gebrauchseigenschaften traten mehr und mehr in den Hintergrund, die Züchter richteten ihr Augenmerk auf rein äussere Merkmale, die sie entweder als schön oder doch zumindest als absonderlich empfanden. Körperliche Merkmale, die mit der ehemaligen Arbeit des Hundes überhaupt nichts mehr zu tun hatten, wurden jetzt in den Vordergrund gestellt.

Vor 80 Jahren, als die schweizerischen Bauernhunde in den Stand von Rassehunden erhoben wurden, warnten prominente Kynologen, zum Beispiel ein Professor Heim oder Forstmeister Siber, eindringlich davor, der Farbe zu grosses Gewicht zuzumessen, weil diese mit der Gebrauchstüchtigkeit der Hunde nichts zu tun habe. Sie hatten sicher recht damit, aber ebenso sicher ist, dass die Sennenhunde namenlose Bauernhunde geblieben wären, wenn man ihnen nicht ein attraktives Kleid angezüchtet hätte. Dass die Gebrauchstüchtigkeit bei kluger Zuchtauswahl darunter nicht sonderlich gelitten hat, beweisen gerade die Sennenhunde.

Die genetische Variabilität des Hundes ist ausserordentlich gross. Sie verleitet den Menschen geradezu, nach immer neuen Formen und Farben zu suchen. Ein Pferd, gleich welcher Rasse es angehört, sieht immer wie ein Pferd aus; aber beim Hund hat man oft Mühe, in ihm noch den Abkömmling des Wolfes zu sehen. Die Freude am Experimentieren mit dieser grossen Variabilität findet ihre Grenzen da, wo sie auf Kosten der Gesundheit des Hundes geht. Sie muss da aufhören, wo der Mensch den Respekt vor dem Tier verliert, und das ist bereits bei einigen Rassen geschehen; ich weise da zum Beispiel auch auf die Zucht überaggressiver Hunde hin, bei denen man systematisch die natürliche Beisshemmung gegenüber anderen Hunden wegzüchtet. Hier wird der Bereich des „Normalen" überschritten.

Noch am Ende des letzten Jahrhunderts war der grösste Teil der Hunderassen, sofern man überhaupt von Rassen reden kann, Gebrauchshunde. Massgebend für die Zuchtauslese war die Gebrauchstüchtigkeit und nicht die äussere Erscheinung. Sie beeinflusste freilich nicht unwesentlich die äussere Gestalt.

Doch ab 1850 begannen vor allem die Engländer, die Hunde zu „veredeln", das heisst,

Abbildung 120: Wie Katz' und Hund.

sie nach äusseren Merkmalen zu züchten. Doch der Trend zu dieser „Veredelung" hielt sich vorderhand in Grenzen und tangierte die Gesundheit einer Rasse kaum. Es blieb der folgenden Züchter- und Richtergeneration vorbehalten, Standards mehr oder weniger willkürlich auszulegen und auf bestimmte Rassemerkmale übergrossen Wert zu legen und so den Weg zu öffnen zu dem, was die Boulevardpresse heute „Krüppelzucht" nennt.

Um zum Beginn meiner Ausführungen zurückzukehren: Wir stellen fest, dass die Probleme der Rassezucht nach rein äusserlichen Merkmalen bereits zu Beginn der Reinzucht diskutiert worden sind. Der Unterschied zur heutigen Situation bestand darin, dass es ein relativ kleiner Kreis von Kynologen war, der darüber diskutierte; die breiten Volksmassen interessierten solche Probleme nicht, sie hatten andere Sorgen. Heute ist das anders. Die Diskussion um wirkliche und vermeintliche Irrwege der Hundezucht sind in die Öffentlichkeit hinausgetragen worden. Die Boulevardpresse hat sich dankbar des Themas angenommen, denn für sie ist alles, was man niederreisen kann, willkommener Anlass zu einem Sensationsartikel. Dieses Hinaustragen in die Öffentlichkeit mag zwar auch eine gute Seite haben: Die Leute sind auf die Probleme aufmerksam gemacht worden, und wenn nun der Druck „von der Strasse" dazu führt, dass grobe Auswüchse, die sicher da und dort bestehen, auf ein gesundes Mass zurückgeschnitten werden, so kann dies nur gut sein. Die negativen Auswirkungen sind aber nicht zu übersehen, und ich meine, sie sind zur Zeit grösser als die positiven.

Das Volk, die breite Masse, denkt, wenn sie überhaupt denkt, über solche Dinge recht oberflächlich. Die Hundezüchter werden samt und sonders zu verantwortungslosen, profitgierigen Hundeproduzenten. Ich zitiere wörtlich aus dem Blick: „Aus Profitgier verkaufen sie ein Heer von Hunden, die, unfähig zur Fortpflanzung, körperlich und geistig krank sind." Wie dumm solche Sprüche im Grunde genommen sind, zeigt sich sofort, wenn man nur etwas genauer hinschaut. Wie können, so meine ich, die Züchter ein Heer von Hunden verkaufen, wenn diese Hunde unfähig zur Fortpflanzung sind?

Ich zitiere weiter: „Sie (die Hunde) sind seelische Krüppel. Sie werden gehalten wie ein 50 Jahre alter Mann, der noch mit Bauklötzen spielen muss und im Laufgitter lebt". Schlussfolgerung: „Alles möchte ich sein — nur kein Hund!"

Wir haben hier gleich alles beisammen: Die Rassehunde sind körperliche und geistige Krüppel, die Züchter gewissenlose Tierquäler. So urteilt dann das Volk, und weil wir ohnehin in einer Zeit leben, in der Rousseaus „Zurück zur Natur" neu gehört wird, folgern viele, die sich einen Hund anschaffen möchten, der richtige, normale, gesunde Hund sei der Bastard. Über diese auch für die Hunde absolut schädliche und zudem völlig falsche Einschätzung des Rassehundes und des Bastards wollen wir uns hier nicht länger unterhalten.

Soweit der Rahmen, in den wir die Einzelprobleme stellen müssen. Dass Misstände bestehen, dass wir diese angehen müssen, darüber ist man sich unter Kynologen heute weitgehend einig. Einig ist man sich aber nicht über das Ausmass der Übel, und noch weit weniger einig ist man sich über den Weg, der zur Eliminierung der Misstände eingeschlagen werden muss. Dass das Hinaustragen in das Volk nicht nur zu nichts führt, sondern der ganzen Sache nur Schaden zufügen kann, das habe ich bereits angetönt. Ich muss nun aber vorweg sagen, dass ich auch keine Patentrezepte anbieten kann. Mit dem „man müsste“ und „man sollte“ kommen wir nicht weiter, wir müssen uns auf dem Boden der Realität bewegen, und der ist steinig.

Vorerst einmal gilt es zu unterscheiden zwischen rassespezifischen Prädispositionen für bestimmte Erbkrankheiten und den Erbdefekten, die durch Rassemerkmale bedingt oder zumindest gefördert werden. Zur ersten Gruppe möchte ich nur zwei erwähnen, die sicher heute sehr im Vordergrund stehen, nämlich die Hüftgelenksdysplasie (HD) und die Progressive Netzhautatrophie. Beide sind keineswegs nur Krankheiten der Rassehunde, sondern kommen auch beim Bastard vor, nur hat sich noch niemand die Mühe genommen, das Ausmass ihrer Verbreitung unter den rasselosen Hunden zu untersuchen. Wie weit nun derartige Dispositionen überhaupt rassenspezifisch oder aber familienbedingt sind, ist im Einzelfall oft nicht leicht abzuklären. Ich möchte nur ein mir gut bekanntes Beispiel hier nennen. Vor etlichen Jahren traten in der Schweiz bei einer Rasse epileptiforme Anfälle in einem Ausmass auf, dass an einer Vererbung der Krankheit nicht mehr gezweifelt werden konnte. Bald einmal hiess es, diese Rasse sei disponiert für Epilepsie und potentiellen Käufern sei vom Erwerb eines solchen Hundes dringend abzuraten.

Zusammen mit dem damaligen Präsidenten des zuständigen Rasseklubs ging ich der Sache nach, und da zeigte es sich bald einmal, dass die Anfälle immer dort auftraten, wo ein bestimmter Rüde sowohl in der väterlichen wie in der mütterlichen Linie der Stammbäume auftauchte. Der Schluss lag nahe, dass wir es hier mit einem Träger dieses Defektgens zu tun hatten. Nachdem bei zukünftigen Paarungen darauf geachtet wurde, dass keine Inzucht auf diesen Rüden — der übrigens selber keine Anfälle produzierte und, weil er ein hochdotierter Ausstellungs- und Leistungshund war, viel zur Zucht gebraucht worden war — mehr vorgenommen wurde, verringerte sich die Zahl der Epileptiker sehr rasch, und heute spricht kaum mehr jemand davon. Es handelte sich hier eindeutig um eine familiäre und nicht unbedingt um eine rassenspezifische Prädisposition für Epilepsie.

Uns interessieren aber diejenigen Defekte, die mittel- oder unmittelbar durch Standardforderungen bedingt oder gefördert werden, und die deshalb durch eine Standardänderung oder oft auch nur durch eine vernünftige Interpretation des Standards behoben werden könnten. Wir wollen uns keinen Illusionen hingeben: Was während Generationen gepfuscht worden ist, das lässt sich nicht von heute auf morgen wieder gutmachen, und damit, dass wir die betroffenen Rassen einfach aus dem Verzeichnis der anerkannten Rassehunde streichen, wie das etwa von Extremisten gefordert wird, ist das Problem nicht gelöst, es wird nur von den gewissenhaften Argumenten zugänglichen Züchtern zu den Hundevermehrern verschoben, die sich einzig und allein nach dem richten, was zur Zeit gerade marktgängig ist.

Wir müssen uns auch bewusst sein, obschon das von militanten Kämpfern bestritten wird, dass es sehr oft gar nicht der Standard ist, der Defekte fordert, sondern es ist die falsche Interpretation oder zuweilen auch die klare Missachtung des Standards durch Richter und Züchter, die an den Geschmack des Publikums Konzessionen machen und dabei die Gesundheit des Hundes aufs Spiel setzen. Es ist nicht möglich, hier auch nur eine annähernd vollständige Liste vorzulegen; schliesslich sind heute bei der FCI weit über 300 Standards deponiert, und diese alle auf Bestimmungen zu untersuchen, die bei entsprechender Auslegung zu Defekten führen können, ist eine langwierige und zeitraubende Arbeit; und wer sich diese vornimmt, darf über den Erfolg seiner Bemühungen keine grossen Erwartungen hegen.

Greifen wir also einige heraus, die ganz besonders unter Beschuss geraten sind. Da ist einmal die Blue-merle-Farbe einiger Rassen, die immer wieder zu heftigen Auseinandersetzungen führt. Der Faktor für Blue-merle bringt bei homozygoter Anlage sogenannte „Weisstiger“, die vielfach bereits unmittelbar vor oder nach der Geburt sterben, oder falls sie überhaupt überleben, mehr oder weniger schwerwiegende Augen- und Ohrenanomalien aufweisen, die zu Blindheit, Taubheit und Gleichgewichtsstörungen führen. Die Koppelung des Defektgens an den Merlefaktor darf als erwiesen angenommen werden, und es hat keinen Sinn und nützt niemandem, am allerwenigsten den Hunden, wenn man das bestreiten will, wie es oft den Anschein macht.

Daraus wird nun gefordert, die Zucht von blue-merle-farbigen Hunden sei zu verbieten, und tatsächlich hat vor Jahren eine Generalversammlung der FCI einen entsprechenden Beschluss gefasst, der allerdings nie in die Tat umgesetzt worden ist. Meiner Meinung nach zu recht, denn mit diesem Beschluss hätten wir eindeutig das Kind mit dem Bade ausgeschüttet, und zwar aus folgenden Gründen: Der Merlefaktor folgt einem dominanten oder allenfalls auch unvollkommen dominanten Erbgang. Es besteht also kein Grund zur Zucht von blue-merle-farbigen Hunden den Merlefaktor homozygot anzulegen, und seriöse Züchter vermeiden das, weil sie um die Folgen wissen. Der Züchter paart Tricolor mit Blue-merle, und — ich habe mich bei Blue-merle-Züchtern noch vergewissert — weil aus einer Paarung Tricolor x Tricolor nur Tricolor-Nachkommen fallen, muss es sich bei tricolor um einen rezessiven Erbgang handeln. Es ist also praktisch ausgeschlossen, dass ein Tricolor-Collie den Blue-merle-Faktor führt, und daraus muss wiederum zwingend geschlossen werden, dass bei einer Paarung Blue-merle x Tricolor die Blue-merle immer heterozygot und somit defektfrei sind.

Anders als der Merlefaktor, dessen unerwünschte Nebenfolgen man vermeiden kann, beurteile ich die sogenannte „blaue Farbe“ beim Dobermann. Sie beruht auf einem rezessiven Graufaktor, der die schwarze Decke aufhellt und den braunroten „Brand“ zu Gelb verblassen lässt. Diese blaugrauen Dobermänner neigen zu Haarausfall und Hautentzündungen, also zu einer Art chronischer Ekzeme, bekannt unter der Bezeichnung „Blue-Dobermann-Syndrom“. Weil diese Hunde bei der Geburt meistens normal behaart sind und die gesundheitlichen Schäden erst nach der Geschlechtsreife auftreten können, wird der Züchter immer wieder dazu verleitet, diese Welpen aufzuziehen. Das ist sicher falsch, dem Hund erweist man damit einen schlechten Dienst. Aus der Zucht eliminieren kann man sie nicht, weil sich die blaugraue Farbe gegenüber Schwarz rezessiv verhält; aber es ist sicher nicht richtig, dass der Deutsche Dobermann-Verein für diesen Farbenschlag noch eine spezielle Siegeranwartschaft vergibt; im Gegenteil, man sollte diese Farbe aus dem Standard streichen, wie man es bei den Pinschern richtigerweise bereits getan hat.

Doch gerade hier zeigt sich erneut, dass an sich vernünftige Massnahmen an der Unvernunft der Züchter und der Richter scheitern. Der blaue Mittelschlagpinscher erfreut sich heute besonders in Frankreich der Gunst des Publikums. Er wird gezüchtet und auf Ausstellungen bewertet, obschon auch er dem „Blue-Dobermann-Syndrom“ unterworfen ist und der Standard diese Farbe gar nicht mehr zulässt. Zudem — und jetzt möchte ich nicht falsch verstanden werden — darf Hundezucht nicht in eine Gefühlsduselei ausarten. Der Züchter, der es nicht fertigbringt, einen mit Defekten behafteten Welpen gleich nach der Geburt einschläfern zu lassen, taugt nichts. Der gewissenlose Züchter ist derjenige, der einen defekten Hund aufzieht und wenn möglich noch verkauft, aber gewissenlos ist sicher nicht der Züchter, der ausmerzt, was nicht lebenstauglich ist. Wir wollen doch eines nicht vergessen: Der Züchter hat beim Haustier die Rolle der selektiven Umweltfaktoren übernommen, die ausmerzen, was in einer bestimmten Umwelt nicht lebenstauglich ist.

Und da komme ich zu einem zweiten Punkt, der von den militanten Kämpfern für den gesunden Hund bewusst oder unbewusst immer wieder verschwiegen wird — jedenfalls habe ich noch in keiner Publikation etwas darüber gelesen. Ich meine nämlich, es kommt nicht so sehr darauf an, wie weit oder wie wenig weit sich ein Haustier von seiner wilden Stammform entfernt hat, sondern wie weit und wie gut es in seine heutige Umwelt eingepasst ist. Nur das zählt für das Wohlbefinden des Tieres. Nun sind seit der Zeit, da sich der Urahne des Hundes in die Abhängigkeit des Menschen begeben hat, an die 15 000 Jahre vergangen und in dieser Zeit hat sich einiges an Umweltveränderungen getan. Der Mensch lebt nicht mehr wie ein Neandertaler gelebt hat, und so wie sich seine Lebensbedingungen geändert haben, so haben sie sich auch für den Hund geändert, der mit dem Menschen das gleiche Biotop teilt. Wir müssen doch erkennen, dass ein Wolf oder auch ein Dingo in die heutige Zivilisationswelt äusserst schlecht eingepasst sind und hier kaum ein glückliches Leben führen könnten, sie beide gehören hinaus in die freie Natur oder Wildnis; wie umgekehrt ein Haushund Mühe hätte, sich als „Wildtier“ zu behaupten. Es ist doch gerade der Sinn der Zucht von Rassehunden, dass wir Formen geschaffen haben und weiterhin schaffen wollen, die in einer bestimmten Umwelt ihren Platz haben, und in der Umwelt des Hundes nimmt der Mensch nun einmal eine zentrale Stelle ein. Das Sprichwort „Wie der Herr, so das Gescherr“, hat nach wie vor seine Gültigkeit. Ein gehbehinderter Mensch und ein lauffreudiger Hund geben ein schlechtes Gespann, wie umgekehrt ein bewegungsfauler Hund und ein Jogger nicht miteinander glücklich werden können.

Es hat deshalb wenig Sinn, die Lebensnormen halbwilder, in Rudeln gehaltener Hunde als Masstab für die Haltung unserer Haushunde zu setzen. Man kann mit der Publikation solcher Forderungen, vor allem, wenn sie noch reisserisch formuliert sind, Kapital schlagen, aber dem Hund und dem Hundehalter nützen sie nichts.

So möchte ich unter diesem Gesichtspunkt noch auf eine weitere Rasse hinweisen, die das Missfallen vieler hervorruft, nämlich auf den Nackthund. Wir wissen um die Defekte, die mit dem einem unvollkommen dominanten Erbgang folgenden Gen für Haarlosigkeit verbunden sind. Es wirkt sich, homozygot angelegt, letal aus, das heisst, die Welpen sterben unmittelbar vor oder nach der Geburt. Doch seien wir einmal hart und stellen fest: Wer tot ist, leidet auf keinen Fall. Was überlebt, das sind die heterozygoten Nackthunde oder die wiederum homozygoten, vollbehaarten Powder Puffs. Die nackten Hunde haben zudem extreme Zahnmängel, vor allem fehlen die Prämolaren, oft auch noch einzelne Schneidezähne; hingegen sind die Powder Puffs, die von nackten Hunden abstammen, in der Regel vollzahnig. Für einen Gebrauchshund wäre der massive Zahnverlust ein schwerer Fehler, doch ich frage mich, ob ein Chinese Crested Dog durch die fehlenden Prämolare irdgendwie in seiner Lebensentfaltung behindert ist. Er wird sein auf ihn abgestimmtes Futter auch mit fehlenden Zähnen hinunterschlingen, genau gleich, wie dies ein vollzahniger Schäferhund auch tut. Beute fangen und töten muss er ja nicht, und fehlende Zähne tun ihm nicht weh. Er sei in unserm Klima nicht eingepasst, wird gesagt. Daran ist nicht zu zweifeln, aber wir wissen erstens nicht, wie weit sich Gewöhnung da auswirkt; und zweitens wird kein Liebhaber, der sich ein so wertvolles Tier erstanden hat, dieses im Winter im Freien halten. Im geheizten Zimmer fühlt sich aber ein Nackthund mit Bestimmtheit wohler als zum Beispiel ein Neufundländer.

Ob einem Nackthunde gefallen oder nicht, dies ist eine rein persönliche Geschmacksache; aber ich bin nicht so überzeugt davon, dass ein gut gebauter, kräftiger und quicklebendiger Nackthund ein so bedauernswertes Leben führen soll, wie man oft behauptet. Ob sich ein Hund wohl fühlt oder nicht, das ist eine Frage der rassegerechten Haltung und nicht der Dichte des Pelzes.

Ich muss, um die Probleme, um die es hier geht, aufzuzeigen, mich an die Extremformen halten, und da bietet sich natürlich der Shar Pei fast zwangsläufig an. „Zum Monster gezüchtet", „lebendige Krüppel", so titelt die Sensationspresse, und was sie dann dazu im Bild zeigt, das sind Monster, Hunde, die wie eine Ziehharmonika aussehen, Hunde, denen man schon im Welpenalter zentimeterbreite Hautstreifen aus der Stirn herausoperieren muss, damit sie überhaupt die Augen öffnen können. Ich weiss, dass viele dieser verrunzelten Welpen im Alter noch recht hundeähnlich aussehen können, weil sie in ihre lose Welpenhaut „hineinwachsen", und die Hautfalten am Körper grösstenteils verschwinden.

Aber ich verstehe nicht, wie ein Züchter Bilder von derartigen Monstern der Presse zur Verfügung stellen kann, und ich verstehe noch weniger, wie Richter auf Ausstellungen derartigen Hunden das Prädikat „vorzüglich" erteilen können. Dabei müsste das gar nicht sein. Wir müssen uns bewusst sein, dass starke Hautfaltenbildung fast zwangsläufig zu Problemen im dermatologischen Bereiche führt. Die Tatsache, dass nun diese neue Rasse nun einmal da ist und ihren Liebhaberkreis findet, verpflichtet uns, den Shar Pei so zu züchten, dass er frei von Defekten ist. Und das kann man. Man muss die Richter dazu bringen, nicht den Hund mit den meisten Falten als den rassetypischsten zu erklären, sondern im Gegenteil denjenigen, der auf dem Rücken nur noch kaum angedeutete

Hautwülste aufweist. Dieser Hund neigt nicht mehr als andere zu Hauterkrankungen, und wenn wir uns dazu entschliessen, den Shar Pei ohne übertriebene Hautfalten am Kopf zu züchten, so wird er auch einen gesunden Lidschluss haben. Es ist eine Frage der züchterischen Vernunft, was aus dem Shar Pei werden wird.

Ich meine, und deshalb habe ich den Shar Pei hier erwähnt, dass wir bei neu auftauchenden Rassen genau unterscheiden müssen, ob sie Rassenmerkmale aufweisen, die als Defekte einzustufen sind, und wenn dies der Fall ist, dann hat die FCI die Pflicht, sie abzulehnen. Nach den Beschlüssen anlässlich der Generalversammlung in Madrid können die Standardkommission und die wissenschaftliche Kommission die Anerkennung einer solchen Rasse ablehnen, und zwar auch dann, wenn ein der FCI angeschlossenes Land deren Anerkennung fordert. Die beiden Kommissionen haben nun auch die Möglichkeit, zu bestehenden Standards Abänderungen zu beantragen, und dies sollte aufgrund der erwähnten Liste in den nächsten Jahren geschehen.

Über die Wirksamkeit mache ich mir allerdings keine Illusionen. Reformbedürftig sind unter anderem einmal die Standards der Französischen Schäferhunde. Es ist ein kynologischer Unsinn, bei Gebrauchshunderassen doppelte Afterkrallen an den Hinterläufen zu verlangen. Diese hässlichen Gebilde behindern den Hund sichtbar beim Gehen, und früher oder später zieht er sich eine schmerzhafte Verletzung zu. Vorläufig beharren aber die Franzosen auf dieser unsinnigen Standardbestimmung, doch in andern Ländern, zum Beispiel in der Schweiz, ist man vernünftiger geworden und verzichtet auf die Afterkrallen. Eine Begründung für die sinn- und nutzlosen Anhängsel gibt es nicht.

Reformbedürftig ist auch der Standard des Bassethounds. Die Bestimmung „Das Rot des unteren Augenlids ist sichtbar" wird zwar durch den Nachsatz gemildert „doch nicht allzusehr", dennoch trägt diese Bestimmung dem Basset eine chronische Bindehautentzündung ein. Was der Standard freilich nicht verlangt, das sind Bassethounds, deren Bauch beinahe den Boden berührt. Wenn solche Bassets heute in den ersten Rängen stehen, so ist das zumindest eine nicht korrekte Auslegung des Standards.

Zu bemängeln ist auch der Standard des Bloodhounds. Auch hier führt die Beschreibung der Augen im Endeffekt zu einer chronischen Bindehautentzündung.

Beim Chow Chow spricht der Originalstandard vom „Scowl" und meint damit einen „finster ernsten" Ausdruck. Daraus haben die Richter und Züchter einen Hund gemacht, dessen Kopfhaut über die Augen herunterhängt und in vielen Fällen operiert werden muss, und das vom Standard verlangte tiefliegende Auge wird dann mit einem starken Entropium verwechselt. Es handelt sich hier um eine völlig falsche und für den Hund schädliche Auslegung des Begriffs „Scowl". Im neuen Standard steht jetzt zwar ausdrücklich: „Der mürrische Ausdruck darf niemals durch lose, faltenbildende Kopfhaut erzielt werden." Das ist immerhin ein Silberstreifen am kynologischen Horizont! Auch sollte bei dieser Rasse die Bestimmung „Sprunggelenk vollkommen gerade" ersetzt werden mit „wenig gewinkelt, doch nicht überstreckt", damit würde die unerwünschte Stuhlbeinigkeit verschwinden. Wäre der Chow das geblieben, was er einst war, dann hätte man keinen Eurasier züchten müssen.

Im Standard der Englischen Bulldogge sollte der Zusatz stehen: „Der Hund soll frei atmen können, chronische Schnarcher sind unerwünscht". Diese Forderung würde allerdings eine für den Hund nur wünschenswerte Änderung der Anatomie bedingen, zum Beispiel einen etwas längeren Hals und eine etwas gestrecktere Nase. Auch würde der Verzicht auf das enge Becken das Problem der Geburtsschwierigkeiten lösen. Einsichtige Züchter denken heute daran, hier Remedur zu schaffen, und zwar im Bewusstsein, fürderhin auf Ausstellungen nicht mehr in den vordersten Rängen zu stehen.

Wir wollen hier nicht verschweigen, dass für die Standards der zitierten Rassen der Englische Kennel Club und nicht die FCI verantwortlich ist.

Falsch ist auch das Streben nach übertriebener Grösse und maximaler Kleinheit. Wenn ein spanischer Aussteller anlässlich unserer Jubiläumsausstellung in Zürich stolz verkündete, er habe die schönsten und besten Mastinos, denn seine Hunde wögen alle über 100 kg, dann verbietet es mir die Höflichkeit zu sagen, was ich von einem solchen „Züchter" halte.

Und wenn die Chihuahua-Züchter mit kaum 1500 Gramm schweren Winzlingen züchten und dabei offene Fontanellen und Wasserköpfe in Kauf nehmen, dann sind das Irrwege der Hundezucht. Es ist Sache der Richter, auf Austellungen den Hund mit einer Widerristhöhe zwischen 20 und 23 cm zu bevorzugen, auch wenn der Aussteller der Meinung ist, je kleiner desto schöner. Auch mit 22 cm Risthöhe ist ein Chihuahua noch ein Zwerg und verliert nichts von seinem rassetypischen Aussehen.

Gigantismus und Nanismus sind ernstzunehmende Probleme in der Hundezucht. Übertriebene Grösse führt zu Defekten, aber auch übertriebene Kleinheit. Wenn auf einer Ausstellung in Italien ein Riesenkoloss von Bernhardiner im Schubkarren zum Ring gebracht wird, hier „aufgebaut" und mit einem Siegertitel wieder im Schubkarren verfrachtet wird, dann wird die Hundezucht zum Verbrechen am Tier.

Ich habe nun willkürlich einige Rassen herausgepflückt; man könnte die Liste vergrössern. Wichtig ist mir jedoch die Feststellung, dass die Standard- und die wissenschaftliche Kommission der FCI die Probleme kennen und sich bemühen, im Rahmen des Möglichen Abhilfe zu schaffen. Es ist durchaus nicht so, wie uns in der Presse immer wieder vorgeworfen wird, dass wir auf beiden Augen blind sind, aber im Gegensatz zu denjenigen, die uns angreifen, kennen wir die Schwierigkeiten und Hindernisse, die es zu überwinden gilt. Jedenfalls erachte ich eine staatliche Kontrolle der Hundezucht, wie sie im holländischen „Telegraf" gefordert worden ist, als den untauglichsten Weg. Wir erfahren auch auf anderen Gebieten, wie es herauskommt, wenn Beamte, die die Materie nur vom Hörensagen kennen, vom grünen Tisch aus Reglemente und Verordnungen erlassen.

Eine wesentliche Schwierigkeit liegt für uns schon darin, dass ausgerechnet die tierliebenden Engländer uns den grössten Teil dieser Problemrassen beschert haben, und der Englische Kennel Club kümmert sich herzlich wenig um das, was wir auf dem Kontinent in Sachen Hundezucht tun und lassen. Immerhin muss aber festgehalten werden, dass auch in England eine Gruppe von Tierärzten das Thema aufgegriffen hat, und bereits existiert ein Katalog der zu bekämpfenden Defekte. Der Druck dieser Gruppe auf die Züchter und den Kennel Club wird vermutlich in den nächsten Jahren stärker werden. Es wird aber noch Jahre dauern, bis sichtbare Erfolge da sind.

Alle Beschlüsse der Verbände nützen nichts, wenn die Züchter, Richter und Rasseklubs nicht das ihrige zu deren Durchsetzung beitragen. Die Probleme zu verniedlichen oder gar nicht sehen zu wollen, bringt uns nicht weiter. Züchter, Richter und die Verfasser von Standards müssen klare Prioritäten setzen. Zu helle Augen oder ein fehlender Prämolar dürfen dabei nicht überbewertet werden, sie tangieren die Gesundheit des Hundes überhaupt nicht. Der Standard umschreibt das Wunschbild einer Rasse, doch das Wunschbild ist der schöne **und** gesunde Hund. Viele Standards haben eine lange Tradition, das darf und soll aber niemals heissen, dass sie nicht ständig neuen Forschungsergebnissen und Forderungen des Tierschutzes angepasst werden dürfen, wenn dies der Gesunderhaltung einer Rasse dient. Gescheiter zu werden ist auch heute noch nicht verboten! Rassezucht heisst in Generationen denken. Tragen wir Sorge zu unseren Rassehunden, sonst sind unsere Nachkommen eines Tages wieder da, wo unsere Vorfahren im Neolithikum begonnen haben. (Zitat Ende)

Abbildung 121: Vater und Tochter.

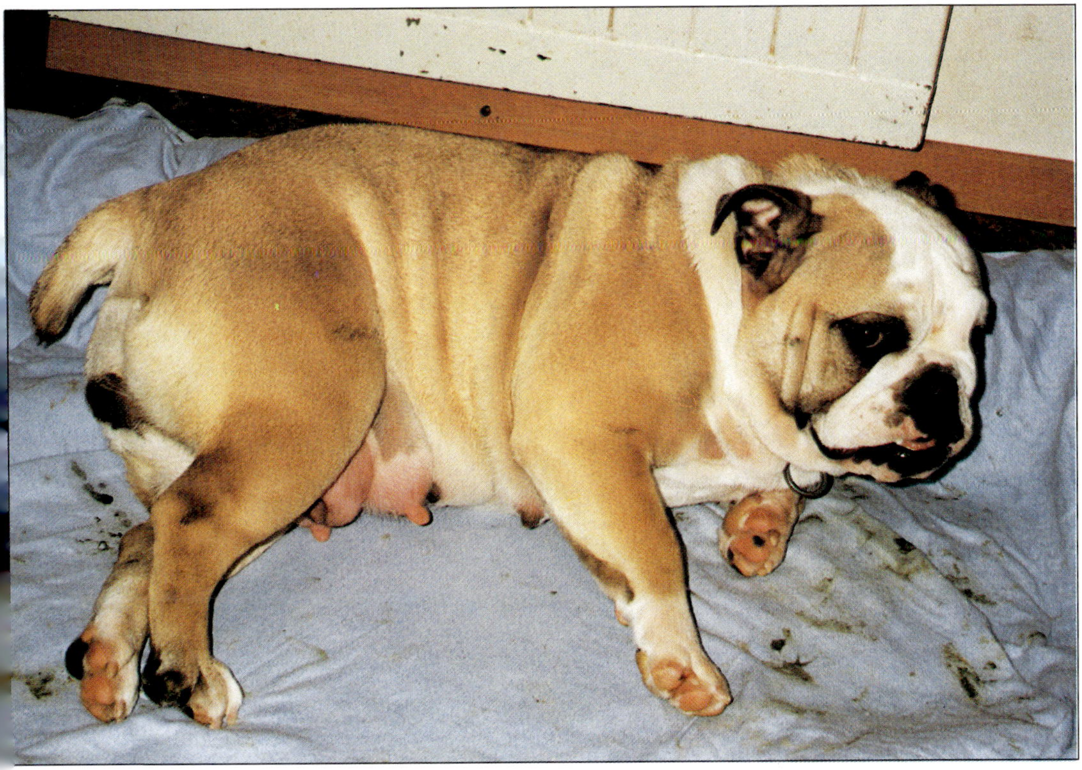

Abbildung 22: Presswehen.

Abbildung 23: In Steisslage geboren.

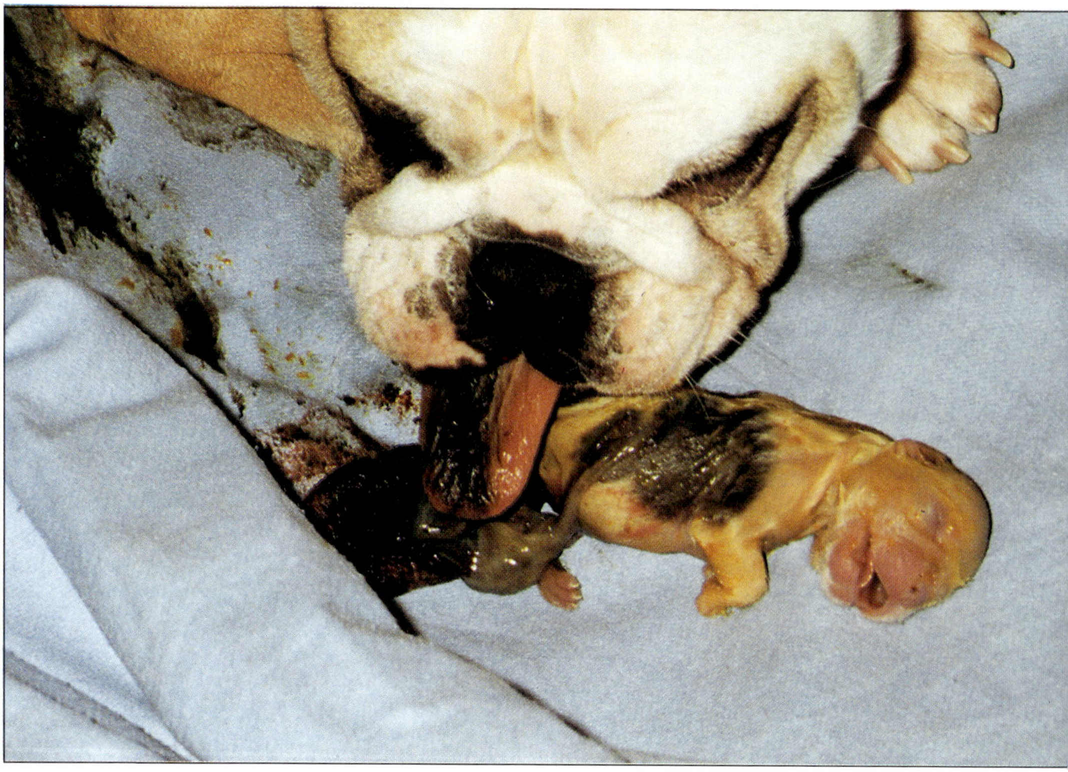

Abbildung 24: Nachgeburt wird aufgefressen.

Abbildung 25: Bereits trocken.

Abbildung 26 + 27:
Eine Woche alt.

Abbildung 28 + 29: Zwei Wochen alt.

Abbildung 30 (oben): Drei Wochen alt. *Abbildung 31 (unten): Glückliche Hundefamilie.*

Abbildung 32

Kindersegen.

Abbildung 33 (links): Kinderbesuch.

Abbildung 34 (unten): Vier Wochen alt.

9. Die Bulldogzucht in der Praxis

Es gibt sehr gute Literatur für angehende Hundezüchter, die ganz genau und ausführlich dieses äusserst wichtige Thema behandelt, z.B. Dr. Räbers „Brevier neuzeitlicher Hundezucht" oder Dr. Fleigs „Die Technik der Hundezucht". Ich gehe hier bewusst nicht in genetische Details. Das verstehen andere viel besser. Ich möchte die Dinge hervorheben, welche für Bulldogzüchter wichtig sind, und womit ich Anfängern vielleicht helfen kann. Ich erinnere mich noch gut, wie schwierig es die ersten Jahre für mich war. Niemanden konnte ich um kompetenten Rat fragen, wenn ein Problem auftauchte, das ich bei anderen Rassen noch nie gesehen hatte.

Der deutsche Züchter, von dem wir unsere zwei ersten Bulldogs kauften, erkrankte kurz darauf schwer, musste sich von seinen Bulldogs trennen und starb etwa zwei Jahre später.

Zu den englischen Züchtern hatte ich noch nicht genügend Kontakte und Beziehungen aufgebaut, dass ich von dort erwähnenswerte Hilfe hätte erwarten dürfen. Dies änderte sich erst, als mein Mann und ich 1968 die erste Bulldog-Show der „London-Bulldog-Society" besuchten und dort viele Züchter kennen lernten. Wir nahmen uns ein paar Tage Zeit und durften auf Einladungen hin verschiedene Kennels besuchen. Leider verstand ich zu jener Zeit noch praktisch kein English, vom kynologischen Wortschatz überhaupt nichts, sonst hätte ich viel mehr profitieren und schneller lernen können. Es war auf dieser „Tournee", als sich mein Gatte in seinen chinchilla-farbenen „Humperdinck" verliebte und ihn im Alter von 8 Monaten kaufte. Keinem unserer späteren Bulldogs ist es je wieder gelungen, unser Familienoberhaupt solchermassen in Besitz zu nehmen und zu begeistern wie dem „Humper".

„Humper" durfte alles, was den andern verboten war, und genoss dazu noch ungezählte Privilegien. Wenn mein Mann abends nochmals arbeiten ging, „Humper" durfte mit ins Büro! „Humper" durfte auf dem Sofa Platz nehmen! „Humper" musste nicht gehorchen, nur seinen Meister „anhimmeln" mit den dunklen Augen. Samstag morgen ging mein Mann uns immer frische Brötchen holen, stolz führte er jeweils seinen Bulldog an der Leine mit. Dies ging soweit, dass es absolut unmöglich wurde, mit „Humper" an dieser Bäckerei vorbei zu gehen, ohne einzukaufen. Des öfteren hatten wir ein Brot zuviel, wenn man vergessen hatte, mit dem „Humper" einen Umweg zu machen! Bei meinem Mann weigerte sich „Humper" mit unvorstellbarer Hartnäckigkeit, weiter als bis zur Bäckerei zu gehen. Dabei wäre ich manchmal sehr dankbar gewesen, die beiden hätten uns am Samstag gleich auch noch Fleisch von der einige Schritte entfernten Metzgerei gebracht. Komischerweise spielte er dieses Spektakel nur mit seinem ihn über alles liebenden Meister. Mit unsern grösseren Kindern oder mir lief er problemlos weiter, wenn wir eingekauft hatten.

Warum Bulldogs züchten?

Der Beweggrund, Bulldogs zu züchten, kann verschiedenen Überlegungen entspringen.

Abbildung 122 und 123:

Humper mit seinem Meister auf der Clubschau.

Die reine Freude, das Werden und Wachsen kleiner Welpen bei sich zu Hause zu erleben, und ihnen einen guten Start in ein schönes Hundeleben zu ermöglichen, ist bestimmt der Beste.

Die Lust zur Bulldogzucht taucht gewöhnlich als Folgeerscheinung der Haltung dieser Rasse auf. Man ist begeistert von ihr und möchte sie vermehren – aber im guten Sinne dieses Wortes! – vielleicht selbst gar ein Junges davon behalten. Meist wird man dann von „Hundesachverständigen" vor den enormen Schwierigkeiten der Bulldogzucht gewarnt. So war es jedenfalls bei mir. „Das werden Sie nie schaffen, und wenn Sie dann zufällig doch Welpen hätten, würden Sie für diese nie Plätze finden. Niemand kauft Ihnen diese Jungtiere ab! Lassen Sie doch die Hände davon..." Solche und ähnliche gutgemeinte Ratschläge fingen mich plötzlich an zu reizen. „Wieso solltest denn ausgerechnet du dies nicht schaffen?" begann meine innere Stimme zaghaft zu fragen. Dieser Gedanke meldete sich immer öfter und wurde zusehends vertrauter. Als „Hexli" ihre zweite Hitze mit 15 Monaten hatte, war es ein Entschluss: „...denen werde ich das zeigen; was die anderen können, werde doch auch ich schaffen. Das wäre ja gelacht...!"

Gehören Sie zu den seltenen Glückspilzen, die eine wirklich hervorragende Hündin besitzen, so ist auch dies ein guter Grund, ihre physischen wie psychischen Qualitäten weiterzugeben. Hat man selbst weder Raum, Lust noch Zeit oder Kenntnis genug für ein solches Unterfangen, so ist bestimmt ihr Züchter dankbar, wenn Sie ihm diese, für die Zucht so wertvolle Hündin für einen, eventuell mehrere Würfe im Zuchtrecht überlassen.

Ein anderer Grund, dass eine Hündin doch einmal im Leben Junge haben sollte, ist nicht stichhaltig und bringt gesundheitlich überhaupt keinen Vorteil. Viele glauben, das Wesen der Mutterhündin würde dadurch wohltuend verändert, — es wird wohl anders während Trächtigkeit und Säugezeit, aber flacht später wieder ab, zu dem wie es vorher war. Gesetzter, ruhiger und „vernünftiger" wird jede Hündin nach vollendeter Entwicklungsphase, ob sie nun Junge hatte oder nicht.

Bei unseren relativ guten Welpenpreisen und der regen Nachfrage könnte sich ab und zu einer noch aus finanziellen Überlegungen für die Bulldogzucht entschliessen. Ich weiss nun nicht recht, soll ich schreiben „leider" oder „gottlob" rentiert eine Bulldogzucht auf die Dauer nicht. Deshalb machen uns solche Züchter immer nur ganz kurze Zeit Sorgen; denn sie hören bald wieder auf, wenn die Kasse nicht stimmt.

Man kann aber auch Bulldogs züchten, weil man von dieser Rasse so begeistert und eingenommen ist, dass man alles Erdenkliche tun möchte, um sie nicht dem Verderben und Untergang preis zu geben. In kühnen Höhenflügen wähnen sich viele Anfänger fähig, innerhalb kürzester Zeit, vielleicht mit ein, zwei absoluten Spitzenpaarungen ganz Wesentliches zur Verbesserung der Bulldog-Rasse beizutragen. Trotz besten Vorsätzen gerät man leicht in den Sog der heutigen Probleme. Dabei wollte man ein Zeichen setzen und alles viel besser und gesünder aufbauen als die andern.

Hobby — oder Profi — Züchter

Bestimmt hören es nicht alle gerne, wenn ich hier schreibe, dass ein oder zwei Würfe mit einer Hündin aufzuziehen, noch keine wesentliche Leistung zur Verbesserung respektive Verschlechterung einer Rasse bedeutet. Nur jene, die sich über längere Zeit und mit mehreren Generationen für das Fortbestehen einer Rasse einsetzen, haben die Möglichkeit, eine Veränderung herbeizuführen. Das will nun nicht heissen, dass ich gegen sogenannte „kleine Züchter" bin. Im Gegenteil, sie sind genau so wichtig wie die anderen. Aus ihren Würfen entspringt ein grosser Teil der Basis-Tiere, welche für das Weiterbestehen jeder Rasse von massgebender Bedeutung sind. Diese Züchter verkehren auch mit ganz anderen Menschen und verkaufen die Welpen meist in ihrem Bekanntenkreis, der unsere Rasse erst durch sie lieben und schätzen gelernt hat. Da sie nur ein oder zwei Bulldogs besitzen, dürfen diese sie auch fast immer begleiten. Das Wohlbefinden und Wesen der Hunde wird dadurch sehr günstig beeinflusst. Sie fördern damit das Bekanntwerden ungemein und andere Leute sehen, dass Bulldogs liebe, umgängliche Tiere sind.

Es ist für jede Rasse sehr wichtig, möglichst viele solche „Klein-Züchter" in ihren Reihen zu wissen, sofern sie mit guten Tieren arbeiten.

Wir unterscheiden also zwischen Gelegenheits- oder sogenannten Hobbyzüchtern, welche nur hin und wieder, oder einmal im Jahr einen Wurf machen, und den Profi-

Abbildung 124: Ihr ständiger Begleiter.

Abbildung 125: Ein Prachtkerl!

Züchtern, die sehr gezielt paaren, einen eigenen Bulldog-Typ anstreben und über längere Zeit pro Jahr mindestens zwei bis drei Würfe zur Welt bringen. Von einem Profi darf man erwarten, dass er systematisch, gezielt und mit verschiedenen Blutführungen Paarungen vornimmt, die ihn in etwa acht bis zehn Jahren sein angestrebtes Zuchtziel erreichen lassen. Folglich müsste es dieser Gruppe auch möglich sein, in der gleichen Frist — ich meinte sogar wesentlich früher — sich einem neugesteckten Zuchtziel im Teamwork zu nähern.

Gesundheit — das erste Gebot

Dieses Thema wird heute immer aktueller, und das nicht zu Unrecht. Gewisse Kreise stellen immer deutlicher die Forderung, dass Rassen, die in ihrer Gesundheit beeinträchtigt sind und vor allem nicht mehr selber gebären können, verboten werden sollten. Ein solcher Schritt ist in Deutschland bereits ernsthaft erwogen mit der Liste der Qualzüchtungen, worauf Bulldogs an erster Stelle glänzen. Wir müssen also unbedingt etwas verändern und ins Rollen bringen.

Es ist wichtig, Bulldogs wie „ganz gewöhnliche Hunde" mitzunehmen, sofern sie dazu körperlich im Stande sind, damit man sie sieht und sie bekannt werden. Wenn wir gefällige, liebe Tiere züchten und halten, könnten wir die bösen Gerüchte (die leider oft wahr sind) Lügen strafen und die landläufige Meinung über Bulldogs sehr positiv beeinflussen. Der Rasse wieder zu einem guten Ruf zu verhelfen, ist eine sehr dringliche und grosse Aufgabe.

Um aber im täglichen Leben einen guten Eindruck zu machen, darf der Bulldog keine verkrüppelte Figur sein, die sich nur noch mühsam fortbewegt und die man schon aus 50 Meter Entfernung keuchen hört. Ich will keine Lanze brechen für eine neu zu kreierende Laufhunderasse. Wir haben längst genug lebhafte, temperamentvolle, ungestüme Hunde, die ihren enormen Bewegungsdrang viel zuwenig ausleben können. Aber einem angenehmen, ruhigen Haushund, der mit ungefähr einer Stunde täglicher Bewegung im Freien gesund und glücklich bleibt, weiterzuhelfen — das ist mein grösstes Bestreben und Ziel. Der Bulldog müsste normale Familienspaziergänge mitmachen können, wenn es nicht extrem heiss ist. Zwischenhinein sollten ausgedehntere Wanderungen von drei bis vier Stunden mit Rastpausen bei entsprechendem Training und nicht allzuviel Sonne zumutbar sein. Dies ist aber mit den heutigen, tiefgestellten, schweren Ausstellungssiegern vielfach nicht mehr möglich. Bulldogs durch strenge Auslese der Zuchttiere in die Richtung zurückzuführen, dass sie dies wieder ohne Atemnot und wunde Pfoten durchhalten können, dafür predige und kämpfe ich.

Bulldogs mit für unsere Begriffe zu kleinen Köpfen gefallen aber — eigenartigerweise — oft nur solange, bis einer mit Riesenhaupt zum Vorschein kommt. Dann kann der Geschmack schlagartig zum extremeren Typ wechseln. Sobald aber die überwiegende Zahl vorhandener Tiere „korrekt" wäre, würde man sich ganz sicher daran gewöhnen, und sie würden einem gefallen. Ohne die unmittelbare Gegenüberstellung mit Grossköpfigen, sähen die „normalen" auch nicht mehr so mickerig aus. Die zukünftigen Besitzer wären bestimmt einsichtig genug und vielleicht gar froh darüber, wenn wir ihnen aus eigener Überzeugung und zum Wohle der Rasse einen leichteren Bulldog verkaufen würden. Aber wir können nicht Einsicht erwarten von Menschen, die dahinter gar kein Problem erkennen, weil niemand offen darüber spricht. Die meisten Liebhaber realisieren doch gar nicht, was alles passiert ist, bis der Wurf geboren war, geschweige denn das Alter von 12 Wochen erreicht hat. Zudem sind unsere Welpen jung dermassen goldig, knuddelig und süss, dass jeder seine besten Vorsätze betreffend Gesundheit u.s.w... verdrängt und eine „faltige, grossköpfige, kleine Wurst" voll Seligkeit in seine Arme schliesst.

Ich bin bei der Möglichkeit, gesunde, aber dennoch dem Standard annähernd entsprechende Bulldogs zu züchten, stehen geblieben. Obwohl auch in England selbst immer wieder Diskussionen über Änderungen der Schönheitsvorschriften aufflackern, kann in absehbarer Zeit sicher nicht mit einer wesentlichen Modifikation gerechnet werden. England, als sehr traditionsbewusstes Ursprungsland der Rasse, ist noch heute überzeugt, am

„guten, alten Bulldog festzuhalten, diesem sagenhaft tapferen Hund von früher". Dass viele der heutigen Typen aber nur noch Karikaturen der einstigen Helden verkörpern, gesteht niemand öffentlich ein. Wir brauchen bestimmt keine Kampfhunde mehr. Dies möchte ich hier sehr stark betonen!! Aber das herrliche Bulldog-Wesen, eingebettet in einen gesunden, gedrungenen Körper, hätten wir gerne. Ihren so lieben, ruhigen, anschmiegsamen Charakter mit den vielen Widersprüchen, die einen guten Bulldog so charmant und speziell machen, den schätzen und wünschen viele.

Wenn ich in England mit einzeln Züchtern, Liebhabern oder Rassekennern diskutiere, sind sie ausnahmslos meiner Meinung. Jedermann stimmt mir eifrig zu, dass jetzt bald etwas getan werden müsse. Aber sobald mehrere beisammen sind, steht keiner mehr dazu. Besser gesagt, man vermeidet tunlichst dieses heisse Eisen und debattiert in den „Breed Council's" über Gesundheit in allen Details, nur nicht über die ganz zentralen wichtigen Punkte.

Verschiedene Zuchtmethoden

Es sollte das Bestreben jedes Züchters reinrassiger Hunde sein, möglichst typische, dem Standard entsprechende Tiere hervorzubringen. Dieses so faszinierende Unterfangen verlangt aber profunde Kenntnisse, wenn man nicht allzu vieles dem Zufall überlassen will. Entsprechende Fachliteratur zu studieren und sich ein Grundwissen in der Vererbungslehre anzueignen, schützt wenigstens vor den Misserfolgen, die voraussehbar gewesen wären.

Wir unterscheiden zwischen Inzucht, Linienzucht und Auskreuzung. Inzest-Zucht ist die extremste Form von Inzucht und gehört zu dieser Art. Inzest heisst Paarung von Geschwistern, Halbgeschwistern und Eltern mit direkten Nachkommen. Schon viel früher und auch heute noch wird Inzucht systematisch bei vielen Tiergattungen angewendet, nicht nur bei Hunden. Es ist mit Abstand die schnellste und sicherste Methode, um erbreincs Zuchtmaterial zu bekommen, beinhaltet aber auch die weitaus grössten Risiken und verlangt einen hohen Grad an Wissen und Gespür. Für Inzucht muss man über aussergewöhnlich gute Ausgangstiere verfügen, sonst bringt sie nur Schaden. Ich selbst habe mich noch nie getraut; denn ich sah zuviel Misserfolge bei englischen Züchtern. Vermutlich ist unsere Rasse so weit von der Natur entfernt, dass sie sich dafür nicht so gut eignet wie andere. Es ist auch möglich, dass sich im Laufe der Jahrzehnte viele Erbfehler eingeschlichen haben, die dann alle zum Vorschein kämen. Sobald ich aber einmal über Bulldogs verfüge, die mich in den Grundforderungen: Gesundheit — Wesen — Typ — ganz befriedigen, so werde ich es bestimmt versuchen. Inzucht ist nur gefährlich, wenn man den Genotyp der Stammeltern nicht kennt. Wenn in der Erbmasse verborgene (=rezessive) Fehler stecken, von denen man nichts wusste. Inzucht deckt eben nicht nur die Vorzüge, sondern auch die Mängel auf.

Linienzucht ist im Grunde erweiterte Inzucht. Sie birgt viel weniger Risiken, führt aber auch nicht so schnell zum Ziel eines erbreinen Zuchtstammes. Für unsere Rasse ist dies eine bewährte und gebräuchliche Methode. Man benötigt dafür auch nicht soviele Tiere wie für ein Inzuchtprogramm. Unter Linienzucht versteht man Paarungen zwischen Grosseltern und Enkeln oder von Cousins untereinander, es erscheint also ein Ahne mindestens zweimal in den ersten drei Generationen des Stammbaumes. Linienzucht ist auch, wenn der gleiche Vorfahre fünfmal in einem 4-Generationenpedigree vorkommt.

Fremdzucht oder Auskreuzung bedeutet die Paarung von zwei nichtverwandten Tieren. Nichtverwandt in diesem Sinne heisst, keine gemeinsamen Ahnen in den ersten fünf Generationen. Kreuzungen von nicht verwandten Tieren sind reine Wundertüten. Man hat keine Ahnung, was dabei heraus kommt, alles ist mehr oder weniger Zufall und daher auch nicht erbstark. Ein solcher Welpe kann selbst noch so gut sein, weiterverben wird er seine Qualitäten vermutlich jedoch nicht. Viele Hundefreunde sind der Ansicht, dass aus nicht blutsverwandten Tieren gesündere Nachkommen zu erwarten sind. Dies stimmt aber nur insoweit, dass rezessiv dennoch vorhandene Erbmängel nicht sichtbar werden, was bei engerer Linienzucht natürlich der Fall ist. Sogenannte „Blutauffrischungen" — was immmer der Einzelne darunter verstehen mag — tun aber jedem, über längere Zeit durchgeführten Zuchtprogramm gut.

Es ist etwas vom Wichtigsten in der Zucht, Ahnentafeln zu studieren, sich die Eltern und Grosseltern vorzustellen und ihre Fehler und Qualitäten in Erfahrung zu bringen. Dieses Planen und Abwägen ist sehr faszinierend und spannend.

Die gute Zuchthündin

Wie sieht nun eine vorzügliche, zur Zucht geeignete Hündin aus? Arthur Westlake, der renommierte Züchter der „Baytor-Bulldogs" aus England, sagte mir vor vielen Jahren: „Wenn ich beim Bulldog nicht aus seiner Gesamterscheinung, seinem Typ heraus auf Anhieb sehe, ob es ein Rüde oder eine Hündin ist, ohne hinten nachzuschauen, dann taugt er sowieso nichts!" Wie richtig ist doch diese Aussage! Das Geschlechtsgepräge ist ein eminent wichtiger Punkt. Ein Rüde braucht ein masculines Aussehen und Auftreten, eine Hündin dagegen soll feminin und zarter sein.

Viele heutige hochprämierte Hündinnen lassen diesen femininen Ausdruck vermissen. Bei ihnen wird leider der gleiche Fehler bei der Bewertung gemacht wie bei Rüden: Je massiger und knochenstärker, umso schöner. Für die Zucht aber eignen sich leichtere, feinknochigere Tiere viel besser. Automatisch hätte das Vorziehen des Types mit dem standard- gemässen Kopf (Kopfumfang vor den Ohren gemessen ungefähr gleich wie Schulterhöhe) eine Verringerung der gesamten Knochenmasse zur Folge. Der schwere, klobige Bau geht ja einher mit dem riesigen Kopf. Die Brust würde weniger übertrieben breit und die Läufe dünner und nicht mehr so säulenhaft. Den überwältigen Vorteil dieser Zuchtrichtung sähe man erst bei den Geburten. Ich kann durch meine eigenen, restlosen Aufzeichnungen der 166 gefallenen Würfe beweisen, dass die Hündinnen mit leichterem Körperbau eher normal werfen können.

Der innere Beckendurchmesser einer Hündin mit zarteren Knochen ist weiter, als der einer massiv gebauten, gleicher Grösse. Knochen verbreitern sich nicht nur nach aussen, sondern auch nach innen und verringern — hier auf das Becken bezogen — deutlich die notwendige Öffnung für die Welpenpassage. Dazu kommt noch, dass mit im ganzen dünneren, mehr länglichen Welpen, wie sie dieser etwas leichtere Hündinnentyp bringt, Geburten wieder eher möglich sind. Alle grossen Zuchtprobleme, die uns so sehr belasten, sind eng miteinander verknüpft und treffen gemeinsam den zentralen Punkt: Weil zu massiv gebaut — zu grosse Köpfe — zuviel Gewicht — sind unausweichlich Geburtsprobleme zu erwarten.

Tiefgestellte, extrem kurzrückige Hündinnen leiden in der zweiten Hälfte der Trächtigkeit und speziell gegen das Ende praktisch immer an Atemnot, vor allem wenn sie mehr als zwei — drei Welpen bekommen. Demzufolge kann man ihnen in den letzten drei Wochen nicht mehr soviel Bewegung angedeihen lassen wie für die bevorstehende Geburt als Muskeltraining gut täte. Also fehlt zum Geburtstermin der Bauch- und Gebärmuttermuskulatur die Kraft und Ausdauer, um gute, produktive Wehen auszulösen und durchzustehen. Schon schliesst sich ein weiteres Stück in diesem Teufelskreis.

Kaiserschnitte sind in der modernen Veterinärmedizin so einfach, sicher und schnell geworden, dass der Grossteil der Bulldogzüchter den Geburtsbeginn gar nicht mehr abwartet, sondern am voraus bestimmten Termin zum Skalpell greifen lässt. Ich bin die erste, die dafür ist, einer werfenden Hündin, die es nicht allein schaffen kann, durch Kaiserschnitt früh genug zu helfen, um sie und ihre Welpen nicht zu gefährden. Diese Möglichkeit darf aber nicht die Regel bleiben und gestattet meiner Meinung nach noch lange nicht zu akzeptieren, dass die meisten unserer Hündinnen nicht mehr normal werfen können. Natürlich erzählen die Züchter diese traurige Tatsache nicht gerne weiter. Viele stehen überhaupt nicht dazu. Aber es ist die reine Wahrheit! Wir haben renommierte Züchter mit sieggewohnten Rassevertretern und langjähriger Erfahrung, die noch nie eine normale Bulldoggeburt hatten!

Vor einigen Tagen habe ich über dieses heikle Thema mit einem befreundeten, englischen Züchter bis spät in die Nacht hinein diskutiert. Ich habe ihn gebeten, mir unserer Rasse zuliebe doch offen zu antworten. Ich habe die englischen Hefte mit den Ausstellungsergebnissen hervorgekramt und Siegerhunde aus seiner Zucht gesucht. Bei jedem Tier habe ich nach dem Geburtsverlauf gefragt und für mich notiert. Immer wieder versuchte Mr. X. auszuweichen und mir nicht direkt auf das Antwort zu geben, was ich wirklich wissen wollte....es fiel ihm furchtbar schwer, und er wand sich in gekonnten Erklärungen und Beschreibungen, die alle das Wesentliche umgingen. Schlussendlich habe ich erfahren, dass die letzte, vollständig normale Bulldog-Geburt in seiner Zuchtstätte über zehn Jahre zurück liegt! Entschuldigend fügte er aber sofort bei, dass diese Mutter eine scheussliche Hündin gewesen sei, mit der man nie zur Ausstellung hätte gehen können, da sie zu leicht

Abbildung 126: Alter Zuchttyp.

und zu schmal gewesen sei. Wie unerhört wichtig dieser nebenbei gesagte Satz für mich war, ahnte Mr. X. natürlich nicht: Eine hundertprozentige Bestätigung meiner Erfahrungen, dass dieser Hündinnentyp normal werfen kann.

Indem wir Kaiserschnitte als einzige und sogar praktische Notwendigkeit annehmen, sind unsere späteren Sorgen und Ängste nicht aus der Welt geschafft. Wenn diese künstlich zur Welt gebrachten Tierchen wenigstens ein gesundes, glückliches Hundeleben geniessen könnten, würde ich vielleicht ruhiger sein. Aber im Gegenteil, aus ihnen werden dann die laufunfähigen Kolosse mit Atmungsproblemen und Kreislaufversagen, um die wir bei jedem Sonnenstrahl bangen, wenn wir mit ihnen unterwegs sind.

Eine wichtige Rolle spielt — wenn es auch fast lächerlich erscheint - nach meiner Erfahrung die Rute. In meinem Bestand konnten neun von zehn Hündinnen mit etwas längeren, geraden, beweglichen Ruten normal werfen. Bei denjenigen mit den vielgepriesenen Korkzieherruten oder Stummelschwänzen liegt der Prozentsatz unter einem Drittel. Auf

Röntgenbildern kann man die schlimmen Verkrüppelungen und Verwachsungen mit Leichtigkeit sehen, welche an der Basis dieser Ruten und meist noch weit gegen das Becken zu an der Wirbelsäule vorhanden sind. Daraus erfolgt eine knöcherne Versteifung und Verdickung bei den letzten Rückenwirbeln, wo die Welpen passieren müssen. Es handelt sich eindeutig um eine sehr schwerwiegende Egeneration bei dieser Rutenform und sollte züchterisch baldmöglichst ausgemerzt werden. Schöne, gerade 10-15 cm lange, bewegliche Standardruten würden Honorierung durch die Ausstellungsrichter verdienen. Aber traurigerweise ist jetzt noch meistens das Gegenteil der Fall (siehe Abbildungen Seite 120)!

Schlankere, leichtere Hündinnen würden auch ihre Welpen weniger schnell erdrücken. Da sie bewegungsfreudiger wären, würden sie viel schneller aufstehen, wenn Welpen unter sie zu liegen kämen. Sie stellten in der Wurfkiste nicht eine so riesige, pfludrige Fleisch- oder Fettmasse dar, die den Welpen so leicht zum Verhängnis wird. Wohin ich auch immer sehe; mehr Leichtigkeit brächte nichts als Vorteile!

Ein ganz wichtiger Punkt ist die gut gewinkelte Hinterhand. Warum gut gewinkelte Hündinnen eher normal werfen, weiss ich selbst auch nicht, aber meine Aufzeichnungen belegen dies. Vielleicht einzig und allein darum, weil diese Form im ursprünglichen Bauplan der Caniden vorgesehen ist und der Natur am besten entspricht. Aber auch die berühmte und sehr verehrte Mrs. Marjorie Barnard, Ehrenpräsidentin des Bulldog Club Inc. auf Lebzeiten, Züchterin der „Noway-Bulldogs“ († 1994), gab mir Recht. Sie erzählte mir, als ich mit ihr meine diesbezüglichen Erfahrungen besprach, dass schon ihr Vater – renommierter Züchter um 1910 – betonte, wie wichtig die gute Hinterhandwinkelung bei einer Zuchthündin sei.

Der richtige Zuchtrüde

Die Wahl des Rüden ist genau so wichtig wie die der Hündin, nur muss er die Jungen nicht zur Welt bringen. Es ist ein altes Märchen zu glauben, der Vater sei wichtiger als die Mutter. Vermutlich entspringt diese Annahme der Tatsache, dass es bedeutend mehr Nachzucht gibt, die den Vätern gleichen. Aber da mit einem guten Rüden meist mehrere Hündinnen gedeckt werden, ist diese Erscheinung nur eine logische Folgerung des Zuchteinsatzes. Ein Rüde kann mit Leichtigkeit pro Jahr 100 oder bedeutend mehr Welpen zeugen, nicht bei unserer Rasse, aber im allgemeinen. Mit einer Hündin ist das nie möglich. So liegt es nur in der Natur der Sache, dass viel mehr Welpen Vaters Typ zeigen.

Einzig und allein die Dominanz der Vererbungskraft des Einzeltieres ist entscheidend. Welches der beiden Elterntiere durchschlagender vererbt, kommt auf die Intensität des Inzuchtgrades an. Wir müssen uns immer vor Augen halten, dass sich die vererbbaren Anlagen (Gene) der Eltern nicht zusammen schütten lassen wie Kaffee und Milch zum hellbraunen Milchkaffee, dem Produkt in der Mitte. Gene mischen sich wie schwarze und weisse Kugeln. Es gibt davon keine grauen. Sie bleiben hell oder eben dunkel.

Dieses unumstössliche Naturgesetz bedeutet, dass wir nicht Fehler oder Mängel einer Hündin auszugleichen versuchen, indem wir einen Partner mit dem entgegengesetzten anderen Extrem verwenden. Nur ein Beispiel möchte ich anführen: Eine Hündin mit zuviel Vorbiss soll nicht einen Bräutigam mit Rückbiss bekommen; denn auch dies ist ja ein grober Fehler. Als Resultat können mit Leichtigkeit Welpen fallen, die genau die einen dem Vater und die andern der Mutter gleichen. Von da an ist in dieser Linie auch zusätzlich der zu kurze Unterkiefer in der Erbmasse vorhanden. Hätte man einen Rüden mit korrektem Kieferschluss gewählt, zeigten wenigstens „Vaters Kinder" diese wichtige Qualität. Zudem trügen selbst Welpen mit immer noch zu langem Unterkiefer das Gen für den rassegewünschten Fang in sich.

Bei der Wahl unseres Rüden müssen wir uns wieder von unserem Zuchtideal, — aber in der richtigen Reihenfolge! — leiten lassen: Gesundheit — Charakter — Schönheit. Wenn wir ernstlich nach normalwerfenden Typen streben, sollte auch der Deckrüde aus einer solchen Linie kommen. Ich habe jahrelang den Fehler gemacht, auf gesundgebaute, normal geborene Hündinnen schwere, typische Rüden zu setzen, um doch gute Ausstellungs-

Abbildung 127: Guter Rüdentyp.

hunde zu bekommen. Ich erlebte aber meistens Rückschläge. Wohl waren die Welpen schön, nach heutigem Geschmack, aber die Kaiserschnittrate nur unbedeutend niedriger. Auch hier bewahrheitet sich wieder das oben Gesagte. Einzelne Welpen schlugen dem Vater nach und blockierten die Geburt mit ihren grossen Köpfen und überbreiten Schultern. Sie wurden leider nicht die von mir falscherweise erwarteten, hübschen „Mittelstücke" der Eltern. Ein einziger dermassen massiger Fötus reicht aus, um einen Kaiserschnitt nötig zu machen. Es geschieht in solchen Fällen oft, dass eine Hündin wohl zwei, drei Welpen normal und leicht werfen kann, aber dann ist plötzlich die weitere Geburt unmöglich. Selbstverständlich ist es schon ein kleiner Lichtblick, wenn ein Muttertier wenigstens einen Teil seines Nachwuchses zur Welt bringen kann, aber ich möchte mich damit wirklich nicht zufrieden geben.

Es gibt keinen Grund, einen minderwertigen Rüden zu verwenden, nur damit dieser einmal decken darf. Wenn das Sprichwort: „Einmal ist keinmal!" nur irgendwo stimmt, dann sicher hier. Ein überreizter Rüde wird dadurch nicht einfacher und ruhiger in der Haltung, sondern für einen solchen Burschen gilt eher das Gegenteil. Bulldogzucht ist so aufwendig und problematisch, dass es sich lohnt, das Passendste und Beste auszusuchen. Wenn man weiss oder in Erfahrung bringen kann, dass seine beiden Eltern ebenfalls gesunde, gute Bulldogs waren, umso besser; denn erstaunlicherweise werden Welpen sehr oft die Ebenbilder ihrer Grosseltern. Die Vererbung überspringt in der Praxis oft eine Generation.

Die Läufigkeit

Hündinnen werden meist zwischen 6 und 10 Monaten erstmals läufig. Sie neigen einige Zeit vorher zu leichten Wesensveränderungen und können in Ausnahmefällen gar unsauber werden. Einige Tage oder schon Wochen vorher schwellen die Schamlippen an, die ganze Vulva erscheint viel grösser und vor allem bei hellhäutigen Tieren gerötet. Sobald die ersten Bluttropfen erscheinen, ist der erste Tag. Die ganze Hitze, wie der Fachausdruck heisst, dauert 17 — 21 Tage. Die Hündin muss über die ganze Zeit sehr gut beaufsichtigt werden. Obwohl die optimale Empfängnisbereitschaft etwa zwischen dem 9. — 14. Tag liegt, gibt es doch sehr grosse, individuelle Unterschiede. Zudem kann man sehr leicht den genauen Anfang des Färbens verpassen, und dann stimmt die ganze Rechnung nicht. Auch gibt es Hündinnen, die kaum nennenswert Blut verlieren, aber dennoch konzeptionsbereit sind. Also nie ohne Leine spazieren gehen oder unbeaufsichtigt im — selbst gut eingezäunten — Garten lassen. Wenn auch die Bulldoghündin nicht hinausspringt, so gibt es mit fast hundertprozentiger Sicherheit irgend einen Verehrer in der Nähe, der längst „Lunte gerochen" hat, und nur auf den geeigneten Moment passt. Für die meisten anderen Hunderassen ist eben ein bulldog-gerechter Zaun noch kein unüberwindbares Hindernis. Genau so wenig übrigens, wie ein ziemlicher Grössenunterschied. Denken Sie nie, bei diesem oder jenem Rüden kann nichts passieren, er ist ja viel zu klein oder viel zu gross. Verliebte Hunde sind unerhört erfinderisch, wenn sie wirklich zusammenkommen wollen. Es gibt da kaum Unmögliches!

Anfangs sind die Bluttropfen von dunkelroter Färbung. Nach einigen Tagen lässt die Schwellung und Spannung der Vulva nach, und der Ausfluss wird heller. Jetzt naht auch die richtige Zeit. Die meisten Hündinnen zeigen ihre Deckbereitschaft deutlich, wenn man sie in der Gegend des Rutenansatzes krault. Sie drücken einem das Hinterteil entgegen, biegen die Rute (sofern vorhanden!) steif zur Seite und ziehen zuckend die Vulva hoch. Aber auch hier gibt es keine Regel ohne Ausnahme, jedes Tier reagiert eben anders. Es geht nichts über gute Beobachtung und lückenlose Beaufsichtigung! Ist eine Hündin ungewollt gedeckt worden, müssen Sie sofort Ihren Tierarzt um Rat fragen, er wird dann mit Spritzen helfen können. Aber dies ist nur der letzte Ausweg und sollte einer Hündin wirklich erspart bleiben. Ein Paar, das sich unerwünscht deckt und bereits durch den Schwellkörper verhängt hat, auseinanderzureissen, ist grausame Tierquälerei und darf unter keinen Umständen gemacht werden. Auch das Übergiessen mit kaltem Wasser ist sinnlos. Meist löst auch dieser Schock das Hängen nicht. Es wäre zudem schon zu spät, da die Ejakulation sehr früh beim Paaren stattfindet.

In einer Hitze werden nicht alle Eizellen in den beiden Eierstöcken einer Hündin miteinander reif. Die Eisprünge (=Ovulation) erstrecken sich über 2 — 5 Tage. Dies ist auch der Grund, warum 2 — 3 maliges Decken im Abstand von 36 — 48 Stunden die Chance einer Empfängnis bedeutend erhöht.

Es ist eine gute Sache, Hündinnen ganz zu Beginn der Läufigkeit dem Tierarzt vorzustellen und einen Vaginal-Abstrich machen zu lassen. Damit werden bakterielle Infektionen, die ohne jedes Anzeichen dennoch vorhanden sein können, festgestellt und früh genug behandelt. Ein solcher Keimbefall muss die Hündin selbst absolut nicht krank machen, bildet aber trotzdem ein schlechtes Klima für die Einnistung der befruchteten Eizellen. Das Sperma kann sogar abgetötet werden, bevor es zur Befruchtung der reifen Eizellen gelangt.

In jüngster Zeit ist es unter Züchtern auch üblich geworden, Abstriche zur Feststellung des optimalen Decktermins zu machen. Es gibt neuerdings auch noch den „Progesteron-Test", bei dem der Tierarzt durch spezielle Blutanalysen den idealen Zeitpunkt auf den Tag genau berechnen kann. Dies wird vor allem in Frankreich und Holland sehr oft angewendet, und man hört von dort verblüffende Erfolge. Ich selbst habe damit leider noch keine druckreife Erfahrung, die ersten drei Hündinnen sind nach dieser Methode gedeckt. Es ist aber noch zu früh, um eindeutige Ergebnisse zu sehen. Meist verwende ich eigene Deckrüden oder muss zum mindesten nicht sehr weit reisen. Durch das Verhalten meiner Hunde kann ich den richtigen Zeitpunkt meist gut feststellen. Ich hatte aber in den letzten zwei bis drei Jahren so viel Hündinnen, die leer geblieben sind, dass ich von diesen Progesterontests schon eine deutlich höhere Sicherheitsrate erwarte.

Hündinnen, die einmal nicht aufgenommen haben, kann man ein bis zwei Tage vor dem Decktag ein Langzeitantibiotikum durch den Tierarzt spritzen lassen oder über sechs bis acht Tage entsprechende Tabletten verabreichen. Es dürfen aber während und vor allem zu Beginn einer Schwangerschaft nicht wahllos hohe Dosen Antibiotika verabreicht werden, da sie zu Missbildungen der Welpen führen können. Also nicht selbst herumbasteln mit irgend einem Medikament, sondern unbedingt den Tierarzt konsultieren. Er weiss genau, welche Mittel unschädlich sind.

Natürlich haben Sie sich längst Gedanken gemacht, welcher Rüde wohl der geeignetste Vater Ihres geplanten Wurfes ist und alle Details mit seinem Besitzer besprochen. Es ist wichtig, dem Eigentümer des Rüden nun mitzuteilen, dass Ihre Hündin in den nächsten Tagen soweit sein wird. Es kann nämlich leicht passieren, dass im letzten Moment irgend etwas Unvorhergesehens dazwischen kommt, und Sie sich plötzlich nach einem andern Bräutigam umsehen müssen. Ich denke da an eine Erkrankung des Rüden, eine andere Hündin, für die das Decken auch zugesagt wurde, Abwesenheit für Ausstellungen oder Ferien, u.s.w.....Sie sind dann froh, dies nicht erst am Vorabend Ihrer geplanten Fahrt zu vernehmen. Aber auch für den Rüdenbesitzer ist es viel angenehmer, mindestens eine Woche vorher Bescheid zu bekommen.

Das Decken

Der Deckakt selbst verläuft bei unseren heutigen Hunden nicht immer so einfach und problemlos wie von der „guten Mutter Natur" vorgesehen. Schuld daran sind viele und sehr verschieden gelagerte Ursachen. Wenn wir bedenken, dass sich freilebende Hunde gegenseitig längst kennen würden, Rüden schon tagelang mit den Hündinnen gespielt und geflirtet hätten, um dann an den richtigen Tagen gemeinsam wegzulaufen und in aller Ruhe und ohne Zutun von Menschen ihren Instinkten folgen könnten, so darf es uns nicht allzusehr wundern, wenn es bei unsern Tieren nicht auf Anhieb klappt.

Wir erwarten von der Hündin, dass sie sich an einem von uns ausgewählten Tag, von einem ihr vielleicht unbekannten Rüden, an einem neuen Ort, unter Beisein von fremden Menschen willig decken lässt. Dabei haben wir sie vielleicht als Jungtier von den natürlichen Hundebekanntschaften ferngehalten, in der vermeintlich besten Absicht, dass ihr nichts passiert. Woher soll sie nun genau jetzt plötzlich wissen, wie man sich bei fremden Rüden anstellt? Dies ist nur die psychologische Seite des Problems.

Der unnatürliche Bau unserer Rasse kommt erschwerend dazu. Die erhöhte Hinterhand und der tiefer liegende Rücken der Hündin machen dem Rüden das Aufspringen und Obenbleiben schwierig. Vor allem behindert ihn sein eigener, ungewöhnlich massiger, tiefer Brustkasten. Seine breit auseinanderstehenden, kurzen Vorderläufe sind ebenfalls sehr schlecht geeignet, um eine Hündin für die Kopulation genügend fest zu umklammern. Natürlich spürt ein Rüde beim ersten Deckversuch sofort diese Hemmnisse und regt sich meist furchtbar auf, wenn er so gern möchte und es nicht sofort klappen will. Ich selbst hatte in den vielen Jahren nur zweimal eine absolut „selbständige" Deckung mit nachfolgender Trächtigkeit. Beide Male waren es sehr junge Rüden (8 und 9 Monate alt), denen ich das noch gar nicht zugetraut hätte. Beide waren noch nicht so massig und schwer und der eine auch etwas hochbeiniger. Also würde ein leichterer, höherer Bulldogtyp auch hier wiederum Vorteile bringen.

Wir müssen bei Bulldogs in der Regel beim Deckakt dabei sein und helfen. Ihnen aber Deckfaulheit oder gar Deckunfähigkeit vorzuwerfen, ist sehr ungerecht und entspricht in keiner Weise den Tatsachen. Das Gegenteil ist eher der Fall. Meist sind die Rüden dermassen feurig und in Eile, dass es kaum schnell genug gehen kann, wenn sie einmal wissen, um was es geht. Wir haben nicht mehr unfruchtbare Rüden als andere Rassen, d.h. verschwindend wenige. Den Grund einer erfolglosen Deckung darf man in den allermeisten Fällen bei der Hündin vermuten.

Eine Hündin muss sich vor dem Decken gut versäubern können. An warmen Tagen decke ich nur in der Kühle des frühen Morgens oder am späten Abend. Ein eingezäuntes, störungsfreies, nicht allzu grosses Grundstück ist fürs Decken ideal. Unsere Garage ist stets ein sehr guter Ort, wo es nie zu heiss wird. Aber es gibt oft Hündinnen, die sich nicht gerne in einem fremden Gebäude, sondern eher im Freien decken lassen. Sobald man es mit etwas sensibleren Tieren zu tun hat, hilft nur beobachten, ausprobieren, Zeit lassen und sich gedulden. Hündinnen, die eine weite Anreise hinter sich haben, benötigen zuerst unbedingt eine Ruhepause. Rüden sollten einige Stunden vor dem Decken nicht gefüttert werden, da sonst viele während des Hängens, oder schon vorher, erbrechen müssen.

„Eile“ muss für den Decktag eliminiert werden. Es braucht Zeit und Geduld. Also verbinden Sie keine zeitlich fixierten Verabredungen oder Besuche mit der Fahrt zum Deckrüden. Das macht Sie selbst nervös und überträgt sich automatisch auf die Tiere, dann klappt „es“ erst recht nicht!

Wenn ich hier nun das Decken beschreibe, so möchte ich ausdrücklich festhalten, dass dies meine Version ist. Ich habe von vielen gehört, gelernt und gesehen, wie sie es machen und das Passendste und Praktischste für mich und meine Bulldogs daraus zusammen gemixt. Andere Züchter haben wieder abweichende Methoden. Diese können genau so richtig und gut sein wie die meinige. Jede Rasse muss individuell behandelt werden.

Meine Vorbereitungen für einen Deckakt bestehen im Wesentlichen aus zwei Dingen:
a) Mit lauwarmem Wasser, dem ich ein wenig Kamillosan (ein sehr mildes Desinfektionsmittel homöopathischer Herkunft) beimische, wasche ich dem Rüden den vordersten Teil der Vorhaut aus und trockne leicht ab. Oft ist da nämlich ein dicker, gelblicher Ausfluss, und ich finde es besser, wenn dieser nicht in die Vulva der Hündin gelangt.
b) Ich lege auf den Boden, direkt der Hauswand entlang, einen rutschfesten, alten Teppich und halte noch eine ganz locker aufgewickelte Teppichrolle bereit, um eventuelle Grössendifferenzen, die Probleme machen, auszugleichen.

Vielleicht ist es gut, an dieser Stelle noch zu sagen, dass sich die Samenabgabe des Rüden in drei Phasen vollzieht. Anfangs wird ein klares, wässriges Sekret abgegeben, das noch keine Samenzellen enthält. Dann folgt meinen Beobachtungen zufolge das dickliche, milchig-weisse Ejakulat, welches die Millionen von Spermien beinhaltet. Meist sind bei Bulldogs etwa 8 — 10 Spritzer schön weisslich-trüb und ergeben 1,5 — 2 ccm aufgezogen in einer Spritze. Dann wechselt Farbe und Konstistenz wieder ganz abrupt, und das weitere Sekret sieht ganz klar und sehr viel dünnflüssiger aus. Die totale Flüssigkeitsmenge ist von Rüde zu Rüde verschieden, liegt aber bei Bulldogs etwa im Bereich von 5 - 8 ccm.

Der Besitzer erscheint nun also mit seiner ausgeruhten, versäuberten Hündin. Ich lasse dann meinen Rüden und die Hündin, beide angeleint, sich gegenseitig beschnuppern und kennenlernen. Ich muss vorausschicken, dass dies bei unserer Rasse eigentlich nie zu ernsthaften Auseinandersetzungen führt. Ist eine Hündin aber ausnahmsweise echt böse, so bringen wir die beiden in zwei separate, nur durch ein Gitter getrennte Ausläufe. Sie haben dann Zeit, auf Distanz erste Kontakte zu knüpfen und meist sind solche Hündinnen, abgeleint und ohne ihren Herrn so nahe bei sich zu wissen, plötzlich ganz nett und umgänglich. Sie kommen recht bald ans Gitter, um nachzusehen, wer denn da winselnd und jammernd dahinter sehnsüchtig wartet. Man braucht kein studierter Hundepsychologe zu sein um festzustellen, wann das Eis gebrochen ist. Vielleicht ist es gut, beruhigend und lieb auf die Tiere einzusprechen. Manchmal aber tut man besser, sich nicht einzumischen, für eine Kaffepause zu verschwinden und die beiden mit sich allein zu lassen. Selbstverständlich gehe ich aber nach einigen Minuten unbemerkt nachschauen. Fast immer sind dann schon beide dicht am Zaun oder rennen spielerisch miteinander hin und her. Hat die Hündin gar bereits ihr Hinterteil dem Rüden zugekehrt, damit er sie durchs Gitter beriechen und belecken kann, darf man sicher das Decken wagen und sie wieder zusammen lassen.

Falls der Rüde gleich zu heftig wird und dadurch vielleicht eine Erstlingshündin erschreckt, muss man ihn unbedingt durch gutes Zureden und Streicheln beruhigen. Viele Hündinnen beissen anfangs wütend gegen fremde Rüden, selbst wenn sie absolut deckbereit sind. Es handelt sich aber meist eher um eine „Formsache" und hört rasch auf. Sollte eine Hündin ernstlich auf den Rüden losgehen, muss man sehr vorsichtig sein, vor allem mit einem jungen, unroutinierten Rüden. Es kann leicht passieren, dass eine solche Furie ihm die Freude am Decken für lange Zeit vergällt, wenn es ihr gelingt, den „naiven Anfänger" richtig zu beissen. Ein charakterlich einwandfreier Rüde wird sich nämlich nicht zur Wehr setzen, aber den ganzen Vorfall auch nicht so schnell vergessen. Erfahrene Rüden nehmen solch ungebührliches Betragen nicht so „persönlich", und es macht ihnen kaum etwas aus.

Stelle ich bei der Begrüssung beidseitiges Interesse und Deckbereitschaft fest, leinen wir die Hunde ab. Gartentüre unbedingt geschlossen halten! Meist beginnt nun ein verliebtes Spiel und Herumrennen mit mehr oder weniger geschickten Aufsteigeversuchen des Rüden. Bei Bulldogs ist es sehr wichtig, die Tiere nun nicht lange miteinander toben zu lassen. Die Rüden geraten nämlich in ihrer Auf- und Erregung recht schnell in starkes Hecheln. Zu langes Umherrasen ermüdet beide Partner so sehr, dass plötzlich wegen zu grosser Erschöpfung kein Deckakt mehr möglich ist, und die Hunde getrennt werden müssen.

Sobald ich sehe, dass Rüde und Hündin zur Paarung bereit sind, nehmen wir sie wieder an die Leine. Ich setze mich auf den Teppich, lehne mich gut an die Wand und schlage die Beine übereinander, damit ich die Hündin unterstützen kann, falls ihr der Rüde zu schwer wird. Der Besitzer hält nun seine Hündin gut beidseits am Halsband samt Fellfal-

Abbildung 128: Interessant!

te fest. Wenn die Hündin nun freiwillig und ruhig dasteht, kommt meine Angestellte mit dem Rüden, der nun fast sicher aufsteigt und zu stossen beginnt.

Die meisten Hündinnen stehen schön ruhig und fest, bis sie das momentan unangenehme Gefühl ihrer eigenen, sich verdickenden Schwellkissen in der Scheide und des harten Schwellkörpers am Penis des Rüden spüren. Dann wenden oder drehen sie sich blitzartig herum und versuchen sich loszureissen. Man muss auf diesen Augenblick gefasst sein und richtig reagieren, sonst steht der Rüde da mit ausgeschachtetem, dick angeschwollenen Penis und das Sperma fängt an, auf den Boden zu tropfen. Wehmütig müssen wir dann zusehen, wie unsere „sehnlichst erwünschten Welpen" im Sand oder auf dem Teppich versickern! In Ausnahmefällen kann sofortige Bewegung und Ablenkung des Rüden die Ejakulation noch aufhalten und wir können in Kürze wieder von vorne beginnen. Meist aber ist eine unfreiwillige Wartefrist von 8 — 10 Stunden unumgänglich.

Sobald das sogenannte „Hängen", welches zwischen 5 und 50 Minuten dauern kann, eingetreten ist, kann der Hündinnen-Besitzer nun den Griff lockern und mehr nur noch liebkosend und beruhigend festhalten — aber trotzdem augenblicklich reagierend, falls die Hündin ausreissen will und dadurch den Rüden verletzen könnte. Oft leckt jetzt der Rüde liebevoll Nacken und Ohren der Hündin.

Eigenartigerweise stellen sich beide Hunde während dieses Hängens ganz vernünftig an. Hechelnd stehen sie relativ ruhig da und warten. Wir unterlassen es natürlich nicht, ihnen zu sagen, was sie doch für gute Hunde sind. In allen Jahren hatte ich eine einzige Hündin, die während der ganzen Zeit laut schrie, es war zum verzweifeln..... und es wollte kein Ende nehmen. Dabei schien ihr rein gar nichts zu fehlen, und es war auch keine erzwungene Deckung, die ich sowieso ablehne. Wenn sich eine Hündin trotz liebevoller Behandlung, genügend langer Angewöhnungsphase und von einem geschickten Rüden unter keinen Umständen decken lassen will, so stimmt irgend etwas nicht.

Nach mehr oder weniger langer Zeit wird unser Pärchen zusehends unruhiger. Der Rüde fängt plötzlich an wegzuziehen. Wenn sich die Verkoppelung noch nicht gelöst hat, muss man ihn sanft wieder zurückstossen. Meist in einem unvermuteten Augenblick kann er weg, und aus der Scheide klatscht ein „Gutsch" Flüssigkeit zu Boden. Sie brauchen keine Angst zu haben, dass dabei nun die ganze Samenflüssigkeit wieder draussen ist und die Mühe umsonst war. Es ist längst ein genügend grosser Teil in der Scheide geblieben, wenn nicht gar bereits in die Gebärmutter transportiert worden. Im mengenmässig grössten letzten Teil des Ejakulates sind keine Spermien mehr enthalten, es dienst hauptsächlich als „Samentransportmittel" auf dem Weg zu den reifen Eizellen.

Wenn das Hängen nicht lange dauerte, vielleicht nur fünf Minuten, so lege ich die Hündin jeweils sicherheitshalber ein paar Minuten auf den Rücken. Ihr Besitzer hebt ihr das Hinterteil ein wenig hoch, damit nicht allzuviel Samenflüssigkeit herausläuft. Wenn er ihr den Bauch dabei noch krault, findet sie es eine Wonne und grunzt vergnüglich. Bei längerem Hängen ist diese Vorsichtsmassnahme aber nicht nötig. Die Dauer des Hängens hat erwiesenermassen keinen Einfluss auf die Anzahl der Welpen. Es ist sehr wichtig, dass die Hündin etwa 1 Stunde nach dem Deckakt nicht uriniert. Ideal wäre, sie jetzt zwei — drei Stunden ganz ruhig liegen zu lassen und nicht sofort die Heimfahrt anzutreten. Selbst wenn sie im fahrenden Auto still liegt, ist das nicht dieselbe Erholung, und die dauernden, leisen Erschütterungen während der Fahrt wirken sich nicht positiv auf die Befruchtung aus.

Sobald nach der Trennung die Hündin ruhig und sicher bei ihrem Besitzer liegt, kümmere ich mich intensiv um meinen Rüden. Er hat die Sache super gemacht und soll sich jetzt nicht so abgeschoben vorkommen. Meist steht er nämlich ziemlich verzweifelt und hilflos in der Gegend. Der Penis ist noch stark vergrössert und zurückziehen war noch nicht möglich. Unter Umständen tropft auch immer noch ein bisschen klare Flüssigkeit heraus. Er geniesst es, wenn man ihn in der Lendengegend kräftig hin- und hermassiert. Gut täten ein paar Schritte Bewegung, aber er folgt dem Leinenzug nur störrisch. Sobald er rückwärts geht mit auffälligem Hohlkreuz, dabei vielleicht einen kurzen Japser von sich gibt, ist diese unangenehme Prozedur des Einziehens überstanden. Es ist auch möglich, dass er sich vorher noch nervös im Kreise dreht, absitzt und sich am Penis zu lecken versucht, was aber bei Bulldogrüden nicht gut möglich ist. Beruhigen, loben, ablenken... wenn das nicht hilft und das Glied schon trocken erscheint, hole ich in einem Schüsselchen lauwarmes Wasser und schütte es ihm von unten an den Bauch. Fast immer reicht das aus, um die Angelegenheit glitschig und feucht genug zu machen. Der Rüde springt erlöst wieder zur Hündin, und es sieht aus, als ob er am liebsten nochmals von vorne beginnen würde. Ich versorge nie den Rüden zum Ausruhen, ohne mich vorher genauestens zu vergewissern, dass auch die Penisspitze total in der Vorhaut verschwunden und ganz weich ist. Ich hatte vor Jahren diesbezüglich ein schlimmes Erlebnis. Bei einem Züchter traf ich einen furchtbar schreienden Schäferrüden, dessen Penisspitze nach normalem Deckakt zu Tennisballgrösse aufgeschwollen und dunkelrot, fast schwarz-blutig aussah und wegen einer Stauung nicht mehr zurückgezogen werden konnte. Der Rüde musste zum Tierarzt gebracht werden.

Im allgemeinen ist es besser, wenn nicht zuviel Leute beim Decken herumstehen und dabeisein wollen. Aber auch da gibt es keine Regel. Den einen Rüden stören die grössten Menschenmassen nicht, und ein anderer verweigert sich schon bei zwei Personen, die er nicht kennt.

Unserem „Honeybear“ wurde einmal eine hübsche Braut gebracht, die einem Ehepaar gehörte. Der Mann ruhig und von eher kleinerer Statur und die Gattin gross, nervös und mit auffallend greller Stimme. Sie rauchte eine Zigarette nach der anderen und trug zudem einen grossrandigen Sommerhut. Ich sagte, dass am besten der Herr mit seiner Hündin mitkomme und die Dame bei einem Kaffee in der Stube warten würde. Nein, dies kam nicht in Frage, sie wollte dabei sein. Also fingen wir an. „Honeybear“ kam freudig herbei, beschnupperte das feine Hundefräulein, das gar nicht abgeneigt schien und wackelte erwartungsvoll mit dem ganzen Hinterteil. Komischerweise hielt er plötzlich zögernd inne, legte seine kleinen Rosenohren flach an den Kopf, liess die Lefzen hängen, stellte sich vor die fremde, grosse Dame und schaute ganz langsam an ihrem Körper hinauf und hinunter. Er niesste total verächtlich und wandte sich wieder der Hündin zu. Er leckte ihr zärtlich die Ohren und das Gesicht, drehte sich aber dann um und ging, ohne sich umzusehen, weg. Mit uns zugekehrtem Hinterteil legte er sich in etwa fünf Meter Entfernung ins Gras. Die Frau zeterte natürlich gleich los, was denn das für ein Deckrüde sei, und dass sie nicht verstehen könne, dass man ihr sowas empfehle. Natürlich holte ich meinen Rüden am Halsband herbei; denn freiwillig kam er keinen Schritt. Er war nicht mehr zu bewegen, auch nur wenigstens an der Hündin zu riechen, und als ich versuchte, ihn drauf zu heben, rannte er wie angeekelt von dannen. Ich spürte natürlich mit Sicherheit, dass mit dieser geplanten Deckerei nichts werde, obwohl „Honeybaer“ noch gar nie Probleme in dieser Beziehung gemacht hatte. Ich machte den Vorschlag, es mit seinem schönen Vater „Eick“ zu versuchen, von ihm wusste ich, dass ihn nicht so leicht etwas vom Decken abhält. Damit war ich aber total daneben. Sie seien wegen „Honeybear“ gekommen, den ein Richter ihnen wärmstens empfohlen hätte, und nun so ein Debakel, stöhnte die Dame. Nun blieb mir nicht erspart, ihr zu sagen, dass meines Erachtens sie der Grund sei, und sie vielleicht doch besser in die Stube ginge. Aber das kam nun gar nicht in Frage. Auch ihr Gatte redete auf sie ein, alles half nichts, sie wollte als Zeuge anwesend sein. Wir einigten uns auf einen weiteren Versuch nach dem Nachtessen. Kaum waren die zukünftigen Bulldog-Züchter weggefahren, begann „Honeybear" aufgeregt, im Garten nach der läufigen Hündin zu suchen...

Nur zu rasch verstrichen die zwei Stunden und mit sehr mulmigem Gefühl im Magen machte ich einen weiteren Deckversuch. Alles wie gehabt! Natürlich tat es mir leid, dass es nicht klappte, aber „Honeybear" starrte dermassen feindselig gegen diese Frau, dass ich unsicher war, ob er nicht plötzlich auf sie losgehe. Ich bat sie, in einiger Entfernung auf einem Stuhl Platz zu nehmen, nicht mehr zu rauchen, möglichst wenig zu sprechen und auch gar noch den Hut auszuziehen. Es war mir echt peinlich, am liebsten hätte ich gesagt: „Fahren Sie doch bitte weg, das gibt sowieso nichts!" Die Frau gehorchte, wenn auch sichtlich widerwillig, nur der Sache zuliebe. Aber auch dies half nichts, „Honeybear" deckte nicht, basta. Wir entschlossen uns für eine Kaffeepause zur Lagebesprechung. Die weithergereisten Bulldogleute konnten und wollten einfach nicht verstehen, dass mein Rüde so „unnatürlich" reagierte, wie sie es nannten. Ich selbst war sicher, dass einzig und allein diese ungewohnte Dame ihn dermassen irritierte. Ich schlug dann als letzten Ausweg vor, dass ich mit meiner Angestellten allein einen Deckversuch starten wolle und mein Mann in etwa zehn Minuten Nachschau halten solle. Gesagt — getan! Ich holte mir die Hündin aus dem Auto und führte sie zu „Honeybear", der aber der Sache nicht ganz traute. Trotz freudigem Beschnuppern und Lecken schaute er sich immer wieder um, zur Gartentüre. Erst als er sich ganz sicher fühlte, schritt er zur Tat, und es klappte auf Anhieb. Mein Mann konnte auch gleich noch die Besitzer der Hündin als Zeugen herbeirufen. — Zum Glück fiel nach neun Wochen ein Prachtswurf, wer weiss, sonst hätte man meinem geliebten „Honeybear" noch Deckunfähigkeit nachgesagt! Aber so kompliziert funktioniert es zum Glück nur in den seltensten Fällen!

Die künstliche Besamung

Ich finde es sehr schlecht und für die Zukunft einer Rasse verhehrend, die künstliche Besamung als Mittel zu gebrauchen, um von Tieren Nachwuchs zu erhalten, die selber infolge anatomischer oder physischer Defekte nicht mehr fähig sind zu decken. Sie sollte wirklich nur als letzte Hilfe für Notfälle gebraucht werden, und nur wenn feststeht, dass der Rüde auch normal decken kann.

Eine total andere Einstufung verdient sie, wenn dadurch weite Auto- oder Flugreisen oder gar Quarantänebestimmungen umgangen werden können. Für unsere Rasse wäre es sicher sehr verlockend, Welpen von ausgewiesen vorzüglichen englischen oder amerikanischen Deckrüden zu bekommen, die uns sonst nicht zugänglich wären. Ich weiss, dass solche Besamungen mit tiefgefrorenem Sperma im Ausland schon öfters mit Erfolg gemacht wurden. Ich selbst hatte als einzige Erfahrung in dieser Sparte vor vielen Jahren bei einem Versuchsprogramm der Universität Zürich mitgemacht. Der Samen stammte aber von meinen eigenen Rüden, er wurde tiefgefroren und einige Zeit konserviert. Ich glaube mich zu erinnern, dass wir damals fünf verschiedene Versuche starteten, alle ohne Erfolg. Aber dies war in den allerersten Anfängen. Heute soll die Erfolgsquote bei weit über fünfzig Prozent liegen.

Die Befruchtung

Der Transport der Samenzellen zum Befruchtungsort in den Eileiterampullen geht unglaublich rasch vor sich. Gemäss Untersuchungen treffen die ersten Spermen bereits 25 Sekunden nach der Ejakulation am oberen Ende der Gebärmutterhörner bei der Eileitermündung ein. An diesem raschen Transport beteiligt sich einmal die relativ grosse Flüssigkeitsmenge und dann die rythmischen Kontraktionen der Gebärmuttermuskulatur. Vermutlich spielt hier auch die Eigenbewegung der Spermen mit. Im Eileiter treffen sie auf die zur Gebärmutter absteigenden Eier. Die Spermen stürzen sich auf die reifen Eier und bohren sich in die Eihülle ein. Einzig der Kopf der Samenzelle gelangt in die Eizelle, der nur zur Fortbewegung dienende Geisselschwanz wird ausserhalb der Eihülle abgeworfen. Wichtig für uns ist zu wissen, dass, obschon mehrere Samenzellen sich um ein Ei bemühen, es nur einer einzigen gelingt, bis zu dessen Zellkern vorzudringen. Sobald eine Samenzelle den Kern einer Eizelle erreicht hat, wird weiteren Samenzellen das Eindringen verwehrt.

Trotz der Verschmelzung der männlichen Samenzelle mit der Eizelle verändert sich diese äusserlich vorerst kaum, in ihrem Innern aber werden nun schöpferische Urkräfte frei. Die winzige, nur etwa 180 Tausendstel Millimeter im Durchmesser messende Eizelle furcht sich in der Mitte ein. Gleichzeitig bilden sich die Chromosomenschleifen, die sich mit denen des männlichen Kerns vereinigen, sich dann der Länge nach spalten und neu anordnen. Das mütterliche und väterliche Erbgut hat sich nun vermischt, und die für Hunde typische Chromosomenzahl 78 wiederhergestellt. Damit ist die eigentliche Befruchtung vollzogen.

Aus der befruchteten Eizelle entstehen jetzt zwei Furchungskugeln, dann vier, acht, sechzehn, und am Ende der etwa acht Tage dauernden Wanderung des Keimes durch den Eileiter zur Gebärmutter hinunter hat er die Form einer winzigen Maulbeere, lateinisch Morula, angenommen. Der Umfang dieser Morula ist immer noch nicht wesentlich grösser als derjenige des unbefruchteten Eies. Kurz vor dem Eintritt der Morula in die Gebärmutter verwandelt sie sich in eine Blase, die Blastula oder Keimblase, die dann den Eileiter verlässt und sich während der folgenden Tage in der Gebärmutterschleimhaut festsetzt. Diese Nidation erfolgt etwa am 18. Tag nach der Befruchtung. Jetzt muss die Schleimhaut optimal zur Aufnahme der Keimlinge bereit sein, sonst sterben sie rasch ab. Bis zu diesem Zeitpunkt konnten sie sich von den Sekreten des Eileiterepithels und ihren eigenen Vorräten ernähren. Durch die definitive Verankerung auf der Schleimhautoberfläche erhält der Keimling direkten Anschluss an den mütterlichen Blutkreislauf und die eigentliche Trächtigkeit beginnt.

Die erste Hälfte der Trächtigkeit

Die Trächtigkeitsdauer für Hunde beträgt im Mittel 63 Tage, wobei 60 — 65 Tage immer noch als normal gelten. Gemäss den Forschungen von Dr C. Naaktgeboren (NL) liegt die Durchschnittsdauer bei 61,95 Tagen. Erwiesen ist, dass sehr kleine Würfe (nur ein oder zwei Welpen) meistens übertragen werden und dann durch das übermässig hohe Welpengewicht Geburtsprobleme machen können. Grosse Würfe (mehr als etwa sechs Welpen) kommen eher vor dem errechneten Termin zur Welt und weisen dadurch niedrigere Gewichte auf, was die Geburt naturgemäss erleichtert. Findet eine Geburt vor dem 57. Tag statt, so sind die Welpen als eigentliche Frühgeburten zu betrachten und ihre Chancen, unbeschadet durchzukommen sind nicht sehr gross. Trifft eine Hündin bis zum 64. Tag (vom letzten Decktag) keine Anstalten zu werfen, so würde ich sie röntgen und bei positivem Befund sofort Kaiserschnitt machen lassen. Es kann sonst mit Leichtigkeit passieren, dass man wegen einem bereits toten Welpen, der nicht geboren werden kann, doch noch operieren muss.

Nun aber wieder zurück zum Beginn. Nach der Nidation in der Gebärmutter übernehmen zunächst die Uterusdrüsen und ihre Sekrete die Versorgung mit Nähr- und Aufbaustoffen. Die Gebärmutter des Hundes besteht aus zwei langen Röhren, den Gebärmutterhörnern und einem gemeinsamen Stück, dem Gebärmutterhals mit Ausgang in die Scheide. Die Embryonen liegen nun verteilt in den Gebärmutterhörnern, zunächst noch fast völlig voneinander abgeschnürt, jeder in seiner Fruchtkammer. Bei Mehrlings-Trächtigkeit sieht die Gebärmutter in diesem Frühstadium aus wie eine Perlenschnur. Mit zunehmendem Wachstum der Foeten verschwinden die Einbuchtungen immer mehr, und gegen Ende der Trächtigkeit können sich die einzelnen Fruchtblasen berühren.

Während der zweiten und dritten Woche wird nun der gesamte Bauplan des Körperchens allmählich sichtbar. Obwohl der Embryo erst 7 — 10 mm lang ist, kann man Kopf, Rumpf und Gliedmassen unterscheiden.

Der einzelne Foetus ist von einem dünnhäutigen Sack umgeben, der sich aus vier verschiedenen Häuten zusammensetzt. Die innere, sehr dünne Hülle, Amnion genannt, füllt sich allmählich mit Flüssigkeit, in welcher der Embryo „schwimmt", die äussere, zähere Hülle heisst Chorion. Zwischen beide schiebt sich eine aus dem Enddarm herauswachsende Blase, die Allantois, die während der Trächtigkeit die Ausscheidungen (Harn) des ungeborenen Welpen aufnimmt. Dies ergibt mit der Zeit ein zweites Flüssigkeitspolster, das einen zusätzlichen Schutz gegen Druck oder Stoss von aussen ergibt.

Die Ernährung und Versorgung der Foeten übernimmt die Gebärmutterschleimhaut; Verbindungsstück zwischen ihr und dem Foetus ist die Nabelschnur, die beim Hund relativ kurz ist. Die Blutgefässe der Nabelschnur verästeln sich in der Gürtelzone der äusseren Fruchthülle (Chorion). Kleine Zotten, Villi genannt, wachsen aus dem Chorion in die Gebärmutterschleimhaut hinein. Sie bilden schliesslich mit dieser ein schwammiges, sehr stark durchblutetes Gewebe, die Plazenta oder den Mutterkuchen (od. Nachgeburt), wobei die Chorionzotten direkt von den mütterlichen Kapillaren umsponnen werden. Durch die Plazenta erfolgt der Austausch der Nährstoffe, des Sauerstoffes und der Kohlensäure, jedoch ohne, dass sich das Blut der Embryonen mit dem Blut der Mutter mischt. Erwiesenermassen erfolgt über die Plazenta aber auch bereits ein Übertritt von Krankheitserregern und Giftstoffen (zum Beispiel Wurmtoxinen) von der Mutter zum Embryo. Die Plazenta produziert ferner ein Hormon, das nun an Stelle des mit der Zeit ausfallendenden Gelbkörperhormons die Vorgänge der Trächtigkeit überwacht und sicherstellt.

Nun stellt sich aber gleich die wichtige Frage: Ist die Hündin überhaupt trächtig? Selbst auf einen ganz normalen, nach unserem Eindruck zum richtigen Zeitpunkt erfolgten Deckakt, kann leider die erwünschte Schwangerschaft ausbleiben. Bulldogs gehören auch hier wieder zu den schwierigen Hunden, bei ihnen bleiben bedeutend mehr Hündinnen leer als bei anderen Rassen. .

In den ersten vier Wochen nach der Brunst bemerken wir noch keine deutliche, sicher auf eine Trächtigkeit hinweisende Veränderung der Hündin. Die Stärke der Blutungen nach dem Decken ist überhaupt nicht aussagekräftig. Die Läufigkeit geht gleichermassen zu Ende, ob eine Hündin gedeckt wurde oder nicht, ob der Deckakt zur Befruchtung führte oder erfolglos war.

Oft zeigen sich in der dritten Woche leichte Appetitstörungen, eventuell mit morgendlichem Erbrechen von Galle und Schleim. Dies entspricht dem Termin der Nidation der Keimlinge in die Gebärmutterschleimhaut. Der Stoffwechsel der Hündin muss sich an die neuen Verhältnisse anpassen. Man erachtet es als positives Zeichen, wenn eine Hündin nun während acht oder vierzehn Tagen kaum frisst. Man muss sich deswegen nicht ängstigen. Selbst wenn sie Heisshunger hat und schon Gewicht zulegt, ist auch das noch nicht aussagekräftig. Schlank oder rund in den ersten fünf Wochen sagt gar nichts aus über die Grösse eines erwarteten Wurfes. Als gutes Zeichen gilt, wenn sich die Schwellung der Vulva, die am Ende der Läufigkeit deutlich zurückging, nach zwei- drei Wochen wieder einstellt, die Schamlippen aber viel weicher und schwammiger sind als vorher. Nach vier bis fünf Wochen röten sich die Zitzen und werden etwas abstehender und praller. Bei Erstlingshündinnen vergrössern sie sich sehr deutlich. Das Gesäuge selbst sollte zu diesem Zeitpunkt nur fester und besser durchblutet erscheinen. Wenn es sich schlaff herunterhängend vergrössert, dann sehe ich das nicht so gerne. Wenn die erwähnten Schwangerschafts-Anzeichen auftreten, zusammen oder nur einzelne davon, so darf man „guter Hoffnung“ sein. Aber leider können Hündinnen einen auch täuschen. Sie und auch ihr Körper benehmen sich genau so, wie wir es wünschen, und dabei sind sie doch nur scheinträchtig.

Ein ziemlich sicheres Zeichen ist ein glasiger, zäher Ausfluss aus der Scheide nach etwa drei Wochen. Geübte Züchter und Tierärzte sollen um die fünfte Woche herum beim vorsichtigen Betasten des Bauches — palpieren nennt man das — die einzelnen Fruchtblasen fühlen können. Unsere Bulldogs haben aber dermassen muskulöse, dicke Bauchwände, dass dies kaum möglich ist. Ganz sicher können ungeübte Hände in dieser Beziehung viel Schaden anrichten.

Neuerdings kann man ab dem 28. Tag eine Ultraschall Untersuchung machen lassen, wenn man gar keine Geduld mehr aufbringt zum Warten. Der grosse Vorteil dieser Methode ist, dass es für die Hündin kaum Stress bedeutet und keine Strahlenschäden für die Ungeborenen zu befürchten sind. Die Hündin kann auf dem Untersuchungstisch liegen, während der Tierarzt die Unterseite ihres Bauches mit einem Gel bestreicht, damit der Schallkopf des Ultraschallgerätes leichter gleitet und besser aufliegt. Bei unseren Bulldogs, die kaum Haare in der Gesäugeregion haben, muss nicht einmal rasiert werden. Der untersuchende Tierarzt fährt nun mit dem Schallkopf in der Hand systematisch die Bauchdecke entlang und fixiert dabei seinen Blick auf den kleinen Bildschirm neben dem Untersuchungstisch. Für mich als Laie sieht das aus wie ein gestörter Fernsehapparat. Es flimmert, es überspringt, es bewegt sich alles in sich, es ist getupft, es ist wolkig, es ist schwarz oder wechselt fast zu weiss und dann wieder grau ... Aber der Tierarzt erklärt: das ist die Blase, das hier der Gebärmuttermund u.s.w. ... und plötzlich, hier haben wir den ersten Welpen. Für mich nichts als ein etwas dunklerer Fleck in dem ganzen Wirrwarr, der sich rhythmisch, aber sehr rasch in seiner Mitte bewegt. Das sei das Herzchen, erklärt der Tierarzt. Durch minimale Verschiebung des Schallkopfes kann man plötzlich Beinchen erkennen, die sich schon bewegen und das Köpfchen. Mit Hilfe der entsprechenden Erläuterungen ist das Mitsehen ein grosses Erlebnis beim ersten Mal. Ergriffen steht man daneben und fühlt schon beinahe ein warmes, kleines Welpenkörperchen in seinen Händen.

Meist gelingt es, sofern vorhanden, mehrere solch kleiner Föten aufzuspüren, aber auf eine genaue Zahl will sich der Untersucher nicht festlegen. Hauptsache sie trägt! Ich habe bis jetzt etwa 10 Ultra-Schalluntersuchungen machen lassen, und das Resultat stimmte immer, das heisst, bei effektiv trächtigen Hündinnen, konnte man auch Welpen feststellen.

Nur meiner Neugier wegen lasse ich jetzt keine Ultraschalluntersuchungen mehr machen. Habe ich aber genau in dieser kritischen Zeit eine zweite Hündin, die ich decken würde, falls es mit der vorhergehenden nicht geklappt hat, dann hilft diese Untersuchung sehr viel.

In der Haltung und Ernährung der werdenden Hundemama muss in den ersten vier oder fünf Wochen noch keine Umstellung erfolgen. Sie soll weder für fünf essen, noch von ihrer gewohnten Bewegung abgehalten werden. Im Gegenteil, wenn sich eine Bulldoghündin nur zu Hause und im Garten oder Zwinger aufhält, sollten unbedingt regelmässige, sich allmählich steigernde Spaziergänge unternommen werden. Nur so festigt sich die Muskulatur und erhält genügend Kraft für eine komplikationslose Geburt.

Die Scheinträchtigkeit

Ab und zu gelingt es immer wieder einer Hündin, mich glauben zu machen, sie hätte aufgenommen. Sind aber die ersten sechs Wochen der vermeintlichen Trächtigkeit vorbei, so lasse ich mich heute nicht mehr so leicht in die Irre führen.

Ein einziges Mal hat mich eine Hündin 1970 total erwischt. „Hexe“ benahm sich dermassen trächtig, dass ich überhaupt nie auf den Gedanken gekommen wäre, sie sei nur scheinträchtig. Die Türe des hergerichteten Wurfzimmers war offen, und „Madame“ bestand darauf, in der Wurfkiste untertags zu nesten, zu scharren und zu schlafen, sie kannte das alles bestens von ihren früheren Würfen. Ab und zu hechelte sie während einiger Zeit, alles, wie richtig... Komischerweise aber fiel die Körpertemperatur nie unter 37,6. Aber vielleicht machte sie eine Ausnahme diesmal, es wäre ihr dritter Wurf gewesen. Als sie am Abend vor dem Wurftermin sehr unruhig war und auch wieder hechelte, entschloss ich mich, im Hundezimmer zu schlafen. Es gab eine wenig erholsame Nacht, selbst das obligate Rennen in den Garten fehlte nicht. Am Morgen, als ich wie gerädert aufstehen musste, schlief „Hexe“ tief, sie war nun wirklich müde. Im Laufe des Nachmittags begann die Unruhe wieder, ich war überzeugt, dass die Geburt nun diese Nacht stattfinden würde. Das ganze Theater begann von neuem, und es geschah wieder nichts. Am Morgen telephonierte ich meinem Tierarzt und vereinbarte einen Röntgentermin. Er machte zwei Aufnahmen, um wirklich ganz sicher zu sein, dass da keine Spur von Welpen in dem Bauch war. Meine Enttäuschung war gross, aber zugleich empfand ich auch ein bisschen Wut über mich selbst, dass ich dermassen auf „Hexes“ Getue hereingefallen war. Wieder zu Hause räumte ich ziemlich ungehalten die Wurfkiste und alles, was ich hergerichtet hatte, weg. „Hexe“ stand dabei und betrachtete sehr interessiert meinen Tatendrang. Ich unterliess natürlich nicht, ihr zu sagen, was sie für ein Miststück sei, mir zwei schlaflose Nächte für nichts und wieder nichts zu bescheren, und dass jetzt mit dem Verwöhnen augenblicklich Schluss sei. Ich vergesse nie, wie sie mich fassungslos anstarrte, sich unter die Eckbank verdrückte und für Stunden nicht mehr zum Vorschein kam. Ob Sie es nun glauben oder nicht, anderntags war „Hexe“ schlank, als hätte man die Luft von ihrem Bauch abgelassen — und wieder ganz normal. Als ich selbst aufhörte, auf Welpen zu warten, stellte sich die Hündin augenblicklich um.

Echt scheinträchtige Hündinnen können wirklich unter dieser Störung des Hormonhaushaltes sehr leiden. Bulldogs gehören zum Glück nicht zu den Rassen, die davon sehr häufig betroffen sind. Wenn eine Hündin diesem Übel unterworfen ist, spielt es keine Rolle, ob sie schon einmal Junge hatte oder nicht. Ihr Charakter verändert sich gegen den vermeintlichen Wurftermin auffallend. Sie wird unruhig und launisch, verkriecht sich und baut Nester. Ein unwiderstehlicher Muttertrieb zwingt sie, Spielsachen, Schuhe oder auch Knochen an sich zu drücken und wie Welpen zu behandeln. Dabei ist ihr Gesäuge prall und sehr oft mit Milch gefüllt. Eine solche Hündin könnte sehr gut als Amme benützt werden und würde fast mit Sicherheit fremde Welpen freudig annehmen. Aber geheilt ist sie selbstverständlich dadurch nicht, im Gegenteil, die folgende Scheinträchtigkeit würde noch intensiver verlaufen.

Wenn die Störungen so stark sind, dass die Hündin richtig leidet, und weder Wegnehmen der bemutterten Gegenstände, Ablenkung noch viel Spazierengehen Linderung bringen, kann der Tierarzt durch Hormonbehandlung helfen. Handelt es sich um eine Zuchthündin, sollte man bessser von Hormonen absehen. Ich selbst habe verblüffend gute Erfahrung gemacht mit homöopathischen Tropfen und ganz knapper Fütterung in dieser Zeit. Während 7 Tagen gibt man 3 x täglich 10 Tropfen Pulsatilla D 30 direkt ins Maul. Am Ende dieser Woche sind die störenden Erscheinungen sanft und sicher abgeklungen. Wenn das Gesäuge sehr prall und fast entzündet-heiss wirkt, mache ich täglich mehrmals kalte Essigumschläge (1 Tasse Essig auf ein Liter Wasser).

Zur Vorbeugung gibt man solchen Hündinnen anschliessend an die nächste Läufigkeit, einmal pro Woche eine Gabe Ignatia D 200 für mindestens acht Wochen. Für Hündinnen, die stark unter Scheinträchtigkeit leiden und nicht zur Zucht verwendet werden, ist die Kastration eine sehr geeignete Abhilfe. Komischerweise empfinden viele Hundebesitzer dies als negativ und unnatürlich. Dabei ist die Tatsache, keine Jungen haben dürfen, wenn der Trieb dafür so stark vorhanden ist, viel unnatürlicher. Dies betrifft Hündinnen wie Rüden. Man muss auch bedenken, dass immer wiederkehrende Scheinträchtigkeit eine massive, hormonelle Übersteigerung ausdrückt und mit Garantie vererbt wird. Schon von daher ist es für eine Rasse nur von Vorteil, wenn mit derart belasteten Hündinnen nicht weitergezüchtet wird.

In meiner Zucht hat sich der 42. Tag (6 Wochen) zur Feststellung einer Trächtigkeit im Laufe der Jahre als guter Stichtag erwiesen. Dann schaue ich mir die „trächtige" Hündin ganz genau an — was ich natürlich vorher schon hundertmal auch gemacht habe — um meine endgültige Beurteilung zu fällen. Dies ist eigentlich mehr eine persönliche Formsache, deren Ergebnis mich dann zwingt, der Realität ins Auge zu sehen und aufzuhören mit der falschen Hoffnung, dass es vielleicht doch noch Welpen gibt in drei Wochen. Wenn ich zu diesem Zeitpunkt nichts Überzeugendes feststelle, — dann gibt es eben nichts! Wenn „Nichts" da ist, sind es nur meine Wunschträume und Illusionen, die mich weiterhin zum Narren halten würden. Durch meinen Entscheid am Stichtag, — den ich selbstverständlich samt den genauen Beobachtungen in meiner Hundeagenda festhalte, — schiebe ich diesem Treiben in meinem Innern einen Riegel vor und bin dann viel ruhiger und sicherer. Komischerweise überträgt sich diese Einstellung auch auf meine Hündinnen. Sobald ich selbst absolut überzeugt bin, dass sie leer sind und Gedanken wie: „Heute dünkt sie mich nun etwas runder, vielleicht doch!..." von mir weise, benehmen sie sich plötzlich ganz normal. Sie versuchen viel weniger, sich durch angedeutete Scheinträchtigkeit aufzuspielen, wenn ich nicht mitmache.

Die zweite Hälfte der Trächtigkeit

Sind die ersten fünf Wochen seit dem Decken verstrichen, kommt nun rasch Sicherheit in dieses Hangen und Bangen: Trägt sie oder trägt sie nicht? Ihr Leib fängt an, sich direkt hinter den letzten Rippenbögen herauszurunden, ohne dass sie einen eigentlichen Bauch bekommt. Von diesem Zeitpunkt an gebe ich täglich 1 x 10 Tropfen Pulsatilla D 6 zur Vermeidung einer eventuellen Wehenschwäche.

Da Föten in den ersten vier Trächtigkeitswochen nur 10 % des endgültigen Geburtsgewichtes bilden, ist es nicht notwendig, der guternährten Mutter schon Zusatzstoffe und erhöhte Futterrationen zu verabreichen. Ihr Körper kann spielend Überfluss aus der Nahrung besser verwerten und auch Reserven mobilisieren, um dem Wurf einen guten Start zu ermöglichen. Wir dürfen nie vergessen: Trächtigkeit ist keine Krankheit, sondern ein natürlicher Zustand für ein vollentwickeltes, weibliches Tier. Der Bedarf steigt nach vier Wochen aber ganz gewaltig. Die Föten fangen an, schneller zu wachsen und ihr Skelett aufzubauen.

Die Futtermenge selbst erhöhen wir nur langsam, achten aber ganz gezielt auf vitaminreichere Kost. Die heutige Futtermittelindustrie bietet ein dermassen reichhaltiges Ernährungsprogramm an, dass man verunsichert werden kann, welcher dieser jeweils als „allerbestes Futter" angepriesenen Sorten man den Vorzug geben soll. Sicher ist es am besten, einer Hündin ihre gewohnte Nahrung, die sie gut verträgt, weiter zu geben, und nicht wegen dem zu erwartenden Nachwuchs eine krasse Umstellung vorzunehmen oder mit neuem, unbekanntem Futter zu experimentieren.

Als Grundfutter hat sich halb rohes Fleisch und halb Zerealien mit Gemüse- und Früchtebeigaben bestens bewährt. Joghurt und Quark werden meist sehr gerne angenommen und sind nicht zu unterschätzende natürliche Eiweiss- und Kalziumspender. An Zusätzen gebe ich ein Produkt aus Kalzium, Phosphor, Spurenelementen und Vitaminen, welches deutlich für die Abgabe an trächtige Hündinnen gekennzeichnet und auf ihre Bedürfnisse abgestimmt ist. In den letzten zwei Wochen noch grosszügig ein Bierhefe-Präparat, um Welpendurchfällen vorzubeugen. Viele Züchter schwören auch auf reinen Dorschlebertran als zusätzlichen Vitamin- D-Spender in den Wintermonaten.

Viele Zuchthunde werden in der modernen Zeit ausschliesslich mit Fertigfutter ernährt. Handelt es sich um ein erwiesenermassen gutes und für den momentanen Bedarf adaptiertes Produkt, so ist dagegen nichts einzuwenden. Ich selbst füttere gerne gemischt, das heisst ungefähr halb und halb, eine Mahlzeit frisch, die andere Fertigfutter. Das Trockenfutter weiche ich immer etwa eine Viertelstunde mit sehr wenig lauwarmem Wasser ein. Bulldogs sind Schlinger und kauen in der Regel schlecht. Wenn sie ohne genügendes Einspeicheln und Zerkleinern die Brocken einfach hinunterwürgen, so fressen sie zuviel in zu kurzer Zeit und haben später wahnsinnigen Durst. Sie trinken dann bis fast zum Platzen und erleiden leicht Blähungen und anschliessend Verdauungsstörungen. Es ist aber wichtig zu beachten, dass eine grosse Menge breiig verabreichtes Futter die Entstehung der gefährlichen Magenumdrehung begünstigen kann.

Je mehr nun der Leibesumfang der Hündin zunimmt, umso belasteter sind Herz und Lunge. Man soll sie jetzt mehrmals am Tage in kleineren Portionen füttern. Knochen gebe ich ab der sechsten Trächtigkeitswoche keine mehr. Genau so wichtig sind in diesem Stadium Spaziergänge. Sie will vermutlich nicht mehr gerne von zu Hause weggehen und zöge es vor, nur gemütlich an der Sonne zu dösen. Sie muss sich aber unbedingt noch bewegen, auch wenn ihre Augen die Leine mit vorwurfsvollen Blicken strafen. Wenn sie gerne Auto fährt, kann man sie vorsichtig hineinheben und in einen nahen Wald fahren.

Weg von zu Hause laufen solche „Beinahe-Mütter" nach meiner Erfahrung viel gelöster. Sie geniessen dann einen schönen, ruhigen Spaziergang, ohne viel Belastung, was ihnen nur gut tut. Es braucht Fingerspitzengefühl und Erfahrung, wieviel man einer hochträchtigen Bulldoghündin noch zumuten darf, aber Bewegung und körperliche Fitness dürfen nicht unterschätzt werden, wenn wir wieder problemlosere Geburten anstreben.

Wenn eine hochträchtige Bulldoghündin in den letzten zwei Wochen entspannt auf der Seite liegt, kann man oft ihre Welpen hinter der Bauchdecke zappeln sehen. Das glatte, kurze Fell lässt die kleinen Puffer und manchmal recht ausgedehnten Bewegungen von innen sehr gut durchscheinen. Wenn man dann die Hände ganz flach mit gleichmässigem Druck auflegt und die Kleinen richtig spürt, ist das ein wunderschöner, glücklicher Augenblick im Leben eines Züchters. Wenn es nur ein oder zwei Welpen sind, spürt man sie kaum oder gar nicht.

Resorption und Fehlgeburt

Es ist mir schon mehrmals passiert, dass ich mit fünf Wochen Trächtigkeit absolut überzeugt war, dass eine Hündin Welpen bekomme. Dann hat es beim Dickerwerden und Gesäugebilden aus unerklärlichen Gründen einen Stop gegeben, obwohl es der Hündin eindeutig gut ging. Am 42. Tag musste ich dann aufschreiben, dass ich nun doch an der Trächtigkeit zweifle. Es ist bei solchen Hündinnen niemals doch noch zu einer Geburt gekommen. Vermutlich sind die Föten aus irgendeinem Grunde abgestorben, es kann dies eine Infektion oder eine Hormonstörung sein. An Schläge, Stösse oder andere äussere Einwirkungen glaube ich bei meinen gut behüteten Bulldogs einfach nicht. Man rechnet, dass fötale Resorptionen bis zur Mitte der Trächtigkeit möglich sind. Wenn die vorhandenen Embryonen abgestorben sind, werden sie langsam aufgelöst, ohne dass es zu einem bemerkbaren Abortus kommt. Die Hündin muss nicht einmal einen Ausfluss zeigen.

Hätte man in einem solchen Fall mit etwa dreissig Tagen Tragezeit eine Ultraschalluntersuchung machen lassen und Föten festgestellt, könnte man nun ganz sicher sein und beweisen, dass es sich nicht um eine Scheinträchtigkeit gehandelt hat.

Wenn Welpen nach der fünften Woche absterben, sind ihre Körperchen schon bedeutend fester und besser ausgebildet. Es ist den Gebärmutterschleimhäuten nun nicht mehr möglich, den Inhalt aufzunehmen und abzubauen (zu resorbieren), es kommt zum Abort oder Fehlgeburt. Der Gebärmuttermund geht auf und durch wehenähnliche Muskelkontraktionen, die man von aussen aber nicht wahrnimmt, entleert sich die Gebärmutter. Ein missfarbiger, oft stinkender Ausfluss versetzt uns in Aufregung. Es können auch ganze Gewebefetzen ausgestossen werden bis hin zu erkennbaren Gebilden. Eine solche Hündin ist in grosser Infektionsgefahr und braucht dringendst tierärztliche Betreuung, selbst wenn sie kein Fieber hat und einen relativ munteren Eindruck macht.

Vorkehrungen für die Geburt

Zwei Wochen vor Geburtstermin richte ich das Welpenzimmer ein und lasse die werdende Mutter dabei sein und zusehen. Vor allem Mehrfachgebärende „wissen" sofort, um was es geht, und können es kaum erwarten, bis alles bereit ist.

Als Wurfkiste hat sich bei uns eine grosse, reckteckige 110 cm lange, 80 cm breite und 40 cm hohe Holzkiste bewährt. An einer Längsseite ist 12 cm ab Boden ein Türchen eingearbeitet, damit die Hündin gut ein- und ausgehen kann, ohne über einen hohen Rand springen zu müssen. Dies wäre mir später für die Welpen viel zu gefährlich bei unserer schweren, unvorsichtigen Rasse. Aber auch ovale Plastik-Schlafwannen sind sehr gut, mit Innenlänge von 90 — 100 cm. Auf den Boden kommt bis zum Geburtsbeginn die gewohnte Kunststoff „Felleinlage" (Vetbed). Sobald die Anzeichen für beginnendes Werfen auftreten, lege ich direkt auf den Wurfkistenboden eine gerippte Gummiunterlage, die rundum etwas grösser (3cm) geschnitten ist als die Grundfläche und daher am Rande leicht aufsteht. So verhindert man, dass Fruchtwasser, Ausfluss, Blut, Urin oder Kot direkt auf's Holz gelangen. Darüber gibt es zusätzlich saugfähige Baumwolltücher, am besten Flanell. Ich halte für unsere Rasse nichts von Wurfkisten mit Deckeln oder anderen, oben geschlossenen Boxen. In den ersten zehn Tagen erfordert ein Bulldogwurf **dauernde** Überwachung wegen der Gefahr des Erdrückens der Welpen. Diese kann nur zuverlässig erfolgen, wenn man die uneingeschränkte Übersicht auf Mutter und Babies hat.

Die Wurfkiste muss so gross sein, dass die Hündin bequem ausgestreckt darin liegen kann und immer noch genügend Platz für die sehr rasch wachsenden Welpen bleibt. Für uns heisst das: mindestens 90 — 100 cm lang und 60 cm breit. Der Vorteil einer Holzkiste besteht darin, dass man bei ihr einen Distanzrahmen anbringen kann, was bei einem ovalen Plastikbett natürlich nicht möglich ist. Ein solcher Rahmen erleichtert uns die Überwachung, da er die Erdrückungsgefahr deutlich herabmindert. Er muss 10 cm breit sein und in allen vier Ecken auf 12 — 13 cm hohen Pfosten ruhen oder auf Winkeleisen befestigt sein. Man setzt ihn nach der Geburt ein. Mit diesem Distanzrahmen vermeiden wir, dass ein Welpe zwischen dem Rücken der Mutter und der Kistenwand eingeklemmt wird. Allerdings kann auch er keine Gewähr bieten, wenn sich eine ungeschickte Hündin auf einen Welpen legt, und er elendiglich ersticken muss.

Erschwerend kommt bei Bulldogs die hohe Reizschwelle dazu (die Welpen schreien kaum, wenn ihnen weh gemacht wird) und die Schwerfälligkeit und Substanz der Rasse. Man kann also nicht vorsichtig genug sein! Meine Hundemütter lieben den Distanzrahmen sehr, aber eher aus egoistischen Gründen: Sie können äusserst bequem ihren Kopf d'rauflegen und vor sich hindösen, wenn sie nicht grade mit Welpenpflege beschäftigt sind.

Die Zimmertüre bleibt bis zu Geburtsbeginn offen stehen, damit sich die Hündin nicht eingesperrt vorkommt und sich unnötig aufregt. Die meisten Hündinnen pendeln nun zwischen Küche, Esszimmer und Welpenzimmer hin und her und schlafen mal da und mal dort. Wichtig ist bei diesem ganzen Prozedere, dass sich die Hündin wohlfühlt und sich mit dem für sie vorgesehenen Raum vertraut macht. Einzelne werden gleich aggressiv gegen andere Hunde, sobald sie in der Wurfkiste sitzen und wollen schon jetzt keinen Besuch mehr dulden. Selbst vorwitziges, interessiertes „Schnauze ins Wurfzimmer strecken" der andern Hunde wird mit bösem Knurren attestiert. Eigenartigerweise wollen sie auch die Katzen, die üblicherweise von unseren Hunden sehr geliebt werden, dann nicht in der Nähe haben. Dies betrifft aber in den allermeisten Fällen nicht die gewohnten Bezugspersonen, sondern nur andere Tiere des Haushaltes. Fremde Leute haben bei einer werfenden Hündin sowieso nichts zu suchen!

Bei uns hat sich die nachträglich eingebaute, zweiflügelige Zimmertür hervorragend bewährt (Oberteil aus Fensterglas), das Prinzip wie eine Stalltüre. Viele Hündinnen mögen das Geborgenheitsgefühl der geschlossenen unteren Hälfte sehr gerne und freuen sich sichtlich, wenn man ab und zu den Kopf oben hereinstreckt, mit ihnen spricht und schaut, wie's geht. Andere wollen absolut nicht mehr allein sein und folgen mir auf Schritt und Tritt.

Es gibt aber hier, wie überall in der Hundezucht, keine allgemeingültige Regel, wie man es machen soll. Ich versuche immer, die kleinen Spezialwünsche der Hundemütter zu berücksichtigen und lasse ihnen in dieser Zeit jede Liebe, Aufmerksamkeit und Erleichterung angedeihen. Es ist enorm wichtig, das vollste, uneingeschränkte Vertrauen seiner Hündin zu gewinnen. Sie muss ganz sicher sein, dass wir es gut meinen, ihr helfen und uns freuen. Dazu gehört unbedingt, dass sich die Hündin gewöhnt und es angenehm empfindet, wenn wir ihr die Bauchdecke streicheln, das Gesäuge anfassen (ich massiere in den letzten Tagen ganz leicht Melkfett um und über die Zitzen) und auch die Vulva betasten. Sie will nachher intensiv an unsern Händen riechen und lecken, was wir gerne gestatten sollen; denn so können wir ihr später auch einen Welpen hinhalten, der unbedingt geputzt werden soll.

Zu Beginn der neunten Woche nehme ich die hochträchtige Hündin neben mein Bett zum Schlafen. Ich bin dann viel ruhiger, wenn ich immer weiss, wie es ihr geht. Vielleicht muss sie nachts nun ein- zweimal hinaus oder benötigt sonst irgendwie eine kleine Hilfe.

In der letzten Trächtigkeitswoche messe ich der Hündin täglich die Temperatur mit eingefettetem Thermometer im After und schreibe das Resultat auf. Die Werte schwanken jetzt meist zwischen 37,3 und 37,8. Unmittelbar vor der Geburt fällt bei fast allen Hündinnen die Temperatur um 0,5 bis 1,5 Grad ab. Von diesem tiefsten Punkt aus steigt sie dann plötzlich und in kurzer Zeit auf 38 bis 38,5. Damit hat in vielen Fällen die Geburt bereits begonnen. Ich habe aber schon Hündinnen gehabt, die schon Wehen hatten, und das Thermometer stand immer noch tief! Wenn aber eindeutig die Körpertemperatur angestiegen ist und auf Normal bleibt, sollten innerhalb 6 Stunden die Wehen einsetzen. Anderfalls unbedingt den Tierarzt konsultieren.

Die meisten Hündinnen verweigern am Tag davor auch das beste Futter. Sollte aber eine Hündin bereits eine Woche vor Termin nicht mehr fressen, ist das ein Alarmzeichen und zeigt an, dass sie zu sehr unter Stress steht und tierärztliche Hilfe benötigt. Es gibt Hündinnen, die auch am letzten Tag, ja selbst während der Geburt noch fressen, man kann sich auch auf dieses „beinahe sichere“ Zeichen wiederum nicht verlassen.

Bulldoghündinnen brauchen, wenn sie einen grossen Wurf erwarten, in den letzten Trächtigkeitstagen oft eine Kreislaufunterstützung vom Tierarzt. Sorglosigkeit wäre unverzeihlich, wenn eine sichtlich leidet, übermässig schwer atmet oder sich nicht mehr hinlegt.

Es ist recht schwierig, aus dem Leibesumfang einer Hündin auf die Anzahl der Welpen zu schliessen. Sie kann selbst relativ fett sein oder viel Fruchtwasser haben, wozu viele Bulldogs neigen. Wenn eine Hündin nicht sehr dick ist, lasse ich zur Sicherheit in der letzten Woche eine Röntgenaufnahme machen. Es ist dann einfacher sich einzurichten und Entscheidungen zu treffen, wenn ich weiss, wieviel Welpen in etwa erwartet werden. Sind es nur zwei oder gar ein Einzelstück, muss ich viel eher auf Probleme gefasst sein, sie werden in der Regel ziemlich gross ausfallen und vermutlich auch noch etwas übertragen werden. Zeigt das Röntgenbild aber einen ganzen Haufen kleiner Skelettchen, so ist das genaue Abzählen sehr schwierig und stimmt selten mit dem Endresultat überein. Aber dann warte ich in Ruhe mal vorerst den Beginn der Geburt ab.

Es ist soweit!

Ich muss mich stets richtig zusammenreissen, um nicht gegen Ende der neun Wochen ungeduldig und nervös zu werden. Sooft schon habe ich schlimme Stunden und ganze Nächte in grosser Sorge mit meinen werfenden Hündinnen durchgestanden, dass ich jedesmal ganz erlöst bin, wenn es vorbei ist. Es wäre zu schön, meinen Traum von problemlos gebärenden Hündinnen verwirklicht zu sehen!

Schon zwei Tage vor der Geburt scheint die Hündin plötzlich magerer, ihr Bauch hängt sackartig tiefer zu Boden, die beiden Hüftknochenhöcker werden deutlich sichtbar, und das Rückgrat mit den einzelnen Wirbelfortsätzen zeichnet sich ab. Dieses Weicherwerden und Einfallen ist die Folge der Erschlaffung der Beckenbänder. Im gleichen Zug werden auch Gebärmutterhals, Scheide und Vulva weich und dehnbar. Beides ist bedingt durch das Hormon Relaxin. Viele Hündinnen verlieren nun klaren bis milchigen, dickflüssigen Schleim. Mitunter beobachtet man gar, wie der dicke, zähe Schleimpfropf ausgestossen wird, der bis dahin den Gebärmuttermund verschlossen hatte. Geht plötzlich eine grössere Menge Schleim ab, kann mit einer unmittelbar bevorstehenden Geburt gerechnet werden.

Es ist nun Zeit, Ihren Tierarzt zu benachrichten und ihn zu fragen, wo und wie er in den nächsten 48 Stunden zu erreichen ist. Ebenso sollten Sie bei ihm vorsichtshalber eine Dose Welpenmilch abholen, damit Sie für alle Eventualitäten ausgerüstet sind. Falls Sie diese nicht sofort nach der Geburt benötigen, haben Sie beim Entwöhnen dafür bestimmt Verwendung.

bbildung 35: Glocke als Spielzeug.

bbildung 36: Erlebniszwinger.

Abbildung 37 (links): Mutter schläft.

Abbildung 38 (unten): In Liebe vereint.

Abbildung 39-41:
Mein Lieblingsspielzeug.

Abbildung 42 (oben links): Demontierbar?

Abbildung 43 (oben rechts):
Kontakt zum Menschen.

Abbildung 44 (unten): Sternstunde.

Abbildung 45-47: Spielstunde.

Abbildung 48: Sechs Schwestern.

Abbildung 49: Freiauslauf.

Abbildung 50: Sitz - bleib!!

Abbildung 51: Reisetasche.

Abbildung 52: Glück auf in die Welt.

Abbildung 53 + 54: Unsere neuen Familien.

Für die Geburt richte ich folgende Sachen her:
— 1 gut schneidende, abgerundete Schere
— 3 Klemmen (Péans)
— weisses Baumwollgarn
— Gazewindeln (wie für Bébés)
— saugfähige Tücher (Frottée)
— homöopathische Wehentropfen Sabina D 6
— Respirot-Tropfen zur Atmungsanregung (vom Tierarzt)
— Haushaltpapier
— Plastikbecken mit Wasser und Seife
— Abfalleimer
— Aufwischlappen für den Boden
— elektrisches Heizkissen oder Wärmeflasche
— Notizheft und Schreiber
— Uhr
— gut leuchtende Taschenlampe

Für die Welpen:
— Plastikwäschekorb mit weicher, waschbarer Einlage, (keine Frottéetücher; denn die Neugeborenen haben ganz spitze, gebogene Zehennägelchen und verhängen sich damit im Gewebe)
— Infrarotlampe 100 Watt, Abstand: Welpen — Lampe ca. 60 cm bis sie schön trocken sind (je nach Zimmertemperatur, nachher weiter entfernen)
— Waage
— Watte
— Wasser
— Abfallbecken

Die Eröffnungsphase

Wenn die eigentliche Eröffnungsphase beginnt, kommt eine seltsame, gesteigerte Unruhe und psychische Abwesenheit über die Hündin, sie erscheint uns unansprechbar. Ihr Gesichtsausdruck und der Blick verändern sich merklich. Nesten ... scharren ... Tücher zerreissen ... unter Möbel verkriechen ... aufstehen ... hinlegen ... Hinterteil in eine Zimmerecke drücken ... intensives Vorderpfoten belecken ... in den Garten rennen zum Kot machen ... den Boden belecken, wo sie vorher sass ... leises Zittern am ganzen Körper ... zeitweiliges Hecheln ... immer wieder nach hinten gucken ... eiligst, mit leicht aufgebogenem Rücken von einem Platz zum andern laufen ... all dies sind untrügliche Zeichen der herannahenden Geburt. Diese äusserlich erkennbaren Veränderungen kommen in sehr verschiedenen Kombinationen über eine Hündin. Jede verhält sich anders und muss nicht alles, und vor allem nicht in der Reihenfolge, wie ich es aufgezählt habe, machen. Das Wichtigste: Selbst ruhig bleiben und nicht schon Angst in sich aufkommen lassen.

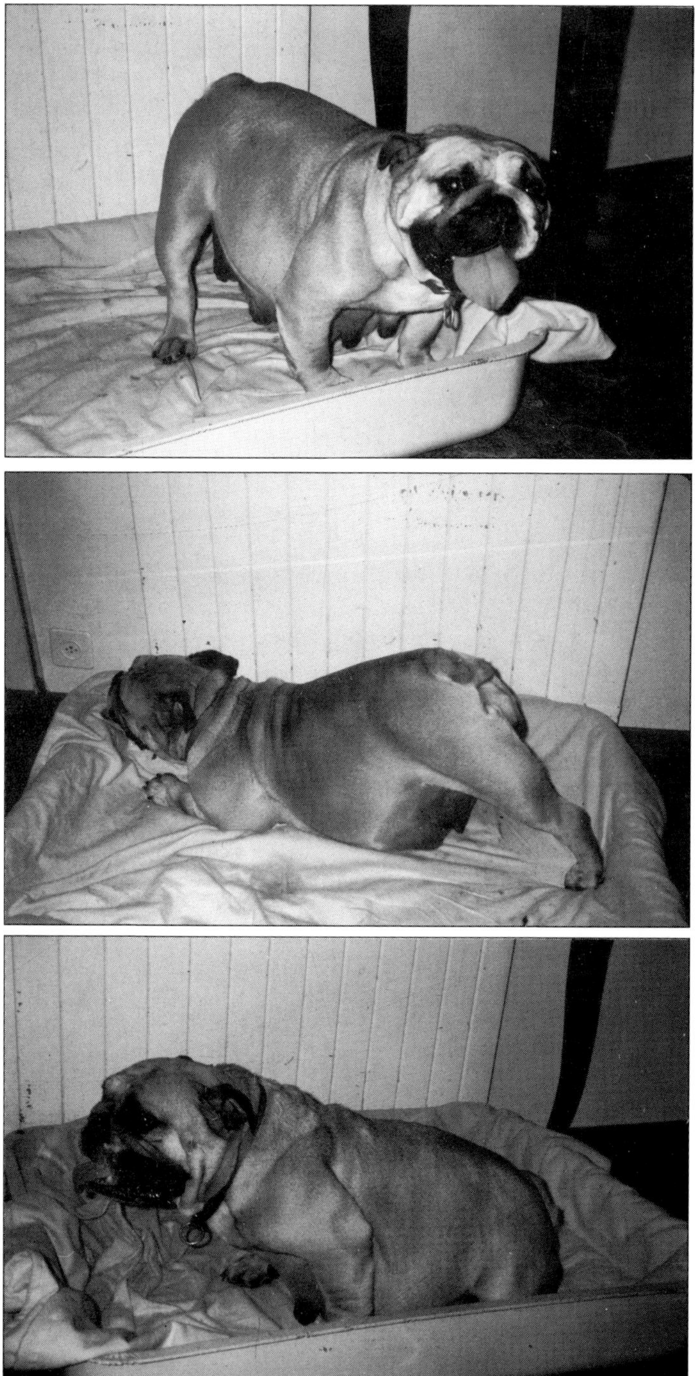

Abbildung 129-131: Eröffnungsphase.

Bewegung in diesem Stadium kann der Hündin nur gut tun und sofern sie sich nicht übersteigert, lasse ich sie gewähren. Nur das wütende Tücher-Zerreissen wird energisch verboten. Auch das krampfhafte Scharren bis sie ausser Atem ist, kann nur schaden. Sie benötigt ihre Kräfte dringender während der Geburt. Das versuche ich mit Ablenkung oder einem kleinen Ausgang an der Leine zu unterbinden. Übrigens nehme ich, nach einigen schlechten Erfahrungen, jetzt jede werfende Hündin, die hinaus muss, an die Leine. Selbst die gehorsamste Hündin kommt nicht mehr Fuss auf Kommando, wenn sie es sich in den Kopf gesetzt hat, unter Dornenbüsche zu kriechen und dort ein Nest zu graben. Wenn es dunkel ist, immer die Taschenlampe mitnehmen. Oft schon hat bei mir eine Hündin Presswehen mit „Kot-machen-müssen" verwechselt und dann draussen in dunkler Nacht dagesessen und aus Leibeskräften gedrückt. In solchen Momenten ist man für jeden Lichtschimmer dankbar, der eine Kontrolle ermöglicht. Selbst wenn auch noch kein Welpe zum Vorschein kommt, ist es wichtig zu wissen, was aus der Scheide abgeht. Einmal gebar mir eine Hündin ihren ersten Welpen im Sandhaufen der Kinder. Der Kleine sah einem panierten Schnitzel zum Verwechseln ähnlich!

Meine Hündinnen sind in diesem aufgeregten Stadium, wenn sie selbst noch nicht zu wissen scheinen, was bevorsteht, am ruhigsten, wenn ich mich mit einer Handarbeit oder Buch und leiser Musik zu ihnen ins Wurfzimmer setze und mitwarte. Es ist schwierig vorauszusagen, wie lange die etwas zermürbende Eröffnungszeit geht. 6 bis 18 Stunden ist üblich, es kann aber auch 24 Stunden dauern, bis der erste Welpe wirklich kommt. Schon nach ein paar Stunden mit Wehenspritzen nachhelfen zu wollen, ist Unsinn und gefährlich. Wir müssen der Hündin und ihrem Körper Zeit lassen und selbst auch warten können. Einen Grund zur Beunruhigung gibt es also noch nicht, sofern es der Hündin einigermassen gut geht, ihr Kreislauf in Ordnung ist und der schleimige Ausfluss nicht blutig oder tintengrün gefärbt ist. Tritt eine solche Verfärbung vor der Geburt des ersten Welpen ein, ist das ein sicheres Zeichen für die vorzeitige Ablösung von Nachgeburten. Weiteres Zuwarten wird für die Welpen lebensgefährlich. Wenn nicht schon kräftige Presswehen in Kürze die Geburt erwarten lassen, muss schnellstens ein Kaiserschnitt gemacht werden.

Ob eine Hündin kurz vor dem Werfen bereits Milch in den Zitzen hat oder nicht, sagt recht wenig aus, ob sie nachher ihren Wurf reichlich und lange genug säugen wird. Ich neige fast eher zur Annahme, dass die besten Säugerinnen nicht schon vor Termin die Kostbarkeit vertropfen lassen. Bei vielen schiesst die Milch erst ein, wenn die Welpen tüchtig zu saugen beginnen.

Die Geburt

Natürlich haben wir zu früh mit auf „die ersten Wehen-Warten" begonnen. Ich habe das bis heute noch nicht gelernt mit der einzigen Ausnahme, wenn eine Hündin mit Werfen beginnt, bevor ich damit rechne. Dies sind die angenehmsten Geburten, und es geht dann meist relativ schnell und problemlos. Vorausgesetzt, dass sie nicht vor dem 60. Tag stattfinden. Ideal sind natürlich Zuchthündinnen, die bis zum Schluss einigermassen ruhig bleiben und ihren Besitzer nicht in Panik versetzen. Leider lässt man sich trotz bester Vorsätze immer wieder davon anstecken oder wenigstens beunruhigen.

Als sicherstes von allen Geburtsanzeichen möchte ich für unsere Bulldogs das ununterbrochene Hecheln bewerten. Ein einziges Mal hat eine Hündin gepresst und den ersten Welpen geboren, bevor sie dieses Hechelstadium durchmachte. Diese Ausnahme bestätigt nur die Regel.

Ein besonderes Geburtshormon lässt zu Beginn die Beckenbänder und das Bindegewebe erschlaffen, ebenso den Gebärmutterhals. Nach unterschiedlich vielen Stunden der Vorbereitung des Körpers, welche diese enorme Unruhe auslöst, setzen die Eröffnungswehen ein, deren Aufgabe es ist, die Geburtswege zu erweitern. Diese Eröffnungswehen laufen wellenförmig über den Leib der Hündin, ohne dass sie mitdrückt. Es sind Kontraktionen der Gebärmuttermuskulatur, welche den Gebärmutterhals (Cervix) öffnen müssen. Der Bauch selbst wird dabei sehr hart und verändert seine Form, um nach der Wehe wieder zu erschlaffen. Die Intervalle zwischen den Wehen sind anfangs 10 — 15 Minuten, sie verkürzen sich aber rasch, und die Wehen selbst werden heftiger. Sobald sich gute Wehen in Abständen von 4 bis 6 Minuten folgen, arbeitet plötzlich die Hündin mit. Es beginnt die Phase der sogenannten Presswehen. Zuerst drückt die Hündin nur zaghaft und verhalten mit, will oft noch in den Garten rennen, da sie glaubt, Kot machen zu müssen. Bald aber verliert sie die Hemmung und Angst und drückt mit voller Kraft 4 bis 6 mal pro Wehe. Sie hält dabei den Atem an und lässt nachher oft sehr geräuschvoll, erleichtert stöhnend, die Luft wieder heraus. Die meisten Hündinnen sind jetzt ruhig, beinahe möchte ich sagen gefasst und tapfer. Zwischen den Wehen legen sie sich gelöst hin zur Erholung, um manchmal ganz plötzlich wieder in einen Scharranfall auszubrechen, der kurz vor der nächsten Kontraktion stattfindet. Streicheln, beruhigen, gut zureden.. mehr können wir im Moment nicht für sie tun. Während einer der Presswehen springt mit einem leisen, dumpfen Knall die Fruchtblase auf, und ein Schwall von Fruchtwasser macht Scheide und Vulva schlüpfrig.

Viele erbrechen mehrmals weissen Schleim oder das Futter, falls sie vorher noch gefressen haben. Selbst Wasser kommt alsbald wieder nach oben, wenn man sie mehr als drei — vier Schlapper auf's Mal trinken lässt. Mit saugfähigem Haushaltpapier wird alles rasch weggewischt. Es eilt, denn in der Regel wollen es die Hündinnen sofort wieder auffressen.

Ins Trinkwasser gebe ich für eine Gebärende einen gehäuften Esslöffel Traubenzucker auf zwei Liter Wasser. Ich habe das Gefühl, dass es sie stärkt und munter macht, lasse sie aber des Erbrechens wegen nur in ganz kleinen Portionen trinken.

Nach dem Blasensprung sollten gute, erfolgversprechende Presswehen die baldige Austreibung des Welpen beschleunigen. Hiezu nehmen die Hündinnen ganz individuell verschiedene Stellungen ein. Eine gebiert auf der Seite liegend, eine auf dem Bauch, eine sitzend, eine andere wie zum Kotabsetzen, und wieder andere stehen gar auf. Wenn sich eine Hündin während des Pressens komisch verrenkt und streckt, ist nach meiner Erfahrung fast immer mit Problemen zu rechnen. Ebenso, wenn die Presswehen nicht schön bis hinten durchgedrückt werden. Sobald sich eine Hündin abnormal benimmt, ist meist ein Hemmnis vorhanden. Leichte Geburten passieren meist in liegender oder halb sitzender Stellung.

Die noch in den inneren Eihäuten liegenden Föten werden durch Kontraktionen des Uterus langsam gegen den Gebärmutterhals geschoben, der sich immer weiter öffnet, bis der Welpe durchgepresst werden kann und in die Scheide eintritt. Die kritischste Stelle ist die Passage des Beckenrandes. Da bleiben oft Welpen stecken, wenn sie gross und breitschultrig sind. Die Hündin zeigt diesen Durchgang stets mit steil aufgerichteter Rute an — sofern sie eine hat! — bei unserer Rasse klemmen hier allzuoft die unbeweglichen, angedrückten Korkzieherruten die Passage ab oder erschweren sie zumindest sehr. Wenn eine normale Geburt möglich ist, erscheint jetzt bald die intakte innere Fruchtblase zwischen den Schamlippen, und man kann Schnäuzchen oder Füsschen darin sehen, je nachdem es sich um Kopf- oder Steisslage (Rückenendlage) handelt. Falls die Fruchtblase schon vorher platzte, sieht man die ersten Welpenteile. Obwohl überall geschrieben steht, dass Welpen im Amnion geboren werden, geschieht es bei uns sehr oft, dass auch diese letzte Hülle bereits geplatzt ist, und somit ein luftschnappendes Mäulchen oder die Hinterbeinchen aus der Vulva gucken.

Mit einer weiteren kräftigen Presswehe rutscht nun der Welpe heraus. Vielleicht können wir durch leichten, kontinuierlichen Zug am Kopf oder Becken des Welpen etwas nachhelfen. Die Richtung nach unten (wenn die Hündin stehen würde) ist sehr wichtig, nie nach oben gegen die Rute hin — während und mit dem Drücken der Hündin. Einzelne Hündinen stossen manchmal während des Austreibens des ersten Welpen einen Schrei aus, beruhigen sich aber augenblicklich wieder.

Ist der Ebengeborene noch vom Amnion umgeben, müssen wir dieses sofort bei der Nase des Welpen mit den Fingernägeln aufreissen und über den Kopf zurückstreifen. Bulldogs können mit ihrem enormen Vorbiss diese Arbeit meist nicht schnell genug ausführen, und nur mit Lecken allein öffnet sich das Amnion nicht. Meist kommt mit dem Welpen nochmals eine Menge Flüssigkeit, und es ist sehr wichtig, dass diese vom Welpen bei den ersten Atemzügen nicht mit eingesogen wird. Mit einer Gazewindel trockne ich sofort die Umgebung des Köpfchens und wische das Mäulchen bis weit in den Rachen hinein aus. Wenn sich der Welpe bewegt und atmet, kann man ihn nun gut einige Augenblicke liegen lassen, zur Überwindung des Geburtsschocks. Die Mutter wird ihn ablecken, sofern sie nicht so dick und schwerfällig ist, dass sie nicht mit dem Kopf nach hinten kommt. Ist der Welpe noch durch die Nabelschnur mit der Mutter verbunden, die Plazenta also noch nicht ausgestossen, so ist es wichtig, die Hündin ruhig festzuhalten. Sie könnte durch abrupte Bewegungen die Nabelschnur direkt am Bauch des Welpen abreissen. Oft kommen aber Welpen bereits mit abgerissener Nabelschnur zur Welt, und der Mutterkuchen steckt noch in der Hündin. Dann setze ich sofort eine Klemme (Péan) etwa 2 cm vom Bauch des Welpen, wenn überhaupt noch soviel Nabelstumpf vorhanden ist. Nahe der Bauchwand abgerissene Welpen können schlimm bluten, dann ist eine Klemme lebensrettend.

Zwischen Klemme und Bauch wird nun mit dem Baumwollgarn gut abgebunden und die Garnenden abgeschnitten. Das hundegerechte Abnabeln ist für Bulldogs wegen ihre ungeeigneten Zahnstellung sehr problematisch. Ich mache es immer selbst mit der Klemme und Garn, und lasse die Mutter nur „pro forma" mithelfen durch Lecken. Abkauen der Nabelschnur, solange die Plazenta noch in der Hündin verbleibt, ist für eine Bulldoghündin nicht möglich. Ihre Schnauze ist mit 10 bis 12 cm Breite schlichtweg zu gross, um zwischen Vagina und Welpenbauch durchzukommen. Zudem ist der Hals nicht lang genug, dass sie weit genug nach hinten kommt.

Nachgeburt und Eihäute werden von den meisten Hündinnen gierig verschlungen, einzelne verschmähen sie. Ich lasse ihnen die Wahl und denke, dass es von der Natur so vorgesehen ist. Plazentas sollen einen grossen Hormon-, Vitamin- und Nährstoffgehalt aufweisen und sich auf die Wehentätigkeit und spätere Milchleistung positiv auswirken. Ich konnte aber nie einen deutlichen Unterschied feststellen zwischen Hündinnen, welche die Nachgeburten auffrassen und solchen, die sie verachteten. Dass die spätere Milchleistung nicht vom Verzehr der Plazentas abhängig ist, beweisen die vielen Kaiserschnitt-Hündinnen aller Rassen, die, sobald sie sich vom operativen Eingriff einigermassen erholt haben, ihre Welpen wunderbar säugen, obwohl sie die Plazentas nicht einmal gesehen, geschweige denn gefressen haben.

Ganz frischgeborene Welpen, denen man irgendeine Hilfe angedeihen lassen muss, sollen immer und sofort mit dem Kopf nach unten gehalten werden, damit kein Fruchtwasser eingeatmet wird. Der Welpe könnte daran ersticken oder innerhalb von drei bis sechs Tagen an einer Lungenentzündung erkranken. Wenn er schlecht oder gar nicht atmet, lege ich ihn auf ein Flanelltuch, unter dem das elektrische Heizkissen liegt. Nochmals wische ich jeden Rest von Nässe mit der Gazewindel aus dem Rachen, gebe ihm zwei Tropfen „Respirot" ins Mäulchen und reibe und massiere ihn mit einem Frotteetuch. Gibt er noch kein Lebenszeichen von sich, so schwinge ich ihn, immer mit dem Kopf nach unten und mit beiden Händen festgehalten, richtig aus. Meist spritzt dann noch eingeatmetes Fruchtwasser aus Maul und Näschen, und der erlösende erste Piepser ist zu hören. Wenn auch das nicht hilft, nehme ich die ganze Schnauzenpartie des Welpen in meinen Mund und sauge vorsichtig Fruchtwasser aus seiner Lunge. Ich muss es sofort ausspucken und ganz sachte versuchen, Luft in das Näschen des Welpen zu blasen. So übernehme ich für ihn die ersten Atemzüge. Oft spürt man dann plötzlich einen kleinen Widerstand des Welpen, und er ist gerettet.

In diesen ersten Minuten sind Leben und Tod ungeheuer nah beisammen. Es ist sehr aufregend und zehrt echt an den Nerven, wenn Neugeborene nicht atmen wollen. Der Wettlauf mit der Zeit drängt uns, trotz der Eile und Nervosität das Richtige in Ruhe zu tun und keinen Welpen aufzugeben, ohne 15 Minuten intensive Wiederbelebungsversuche: Näschen aussaugen, beatmen, schütteln, Nacken einen Moment unter ganz kaltes Wasser halten, abrubbeln auf warmer Unterlage.... alles müssen wir versuchen. Sehr oft werden wir bei einem sonst gesunden, kräftigen Welpen mit „Leben" belohnt.

Es ist aber gut möglich, dass Ihnen und Ihrer Hündin der erste Welpe keinerlei Probleme macht, und Sie nach dem Abnabeln nur glücklich und erlöst daneben sitzen können und zusehen, wie eine instinktsichere Hündin ohne jede Anweisung und Aufklärung ihren Welpen liebevoll pflegt und behütet. Wie sie sich hinlegt, dem Kleinen das Gesäuge hinstreckt und in Glück zu versinken scheint. Dann dürfen Sie unter keinen Umständen Ihre Notizen vergessen, sie sind für später sehr wichtig und bedeuten mit den Jahren einen unbezahlbaren Schatz in Züchterhänden.

Ich kopiere hier eines meiner Wurf-Protokolle, wie ich sie immer führe. Sie sehen daraus, wie unterschiedlich lang die Intervalle zwischen den einzelnen Geburten sind, wie verschieden viele Wehen nötig sind, dass ein Teil der Welpen in Kopflage, die andern in Steisslage herauspurzeln, und kaum einer gleich schwer wie der andere, je zwischen 240 und 350 gr. wog.

P-Wurf		**28. April 1977 Judy + Carruthers**
5.oo	37,0	scharrt, hechelt zeitweise, schläft wieder
8.00	37.0	hechelt hie und da
11.00	36.5	ruhig, frisst nicht
13.00	36.6	hechelt jetzt oft
16.00	36.7	
19.00	36.9	hechelt jetzt dauernd
21.16	Wehe	Fruchtwasser spritzt heraus und ein Stück Eihaut, Fruchtwasser schön rosa
.25	„	
.31	„	
.37	„	noch nicht sehr stark
.43	„	
.46	„	
.58	„	
22.02	„	sehr gut, stöhnt ein wenig
.13	„	sehr gut
.18	„	erbricht stark, fällt zusammen, ist ganz blass in den Schleimhäuten, gebe 8 Tropfen Coramin
.25		geht wieder gut
.35	„	
.40	„	
.46	„	
.50	„	
23.00	„	aber wieder etwas weniger gut, hechelt dauernd stark
.06	„	erbricht
.14	„	
.17	„	richte Gleitmittel, wasche und desinfiziere Hände
.27	„	untersuche mit dem Finger, reagiert sofort mit starkem Pressen, spüre Pfötchen
.30	„	super, drückt 4 x nacheinander prima

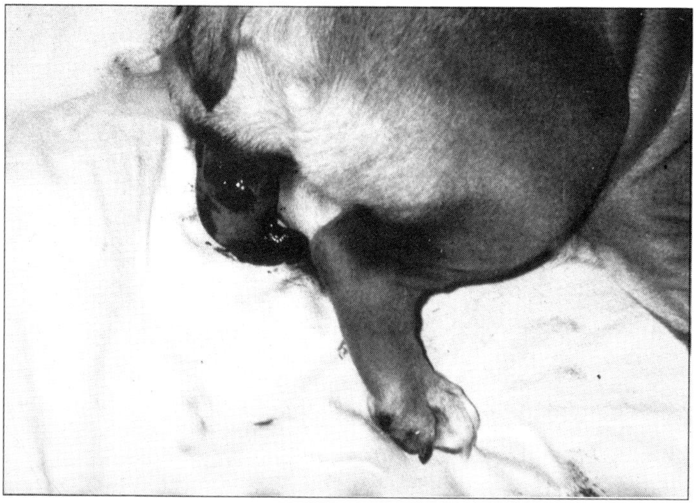

Abbildung 132-134:
Die Geburt.

.32	**1. Welpe**	Steisslage, Rüde mit Nachgeburt, weiss, linkes Ohr dunkel, lebt prima 300 gr.	I
		(I = Zeichen für Nachgeburt, am Schluss addieren)	
23.37	Wehe		
.43	„		
.45	„		
.47	„		
.50	„	Fruchtwasser	
	„		
.55	„	drückt super, grosse Vorwölbung in der Scheide, fast..	
.58	**2. Welpe**	Steisslage, abgerissen, blutet stark aus Nabel, ohne NG. weisser Kopf, dunkler Gürtel über Lende, atmet prima 270 gr	
29. April			
00.02	Wehe	fehlende NG wird ausgestossen	I
.o5	„		
.08	„	Judy ganz ruhig, leckt die beiden Jungen schön	
.16	„		
.18	„		
.21	„	Fruchtwasser	
.25	„		
.28	„		
.31	„		
.35	„	sehr gut, Vorwölbung in der Vagina, geht aber wieder zurück	
.37	„		
.40	**3. Welpe**	Rüde, Steisslage, weiss mit dunklem Fleck auf der Lende, mit NG, prima lebend 300gr	I
.45	Wehe	Fruchtwasser	
.47	„		
.50	„		
.53	**4. Welpe**	ein Knall! Hündin Kopflage, in Eihäuten samt Nachgeburt, prima lebend, braun mit Blesse, Standardrute, weisser Kragen, 240 gr	I
.55	Wehe		
.57	„		
.59	„		
01.01	„		
.04	„		
.06	„		
.08	„		
.10	„		
.12	„		
.14	„	Vorwölbung	
.16	„		
.18	**5. Welpe**	Hündin Steisslage, abgerissen, ohne NG, prima lebend, 280 gr, braun weisse Blesse, Korkzieherrute nach links	

.23	Wehe		
.25	„		
.27	„		
.31	„		
.33	„		
.38	„		
.40	„		
.42	„		
.44	„		
.47	„		
.50	„		
.52	„		
.55	„		
.57	„		
02.00	drückt	fast ohne Unterbrechung bis	
.10	**6. Welpe**	Rüde, Kopflage, ganz blau, musste fest ziehen, samt NG und eine zusätzliche NG, Welpe blutet leicht aus Nase, gebe Respirot Tropfen, geht schnell besser, gestromt mit viel weiss	II
.26	Wehe		
.30	„		
.32	„		
.35	„		
.37	„		
.40, 42, 45, 48, 51, 54, 57		alles schwache Wehen, Judy will schlafen, tel. Tierarzt	
03.00	Wehe	leicht, ich spritze lt. Tierarzt 0,8 Wehenspritze	
.03	„		
.06	„		
.10, 14, 20, 25, 29			
.32	Wehe	wieder besser	
.35	„		
.37	„	sehr gut, Judy wieder bei der Sache	
.40	„		
.42	„		
.45	„	Vorwölbung	
.47	„	sehe ganz weisses Näschen in der Vagina, tot?	
.50	**7. Welpe**	**tot** Kopflage 300 gr, schon fast steif, ohne NG	
		Judy leckt die Welpen ein wenig, will aber schlafen, trinkt Traubenzuckerwasser, und ich gehe noch mit ihr in den Garten	
04.25		im Schlaf wird die fehlende NG ausgestossen	I

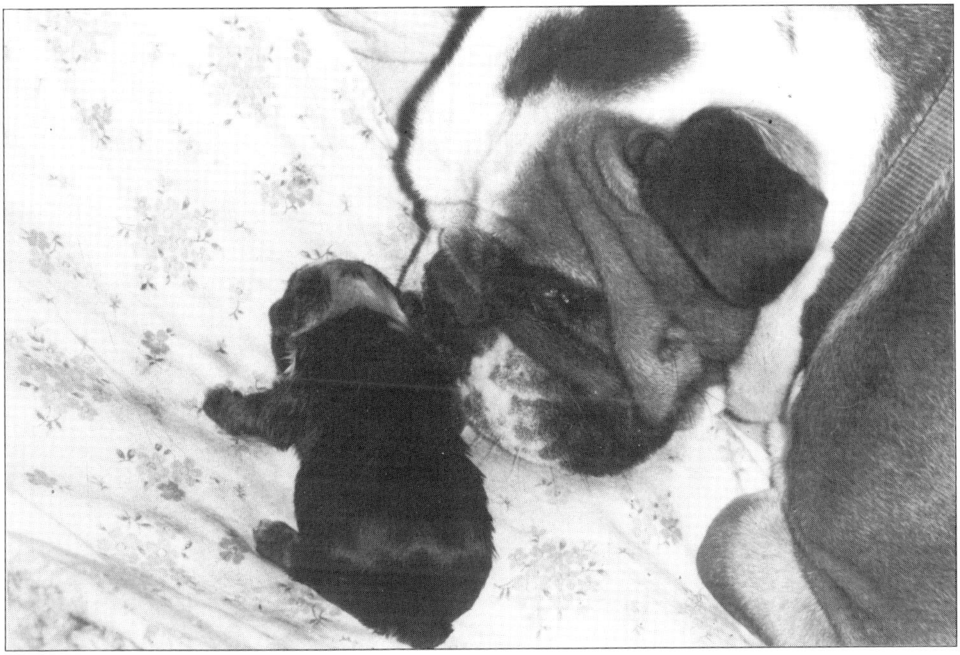

Abbildung 135: Mutterliebe.

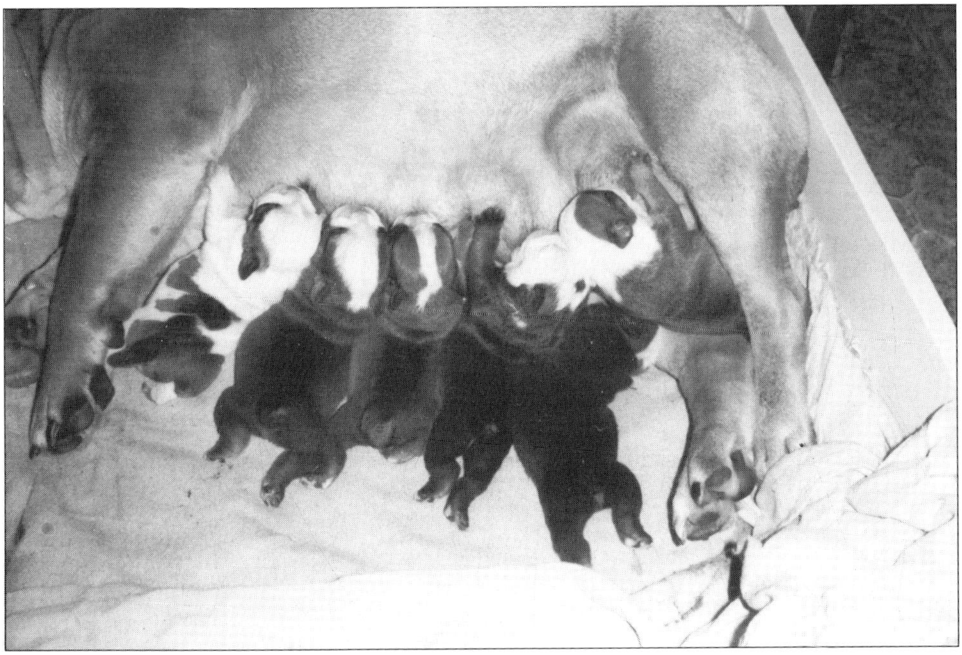

Abbildung 136: Ruhe nach dem Sturm.

Dieses Wurfprotokoll beschreibt eine „Bilderbuchgeburt" für unsere Rasse. Natürlich wäre es super, wenn der letzte Welpe auch lebend zur Welt gekommen wäre, aber sechs gesunde, kräftige Welpen sind wirklich eine tolle Leistung. Von der ersten, äusserlich sichtbaren Gebärmutterkontraktion an gerechnet benötigte „Judy" 6 1/2 Stunden. Die Abstände zwischen den einzelnen Austreibungen waren verschieden lang und benötigten auch eine unterschiedliche Anzahl von Presswehen. Die einzelnen Presswehen sind oft in ihrer Intensität recht differenziert. Im Verlaufe einer kräftigen Wehe kann die Hündin mehrmals zum Drücken ansetzen. Solche Wehen sind dann auch sehr produktiv, indem der Welpe im Geburtskanal nicht wieder „zurückrutscht".
Ich bin mit dem Wurfprotokoll etwas abgeschweift und habe die werfende Hündin mit ihrem ersten Welpen verlassen.

Die meisten Hündinnen sind sichtlich gelöster und ruhiger, sobald der erste Welpe an ihrem Bauch umherkrabbelt und eine Zitze sucht. Wenn er gar zu saugen beginnt, ist für sie alles in bester Ordnung. In ihrem Bauch drin aber passiert sehr vieles. In dieser Ruhephase, bei entspannter Muskulatur, stellen wir hinter der Bauchdecke ein Gedränge und Geschupse nach allen Seiten fest. Es sieht oft aus, als ob jeder zuerst nach hinten möchte und alles andere zur Seite drängt. Dann aber wird es plötzlich verdächtig ruhig, der Bauch zieht sich wieder zusammen, wird kleiner und runder und die Hündin unruhiger. Die Wehentätigkeit für eine weitere Austreibung setzt erneut ein. Sobald die Hündin wieder stark mit sich selbst beschäftigt ist, öfter aufsteht, sich herumdreht und erneut Presswehen einsetzen, nehme ich den ersten Welpen weg. Wenn man das im richtigen Augenblick macht, realisiert sie es kaum, gestattet es auf jeden Fall.

Schon vorher habe ich im Nebenzimmer die Wärmelampe über dem Wäschekorb installiert und eingesteckt. Da lege ich den oder die bereits geborenen Kleinen ins warme Bettchen, wo sie rasch und wohlig einschlafen. Bis man genau Bescheid weiss, wie hoch die Lampe hängen muss, legt man ein Thermometer an die Stelle, wo die Welpen zu liegen kommen. Es sollte etwa 25 - 28 C zeigen für unsere kurzhaarige Rasse. Die Infrarotlampe hänge ich nie über die Mitte des Welpenbettchen, sondern immer seitlich. So haben die Welpen die Möglichkeit, von der Wärmequelle wegzukriechen, in eine entferntere Ecke, falls es ihnen trotz aller Vorsicht zu warm werden sollte.

Man merkt sofort, ob die Hündin durch Entfernen der Welpen irritiert wird. Selbstverständlich hole ich sie zurück — oder wenigstens einen - wenn dies der Fall wäre oder die Austreibung des nächsten Welpen doch nicht so schnell geht wie erwartet.

Im Prinzip sollte jede Geburt eines Fötus nach dem gleichen Muster ablaufen. Dem ist aber in Wirklichkeit nicht so. Immer wieder passiert etwas Neues, immer wieder muss man sich umstellen und sich auf Abweichungen gefasst machen. Ist aber der erste Welpe einmal da und hat dadurch den Weg für seine Geschwister gebahnt, darf man bei den meisten Rassen mit gutem Grund hoffen, dass es ohne grosse Probleme weitergehen wird. Nicht aber bei unseren Bulldogs, ich werde darauf bei den Geburtsschwierigkeiten noch zu sprechen kommen.... Und doch bin ich stets zuversichtlich und glücklich, wenn nur schon der Anfang gemacht ist!

Sobald wieder ein Welpe geboren ist, abgenabelt und geleckt, hole ich für die Hündin sofort die anderen aus dem Nebenzimmer, damit sie ihre kleine Familie um sich scharen kann. Falls der Letztgeborene etwas Extrahilfe benötigt, ist es doppelt wichtig, der Hündin die anderen Welpen zu bringen, damit sie abgelenkt und ruhig ist. Ich finde, dass die Mütter weniger gestört sind, wenn die Welpen nicht im gleichen Zimmer unter der Lampe liegen. Andere Züchter meinen das Gegenteil.

Von dem Stapel Barchent- oder Flanelltücher, die ich hergerichtet habe, lege ich immer wieder ein frisches unter die Hündin, sobald eines arg verschmutzt oder sehr nass ist. Es gibt jedesmal eine Lage mehr, und ich wechsle alles miteinander am Schluss. Je fester und stabiler die Unterlage ist, umso besser kann die Hündin mit ihren Läufen während der Wehen anstemmen. Bei der ganzen Geburt verliert sie sehr viel dunkelgrünen Ausfluss. Er hält noch Tage danach an, wird nur immer dickflüssiger, zäher und von Tag zu Tag weniger. Die verklebten und verschmierten Hinterschenkel des Muttertieres wasche ich nach der Geburt und auch später immer wieder mit lauwarmem Wasser oder einer leichten Desogenlösung ab.

Der Platz des Züchters

Mit einer Bulldoghündin darf unter keinen Umständen das Exempel einer natürlichen, unbeaufsichtigten Geburt gestartet werden. Wie ich oben sagte, sind sie, durch den vom Menschen angezüchteten, übergrossen Vorbiss, meist nicht mehr in der Lage, die Fruchthüllen in der kurzen Zeit aufzureissen, die notwendig ist, um dem Jungen die Atmung zu ermöglichen. Selbst ein gesunder, lebendiger, kräftiger Welpe kann ersticken, wenn er in den Häuten geboren wird. Ein Bulldogzüchter gehört vom Anfang bis zum Schluss an die Seite seiner werfenden Hündin, sonst ist es verantwortungslos, diese Rasse zu züchten!

Es ist auch die Regel, dass die Hündinnen sehr gerne eine oder zwei ihrer vertrautesten Personen um sich haben. Zu Anfang meiner „Bulldogzeit“ hatten wir eine langjährige Hausangestellte, welche sehr viel, gerne und äusserst geschickt mit den Bulldogs umgehen konnte. Die Liebe war natürlich gegenseitig, und wir stellten mehrmals fest, dass Hündinnen mit dem Werfen zuwarteten, bis die Kinder im Bett schliefen, und Edith und ich bei ihnen im Wurfzimmer sassen. Wenn nur eine von uns beiden hinaus ging, wurden sie schon leicht unruhig.

Andernteils können sie eine Geburt auch hinauszögern, wenn ihnen die Atmosphäre nicht passt. Unsere „Winnie“ hatte einmal bereits die ersten Eröffnungswehen und das Fruchtwasser war gebrochen. Dann kam unangemeldeter Besuch. Ich ging nur rasch zur Begrüssung. Mein Mann setzte sich mit ihm in die Stube zu einem Glas Wein. Das Ganze schien „Winnie“ überhaupt nicht zu beeindrucken, wir beide hatten unsere Ruhe und hörten nichts. Aber .... die Wehen flauten ab und die Hündin hechelte nur noch leise vor sich hin. Nach etwa zwei Stunden verabschiedeten sich unsere Gäste, und zehn Minuten später setzten die Wehen wieder ein, ohne jedes andere Dazutun. Nach einer weiteren Stunde zappelte der erste, putzmuntere Welpe in der Wurfkiste! Dies ist ein Beweis, dass der ungeborene Fötus selbst eine unprogrammgemässe Wartezeit ohne Schaden überstehen kann, wenn seine Versorgung über die Mutter noch intakt ist. Hingegen könnte der gleiche Vorfall sehr unglücklich ausgehen, wäre die Plazenta schon abgelöst oder die Nabelschnur gerissen.

Auch wenn ich die meiste Zeit nur mit Warten verbringen muss, würde ich mir diese Stunden in engster Vertrautheit mit meinen werfenden Hündinnen um keinen Preis entgehen lassen. Es ist jedesmal ein neues, grosses Erlebnis und eine wunderbare Bereicherung. Schon sehr oft konnte ich ein Unglück verhindern, indem ich dauernd dabei bleibe und nicht nur ab und zu den Kopf hineinstrecke. Für unsere Rasse erachte ich dies auf jeden Fall als eine der allerwichtigsten Vorausetzungen für einen erfolgreichen Züchter.

Einmal ist es mir passiert, dass eine Erstlingshündin ihren lebend geborenen Welpen sofort nach der Geburt auffrass, und das in so unglaublichem Tempo, dass ich nicht mehr helfen konnte. Ich meinte, sie wolle ihn nur lecken. Ich war regelrecht geschockt nach diesem schlimmen Erlebnis und holte Hilfe für die folgenden Austreibungen. Diese Hündin gebar anschliessend noch drei gesunde, kräftige Welpen und alle wären vernichtet worden, wenn wir nicht jeweils augenblicklich eingeriffen hätten. Dies war aber in all den Jahren das einzige Muttertier mit dermassen verhehrendem Instinktausfall. Ich musste die totale Pflege der Welpen übernehmen. Säugen ohne Maulkorb und ohne sie festzuhalten war unmöglich. Selbst dann knurrte sie während 20 Minuten vor sich hin, bis die Welpen wieder weg waren. Aber da ihr Gesäuge prall voll Milch war, konnte ich ihr - schon den Welpen zuliebe — diesen Stress nicht ersparen. Eigenartigerweise ging ihre Aggression nie gegen uns Menschen, sondern unerklärlicherweise nur gegen ihre Welpen.

Sehr oft muss man Züchterträume begraben, wie in diesem Fall: Eine Hündin von sehr gutem Rassetyp, abgesehen von dieser Störung bei der Geburt, korrektes Wesen, problemlose Geburt, gesunde Welpen, man versprach sich soviel....Aus!

Ob eine Hündin genügend natürlichen Instinkt besitzt, um im entscheidenden Moment auch alles richtig zu machen, weiss man nie von vornherein. Also unbedingt dabei sitzen! Auch kann sie es bei einem Welpen wunderbar machen, und das nächstemal ist sie dermassen mit sich selbst ablecken, oder mit Mutterkuchen auffressen oder Fruchtwasser zusammenputzen ... beschäftigt, dass sie darüber einen gerade geborenen Welpen „vergisst“ auszupacken.

Ist der Geburtsakt endgültig abgeschlossen, muss die Hündin, wenn auch sehr widerwillig, an der Leine in den Garten mitgehen zum Versäubern. In dieser Zeit kann ihr Nest ordentlich gereinigt und frisch gemacht werden. Sie ist jetzt furchtbar leer und eingefallen in den Flanken, und aus der Vulva wird noch ziemlich viel dunkelgrüne Flüssigkeit laufen. Eiligst will sie nun wieder zu ihren Kindern und wird sich glücklich und zufrieden zu ihnen legen. Wenn Hündinnen von der Geburt sehr erschöpft sind, mögen sie sich zuerst kaum um ihre Welpen kümmern, dann nehmen wir ihr dies ab und lassen sie schlafen.

Wenn wir nicht ganz sicher sind, dass wirklich alle Welpen geboren sind, ist es besser, die Hündin nun vorsichtshalber röntgen zu lassen und dann, je nach Ergebnis, den Rat des Tierarztes zu befolgen. Ebenso sollte der Tierarzt mit einer Spritze helfen, wenn nicht alle Nachgeburten ausgestossen wurden.

Für die Neugeborenen ist die totale Entleerung vom sogenannten Darmpech lebenswichtig. Das ist eine schwarze, zäh-klebrige Kotmasse mit den Abfallprodukten aus der vorgeburtlichen Ernährung über die Plazenta. Immer wieder müssen Welpen ihr Leben einbüssen, weil Züchter nicht realisieren, dass die Mutterhündin nicht gründlich genug leckt und massiert. Gerade unsere Bulldogs sind nicht so leckfreudige Mütter. Sie sind in der Welpenpflege oft nachlässig und drehen manchmal, wie angeekelt, den Kopf weg, wenn ein Junges Kot macht. Mit Einfühlungsvermögen und Geduld bringt man sie später schon dazu, ihre „Reinigungspflicht" ernsthafter auszuführen. Aber in solchen Fällen müssen wir es anfangs selbst machen und nicht zuwarten, bis die Welpen Bauchweh haben und nicht mehr saugen wollen, weil sie verstopft sind.

Von grossem Nachteil in diesen ersten Stunden sind wiederum die Korkzieher- oder angedrückten Krüppelruten. Bulldoghündinnen können ihre plattgedrückten Schnauzen nicht unter diese Schwänzchen schieben, um darunter den After gründlich zu lecken, bei etwas längeren Standardruten geht das schon viel eher. Ich lege den Welpen auf ein Tuch über meine Knien und klemme mit dem linken Handgelenk sein Vorderteil gegen mich und halte mit Daumen und Zeigefinger das Schwänzchen in die Höhe, mit dem restlichen Fingern fixiere ich sein Hinterteil. Mit einem in lauwarmes Wasser getauchten Wattebausch massiere ich nun mit der rechten Hand in kreisenden Bewegungen die Genitalien des Welpen zum Wasser lösen (was ganz einfach geht) und die Aftergegend für das Darmpech. Dieses braucht manchmal sehr viel Geduld, bis es ausgestossen werden kann. Manchmal hilft das gut eingefettete Thermometer. Wenn man damit ganz vorsichtig ein wenig im Enddarm „stochert", löst es den Reiz aus, eine ganze Wurst, 4 - 8 cm lang, herauszudrücken, wobei man sofort mit dem nassen Wattebausch darum herum weitermassiert, damit der Welpe mithilft.

Wenn durch diese Massnahmen kein befriedigendes Resultat erreicht wird, mache ich ein kleines Klistier. Mit einer Injektionsspritze - natürlich ohne Nadel! - spritze ich 1 ccm kühles Leitungswasser in den Darm. Ich lege den Welpen zwei, drei Minuten ins Bettchen zum Einwirken und beginne dann zu massieren mit der nassen Watte. Oft kommt jetzt das Darmpech so herausgeschossen, dass man beinahe erschrickt. Man darf nie vergessen, dass Verstopfung bei Neugeborenen eine ernste, ja lebensbedrohende Angelegenheit werden kann.

Geburts-Schwierigkeiten

Eines der Hauptziele meines Buches sehe ich darin, den Bulldogtyp wieder auf sein Erscheinungsbild um die Jahrhundertwende zurückzuführen, als Bulldogs grösstenteils noch normal gebären konnten. Kaiserschnitte durften nicht leichtherzig in Kauf genommen werden, denn sie bedeuteten damals fast immer den Verlust der Mutterhündin.

Wie schon an anderer Stelle erwähnt können praktisch keine Bulldoghündinnen, die dem heutigen Schönheitsideal entsprechen, mehr normal werfen. Ich möchte betonen, dass wir keinen neuen Bulldogtyp schaffen müssen. Wir haben diese leichteren, gesunden Bulldogs von früher immer noch. Traurigerweise aber stehen sie im Ausstellungsring immer auf den hintersten Plätzen und verlassen den Ring meist mit dem Richterurteil „gut" oder „ungenügend". Durch diese schlechte Richterbeurteilung schliesst man ausgerechnet Hunde von der Zucht aus, die für das Weiterbestehen unserer Rasse so wertvoll sein könnten.

In den ersten Jahren meiner „Bulldog-Zeit" sahen wir in England selbst bei erfolgreichen und berühmten Züchtern oft Zuchthündinnen, die dem Ausstellungsideal in keiner Weise entsprachen. Sie waren allesamt leichtknochiger, schmaler, höher stehend und vor allem mit viel kleineren Köpfen und mehr Nase. Die Züchter wussten aus Erfahrung, dass das die guten, problemlosen Mütter sind. Vorgeführt an den Schauen wurden aber ganz andere Typen.

Seitdem die chirurgische Entbindung immer einfacher und problemloser geworden ist, können Hündinnen zur Zucht eingesetzt werden, bei denen man von vorneherein weiss, dass sie nicht normal werfen können.

Schlagartig könnten wir eine Verbesserung dieser Situation herbeiführen wenn die Richter von den Klubs verpflichtet würden, die Hunde standardgemäss zu beurteilen. Dieser schreibt als Idealgewicht für Rüden 25 kg, für Hündinnen 22,7 kg vor. Tiere mit mehr als (+/-) 4 kg dürften kein „vorzüglich" mehr bekommen. Ebenso, wessen Kopfumfang 20% (resp. 30% für Rüden) der Schulterhöhe übersteigt. Im Standard heisst der entsprechende Passus: „Kopfumfang gross, sollte (vor den Ohren gemessen) ungefähr der Schulterhöhe des Hundes entsprechen".

Schon morgen könnten wir mit gesunden, leichteren Bulldoggen aufwarten. Wir müssten einzig diese Typen in unsern Reihen hervorsuchen und zeigen. Wenn wir die Möglichkeit hätten, Richterbewertungen anzufechten, welche laut Standard krasse Fehlurteile darstellen, glauben Sie mir, das gäbe eine kleine Revolution! Sobald der standardgemässe, leichtere Typ die Chance hat, im Ring gut beurteilt zu werden, wird das vorhandene Material zur Zucht eingesetzt, und ein neuer wesentlich gesünderer Bulldog könnte in wenigen Jahren Tierfreunde und Rasseliebhaber begeistern.

Viele Züchter machen gar keine Versuche normaler Geburten mehr, sondern vereinbaren einen Termin mit ihrem Tierarzt für den Kaiserschnitt. Diese Operation ist für den modernen Kleintierarzt zum Glück kein Problem mehr und auch für Hündin und Welpen zumutbar und schnell. **Aber es darf nicht die Norm werden oder bleiben!** Vor allem darf es nicht so bleiben, weil das „Nicht-Gebären-Können" nicht nur ein Einzelfaktum ist, denn der übermässig massige, kurze, tiefe Bau, der die Geburt schier unmöglich macht, verursacht auch die meisten der anderen Probleme, die unserer Rasse das Leben erschweren.

Selbst als erfahrener Züchter kann man Geburtsschwierigkeiten nicht immer voraussehen. Oft erlauben es Erfahrung und Fingerspitzengefühl, helfend einzugreifen. Die Aussicht auf Erfolg und Gelingen ist umso grösser, je besser man über die anatomischen Verhältnisse im Innern der Hündin Bescheid weiss und daraus die Konsequenzen zieht. Die Hauptschwierigkeit bei unserer Rasse liegt eindeutig und unbestritten beim zu grossen Kopf und den zu breiten Schultern der Welpen im Verhältnis zum Becken der Mutter. Viele Welpen können den knöchernen Beckenrand gar nicht passieren, und es wäre sinnlos, die Hündinnen durch vergebliches Pressen ermüden zu lassen und dabei die Welpen zu gefährden.

Ob ein Welpe in Kopf- oder Steisslage geboren wird, spielt bei normalgebauten Caniden (Familie der Hundeartigen) im allgemeinen keine Rolle. Die beiden Lagen halten sich fast die Waage. Die Steisslagen machen bei Bulldoggen wegen ihres extrem wuchtigen Vorderteils mehr Mühe. Es kann schwierig sein, einen grossköpfigen Welpen heraus zubekommen, ohne seinen Nacken stark zu strapazieren. Wenn die Hinterhand mit beiden Läufen eines Welpen aus der Scheide hängt, fasse ich ihn über den Rücken möglichst vor seinem Becken und ziehe sanft, aber mit stetem Zug und ganz leicht abdrehender Bewegung **nach unten.** Ideal ist, wenn die Mutterhündin gleich mit einer Presswehe mithilft. Man spürt nun sofort, ob der Welpenkopf verkeilt festsitzt, oder ob er nachgibt. **Nur sehr geübte Geburtshelfer sollten in dieser Situation darauf verzichten, ihren Tierarzt zu rufen.**

Man darf auch gar nie — wirklich gar nie! — an nur einem Beinchen ziehen. Es ist absolut nicht stark, und die Gelenke sind nur durch das dünne Fellchen und ein bisschen Bindegewebe verbunden. Sie können mit Leichtigkeit einen Welpen dabei schwer verletzen.

Bleibt ein Welpe in Kopflage stecken, richtet sich die Hilfe nach seiner Position. Spürt man mit dem Finger das Mäulchen im knöchernen Beckenring, wartet man einmal vier bis fünf gute, weitere Presswehen ab und untersucht dann nochmals. Hat sich kein deutlicher Fortschritt ergeben, muss man annehmen, dass der Kopf zum Durchschlüpfen zu gross ist und tierärztliche Hilfe notwendig ist.

Bevor ein Welpenkopf den Beckenring passiert hat, können wir ihm nicht mit Ziehen oder Wenden behilflich sein. Kommt aber der Kopf zwischen den Schamlippen zum Vorschein, wird das Körperchen meist mit der nachfolgenden Presswehe nachfolgen. Sie dürfen ruhig beidseits am Nacken anfassen und mit leichtem, drehendem Zug während einer Wehe nach unten etwas nachhelfen. Es geschieht oft, dass Kopflage-Welpen bereits von der Hülle befreit sind und dann schon schreien, bevor sie ganz draussen sind. Mit genügend Feingefühl darf man in dieser letzten Phase auch ohne Wehen am Welpen ziehen. Da während der Geburt alles sehr glitschig ist, fasse ich die Welpen gerne mit einer Gazewindel.

Grosse Probleme verursachen Welpen in verkehrter Lage, also den Rücken anstatt den Bauch nach unten. Ihr Körperchen kann dann die Biegung des Geburtsweges, der deutlich einen Bogen nach oben beschreibt, nicht mitmachen, es liegt sogar direkt entgegengesetzt dazu. Solche Welpen sind meist tot, wenn sie doch noch geboren werden können. Sehr oft aber verlangen sie tierärztliche Intervention, da der Geburtsverlauf unterbrochen wird. Diese verkehrte Lage kann der Laie nur feststellen, wenn er einen Welpenteil sieht oder fühlt. Wenn Sie mit dem Finger spüren, dass das Kinn des Welpen gegen den Rücken der Hündin liegt anstatt seine Stirn, ist das ein eindeutiges Zeichen. Kommt er in Steisslage, so zeigen seine Fussballen nach oben. Verständigen Sie doch sofort Ihren Tierarzt.

Im August 1975 bei meinem 26. Wurf passierte etwas ganz Neues. Eine Hündin, die leicht und rasch sechs gesunde, muntere Hündchen geboren hatte, drückte während weiteren drei Stunden unermüdlich weiter, erfolglos, trotz Wehenspritzen vom Tierarzt. Ich war aber ganz sicher, dass mindestens noch zwei oder drei Welpen drin seien; denn sie war vor der Geburt unerhört dick. Wir entschlossen uns für Kaiserschnitt, um der Hündin zu helfen. Der Tierarzt holte einen unglaublich grossen, total aufgedunsenen Wasserwelpen als ersten heraus, der noch lebte. Er war schlimm anzusehen, wie ein kleiner, aufgeblasener Seehund — nach einigen Minuten verendete er. Er wog 800 gr! Normales Geburtsgewicht für Bulldogs 250 — 380 gr. Selbst mein Tierarzt war leicht geschockt, sowas hatte er noch nie gesehen. Leider aber waren zwei gesunde, starke Welpen die auch noch drin waren bereits tot, infolge der zu lange dauernden Geburt.

Im September des gleichen Jahres musste wieder wegen eines solchen „Wasserwelpen", allerdings weniger riesig, ein Kaiserschnitt gemacht werden. Ich wurde stutzig und fragte jeden nur erreichbaren Züchter nach ähnlichen Vorkommnissen. Hier auf dem Kontinent schien ich die Erste mit solchen Welpen zu sein. Allerdings beschreiben Anita und Emmanuel Gay in ihrem Buch „Die Französische Bulldogge" schon 1971: „..von einer allgemeinen Wassergeschwulst enorm aufgeblähte Welpen werden nicht überleben." Also kannte man schon vor über zwanzig Jahren diese „Oedemwelpen". Vielleicht war ich nur in den Anfängerzeiten davor glücklich verschont geblieben. Diese Missbildung scheint mit der Züchtung unserer ultrakurzen und weit vom natürlichen Bau der Caniden entfernten Rassen in direktem Zusammengang zu stehen. Mehrmals liess ich solche Welpen genauestens untersuchen. Nie konnte aber die Ursache gefunden werden.

In England besuchte ich deswegen viele Züchter und fragte wo ich nur konnte. Ich erntete nur Achselzucken und ungläubiges Interesse. Irgendwie aber spürte ich, dass diese „Monster-Welpen" wie ich sie zu nennen begann, nur ein wohlgehütetes Geheimnis waren. Einmal hatte sich nämlich ein Züchter „verschwatzt" und es war ihm furchtbar peinlich. Mit der Zeit erfuhr ich dann doch, dass dies auch in England zunehmend vorkommt, aber es war indessen 1980 geworden. In der Zwischenzeit telephonierte mir auch ein Züchter aus Italien mitten in der Nacht und „total aufgelöst", dass er zwei solch riesig, aufgedunsene Welpen hätte und sich nicht mehr zu helfen wisse. Also begann es auch dort! Immer öfters stoppten solche Welpen an sich normale Geburten oder verhinderten gleich den Anfang. Die Wehen kommen oft nicht richtig in Gang, wenn ein dermassen abnorm grosser Fötus ein Gebärmutterhorn bis fast zum Platzen überdehnt. Durch langes Zuwarten verliert man dann höchstens noch die andern, gesunden Welpen. Ich hatte aber einmal gar das Pech, dass vier von sechs Welpen solche Monster waren. Meist haben diese Hündinnen auch auffallend viel Fruchtwasser und neigen selbst zu ödematösen Stauungen in den letzten Tagen der Trächtigkeit.

Auf dieses scheinbar erst in neuerer Zeit vorkommende Problem hätten wir sehr gerne verzichtet. Wenigstens spricht man jetzt über diese Wasserwelpen, aber niemand weiss Rat. Die Engländer sagen, es käme von einem der berühmten Champions aus den siebziger Jahren, deren Blut nun sehr gehäuft durch alle Pedigrées rieselt. 1989 hat ein Amerikaner eine Umfrage bei allen grösseren, bekannten Züchtern gestartet und nach dem Vorkommen von dieser unerklärlichen Abnormität gefragt. Dies sei in Amerika ein deprimierendes Uebel geworden, und er wolle jetzt die Lösung an die Hand nehmen. Aber leider hat man bis heute nie wieder etwas über dieses Unterfangen gehört, geschweige denn vernommen, wie man das Problem beheben könnte.

Ich selbst bin überzeugt, dass diese Monster-Puppies auch eine Folgeerscheinung des immer extremer gezüchteten Bulldogtypes sind. Den Beweis dafür kann ich allerdings nicht erbringen. Dazu bin ich jetzt noch nicht genügend weit in der Umstellung. Jeder Züchter der nun auch noch dieses zusätzliche Geburtshindernis kennt, wird sich überlegen, ob er das Risiko von toten Welpen in Kauf nehmen will, oder ob er den mit grosser Wahrscheinlichkeit sowieso notwendigen Kaiserschnitt nicht ohnehin vornehmen soll. Wer kann es ihm verargen?

Wann müssen wir einen Kaiserschnitt machen lassen?

Bei festgestellter Einfrüchtigkeit mit grossem Welpen lasse ich einen Tag nach Termin Kaiserschnitt machen, wenn keine Anzeichen eine baldige Geburt ankündigen. Ausgenommen es handelt sich um eine Hündin, die schon vorher problemlos geboren hat. In diesem Fall würde ich vermutlich die beginnende Geburt abwarten und erst eingreifen, wenn übertragen wird.

Erwartet eine Hündin sehr viele Welpen, können die letzten Tage zum Problem für ihren Kreislauf werden. Sie gehört dann unbedingt unter Aufsicht, sollte tierärztlich untersucht und behandelt werden. Ist es möglich, den Termin auf den 58. Tag hinauszuschieben, haben auch die Welpen eine echte Überlebenschance. Alarmsignale sind: blaue oder blasse Mundschleimhäute, nicht mehr fressen, nicht mehr abliegen, blutiger oder dunkler Scheidenausfluss, andauerndes Keuchen.

Nach meiner Erfahrung sollte ca. 2 Stunden nach dem Beginn der ersten sichtbaren Wehen, wenn also die Hündin mitdrückt, der Tierarzt konsultiert werden, falls noch kein Welpe sein unmittelbares Erscheinen ankündigt. Ebenso erfordert frühzeitiger Blasensprung einen Tierarztbesuch (aber nicht unbedingt schon Kaiserschnitt), falls innerhalb etwa sechs Stunden die Wehentätigkeit nicht einsetzt.

Durch Einleiten der Geburt mit wehenanregenden Medikamenten, wie es in der Humanmedizin üblich ist, erfuhr ich selbst bei meinen Hündinnen noch nie ein positives Resultat. Ich würde mich heute nicht mehr dazu überreden lassen, sondern sofort einen Kaiserschnitt veranlassen.

Wenn während der Geburt Probleme auftauchen, wird Ihnen der Tierarzt vermutlich auch zu einer Operation raten. Es hat dann keinen Sinn, sich zu weigern und das Leben von Mutter und Welpen aufs Spiel zu setzen.

Wehen-Schwäche

Wie im Kapitel Trächtigkeit beschrieben, gebe ich, dem Buch „Unsere Hunde gesund durch Homöopathie"(H.G. Wolff) folgend, ab Mitte Trächtigkeit täglich eine Gabe Pulsatilla D 6. Meine Erfahrungen damit sind recht positiv, und die Hündinnen haben seither merklich bessere Wehentätigkeit. Zur Sicherheit lasse ich mir dennoch vor jeder Geburt vom Tierarzt eine Wehenspritze mit nach Hause geben, die ich dann auf telephonische Rückfrage hin spritzen kann, wenn nötig. Die genaue Dosierung und Mischung von Oxytoxin mit einem entspannenden Mittel ist äusserst wichtig. Es ist sehr gefährlich, selbst mit wehen-auslösenden Hormonspritzen zu laborieren, ohne genügend veterinärmedizinische Kenntnisse.

Streng genommen müssten wehenschwache Hündinnen von der Zucht ausgeschlossen werden. Aber wir haben soviel schwerer wiegende Mängel bei unserer Rasse auszumerzen, dass wir darauf wenigstens vorderhand nicht auch noch Rücksicht nehmen können, meine ich. Zudem kommt der kleinste Teil weiblicher Tiere effektiv in der Zucht zum Einsatz.

Bei der Wehenschwäche unterscheiden wir zwei verschiedene Formen. Erstens: die primäre Wehenschwäche, eine hormonelle Fehlleistung. Diese gibt gar keine oder viel zu schwache Wehenimpulse ab, sodass keine genügenden Gebärmutterkontraktionen stattfinden, um Welpen austreiben zu können. Diese primäre Wehenschwäche muss nicht unbedingt vererbt sein. Sie kann eintreten bei einer übergrossen Früchtezahl, wo der ganze Gebärmutter- und Bauchbereich dermassen ausgeweitet und überdehnt ist, dass normale Kontraktionen unmöglich sind. Ebenso gefährdet sind Einfrüchtigkeitsschwangerschaften oder das Vorhandensein eines oder gar mehrerer ödematöser Welpen (das sind durch Wasseransammlungen im Körper, enorm aufgetriebene Föten bis zu 1 kg Gewicht, sogenannte Wasserwelpen).

Zweitens: die sekundäre Wehenschwäche infolge Ermüdung der Hündin oder hormonaler Erschöpfung bei einer grossen Welpenzahl. Diese Art kann vom Tierarzt durch Injektion von Hormonpräparaten meist überwunden werden. Es hat aber keinen Sinn, mehr als zwei Spritzen für die Geburt eines einzelnen Welpen zu machen, vor allem wenn noch mehrere Föten erwartet werden. So harmlos sind Wehenspritzen eben auch wieder nicht. Hier ist sicher der Kaiserschnitt die beste medizinische Lösung zur Schonung von Mutter und Welpen. Hatte diese Hündin früher bereits einmal Kaiserschnitt, ist es viel wahrscheinlicher, dass ein weiterer Eingriff unumgänglich ist. Durch die vorhergehende Sectio kann die Gebärmuskulatur geschädigt sein und deshalb ungenügende Wehentätigkeit auslösen. Aber auch hier bestätigt die Ausnahme die Regel: Ich besass Hündinnen, die nur beim ersten Wurf Probleme machten und später normal gebären konnten.

Weitere Indikationen für einen Kaiserschnitt sind: mechanische Hindernisse, wie ein zu enges Becken im Verhältnis zur Welpengrösse, abnorme Lage des Welpen im Geburtskanal, also Querlage oder abgedrehter Kopf wie auch die verkehrte Lage eines Welpen (Rücken nach unten, anstatt gegen die Wirbelsäule der Mutter).

Es ist kaum möglich, hier alles aufzuzählen, was passieren könnte und ein rasches Eingreifen erfordern würde. Es hilft nur genaues Beobachten und Abschätzen des Zustandes des Muttertieres. Früher, als ein Kaiserschnitt noch ein lebensbedrohender Eingriff war, griffen die Tierärzte bei steckengebliebenen Welpen zur Geburtszange. Ich glaube nicht, dass ich einer solch schmerzhaften und für den Welpen risikoreichen Hilfe zustimmen würde, habe allerdings auch keine Erfahrung damit.

Wie lange darf man zuwarten?

Auf diese schwierige Frage kann ich Ihnen so leicht keine verbindliche Antwort geben. Jedes Tier und jede Geburt ist anders. Ganz sicher sind Angst, Unruhe und Panik die schlechtesten Berater wenn kleine Hunde zur Welt kommen sollen. Die Hündin spürt alles, was in Ihnen vorgeht, viel schneller und intensiver als Sie vermuten, und Ihre eigene Unsicherheit und Angst wird sich auf sie übertragen, selbst wenn Sie es zu verbergen suchen.

Zu Beginn der Geburt erachte ich zwei Stunden Wartezeit bei ergebnislosen, aber kräftigen Wehen als genügend. Ein Tierarztbesuch muss über das weitere Vorgehen entscheiden.

Hat eine Hündin vorzeitigen Blasensprung (aber am Geburtstermin) und trifft innerhalb etwa 6 Stunden keine Anstalten für den Beginn einer Geburt, so gehe ich mit ihr zu einer tietärztlichen Konsultation.

Sind aber schon Welpen geboren und die Geburt will nach einer Pause von maximal zwei Stunden nicht weitergehen, so bin auch ich beunruhigt. Natürlich versucht man alles, um eine Reaktivierung zu erreichen. Ein wenig laufen mit der Hündin, sanfte Bauchmassage zur Anregung der Wehentätigkeit, öfters Sabina D 6 oder Pulsatilla Tropfen geben. Jedesmal, wenn ich den Lehrbüchern folgte und Hündinnen drei bis vier Stunden schlafen und ausruhen liess während einer Geburt, hatte ich nachher tote Welpen. Falls sich dies bei anderen Rassen bewährt — möglich — aber nicht bei Bulldogs. Nach zwei Stunden Pause den Tierarzt konsultieren, eventuell mit Wehenspritzen versuchen, aber erfolgversprechender ist die Operation. Doch hier bemerke ich schon wieder eine Ausnahme. Man darf nur solange zuwarten, wenn die Hündin wirklich schläft und absolut keine Wehentätigkeit mehr vorliegt. Wenn sich ihr Bauch regelmässig während einer längeren Ruhepause zusammenzieht, aber alle Wehen zu schwach sind, muss viel früher eingegriffen werden.

Wie geht ein Kaiserschnitt vor sich?

Eine Kaiserschnittentbindung sollte ausschliesslich in einer dazu eingerichteten Kleintierpraxis erfolgen. Operationstechnik, Narkoseart und Narkosemittel sind von Tierarzt zu Tierarzt verschieden. Der richtigen Wahl und Dosierung fällt dabei eine entscheidende Bedeutung zu. Es ist aber Tatsache, dass Bulldogs weniger Narkosemittel benötigen als andere Rassen, und dies sollte unbedingt berücksichtigt werden. Der Tierarzt muss so optimal dosieren, dass die Operation für die Hündin schmerzfrei verläuft, aber die noch mit ihrem Kreislauf verbundenen Welpen doch nicht zuviel davon abbekommen. In neuzeitlich eingerichteten Praxen wird die Hündin intubiert und während der ganzen Dauer der Operation die Herztätigkeit automatisch überwacht.

Bei dieser Operation sind Geschicklichkeit und rasches Arbeiten des chirurgisch praktizierenden Tierarztes sehr wichtig. Je rascher die Welpen draussen sind, desto weniger Narkosemittel kreist in ihrem Blut. Es gibt Operationsmethoden mit Flankenschnitt oder Bauchmittelnaht. Mein Tierarzt verwendet die zweitgenannte Technik und ich habe damit beim Säugen nie Probleme gehabt. Die Naht sitzt so tief zwischen den beiden meist riesig vergrösserten Gesäugesträngen, dass die Welpen nicht leicht dran kommen und die Heilung beeinträchtigen. Ich neige sogar zur Ansicht, die Flankennaht sei den Krallen der Welpen bedeutend mehr ausgesetzt.

Der erste Schnitt erfolgt genau in der mittleren Längsachse des Bauches, zwischen Nabel und Scheide. An dieser Stelle entstehen kaum nennenswerte Blutungen; denn die grossen Blutgefässe überqueren nicht die Körpermitte, sondern verlaufen an ihr entlang. Der Schnitt muss so lang gesetzt werden, dass der Chirurg beide Gebärmutterhörner aus dem Leib der Hündin herausheben und auf die sterilen Tücher legen kann. Möglichst nahe dem gemeinsamen Ausgang wird durch einen etwa 6 - 8 cm langen Schnitt ein Uterushorn geöffnet. Der nächstliegende Welpe wird sachte herausgezogen und in eine Schale oder ein Tuch gelegt. Durch zwei mit Abstand gesetzte Klemmen an der Nabelschnur wird der Kreislauf des mütterlichen Blutes zum Welpen unterbrochen und sein eigenes Leben beginnt. Mit einer Schere wird zwischen den beiden Klemmen (Péans) durchgeschnitten. Nun eilt es! Die Eihäute müssen aufgerissen und das Mäulchen von Schleim und Fruchtwasser befreit werden, bevor der Welpe seinen ersten tiefen Atemzug macht. Dazu verwende ich meine Gazewindeln. Wickelt man sie um einen Finger, kann man damit Feuchtigkeit und Schleim tief vom Rachen heraus putzen. Mit Baumwollgarn wird der Nabel etwa 1 cm vom Bauch des Welpen entfernt abgebunden, der Péan entfernt und mit der Belebungsmassage auf vorgewärmten Frotteetüchern begonnen. Es hat sich als sehr gut erwiesen, den Kaiserschnittwelpen eine winzige Belebungsspritze intramuskulär zu verabreichen, da sie dann sofort viel besser durchatmen.

Der Tierarzt hat in der Zwischenzeit längst die dazugehörende Plazenta aus der Gebärmutterwand durch sanften Druck gelöst und bereits einen weiteren Welpen aus dem Uterushorn gehoben. Beide Hörner werden möglichst durch den gleichen Schnitt entleert und nachher genauestens bis zu den Eierstöcken hinauf und zur Vagina hinunter geprüft und abgetastet, ob wirklich alle Welpen draussen sind. Die Gebärmutterwände haben sich bereits wieder auf ein Viertel zusammengezogen und verkleinert. Die Uteruswunde wird mit ganz kleinen Stichen eng vernäht, nachdem Antibiotika hineingespritzt wurde. Der offene Bauchraum wird nochmals antibiotisch versorgt und dann die Bauchdecke zugenäht. Eine dicke Puderschicht beschleunigt das Austrocknen der Nahtstelle. Verband ist in der Regel bei Bulldogs keiner nötig, da sie die Wunde in Ruhe lassen und nicht zu Leckorgien und Aufreissen der Nähte neigen. Trotzdem gut überwachen, es gibt immer wieder Ausnahmen.

Für den optimalen Erfolg eines Kaiserschnittes ist wohl in erster Linie ein guter Chirurg erforderlich, aber wichtig ist auch gut geschultes und geschicktes Hilfspersonal, um die stets etwas benommenen, geschockten Welpen ins Leben zu rufen. Wenn früh genug operiert wird, können meist alle entbundenen Welpen, die gesund und kräftig sind, durchkommen. Ist die erste Schockphase einmal überwunden, sind sie genau so munter und lebendig wie Normalgeborene.

Die Wartezeit, bis auch die Mutterhündin tranportfähig ist, benütze ich immer, um die Welpen genauestens auf Missbildungen zu untersuchen. Vor allem kleine Gaumenspalten können sehr leicht übersehen werden. Es ist besser und weniger belastend, solche Welpen gar nicht erst mit nach Hause zu nehmen.

Konsequent auf gesündere Bulldogs züchten würde auch erfordern, Hündinnen, die ohne ersichtlichen Grund nicht normal gebären können, durch anschliessende Kastration aus der Zucht zu nehmen. Im heutigen Zeitpunkt würde dies aber vermutlich den Untergang der Rasse bedeuten. Es empfiehlt sich bei einer Kastration nicht nur die Eierstöcke zu entfernen, sondern gleich auch den Uterus. Auf diese Weise ist eine spätere Gebärmuttervereiterung (Pyometra) ausgeschlossen.

Wenn wir nicht in der Eile unser gerichtetes Welpenbettchen samt Wärmeflasche zu Hause vergessen haben, legen wir jetzt unsere piepsende Gesellschaft hinein und fahren nach Hause, sobald wir auch die Mutterhündin mitnehmen können. Da ich keine grosse Entfernung zurücklegen muss, fahre ich meistens bereits mit den Welpen heim, sobald alle gut durchatmen, wiege sie, schreibe ihre speziellen Merkmale ins Wurfbuch, befreie sie von Urin und Darmpech und lege sie unter die Infrarotlampe an die Wärme. Meist habe ich diese wichtigen Arbeiten kaum beendet, ruft schon der Tierarzt an, dass ich die Hündin holen kann. Vergewissern Sie sich, ob Sie wirklich eine Dose Welpenmilch zu Hause vorrätig haben — sonst ist es jetzt allerhöchste Zeit, eine vom Tierarzt mitzunehmen.

Angeborene Missbildungen

Es ist erwiesen, dass bei extrem kurznasigen, rundköpfigen (brachycephalen) Rassen, der Anteil von angeborenen Missbildungen der Welpen bedeutend höher liegt als bei normal gebauten Hunden. Leider werden unter den Züchtern diese Zahlen möglichst verschwiegen, und vor allem erfährt man nur ganz selten, welche Elterntiere diese Welpen zeugten. Es ist deshalb müssig, ausserhalb seiner eigenen Zuchttiere nachzuforschen, die ganze Wahrheit wird einem kaum bis gar nie gesagt. Dabei wäre dies der einzige Weg, um dieses Übel durch entsprechende Auswahl der Zuchtpartner besser in den Griff zu bekommen. Wir wissen, dass bei ultrakurzleibigen Rassen mit grossen Köpfen die Anlagen für angeborene Defekte mit dem künstlichen, unnatürlichen Erscheinungsbild, das wir Menschen in der Zucht angestrebt haben, in Zusammenhang stehen. Im Gegensatz zu Missbildungen, die durch Viruserkrankungen oder schädliche Medikamente im Frühstadium der Trächtigkeit ihren Ursprung haben.

In 50 — datummässig sich folgenden — Geburten kamen bei mir 240 Welpen zur Welt. Davon totgeboren oder in den ersten 24 Stunden verendet oder eingeschläfert: 72 Welpen, dies sind genau 30%. Darin sind die 24 Welpen mit Missbildungen eingeschlossen, die für sich allein genau 10% aller ausgetragenen Föten ausmachten. Ich glaube, das ist im Verhältnis zu andern Rassen eine erschreckend hohe Zahl von Ausfällen, die traurig und nachdenklich stimmen muss.

Im Rahmen ihrer Dissertation ist M. Suter im Institut für Veterinär-Pathologie der Universität Zürich in den Jahren 1975/76 dem Problem der Welpenverluste nachgegangen. Ich machte damals bei den Erhebungen ebenfalls mit und schickte jeden toten Welpen ein. Es wurden 392 verendete Welpen aus 191 verschiedenen Zwingern untersucht. Der Anteil an missgebildeten Welpen betrug 14,3 %. Aber dieser Prozentsatz bezieht sich auf die eingesandten toten Welpen. Bei mir beziehen sich die oben genannten 10% auf alle geborenen Welpen, und das ist natürlich furchtbar hoch!

Missbildungen, die ich in meiner Zucht erfahren habe, sind: Gaumenspalten (im Volksmund Wolfsrachen genannt), Lippenspalten (Hasenscharte), manchmal diese beiden kombiniert, Wasserwelpen (das sind durch ödematöse Schwellungen riesig aufgedunsene Föten bis zu 1000gr Gewicht), Wasserköpfe (ja nicht verwechseln mit dem ohnehin grossen Bulldogkopf!), offene Rücken, Anomalien der Genitalien, fehlender Harnleiter und Ausgang und die Verwachsung von Harnleiter und Enddarm. Man liest auch von zu vielen, fehlenden oder zusammengewachsenen Gliedmassen, aber davon bin ich bis heute glücklicherweise verschont geblieben.

Solch schwere Missbildungen erfordern unbedingt das sofortige Einschläfern des betroffenen Welpen. Ich akzeptiere die Einstellung, mit Operationen zu versuchen, den Welpen am Leben zu erhalten, nicht. Die wenigsten dieser angeborenen Anomalien treten übrigens isoliert auf, sondern sind eigenartigerweiser fast immer mit inneren Schädigungen gekoppelt.

Ich sah vor vielen Jahren einen ausgewachsenen Rüden, dem eine Hasenscharte operiert worden war. Schon von Weitem fiel mir das Tier mit total atypischen, verkrampften Bewegungen auf. Sein Körper war irgendwie zwergenhaft und verkrüppelt. Ich fragte den Besitzer, ob ich dem Hund einmal ins Maul sehen dürfte. Natürlich durfte ich, er freute sich sogar, dass mich sein Hund interessierte. Die oberen Schneidezähne waren — sehr lobend ausgedrückt — ein Greuel. Ich zählte ihrer acht, die aber kreuz und quer über den Gaumen verstreut im sogenannten Zahnfleisch steckten. Alles auch noch dick verschleimt und voller Futterreste. Durch Wegputzen dieser unhygienischen, klebrigen Angelegenheit sah ich plötzliche Helligkeit im Gaumen, ein Sonnenstrahl fiel direkt durch ein Nasenloch in den Rachen! Dieser Rüde hatte seinerzeit nicht nur eine Lippenspalte, sondern auch eine damals wohl kleine und daher unbemerkte Gaumenspalte. Der Herr erzählte mir, dass sie den Hund immer von Hand und ganz speziell füttern, da er sonst keine Luft mehr bekomme und sich stundenlang schneuzen und niessen müsste. Sie hätten den Welpen nur aus Erbarmen und viel billiger gekauft — aber sie würden es nie wieder tun, fügte der Besitzer noch kleinlaut hinzu. Er streichelte liebevoll seinen „wirklich armen Hund" und sagte, dass er so ein guter, treuer Kerl sei. Wo bleibt da die Züchterethik, wenn man dermassen handicapierte Hunde am Leben lässt, dann auch noch verkauft und seine Verantwortung auf einen ahnungslosen Liebhaber abwälzt, der es verständlicherweise dann nicht über's Herz bringt, sein Tier zu erlösen?

Es gibt Welpen, die infolge falscher oder eingeklemmter Lage in der Gebärmutter bei der Geburt wie missgebildet aussehen, es aber in Wirklichkeit nicht sind. Ich möchte da abgeknickte Pfötchen, Läufe oder Ruten nennen. Diese Welpen sollten, wenn anderweitig gesund und kräftig, ja nicht voreilig eingeschläfert werden. Solche pränatale Druckstellen oder Fehllagerungen können sich in unglaublich kurzer Zeit erholen und hinterlassen keinen Schaden für das spätere Leben.

Ich hatte einmal einen Welpen, dessen beide Hinterläufe im Sprunggelenk im spitzen Winkel abgeknickt waren und fast steif an der Aussenseite nach oben standen. Es war Donnerstag vor Ostern und mein Tierarzt nicht erreichbar. Da es dem Kleinen aber bestens ging und ihn sein Gebrechen überhaupt nicht zu stören schien, wollte ich ihn nicht bei einem anderen Tierarzt einschläfern lassen, er musste ja nicht leiden, und Milch war im Überfluss vorhanden; denn es waren eh nur vier Welpen. Ich ersehnte den Osterdienstag, dann war die Praxis wieder offen. Die kleinen Purzel wachsen einem mit jeder Stunde mehr ans Herz und Abtun wird zusehends schwieriger, wenn ihnen sonst nichts fehlt. Ich traute aber meinen Augen kaum, mit jedem Tag wurden die Knickstellen weicher und biegsamer, und die Pfötchen schauten auch nicht mehr so stur nach oben. Ich witterte eine winzige Chance und begann eifrig zu massieren und sanft zu drücken. Am Osterdienstag besuchte ich möglichst früh meinen Tierarzt, der aber nach gründlicher Untersuchung auch fand, dass man die weitere Entwicklung abwarten sollte. Der kleine Rüde gedieh prächtig, seine Beinchen streckten sich zusehends in die richtige Position. Er lernte als einzigen Nachteil eine Woche später laufen als seine Geschwister. Im Alter von fünf Wochen konnte man keinen Unterschied, weder im Gangwerk noch im Stand, feststellen. Es ist aus ihm ein kräftiger, starker Rüde geworden, der keinerlei Mangel davon getragen hat. Man muss immer nur wieder staunen, wenn solche „Wunder" passieren, wieviel Kraft und Regenerationsmöglichkeit in einem jungen Individuum verborgen sind. Es tut mir richtig weh, wenn ich daran denke, dass ich zu Anfang meiner Züchtertätigkeit zweimal einen Welpen mit ähnlichem Fehler einschläfern liess, da auch der Tierarzut fand, das könnte nicht gut herauskommen. Bestimmt hätte ich diesmal wieder gleich gehandelt, wären nicht die fünf Ostertage dazwischen gelegen. ich muss aber betonen, dass diese Erscheinung sehr deutlich von einer Anomalie oder fehlenden Gelenken abweicht. Vor allen Dingen springt die rapide Besserung ins Auge, wenn man den Welpen drei bis vier Tage am Leben lassen kann.

Angeborene Fehler

Im Gegensatz zu Missbildungen muss ein Welpe eines angeborenen Fehlers wegen nicht eingeschläfert werden, wenn er sonst gesund und kräftig ist. Es gibt immer wieder tierliebende Menschen, die bestens für einen „nicht zur Zucht geeigneten Bulldog" sorgen. Zu dieser Kategorie gehören bei unserer Rasse die Fehlfarben: Schwarz, schwarz mit braunen Abzeichen (black and tan) und braune oder unpigmentierte Nasen.

Als angeborenen Fehler — der aber leicht korrigierbar ist — gelten Afterkrallen an der Innenseite der Hinterläufe. In der Regel werden unsere Bulldogs ohne diese unnützen Anhängsel geboren. Man muss aber nach der Geburt dennoch jeden einzelnen Welpen darauf hin genau untersuchen. Afterkrallen werden schnell nach der Geburt mit einer scharfen Schere entfernt. Bei Angst oder Unsicherheit lässt man es vom Tierarzt machen. Dieser kleine Schnitt hinterlässt keine unschönen Narben und heilt in Kürze. Wenn man diesen frühen Termin (3. Lebenstag) verpasst, ist später ein kleiner, operativer Eingriff notwendig.

Wer darf am Leben bleiben?

Grundsätzlich alle gesunden Welpen. Wenn es mehr als acht sind — ein seltener Glücksfall bei Bulldogs — muss nach unseren schweizerischen Vorschriften eine Amme zugezogen oder mit Welpenmilch zugefüttert werden.

Die Erfahrung hat mir gezeigt und bewiesen, dass die Gedankengänge und auch Resultate von Verhaltensforschern nicht vorbehaltlos übernommen werden können. Als einziges Beispiel möchte ich den Biotonustest, durchgeführt in den ersten Lebensstunden, erwähnen. Demnach ist ein Welpe erbgeschädigt, der nicht alles dran setzt, in den ersten Lebensminuten die mütterliche Zitze zu finden. Geschädigte Gene könnten aber nicht geheilt, nur ausgemerzt werden, heisst es.

Solche Forschungsergebnisse mögen ihre Richtigkeit haben. Man darf aber nicht vergessen, dass diese Versuche mit Wildhunden oder zumindest Dingo-Kreuzungen durchgeführt wurden. Wir aber halten hochgezüchtete Haushunde, bei denen schon über unzählige Generationen andere Wertmassstäbe und Prioritäten im Vordergrund standen. Wer von uns will denn einen Wildhund im Hause? Nur egoistisches Überleben und sich Behaupten, wie sie in der freien Natur von grösstem Nutzen sind, ist für unsere heutigen Haushunde keine Grundforderung mehr. Diese „Draufgängerwelpen" sind im späteren Gehaben meist genau so dominant und machen oft mehr Mühe in der Haltung als ihre etwas sanfteren Geschwister, die genau so gesund und widerstandsfähig sein können.

Natürlich bin ich, wie sicher jeder Züchter, glücklich über muntere, lebhafte Neugeborene und finde gut ausgeprägte Naturinstinkte unerhört wichtig. Aber Welpen abzutun, weil sie sich anfänglich etwas ungeschickt verhalten und sich nicht so durchzusetzen vermögen wie ihre frechsten Geschwister, damit bin ich nicht einverstanden. Bei unserer Rasse mit den oft etwas schwierigen, langdauernden Austreibungsperioden bei der Geburt, sind die Welpen manchmal anfänglich sehr mitgenommen und daher wenig unternehmungslustig. Sie haben mehr Mühe, den Geburtsschock zu verkraften, als Welpen, die „nur so aus ihren Müttern herauspurzeln". In jüngster Zeit habe ich oft mit verblüffendem Erfolg solchen Kandidaten ein paarmal „Bachblüten Notfalltropfen" ins Mäulchen geträufelt. Wenn wirklich keine andere Störung vorlag, erholten sie sich in kürzester Zeit.

Es gibt auch immer wieder Welpen, denen man zuerst das Mäulchen öffnen und sie an eine Zitze anlegen muss, bis sie es einmal richtig kapieren. Sich Festzusaugen macht mit den extrem kurzen Bulldog-Schnäuzchen mehr Mühe, als wenn sie ein wenig länger sind.

Bulldogwelpen erscheinen manchmal direkt nach der Geburt furchtbar lang und dünn, vor allem, wenn man während der Wehen mit Ziehen nachhelfen musste. Nie sollte man nur deswegen einen einschläfern. Auch nicht, wenn einer in den ersten Stunden aussieht, als wäre seine Hinterhand gelähmt. Meist erholen sie sich binnen zwölf Stunden und sehen dann kaum zum Wiedererkennen anders aus.

Ich möchte nun aber nicht falsch verstanden werden. Ich bin sehr dagegen, Kümmerer und Schwächlinge aufzuziehen, wir tun damit bestimmt kein gutes Werk. Aber es gibt viele Welpen, die — aus welchem Grunde auch immer — Startschwierigkeiten haben. Wenn wir diese zu überbrücken versuchen, und wir haben nachher einen gesunden, fröhlichen Hund, hat es sich doch hundertmal gelohnt. Wenn ein Welpe sonst nicht geschädigt ist, wird er sich binnen 24 Stunden erholen und sein Körperchen soll dann prall und fest anzufassen sein, die Läufe und das Köpfchen angezogen, wenn man ihn hochnimmt. Ein gesunder Welpe hat eine kräftige Stimme und führt mit den Hinterbeinchen energische Stemmbewegungen aus. Nach dieser Zeitspanne noch schlaffe, dünne Hündchen, die nur leise piepsen, sind gar nicht gut. Ich schöpfe dann rasch Verdacht auf ernsthafte Probleme mit Herz oder Lunge.

Das Schönste und Einfachste für die Aufzucht ist ein mittelgrosser Wurf von vier bis sechs Welpen mit ausgeglichenen Geburtsgewichten. Bei der Geburt wiegen Junge der leichter gebauten Hündinnen 250 bis 350 gr. Welpen dieser Grösse haben eine gute Chance für eine normale Geburt. Die massig Gebauten bringen oft Welpen zwischen 400 und 500 gr. Wenn man bedenkt, dass diese Mütter nicht grösser sind als die erstgenannten, und zudem wegen ihrer dicken Knochen einen geringeren Beckendurchmesser haben, sind auch hier wieder Geburtsschwierigkeiten vorprogrammiert.

Der schwerste normalgeborene lebende Welpe, den ich je hatte, wog 450 gr, und der kleinste Winzling, der sich dennoch zu einem gesunden kräftigen Rüden entwickelte, 160 gr. Ich muss aber gestehen, dass er anfangs Nachhilfe rund um die Uhr benötigte. Nur sein unerhörter Lebenswille bewog mich, ihm zu helfen, an die besten Zitzen zu kommen und sich von den doppelt so schweren Geschwistern nicht wegdrücken zu lassen. Er war der Einzige jenes Wurfes, der in den ersten Stunden kein Gramm abnahm, sondern sofort zulegte. Er benötigte nie Medikamente und verdoppelte sein Gewicht weit vor den andern. Obwohl er seinen enormen Rückstand bis zur Abgabe mit 12 Wochen natürlich noch nicht ganz wettmachen konnte, gelang es ihm, seine Wurfgeschwister bis halbjährig praktisch einzuholen. Dieser Rüde gehört eigenartigerweise zu den robustesten Bulldogs, die ich züchtete, und erfreut sich noch bester Gesundheit. Er ist heute fast zwölf Jahre alt.

Die Hündin nach dem Werfen

In den ersten Tagen hat eine normal veranlagte Hündin weder Zeit noch Interesse für etwas anderes als ihre Welpen. Auch wenn sie von den Strapazen der Geburt erschöpft und müde ist, wird sie immer wieder ihre Kleinen lecken und putzen. Sie „weiss", dass Darm und Blase nur auf den Massagereiz hin funktionieren und sich entleeren. Führt sie ihre Pflichten anfangs nicht zu unserer vollsten Zufriedenheit aus, sind wir ihr behilflich.

Besorgte Mütter ignorieren ihre eigenen Bedürfnisse in den ersten Tagen total. Sie entfernen sich nicht einmal von den Welpen, um zu fressen oder Kot zu machen. Dies ist aber für ihren Kreislauf sehr schädlich und, wenn auch widerwillig, müssen sie drei- bis viermal an der Leine ausgeführt und etwas an der frischen Luft bewegt werden. Viele darf man anfänglich nicht loslassen, da sie ohne sich zu entleeren, sofort zu ihren Kindern rennen. Hat die Hündin Nachgeburten gefressen, wird sie die ersten zwei Tage von schwarzem Durchfall geplagt. Bessert er sich in dieser Zeit nicht, muss eher stopfende Nahrung verabreicht werden.

Die Reinigungsperiode dauert sechs bis zehn Wochen, ist aber nicht bei allen Hündinnen gleich lang. Anfänglich verlieren sie viel grün-schwarze Flüssigkeit, die nachher allmählich in eine gallertartige, zähe Ausscheidung übergeht, welche zwischendurch immer wieder mal mit Blutfetzen durchmischt ist. Direkt während und nach dem Säugen vermehrt sich der Ausfluss aus der Scheide sehr deutlich durch die vom Saugreiz der Welpen ausgelösten Gebärmutterkontraktionen, die sogenannten Nachwehen. Dieser Lochialausfluss kann verschiedene Farben aufweisen und muss trotzdem nicht als krankmachend (pathogen) eingestuft werden. Er darf aber keine Eiterbeimischungen enthalten oder ein pinklachsfarbenes Aussehen bekommen, sonst lasse ich sofort die Hündin vom Tierarzt genau untersuchen und einen Abstrich vornehmen. Dies umso schneller, wenn die Welpen Durchfall haben sollten.

Für die ersten drei Tage nach der Geburt ist leicht erhöhte Temperatur fast normal. Sie liegt in der Regel zwischen 39 C und 39,5 C. Wenn um den dritten Tag die Milch richtig einschiesst, kann sie gar für ein paar Stunden auf 40 C klettern. Wenn die Hündin Futter zu sich nimmt und gut trinkt, muss man sich noch nicht ängstigen, aber weiterhin die Temperatur messen. Am vierten Tag und später dürfen 39 C nicht mehr überschritten werden. Hingegen ist normal, dass eine Hündin die ersten Tage sehr viel hechelt.

Anfänglich füttere ich genau weiter wie vor dem Werfen, nur braucht die säugende Hündin jetzt mehr Flüssigkeit. Ob sie die Welpen in sich versorgt oder ausserhalb ihres Körpers, spielt vom Verbrauch her im jetzigen Zeitpunkt noch keine wesentliche Rolle. Vorher funktionierte es über das mütterliche Blut, und jetzt übernimmt das Gesäuge mit der Milchproduktion diese Aufgabe.

Viele Hündinnen sind so überbesorgte Mütter oder wollen ganz einfach nicht von ihren Jungen weg, dass sie sich in den ersten Tagen kaum Zeit für genügend Fressen und Trinken erübrigen. Stellt man für einige Tage der Madame den Futternapf ins Bett, so spielt sich nachher der gewohnte Rythmus bald wieder ein. Fasten wäre jetzt fehl am Platze. Anderseits schadet Überfüttern in den ersten Tagen mehr als es nützt.

Das jetzt vor allem benötigte tierische Eiweiss erhält sie durch Fleisch; als geeigneter Ersatz dafür gilt Milcheiweiss. Gutes Muskelfleisch und frische Milch enthalten viele Mineralsalze. Frische Kuhmilch darf man aber nur Hündinnen geben, die sich daran gewöhnt sind, sonst bekommen sie argen Durchfall. Pasteurisierte oder homogenisierte vertragen sie ohnehin nicht. Neuere Forschungen haben ergeben, dass Hunde nur bis zum Alter von etwa sechs Monaten ungesäuerte Milch aufschliessen können. Beimischung von Quark oder Joghurt macht die Milch dann verträglich und wird sehr gerne genommen. Ich habe beste Erfahrung mit käuflicher Welpenmilch gemacht. Aber dann muss ich beim Preis beide Augen zudrücken! Die säugende Hündin bekommt zweimal täglich je eine bis zwei Tassen Milch zu trinken, angepasst an ihren „Verbrauch“. Frische, unbehandelte Vollmilch wie sie vom Bauern kommt und dann leicht angesäuert, macht in angemessener Menge keine Störungen. Ein Löffel Ovomaltine, darunter gemischt, verhindert zu dünnen Kot und gilt erst noch als Delikatesse! Hunden, die aber das Milchtrinken nicht mehr gewohnt sind, fehlt in den Verdauungssäften das Lab, sie können daher Milch nicht verdauen, lt. Dr. Räber.

Da bekanntlich Welpen im Tempo „wie kleine Hunde wachsen", müssen rasch die Futterrationen der zu versorgenden Kinderzahl angepasst werden. Es bekommt den Hündinnen besser, wenn wir die notwendigen grossen Portionen nun auf drei Mahlzeiten pro Tag verteilen. Vor allem der Frischfleischanteil muss grosszügig erhöht und ein erprobtes Kalzium-Protein-Vitamin Ergänzungsprodukt zugefügt werden, damit die Mutter keinen Mangel leidet. Reichlich frisches Trinkwasser muss nun immer bereit stehen; denn durch den intensiven Stoffwechsel und die Milchabgabe steigt der Flüssigkeitsbedarf der Wöchnerin um ein Vielfaches.

Das Gesäuge benötigt eine tägliche Kontrolle. Ich glaube, dass unsere Bulldogs für Gesäugeentzündungen anfälliger sind als andere Rassen, jedenfalls haben sie mir damit schon etliche Mühen und Sorgen bereitet. Jedes einzelne „Zitzenpaket" fasse ich um die feste, drüsen-artig unebene Milchdrüse und drücke etwas Milch aus der Zitze. Täglich vergewissere ich mich, dass keine hart, schmerzhaft oder verstopft ist. Vorn an der Zitze ist nicht einfach ein Loch, aus dem die Milch heraus tropft, sondern mehrere Milchkanäle münden in die Spitze. Auf einer Fläche von etwa 1/2 Quadratzentimeter quellen an vier bis sechs Stellen Milchtropfen heraus. Nicht alle Zitzenöffnungen sind gleich gut durchgängig und werden dementsprechend von den Welpen bevorzugt oder abgelehnt. Eigenartigerweise verweigern Welpen oft die hintersten beiden Zitzen, anscheinend sind es doch nicht die Besten wie man glaubt. Die erste Milch hat eine gelbliche Farbe und wird Kolostralmilch genannt. Nur sie enthält die für die Welpen so wichtigen Antikörper. Nach zwei Tagen wechselt sie in ein schönes Milchweiss.

Bei den täglichen Überprüfungen spüre ich sofort, wenn ein Drüsenkörper schmerzhaft oder entzündet ist. Durch leichte Massage und anmelken kann man die Milch auf Aussehen und Geschmack prüfen. Meist ist dann einer der Milchkanäle verstopft oder die Milch ist bereits missfarbig oder eitrig. Dies bedeutet stets eine ernsthafte Komplikation. Durch gezieltes Anlegen der kräftigsten, mit gutem Saugtrieb ausgestatteten Welpen an leicht verhärtete Zitzen gelingt es meist, diese wieder in Gang zu bringen. Innerhalb weniger Stunden könnte sich die in Züchterkreisen so gefürchtete Milchdrüsenentzündung (Mastitis) mit hohem Fieber entwickeln. Eine unbemerkte Mastitis kann den raschen Tod eines ganzen Wurfes bedeuten.

Im Anfangsstadium ist meist nur ein einzelner Drüsenkörper mit dazugehörender Zitze befallen. Während des Säugens, wenn die Milch schön einschiesst, gelingt es meist, aus dieser kranken Zitze mit Leichtigkeit eine grosse Menge „vergifteter" Milch abzumelken. Sobald wieder schön weisse Milch nachfliesst, ist der Bann gebrochen, und wir können aufatmen. Mit dem Auftragen der kühlenden und entzündungshemmenden „Benadryl-Lotion" (Herstellerfirma Parke-Davis) in den Säugepausen habe ich beste Erfahrungen gemacht. Vor weiterem Anlegen der Welpen muss das eingetrocknete Medikament sorgfältig abgewaschen werden.

Ist aber die Entzündung soweit fortgeschritten, dass eine oder mehrere Milchdrüsen verhärtet und äusserst schmerzhaft sind, aus den Zitzen braune, eitrige oder gar mit Blut durchsetzte Milch austritt, dann dürfen die Welpen nicht mehr saugen. Die Mutterhün-

Abbildung 137: Erster Pickwick-Wurf 1968.

din wird hohes Fieber haben und bedarf tierärztlicher Behandlung. Eine solchermassen akute Infektion benötigt hohe Dosen Antibiotika, und der Tierarzt allein kann entscheiden, wann und ob überhaupt die Welpen wieder angelegt werden dürfen.

Die gefürchtete Eklampsie gilt als sehr gefährliche Wochenbetterkrankung. Sie wird von der Wissenschaft als epilepsie-ähnliche, lebensbedrohende Störung im Stoffwechsel der Hündin angesehen. Bei meist grossen Würfen (bei Zwergrassen schon bei wenig Welpen) ist die Nährstoffabgabe vom mütterlichen Organismus zu den Welpen dermassen intensiv, dass durch Trächtigkeit und Säugezeit eine Überbeanspruchung des mütterlichen Organismus entsteht, und der Kalziumhaushalt zusammenbricht. Bulldogs werden aber davon sehr selten befallen, ich hatte eine einzige Hündin, die Anzeichen einer solchen Störung zeigte. Der sofort herbeigerufene Tierarzt machte eine Kalziumspritze in die Vene, und rasch ging es der Hündin besser. Vielleicht ist dies der Grund, weshalb ich so wenig Angst davor habe. Durch gezielte Kalziumgaben während der Laktation und gute Beobachtung kann man einen Anfall verhindern, und wenn der Tierarzt zudem Kalzium direkt in die Vene spritzt bevor es schon zu spät ist, geht die Gefahr sehr rasch vorüber. Erste Anzeichen einer beginnenden Eklampsie sind: eigenartige Steifheit der Hündin, Vernachlässigung der Welpenpflege, krampfartiges Kopfnachhintenziehen, befremdender Gesichtsausdruck, aber ohne Bewusstseinsverlust wie bei Epilepsie, keuchende Atmung und erhöhte Temperatur.

Es muss aber nicht sein, dass wir all diese Probleme haben. Sehr wahrscheinlich geht es die ersten zwei Wochen ganz gut, die Hündin ist eine fürsorgliche Mutter, hat für den Anfang genügend Milch, und die Welpen trinken alle schön. Glücklich und dankbar dürfen wir die kleine Familie doch nicht aus den Augen lassen. Wie an anderer Stelle besprochen, sind Bulldogs nun mal schwerfällige, ungeschickte Mütter, selbst wenn sie ihre Jungen sehr lieben. Sie können in kürzester Zeit einen gesunden, starken Welpen aus Unachtsamkeit erdrücken.

Wir haben Welpen

Auf irgend eine Weise ist unser längst ersehnter Wurf eingetroffen. Die Freude ist riesig, und man ist sehr glücklich trotz der vielen Arbeit, die Mutter und Babies nun einmal machen. Alles geht wunderbar — hoffen wir's — und ohne „Kennel- Blind" zu sein, findet man, dass da wirklich ein Nest voller kleiner Champions heranwächst. Ich gönne jedem die Freude und das Riesenglück von Herzen, welches er jedesmal empfindet, beim Bestaunen der Wurfkiste. Sehr lebhaft erinnere ich mich an meinen ersten Bulldogwurf. „Hexli" hatte fünf Puppies; eines musste wegen einer Gaumenspalte eingeschläfert werden, aber es blieben zwei Rüden und zwei Hündinnen, alles kräftige, gesunde Welpen. Immer und immer wieder musste ich sie ansehen, so süss waren vorher noch nie junge Hunde gewesen, die ich hatte oder bei andern sah. Je grösser sie heranwuchsen, umso sicherer war ich, den Wurf zu besitzen, von dem langjährige Züchter nur zu träumen wagten. Selbst, wenn ich meine Hündchen äusserst kritisch genau nach den Vorschriften der englischen Fachbücher und des Standards begutachtete, konnte ich mit dem besten Willen keine Fehler an ihnen finden. Sie entsprachen hundertprozentig dem Rasseideal! Was konnte denn an der Bulldogzucht so schwierig sein, wie alle sagten? Überhaupt keine Probleme gab das bei mir!

Meine Welpen wurden täglich schöner. Ich fand für drei davon sehr gute, neue Liebhaber und eine Hündin wollte ich unbedingt behalten. Allerdings muss ich noch kleinlaut eingestehen, dass keiner von allen ein Champion geworden ist. Wenn ich heute diese Fotos ansehe, frage ich mich allen Ernstes, ob ich damals nicht dem „Liebe-macht-blind-Syndrom" anheim gefallen war.

Die Überwachung des Wurfes

Das Alpha und Omega in den ersten Tagen des neugeborenen Bulldog-Wurfes ist die **dauernde Überwachung.** Selbst auf die Gefahr hin, dass ich mich wiederhole, schreibe ich es nochmals auf. Zu oft schon haben mich verzweifelte, weinende Züchter angerufen, dass ein wunderschöner, kräftiger Welpe erdrückt sei. Wenn Sie keine Zeit haben, beim Wurf zu sitzen und dort einen Teil Ihres Arbeitspensums erledigen können, ist es vielleicht klug, die Wurfkiste vorübergehend mit in die Küche oder ins Esszimmer zu nehmen. Einfach dahin, wo Sie sind, sonst ist ein Fiasko fast unvermeidlich. Hundemütter einfach von ihren Welpen dauernd zu separieren, damit die Gefahr aus der Welt geschafft ist, finde ich grausam und tierquälerisch.

Abbildung 55: Agility Tisch.

Abbildung 56: Laufsteg.

Abbildung 57: Tunnel.

Abbildung 58: Slalom.

Abbildung 59: Hürdensprung.

Abbildung 60: Laufsteg.

Abbildung 61: Weitsprung.

Abbildung 62: Reifen.

Abbildung 63: *Geburtstagsgeschenk.*

Abbildung 64 + 65: Vielversprechende Welpen, 10 Wochen.

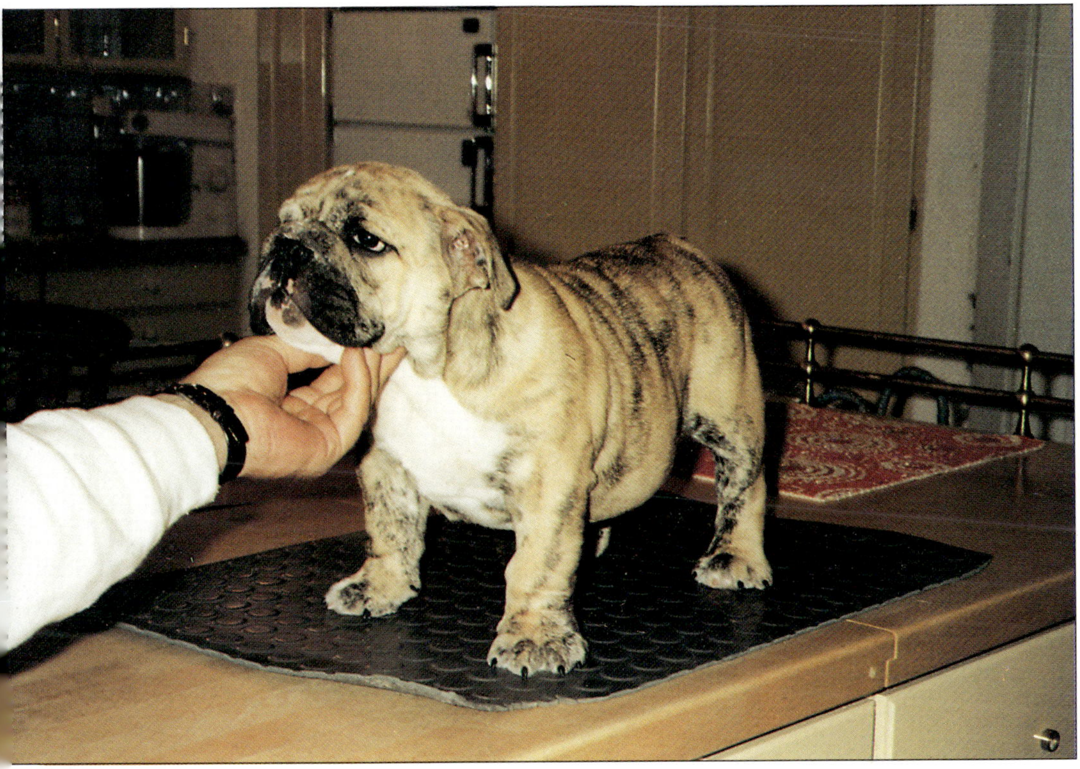

Abbildung 66 + 67: Ruhig stehen will gelernt sein.

Abbildung 68: Kinderschwester.

Abbildung 69: Drei Lausbuben.

Auch mir passiert es, dass ich für kurze Zeit unerwartet aus dem Haus muss. Habe ich niemanden, der sich in der Zeit zuverlässig um die neue Hundefamilie kümmert, so nehme ich der Hündin die sattgetrunkenen Welpen weg und lege sie ins andere Zimmer unter die Wärmelampe. Die Hündin akzeptiert die Trennung auf diese Weise leichter, als wenn man sie selbst entfernt und an einen andern Platz sperrt. Nachts verfahre ich ebenso. In den ersten lo Tagen schlafe ich immer bei der Hündin im Wurfzimmer. In der ersten Nacht bleibe ich aber wach zum Beobachten und Helfen. In der zweiten Nacht lege ich nach dem Säugen und Putzen die Welpen unter die Lampe, stelle den Wecker auf zwei Stunden später und lege mich im Wurfzimmer neben der Hündin zur Ruhe. Natürlich muss ich beschwichtigend auf sie einreden, und diese erste Pause ist meist noch nicht sehr erholsam und doch geht es verhältnismässig gut, für die Hündin ist es **sehr wichtig zu spüren, dass sie nicht allein ist.** Wenn der Wecker schrillt, hole ich sofort die Welpen, halte sie einzeln der Hündin zum Putzen hin und lege sie zum Säugen an. Nach etwa 20 Minuten sind sie satt. Nochmals jeden Einzelnen rasch ablecken lassen und wieder unter die Lampe. Wecker 2 Stunden .. hinlegen .. schlafen.. wie gehabt! Es geht das zweitemal schon viel besser. Wenn nun der Wecker wieder läutet, werden Sie staunen, wie schnell die Hündin dieses Zeichen richtig interpretiert. Sie rennt aufgeregt an die Türe und wieder zu mir, damit ich möglichst rasch die Welpen hole.

Ich weiss von vielen Züchtern, die das Problem der Nächte lösen, indem sie beim Wurf schlafen und bei der leisesten Unruhe in der Wurfkiste nachsehen. Ich habe das auch versucht, aber ich bin dann so unruhig und habe immer Angst, dass ich zu tief schlafen und etwas überhören könnte, dass ich meist gar nicht schlafen kann. Mit diesem anfänglichen Zwei-Stunden-Takt geht es mir viel besser, meist kann ich dann in der Pause richtig tief und erholsam schlafen. Täglich, nein nächtlich, verlängere ich die Intervalle um eine Stunde, immer vorausgesetzt, dass es allen Welpen gut geht.

Dies führe ich fort bis die Welpen sechs Tage alt sind und die nächtliche Trinkpause sechs Stunden beträgt. Nach drei weiteren Tagen erhöhe ich auf sieben Stunden und nochmals nach drei Nächten auf acht Stunden und dabei bleibt es.

Frühestens mit zwei Wochen lasse ich einer guten Mutter die Welpen über Nacht und schlafe nicht mehr im Zimmer. Hat aber der leichteste Welpe ein Kilo Gewicht zu diesem Zeitpunkt noch nicht erreicht, so wage ich es nicht und warte ein paar Tage länger. Auch wenn alle Welpen über ein Kilo wiegen, bevor sie zweiwöchig sind, lasse ich sie dennoch nicht früher nachts allein bei der Mutter. Dies ist mein Weg, mit dem ich nach vielen unbefriedigenden Versuchen nun die besten Erfahrungen gemacht habe.

Mit zehn bis zwölf Tagen beginnen die Welpen ihre Äuglein zu öffnen. Ich bin sicher, dass dann längere Bestrahlung mit der hellen Infrarotlampe auf die Dauer nicht mehr gesund und angenehm ist. Zudem ist es wichtig, die kleinen Hunde an einen Tag — Nacht — Rythmus zu gewöhnen. Deshalb wechsle ich die Infrarot-Glühbirne nach etwa acht Tagen gegen eine prozellanartige Wärmeglühbirne aus, die keine Helligkeit, sondern nur Wärme abgibt. Hier in der Schweiz sind diese unter dem Namen „Elstein-Wärme-Lampen“ (1oo oder 150 W) in Geschäften erhältlich, wo Zubehör für Geflügelzüchter und Ornithologen gekauft werden kann.

Die ersten 24 Stunden

Sobald nach der Geburt rundum wieder die Ruhe eingekehrt ist, werden alle Welpen nochmals genau auf eventuelle Fehler oder Missbildungen untersucht.

In meinem Notizheft schreibe ich das Geburtsgewicht wie auch alle Einzelheiten über jeden Welpen auf. Nebst seinen speziellen Merkmalen gehören dazu auch seine Eigenschaften ... kräftig ... saugt sofort ... ist bläulich ... geht prima ... saugt sich nicht schön fest ... u.s.w. Wenn man anfangs dies vielleicht unnütz oder mühsam findet, bei späteren Würfen oder falls ein Welpe plötzlich Probleme macht, sind diese schwarz auf weiss gesicherten Daten Gold wert.

Da unsere Rasse eine beinahe unbegrenzte Farben- und Zeichnungsvielfalt kennt, erübrigt sich das Markieren der Welpen, man kann sie genau beschreiben und so leicht wieder erkennen. Mit Benennung der Farbnuancen muss man vorsichtig umgehen, dunkel-

Abbildung 138: Weiße Schönheit.

grau bei der Geburt wechselt in einigen Tagen zu hellem Sandton und braun-schwarz ist plötzlich falb. Was mit Sicherheit bestehen bleibt, sind dunkle Abzeichen auf weissem Grund und weisse Flecken oder Streifen, wenn sie mindestens 1 cm lang und breit sind, ebenso Rutenform und -richtung. Als Prinzip gilt: Farbe breitet sich aus - weiss schrumpft zusammen. Eine deutliche weisse Blesse bei der Geburt kann mit sechs Wochen „zugewachsen" sein, wenn sie nicht die erforderliche Breite zum „Überleben" hatte. Auch vermisst man später oft die süssen, weissen Zehenspitzchen, welche anfangs vorhanden waren. Die wunderschön abgegrenzten Zeichnungsmuster der Neugeborenen erhalten sich meist nicht in ihrer vollen Klarheit bis ins Erwachsenenalter. Es ist daher mehr als unklug, wenn ungeduldige Interessenten schon zweitägige Welpen aussuchen und reservieren lassen, nur weil sie ihnen farblich so gut gefallen. Andernteils kommt eine schöne Stromung im Fell erst mit drei bis fünf Wochen richtig zum Vorschein, vorher lässt sie sich vom Kenner nur erahnen.

Bulldogwelpen kommen fast ausnahmslos mit rosa Näschen, also total unpigmentiert, zur Welt. Ebenso fehlen oft noch die gerngesehenen dunklen Augenumrandungen. Ein reinweisser Welpe wird diese Farbe beibehalten, wenn er bei der Geburt keine farbigen Abzeichen hat, höchstens für sogenannte Forellentupfen kann es ihm später noch reichen. Aber strahlend-weisse Bulldogs mit schönem Augen- und Schnauzenpigment gehören seit jeher zu den Wunschträumen von Liebhabern und Züchtern. Es ist schwierig, einer echt guten weissen Bulldogge zu widerstehen, und sie wird es im Ausstellungsring durch ihre ganz spezielle Ausstrahlung leichter haben, auf die vorderen Plätze zu kommen, als jede andere Farbe. Mir ist, als würde diese Farbe jede Qualität — aber auch jeden Fehler — doppelt gut und augenfällig zur Geltung bringen. So herrlich ein guter weisser Bulldog aussieht, so abstossend wirkt ein schlechter!

Es ist von grosser Wichtigkeit, dass alle Welpen möglichst viel von der kostbaren Kolostralmilch erhalten. Diese erste Milch ist mit lebenswichtigen Abwehrstoffen versehen, welche den Neugeborenen eine wirkungsvolle Immunität gegenüber verschiedenen Krankheiten verleiht. Die Wissenschaftler sind sich nicht ganz einig, wie lange die Milch einen hohen Anteil solcher Gammaglobuline enthält. Sicher ist, dass sie in den ersten 24 Stunden sehr ausgiebig vorhanden sind, sich aber in den nächsten Tagen ganz rapide abbauen. Deshalb sollten immer alle Welpen angelegt werden, selbst wenn die mütterliche Milch nicht ausreichen sollte. Nicht einige ausschließlich bei der Mutter trinken lassen und andere nur mit der Flasche füttern. Welpen die - aus welch triftigem Grund auch immer - keine Kolostralmilch erhalten, sollten vom Tierarzt Gammaglobuline gespritzt bekommen, auch wenn sie gesund und kräftig aussehen.

Aber wir dürfen unsere Neugeborenen nicht nur ansehen und uns daran erfreuen. Wir müssen ganz genau beobachten, ob die Mutter — vor allem Erstgebärende — ihre Säuberungs- und Massagepflichten ernst nimmt und nicht nur aus Vergnügen ein bisschen mit der Zunge an ihren Kindern herumfummelt. Manchmal leckt sie auch eines ihrer Jungen besonders gerne und vernachlässigt dafür andere. Bei grösseren Würfen halte ich der Hündin dreimal täglich einen nach dem andern zum Putzen vor die Schnauze, damit ganz sicher jeder dran kommt.

Will eine Hündin einfach ihre Welpen nicht lecken für die Kot- und Urinabgabe, überliste ich sie mit einem Trick. Ich gebe einen Tupfen gezuckerte Kondensmilch aus der Tube unter das Schwänzchen und an den hinteren Teil des Welpenbauches, worauf jede Mutter eifrig das feine Zeug ableckt und mit ihrer Pflicht beginnt.

Ich habe herausgefunden, dass sich dieses Vorgehen auch bei Ammenaufzucht bestens bewährt. Meinen Hündinnen wurden schon Welpen verschiedenster Rassen „untergejubelt" und dann erfolgreich aufgezogen. Immer hat es mit Kondensmilch bestens geklappt. Natürlich müssen dann alle Welpen grosszügig mit gezuckerter Kondensmilch bekleckst werden. Meist sind die Mütter dann dermassen mit Schlecken beschäftigt und abgelenkt, dass sie selbst fremde Kinder ohne weiteres annehmen. Für eine Ammenhündin finde ich es wichtig, dass schon der erste Kontakt mit den Fremdkindern positiv verläuft. Dies ist bei meiner Methode eindeutig der Fall. Hingegen beim Abreiben aller Welpen mit Alkohol oder anderen übelriechenden und geschmacksüberdeckenden Flüssigkeiten rümpfen selbst die besten Mütter ihre Nasen.

Neugeborene Welpen verbringen ihre erste Zeit mit saugen und schlafen. Schreie bedeuten, dass ihnen irgend etwas nicht passt und Unbehagen verursacht. Mehr Sorgen machen mir Welpen die nur so vor sich hin wimmern, wenn sie dabei auch noch die Zitze verweigern, muss ernsthaft nach einer Störung gesucht werden, desgleichen, wenn einer immer wieder von der Mutter weg krabbelt und allein sein will. Vorerst überzeuge ich mich immer, ob es sich nicht um Verstopfung handelt. Schiebt die Mutter einen Welpen immer wieder weg oder deckt ihn gar absichtlich mit Tüchern zu, ist das für den Betreffenden kein gutes Omen. Die Hündin spürt dann instinktiv, dass diesem Welpen etwas fehlt.

Am ersten, und manchmal noch am zweiten Tag, verlieren Welpen etwas an Gewicht, ohne dass man sich schon ängstigen muss. Als absolut unbedenklich taxiere ich 5 — 10% des Geburtsgewichtes. Kaiserschnittwelpen holen sogar vielfach erst am dritten oder vierten Tag auf, wenn man sie nicht künstlich zufüttert. Selbst wenn diese Hündinnen vor dem Werfen ein pralles Gesäuge mit viel Milch hatten, ist es nach der Operation total leer und schlaff. Grund dafür ist grösserer Flüssigkeitsverlust und Stress des Eingriffs gegenüber einer normalen Geburt. Die Hündinnen erholen sich aber wirklich erstaunlich schnell und setzen auch mit der Milchproduktion rasch wieder zu, nur ein, zwei Tage später.

Ich habe eindeutig festgestellt, dass Hündinnen, die normal gebären konnten, fürsorglichere Mütter waren, und man ihnen die Welpen früher anvertrauen konnte. Ebenso leckten sie ihre Welpen viel gründlicher.

Die Welpen haben unglaublich scharfe und spitze Krallen, wenn sie zur Welt kommen. Mit einer Nagelschere wird die runde, nach unten gebogene Spitze abgeknipst. Die Kleinen schreien manchmal wegen des Festhaltes; abschneiden, wenn man nur die Spitze kürzt, tut überhaupt nicht weh. Macht man es das erste Mal, ist es ohnehin besser, eher wenig wegzuschneiden als zu viel.

Nach 48 Stunden

Jetzt haben auch die etwas ungeschickteren Welpen das Saugen kapiert. Wenn die Milch nach anfänglichem Nuckeln richtig einschiesst, stemmen sich die kleinen Kerlchen nun mit beiden Vorderpfötchen gegen das Gesäuge und ziehen an der festumschlossenen Zitze, dabei biegt sich ihr kleiner Nacken in einer schönen Wölbung nach oben, und das Körperchen wird für kurze Zeit fast steif. So trinken gesunde, kräftige Welpen. Es ist eine Freude! Alle Schnäuzchen müssen ein strahlendes Rosa zeigen, manchmal sehen sie fast entzündet aus, so gut durchblutet sind sie.

Die Nabelstümpfe fangen an, sich zu lösen und fallen hart und trocken ab. Wenn eine kleine Nabelwunde eine Spur blutet, gibt man antiseptischen Wundpuder darauf und behält den Kleinen im Auge. Ist ein Nabel aber aufgeschwollen, stark gerötet oder gar nässend, sollte nicht lange zugewartet werden und der Tierarzt vorsichtshalber Antibiotika spritzen.

Gibt es im Wurf Welpen mit eng angedrückten Korkzieherruten, die den After bedecken oder bereits Druckstellen ins Fell pressen, lasse ich diese am 3. Lebenstag vom Tierarzt so kurz wie möglich kupieren. Solchermassen degenerierte Ruten machen im späteren Leben dem Hund, selbst bei bester Pflege, grosse Probleme. Man muss wissen, dass Ruten der Neugeborenen noch sehr locker und weich sitzen und scheinbar leicht gehoben werden können. Im Wachstum versteifen sie sich und kommen durch die Entwicklung der Kruppen- und Schenkelmuskulatur dann viel tiefer „ins Fleisch“ hinein, als man ursprünglich annahm.

Entwurmung

Am fünften Tag entwurme ich erstmals die Welpen mit „Banminth-Sirup“ oder einem gleichwertigen Präparat, das schon so kleinen Welpchen gegeben werden darf. Ebenso die Mutter. Spulwürmer können die Welpen schon mit auf die Welt bringen, übertragen im Larvenstadium durch das Blut der Mutter. Selbst, wenn diese regelmässig und auch während der Trächtigkeit entwurmt wurde, ist die Prozedur für die Welpen lebenswichtig. Zudem ist es heute so einfach, Hunde wurmfrei aufzuziehen. Man wiegt jeden Welpen einzeln und gibt ihm die entsprechende Menge Wurmsirup mit einer Injektionsspritze langsam direkt ins Mäulchen. Bei Banminth beträgt die Dosis 1 ccm pro Kilo. Dann schalte ich neun Tage Pause ein und entwurme aufs Neue, die Welpen sind nun 2 Wochen alt. Ab da wähle ich den zweiwöchigen Rythmus (2, 4, 6 W...) und fahre fort bis bei zwei Entwurmungen kein einziger Spulwurm mehr zum Vorschein gekommen ist. Sobald man den Welpen genügend rohes Muskelfleisch verabreichen kann, ist die grösste „Wurmgefahr“ vorüber; denn anscheinend meiden Spulwürmer das sich aus dieser Ernährung ergebende Darmklima.

Mit ca. 9 Wochen werden alle Welpen nochmals entwurmt, diesmal verwende ich das breiter wirksame „Telmin" (Jansen Pharmaceutica) genau nach Vorschrift, und dann nochmals mit 11 Wochen.

Nach 10 Tagen

Jetzt beginnen sich langsam die Augenlider viel deutlicher abzuzeichnen. Beim Spalt, wo sie sich öffnen werden, verdicken sich die Kanten des oberen und unteren Lides, und kleine Wimpern sprossen heraus. Aber auch die zarten Häutchen, die den Ohreingang verschlossen hatten, fangen an abzuschilfern und kleben wie Schüppchen im Fell. Ohren und Augen öffnen sich fast gleichzeitig. Wir bemerken nun, dass die Welpen Geräusche wahrnehmen, dass sie erschrecken können. Fangen sie an, mit leicht erhobenem Köpfchen seitlich pendelnde Bewegungen auszuführen, können wir sicher sein, dass bereits eine kleine Öffnung im Lidspalt, direkt bei der Nasenwurzel, vorhanden ist. Es dringt Helligkeit ein, und die Welpen suchen dann das Licht, welches sie wahrnehmen können. Bis sich die ganze Lidspalte geöffnet hat, dauert es ungefähr zwei Tage. Die Äuglein selbst sind anfangs blau mit einer milchigen Trübung und gestatten noch keine Prognosen über die endgültige Farbe.

Die tägliche Gewichtskontrolle

Seit Anfang meiner Bulldogzucht habe ich genaue Gewichtskontrollen aller Welpen durchgeführt und notiert. Bis zum Alter von 28 Tagen (vier Wochen) werden sie täglich gewogen und ab diesem Datum jeweils, wenn sie wieder „Wochengeburtstag" feiern. Ich versuche immer etwa um die gleiche Zeit zu wiegen. Aber dennoch sagen nur einzelne Zu- oder gar Abnahmen nicht allzuviel aus. Erst wenn wir mehrere Daten gesammelt haben, können wir daraus einigermassen aussagekräftige Schlüsse ziehen. Zudem entstehen beachtliche Differenzen, ob ein Welpe die vorhergehende Stunde verschlafen und sich nun gerade entleert hat, oder ob er mit prallvoll getrunkenem Bäuchlein daliegt und auch bald Kot und Urin abgeben würde.

Durchschnittlich rechne ich mit einer täglichen Zunahme von 10% des Körpergewichtes. Aber dies kann mit Leichtigkeit einmal 50 gr und einmal nur 20 gr betragen.

Wenn auch etwas zeitraubend, so lohnt sich die tägliche Wiegerei in mehrfacher Hinsicht.

Erstens bemerken wir Entwicklungsstörungen sofort. Nimmt ein Welpe nicht normal zu, so liegt die Ursache bei ihm, nimmt jedoch der ganze Wurf nicht gut zu, so müssen wir die Ursache bei der Mutter suchen.

Zweitens wissen wir genau, wann wir mit Zufüttern beginnen müssen. Sobald der ganze

Wurf während zwei Tagen unter der durchschnittlichen Zunahme bleibt, ist dieser Moment gekommen. Manchmal zeigt der trinkfreudigste und kräftigste Welpe, der nicht aufhört, Mutters Gesäuge zu bearbeiten, als einziger noch eine gute Zunahme, und doch ist nicht mehr genug Milch für alle vorhanden.

Drittens lernen die Welpen durch das tägliche Anfassen und auf die Waage legen, dass es noch andere Dinge gibt auf der Welt, als nur Mutter und Wurfkiste. Das Wiegen muss daher immer sehr sorgfältig und mit liebevollem Festhalten und Streicheln geschehen, damit sich dieser Frühkontakt zum Menschen als positiv im Welpen fixiert.

Wenn auch die Welpen mit recht unterschiedlichen Geburtsgewichten auf unserer Tabelle starten, so gelingt es fast immer, sie mit der Zeit etwas auszugleichen, indem man die leichteren Welpen an die besten Zitzen legt und ihnen hilft, sich dort nicht wegdrücken zu lassen. Grosse, „freche" Welpen lege ich nach vorne, wo die weniger begehrten Nuggis sind. Man muss oft vor sich hinlächeln, wie diese damit dann gar nicht einverstanden sind und lauthals protestieren. Sie können sich auch manchmal äusserst hartnäckig weigern, an einer Zitze zu saugen, die ihnen aus irgend einem Grund nicht passt, oder die ihrer Meinung nach zu wenig ergiebig fliesst.

Für Bulldogs sind tägliche Zunahmen von 40 bis 60 gr normal, ausnahmsweise können es bis 100 gr sein bei einer gut säugenden Hündin. Nimmt ein Welpe an zwei aufeinander folgenden Tagen nur 30 gr oder weniger zu, so fehlt ihm etwas, und wir müssen die Ursache sehr ernsthaft suchen.

In der Regel verdoppeln kleine Bulldogs ihr Geburtsgewicht zwischen dem 8. und dem 11. Lebenstag, die Leichteren meist früher als die Schwersten. So schön die Freude eines gut zunehmenden Wurfes ist, so habe ich trotzdem bei unserer Rasse nicht gerne zu schwere Welpen, deren Zunahmen weit über dem Durchschnitt liegen. Dermassen überernährte Welpen werden faul, bewegen sich nicht mehr und neigen zum sogenannten „Flat Puppy Syndrom". Darüber mehr bei den Welpenerkrankungen.

Werden Saugwelpen zu schwer, bevor sie ordentlich auf allen vier Beinchen stehen und etwas laufen können, ist das sehr ungünstig für ihre noch weichen Knochen und Bänder. Die Jungen von weniger schwergebauten Rassen lernen ungefähr mit zwei Wochen sich auf ihren noch wackeligen Läufen zu halten und Gehversuche zu machen. Aber auch unsere Welpen sollten wenigstens mit drei Wochen soweit sein. Ist der ganze Wurf etwa im Alter von zwei Wochen schwer und „pfluderig" dick, was leicht bei sehr gut säugenden, guten Müttern mit wenig Welpen passieren kann, so müssen wir durch künstlich herbeigeführte verlängerte Trinkpausen (Trennung von Mutter und Welpen) die täglichen Zunahmen etwas drosseln. Sobald weniger intensiv getrunken wird, verringert sich die Milchmenge.

Zufüttern

Wie vorher erwähnt, kann es unbedingt notwendig sein, neugeborene oder ganz junge

Abbildung 139: Flaschenkind.

Welpen künstlich zu ernähren. Heute sind so gute Welpenmilchpräparate erhältlich, dass man infolge Muttermilchmangels keinen Welpen verlieren dürfte. Aber es ist unbestritten, dass Saugen an der Mutter nach wie vor das allerbeste und weitaus einfachste ist. Ist Handfütterung notwendig, geht das bei so Kleinen am besten mit einer speziellen Flasche, welche in neuester Zeit oft von den Welpenmilch-Herstellern mitverkauft oder sonst in Zoohandlungen oder Hundezubehörgeschäften erworben werden kann. Auch die herkömmlichen Babyflaschen leisten gute Dienste. Einzig die entsprechenden Gummisauger machen anfangs grosse Probleme. Es ist echt schwierig, erstens einen Nuggi zu finden, den die Welpen gerne annehmen und zweitens das Loch in der richtigen Grösse da hinein zu kriegen. Ganz wichtig ist, dass die Milch nicht zu leicht, fast ohne Saugen heraus tropft, dann verschluckt sich der Welpe mit jeder Garantie, und dies kann leicht den Tod durch eine Verschluck-Pneumonie (-Lungenentzündung) bedeuten. Muss sich andernteils ein Welpe zu stark anstrengen bis Milch kommt, verleidet es ihm, oder er wird müde und gibt auf.

Schöppeln mit der Flasche ist ein zeitraubendes Unterfangen, das mit viel Fingerspitzengefühl ausgeführt werden muss. Für gutes Gelingen sind einige wichtige Punkte unbedingt zu berücksichtigen. Man muss selbst ganz ruhig und möglichst ungestört arbeiten können. Die Milch muss in der richtigen Temperatur und Menge verabreicht werden. Es gibt elektrische Schoppenwärmer, welche das Warmhalten der vorbereiteten Milchmenge erleichtern. Auch der zuletzt gefütterte Welpe muss seinen Anteil noch schön körperwarm trinken können.

Ich lege ein zusammengefaltetes Tuch über meine Knie und halte in der einen Hand den Welpen und in der andern die Flasche. Ich versuche, dem Welpen durch seitlichen Druck die Kiefer zu öffnen, falls er nicht von sich aus den Nuggi nimmt. Die Zunge klebt manchmal oben am Gaumen, und dann kann der Welpe natürlich nicht saugen. Richtigerweise sollte sich die Zunge von unten halbkreisförmig um den Sauger legen. Ich versuche, die Welpen in möglichst natürlicher Stellung festzuhalten, bald beginnen sie dann mit den Vorderpfötchen gegen meine Hand den Milchtritt auszuführen und hinten fest anzustemmen.

Wieviel so ein kleiner „Spatz" zu trinken bekommt, hängt ganz von der Menge ab, die er bei der Mutter saugen kann. Wenn die Milch der Mutter nur „etwas knapp ist", beginne ich noch nicht gleich mit der Flasche. Ich nehme lieber etwas leichtere Welpen in Kauf, als ohne absolute Notwendigkeit das Risiko des Verschluckens. Bei unseren kurzschnäuzigen Bulldogs ist das leider viel schneller passiert als bei langköpfigen Rassen, die ganz andere Rachenverhältnisse aufweisen und denen daher die Nahrung weit weniger in die Luftröhre und Lunge kommt.

Müssen Welpen ganz mit der Flasche aufgezogen werden, sind die Anweisungen auf der entsprechenden Welpenmilchdose genau zu befolgen. Ich habe herausgefunden, dass man gute Resultate erzielt, wenn in den ersten 3 Tagen alle 2 1/2 bis 3 Stunden gefüttert wird, am 1. Tag vielleicht 5 ccm pro Mahlzeit, am 2. 6 ccm, am 3. 7 ccm. Ausschlaggebend sind die Gewichtszunahmen der Welpen und wie ruhig sie sind. Je nach dem, mehr oder weniger geben. Ich bin aber überzeugt, dass mit zuviel Füttern weit mehr Schaden angerichtet wird als mit knappen Mahlzeiten. Alle paar Tage kann man die Intervalle um eine Viertelstunde verlängern. Nachtpausen mache ich wie bei gesäugten Würfen.

Fällt die Hundemama auch für die Welpenpflege aus, so erwächst uns von dort ein gerüttelt Mass an Reinigungs- und Putzarbeit. Die Verdauung muss bei künstlich ernährten Welpen noch viel perfekter überwacht werden und klappen als bei Muttermilch. Zu der üblichen Massage, welche, wie wir wissen, für Urin- und Kotabgabe lebenswichtig ist, kommt das Ersetzen des Ableckens durch die Mutter hinzu. Mit einem in warmes Wasser getauchten, aber wieder gut ausgerungenen Schwamm oder Lappen, waschen und massieren wir die ganzen Hundekörperchen mindestens 1 mal täglich. Wir lassen uns dabei vom Bild leiten, wie es die Hundemutter machen würde, Brust, Bauch, Rücken, Hals, Pfötchen, Gesicht ... einfach alles. Welpchen lieben das sehr und drücken wohlig gegen das feucht-warme Tuch, wenn es über sie gleitet. Diese feuchte Fellpflege ist besonders wichtig, wenn die Kleinen ganztägig unter der Wärmelampe liegen. Dort ist die Luft viel trockener als in der Wurfkiste neben der Mutter.

Gesunden Welpen gebe ich ab dem 14. Tag rohes, ganz mageres Rinderhackfleisch (Tartar) ohne jeden Zusatz, mehr um essen zu lernen, denn als Ernährung. Für jeden einzelnen Welpen etwa eine haselnussgrosse Menge in Körpertemperatur ins Mäulchen. Dafür nehme ich jeden Welpen einzeln auf den Schoss und füttere ihn aus der Hand. Hei, wie die das mögen, schwupps ist alles weg! Man würde ihnen gerne das Dreifache geben, so gerne mögen sie's. Der Verdauungsapparat der Kleinen muss sich aber ganz langsam und sachte vorerst an minimale Portionen gewöhnen. Am zweiten Tag gibt es zweimal ein Kügelchen und am dritten dreimal. Bei dreimal bleibt es, nur das Quantum wird langsam erhöht.

Die Kleinen können nun selbstständig Kot und Urin machen. Die Zungenmassage der Mutter ist nicht mehr lebenswichtig. Sie krabbeln oft schon ganz aufgeregt in der Kiste umher, bevor sie ihr Geschäftchen erledigen können. Es scheint, sie suchen schon jetzt eine Stelle abseits vom Schlafplatz.

Mit drei Wochen

Um diese Zeit machen Welpen einen enormen Entwicklungsschub durch, physisch und psychisch. Es wird jetzt nicht mehr nur gegessen und geschlafen. Die Sinne öffnen sich für die Aussenwelt. Sie beginnen tollpatschig mit den ersten angedeuteten Spielen. Mit weit aufgesperrten Mäulchen versuchen sie sich gegenseitig ins Fell zu „beissen". Fast pünktlich am 21. Tag stechen uns die ersten, spitzen Schneidezähnchen, wenn wir den Finger hinein halten.

Ich stelle nun einen Radioapparat ins Welpenzimmer. Zuerst stundenweise und später über längere Zeit lasse ich Musik in gemässigter Lautstärke ertönen, damit sich die Welpen an unterschiedliche Töne, Stimmen und Laute gewöhnen.

Wenn die Zunahmen in dieser Zeit trotz den Fleischgaben unter die Limits sinken, kann das Zufüttern von Welpenmilch nun aus flachen Schüsseln oder Tellern erfolgen. Schwere Blumentopfuntersetzer eignen sich ebenfalls. Das Lernen ist so oder so eine schmierige, klebrige Angelegenheit! Meist geht mit zarten Flocken etwas angedickte Milch besser für den Anfang als reine Welpenmilch. Die breiige Konsistenz wie eine dicke Crème-Suppe finde ich am besten.

Sind Welpen mit der Flasche aufgezogen oder stark zugefüttert worden, macht man selbstverständlich die ersten „Essversuche" so früh wie möglich. Man darf sich nicht entmutigen lassen, aller Anfang ist schwer, und aus einem Teller zu essen für einen kleinen Welpen gar furchtbar schwierig! Aber mit jedem Versuch geht es deutlich besser. Es ist wichtig, nicht zu tief Flüssigkeit in den Futterteller zu füllen. Die Kleinen fallen leicht kopfüber hinein oder tauchen die Schnauze bis auf den Boden und verschlucken sich. Die Milch kommt dann durch die Nasenlöcher wieder hinaus, und sie müssen furchtbar niessen, wenn sie sich dermassen verschluckt haben. Es ist aber weit weniger schlimm als es aussieht.

Die Hundemama ist gerne bereit, die mit Milchbrei verschmierten Kinder gründlichst abzulecken, obwohl sie in letzter Zeit deutlich zurückhaltender wurde in der Welpenpflege. Manche verweigern das Kotaufnehmen, sobald die Welpen zugefüttert werden, andere stört der Fremdgeruch nicht.

In der Zwischenzeit sind die kleinen Krallen wieder ein gutes Stücklein nachgewachsen und benötigen erneut eine kleine Pedicure-Sitzung.

Mit vier Wochen

Der Aktionsradius der Wepen wächst von Tag zu Tag. Sie fangen an, über den Wurfkistenrand zu klettern wenn sie sich versäubern müssen. Nun ist die Zeit gekommen, ihnen das Verlassen der Kinderstube zu ermöglichen um sich ein etwas entfernteres Örtchen zu suchen. Die „Sitzungen" sind aber ein schwieriges Unterfangen. Man steht noch nicht so sicher auf den Beinchen und mit „hochsitzen" klappt es auch noch nicht ganz. Oft purzelt man noch über den Haufen im Übereifer. Halb schon in der Hocke, suchen sie sich rückwärts tastend etwas Halt in einer Ecke oder an der Wand, zur Verrichtung des „grossen Geschäftes". Der Boden sollte nicht glitschig, aber dennoch gut zu reinigen sein. Ich lege in dieser ersten Zeit grob gewobene, grosse Baumwolltücher auf den Boden, die ich in den Ecken mit Betonbausteinen beschwere. Darauf können Welpen gut ihre ersten Gehversuche starten, ohne stark auszurutschen, die Bächlein werden aufgesogen, und die Kotwürstchen nehme ich zusammen, sofern die Mutter sie liegen lässt. Meine Erfahrungen mit Zeitungspapier sind nicht zufriedenstellend. Da wasche ich lieber zwei, drei grosse Tücher in der Waschmaschine pro Tag. In der Wurfkiste, die nun schon fast sauber bleibt, liegen nach wie vor die praktischen Kunststoffelleinlagen.

Fünf Wochen und mehr

In der fünften Woche beginne ich auch Welpen an's Fressen aus dem Teller zu gewöhnen, die bis anhin voll von ihrer Mutter gesäugt wurden und nur die kleinen Fleischmahlzeiten aus der Hand erhielten. Es ist interessant zu sehen, dass Welpen in diesem Alter das sofort können. Die Natur zeigt hiermit, dass sie einen Reifeprozess durchgemacht haben und nun, vom Instinkt geleitet, wissen, worum es geht. Ganz im Gegensatz zu Dreiwöchigen, die sich furchtbar ungeschickt anstellen, wenn sie Milch lappen sollten. Der Beweis liegt auf der Hand: In diesem Alter nur füttern, wenn unbedingt erforderlich!

Als erste Mahlzeiten gebe ich immer vorschriftsgemäss zubereitete Welpenmilch, angedickt mit eingeweichten feinen Flocken oder zerdrücktem Zwieback. Handelt es sich um weniger gefrässige Welpen, gebe ich anfangs zur „Geschmacksveredlung" und Angewöhnung etwas Rinderhackfleisch dazu.

Die Mutterhündin baut nun ihre Milchleistung meist rapide ab. Es ist unmöglich, genaue Mengenangaben zu machen für das Welpenfutter. Reicht man den Teller vorerst einmal täglich, muss vielleicht schon andertags auf zwei zusätzliche Mahlzeiten umgestellt werden. Ein aufmerksamer Züchter muss nun mit Fingerspitzengefühl selbst heraus finden, wieviel und wie oft er füttern muss. Ich bewerte die Menge, die in fünf Minuten aufgegessen wird, als etwa richtig. Die Welpen sollen nicht vom Futter weglaufen, ausser rasch um sich zu entleeren, und sich satt zeigen, bevor der Teller leer ist, und dürfen nicht fressen bis ihre Bäuche prall rund wie Trommeln sind. Schnelle, gierige Fresser nehme ich manchmal schon vor offiziellem Futterende auf den Arm, da sie sich aus reinem Futterneid überfressen würden.

Ich verwende flache Chromstahlteller mit fast senkrechtem, 6 cm hohem Rand, die Grösse muss der Wurfstärke entsprechen. Die aus rotem Ton gebrannten, innen glasierten Blumentopfuntersetzer von 20 bis 30 cm Durchmesser eignen sich ebenfalls sehr gut. Wenn ich jüngere Welpen zufüttern muss, bevorzuge ich diese, weil ihr Rand niedriger ist. Sind in einem Wurf die Welpen sehr ungleiche Fresser, mache ich zwei Gruppen: „Trödler und Vollgaser".

In der siebten/achten Woche sind die Welpen entwöhnt und schon ziemlich selbstständige Junghunde geworden, auch wenn sie bisweilen noch bei der Mutter saugen. Sie werden jetzt fünfmal pro Tag gefüttert.

07.00 Milch-Mahlzeit mit 1/2 Teelöffel Honig pro Welpe, fein geraffelte Äpfel und zerdrückte Banane

11.00 eingeweichtes Puppy Futter einer erprobten Marke

15.00 Milch-Mahlzeit in anderer Zusammensetzung z.B. Joghurt oder Quark mit eingeweichten, feinen Flocken z. B. Matzinger, 1 Teelöffel Bierhefenprodukt

18.00 pro Welpe 100 — 120 gr gehacktes Rindfleisch, mit fein geschnittenem, frischen Gemüse wie: Karotten, Salat, Schnittlauch, Petersilie, Tomaten, (etwa einen gehäuften Esslöffel zerdrückte, gekochte Kartoffeln zur Abwechslung) und einen Teelöffel Welpenkalk.

Abbildung 140: Mahlzeit!

22.00 vor dem „Zubettgehen" noch ein kleiner Milch-Drink mit etwas eingeweichtem Puppy-Food (Fertigprodukt) angedickt und 1 Teelöffel Dorschlebertran pro Welpe.

Unter „Milch" verstehe ich spezielle Welpenmilch oder frische Kuhmilch, angereichert mit etwas Welpenmilchpulver.

Abwechslung in der Welpenfütterung finde ich äusserst wichtig. Junge Lebewesen lassen sich sehr leicht durch einen bestimmten Geschmack prägen. Wenn uns auch die Futtermittelindustrie weismacht, dass man nur ihr Kompletfutter mit Wasser einweichen muss, oder gar trocken hinstellen kann, und das alles ist, um gesunde Welpen aufzuziehen, möchte ich davon abraten. Solche Welpen kann man nurmehr sehr mühsam an andere, neue Futter gewöhnen und sie werden schlechte oder schwierige Fresser sein und bleiben. Zudem hat jeder Welpenkäufer seine eigenen Vorstellungen, wie er später seinen Liebling füttern möchte, auch wenn er sich anfangs genau an des Züchters Ratschläge hält. Weiter kommt erschwerend hinzu, dass viele Hundefuttermarken nicht überall erhältlich sind.

Bei der Futteraufnahme bin ich immer dabei. Wenn alles schön friedlich vor sich geht, nur aus Freude am Beobachten. Aber fast jedesmal ist irgend eine „Handreichung" notwendig. Entweder stellt sich einer mit allen Vieren quer in den Teller oder ein anderer findet mit dem besten Willen keinen ihm ganz genau passenden Platz und rennt aufgeregt herum, anstatt sich einfach frech und mutig irgendwo dazwischen zu drücken, wie es die andern auch machen. Streitereien ums Futter dulde ich absolut keine. Jeder Welpe, der beim Teller böse knurrt oder um sich schnappt, wird rigoros am Nackenfell geschüttelt oder sonstwie zur Räson ermahnt.

Es gibt Hündinnen, die ihren Welpen ihr eigenes Fressen vorwürgen. Dies ist, wenn auch nicht sehr appetitlich für uns, die natürlichste Form des Entwöhnens. Die Welpen stürzen sich geradezu auf diesen Futterbrei. Aber ich ziehe es doch vor, solche Mütter nach dem Füttern, für etwa zwei Stunden aus der Kinderstube zu verbannen.

Die Hündin kehrt nach fünf, sechs Wochen allmählich in ihren früheren Lebensrythmus zurück. Sie will meist nicht mehr dauernd bei ihren Kleinen sein und muss unbedingt die Möglichkeit haben, den Wurf verlassen zu können. Gerne liegt sie auf einem in der Nähe postierten Beobachtungsplatz, von wo aus sie ihre Welpen beobachten kann. Ihr Hauptinteresse an den Kindern beschränkt sich nun noch aufs Nachschauen, ob alles seine Ordnung hat, Spielstunden mit ihnen abzuhalten und ganz wichtig: ob man nicht noch von dem feinen Welpenfutter etwas abbekommen könnte. Viele stellen sich aber noch täglich ein- oder zweimal ganz ruhig zwischen die Welpen, damit diese saugen können. Mit der Zeit wird ihr Gesäuge leer, faltig und hängend. Sie lassen es sich gerne gefallen, wenn man ihren ganzen Bauch gut mit Melkfett einreibt. Dieses Vorgehen hilft sehr, dass sich die Milchleisten rasch und fast gänzlich zurückbilden.

Dies bringt mich auf den Gedanken, noch einiges über das „Entwöhnen" der Hundemutter zu sagen. Während der aktivsten Milchproduktion ist sie drei bis viermal gefüttert

Mr. WALTER JEFFERIES, breeder of the celebrated "Stone" Bull Dogs, writes as follows:—

Denmark Hill, S.E.

Gentlemen,

"I used your 'Patent' Barley Food for my bitches in whelp, and puppies, and found it most beneficial to both."

(*Signed*) *WALTER JEFFERIES.*

From Mr. B. HEARN, Weston-super-Mare.

"I enclose a photo of a litter of seven Fox Terrier Puppies (Sire—Champion Gipsy Joe) bred by me. Having trouble with the mother, I adopted the idea of feeding them on Robinson's Barley, with splendid results, every one of them being strong and healthy, and gained 1st prize in the open litter class at Weston Dog Show."

From Mrs. E. O. CARLESS, Weston-super-Mare, breeder of Smooth Fox Terriers.

"I have used Robinson's Barley in preference to all other foods in the rearing of my puppies, and have never lost one. A litter of seven, including my bitch, 'Renata,' were reared entirely upon it, and a litter of four—the dam's milk having ceased at the end of ten days—were successfully reared upon it."

THE BEST FOOD FOR PRIZE AND PEDIGREE DOGS,

and all kinds of toy and fancy breeds,

IS

ROBINSON'S 'PATENT' BARLEY

Obtainable through any Corn Dealer or Stores.

KEEN, ROBINSON & CO., LTD., LONDON.

Abbildung 141: Jeder hat das beste ...

worden, und dazu noch speziell gut. So weiter zu fahren würde ihr natürlich ganz gut passen. Unversehens platzt sie uns aber bei dieser Ernährung bald aus dem Fell, und die Figur ist „im Eimer". Da ich aus eigener Erfahrung weiss, wie viel schwieriger und schmerzhafter es ist, ab- als zuzunehmen, beuge ich dem vor, sobald sie nicht mehr voll säugt. Vorerst wird eine Mahlzeit aus dem Menuplan gestrichen, später eine zweite. Wenn ich bei den gewohnten zwei Fütterungen pro Tag angekommen bin, erhält sie wieder dasselbe Futter wie die andern erwachsenen Hunde. Bis sie auf's Neue im „alten Glanze" erstrahlt, bleibt die Kalziumgabe noch bestehen, und ich füge zusätzlich ein Aufbautonikum für's Fell hinzu. Etwa in der achten Woche nach der Geburt verlieren unsere Hündinnen sehr viele Haare und sehen dann furchtbar struppig und ungepflegt aus. Bei entsprechender Nahrung und guter Fellpflege ist dieser Zustand in ein / zwei Wochen vorbei.

Wenn die Welpen etwa sieben Wochen alt sind — Bulldogs sind Spätentwickler — beginnt eine ganz wichtige Prägungsphase. Sie müssen nun mit Geräuschen des Haushaltes und des täglichen Lebens ausserhalb ihres Auslaufes Bekanntschaft machen. Sie müssen vorbeiflitzende Autos sehen und hören, selbst im Auto mitgenommen werden, Pfannen- und Schubladengeräusche in der Küche vernehmen, den Staubsauger von nah erfahren und was der tausend Sachen noch mehr sind. Wenn wir der kleinen Bande und ihrem Lernbedürfnis gerecht werden wollen, so bedeuten diese Wochen eine unerhörte Herausforderung und Arbeitsbelastung für den verantwortungsvollen Züchter.

Im Alter von neun Wochen lasse ich bei den Welpen die 15.00 Uhr Mahlzeit ausfallen. Dafür wird die „Fleischfeier" auf 17.00 Uhr vorverschoben und auf 150 gr pro Welpe erhöht. Letzter Milchdrink gibt es dann um 20.00 Uhr. Bei der Morgenmahlzeit gebe ich jetzt abwechselnd Quark, Joghurt oder Milch mit Flocken, Früchten und Honig.

Mit elf Wochen gewöhne ich die Welpen an drei Mahlzeiten, die der neue Besitzer dann vorerst beibehalten kann, wenn er den Kleinen mit zwölf Wochen abholt. Morgens: Milch/Joghurt/Quark — Flocken — Früchte. Mittags: eingeweichtes Welpenfutter. 18.00 Uhr Fleischmahlzeit, die nun abwechselnd aus Pansen, Herz, Huhn oder Fisch bestehen kann, Kalk- und Lebertranzusatz. Vor dem Schlafen jedem einen Hundezwieback.

Impfungen

Jeder Veterinär hat abweichende Vorstellungen wie er seinen idealen Impfplan sieht. Ein Züchter sollte unbedingt dem Rat seines Vertrauenstierarztes folgen.

Mein Impfplan sieht zur jetzigen Zeit folgendermassen aus, kann sich selbstverständlich ändern, wenn neue Erkenntnisse oder Krankheiten dies erfordern.

7 Wochen	1. Parvo Impfung
9 Wochen	1. kombinierte Impfung: Staupe, Hepatitis, Leptospirose und Zwingerhusten

11 Wochen	2. kombinierte Impfung
4 Monate	2. Parvo Impfung

Durch den Verkauf der Welpen mit 10 bis 12 Wochen beschliesst der Züchter seine Arbeit mit dem Wurf — aber nicht seine Verantwortung für die Lebewesen, die er willentlich in die Welt gesetzt hat. Seine Züchterehre muss ihm gebieten, auch später dafür besorgt zu sein, dass es „seinen Kindern" möglichst gut geht und sie ein hundegerechtes Leben führen dürfen.

Abgabe der Welpen

Verhaltensforscher beteuern, dass Welpen wegen möglichst früher Prägung schon mit sieben Wochen verkauft werden sollten. Sie finden natürlich sehr leicht Anhänger für ihre Theorie, da es für jeden Züchter finanziell und arbeitsmässig einen Riesenunterschied ausmacht, ob er den ganzen Wurf einen Monat länger füttert und betreut. Zudem hörte ich noch nie, dass Züchter für so junge Welpen dann entsprechend niedrigere Preise verlangten.

Ich kann diese Auffassung aus mancherlei Gründen nicht teilen. Ein so junger Hund kann noch gar keinen genügenden Impfschutz aufgebaut haben, also besteht ein grosses gesundheitliches Risiko. Bulldogs gehören zu den Spätentwicklern unter den Hunden. Sie sind lange richtige Kinder und unselbstständig. Bis mindestens 10 Wochen tut ihnen das Zusammensein mit Geschwistern und auch der Mutter bestimmt noch gut. Es ist falsch, die Welpen nur auf Menschen prägen zu wollen, um später mit an Sicherheit grenzender Wahrscheinlichkeit Erwachsene zu besitzen, die mit Ihresgleichen nicht umgehen können. Woher sollen sie den „Hunde-Knigge" kennen lernen? Wir Menschen können ihnen das mit dem allerbesten Willen nicht ersetzen, was sie in der Kinderstube automatisch mitbekommen und spielend üben. Dass sich ein guter Züchter in dieser Zeit eben wirklich intensiv um den Wurf kümmert und viel Zeit und Ideen dafür aufwendet, erachte ich als Selbstverständlichkeit. Lässt er einen Wurf nur im Gehege, wohl mit genügend und gutem Futter aufwachsen, ja dann ..... ist es vielleicht besser, er verkauft die Welpen mit sieben Wochen.

Zu den Aufgaben eines Züchters gehört es auch, Besuche zu empfangen, welche kleine oder grosse Bulldogs sehen möchten. Sollten sie sich als ernsthafte Interessenten entpuppen, müssen sie auf „Herz und Nieren" geprüft werden, ob es „richtige Bulldogleute" sind und ob man ihnen einen Welpen anvertrauen kann.

Meine Welpen verlassen uns zwischen 10 und 12 Wochen. Manche auch später, wenn ich ihre Weiterentwicklung noch im Auge behalten will. In diesem Alter kann man ein Jungtier auch besser und zuverlässiger beurteilen, sei dies nun wesens- oder schönheitsmässig. Bulldogs können kaum vor frühestens acht Wochen auf ihre spätere Disposition punkto Bewegungsfreude und physischer Belastbarkeit eingeschätzt werden.

Abbildung 70: *Hilfsbereit.*

Abbildung 71: *Mein armer Ball!*

Abbildung 72: Kluge Köpfe schützen sich.

Abbildung 73: Schwimmen beginnt mit Abkühlung.

Abbildung 74: Fussbad.

Abbildung 75: Zweckentfremdet.

Abbildung 76: Meisterschwimmer.

Abbildung 77: Paniertes Schnitzel.

Abbildung 78: Planschen macht Spass.

Abbildung 79: Wir kommen!

Abbildung 80: Fast am Ziel!

Abbildung 81 + 82: Iglu-Bau.

Abbildung 83: Winterwanderung.

Abbildung 84: Skisport.

Abbildung 85
(links):
Jugendträume.

Abbildung 86
(unten):
Altersfreuden,
13. Geburtstag.

Bei Rüden muss sich der Käufer über das Vorhandensein von beiden Hoden im Scrotum überzeugen. Auf jeden Fall muss darüber gesprochen und eventuelle Abmachungen schriftlich festgehalten werden. Ein Käufer muss wissen, dass mit einem einhodigen oder hodenlosen Rüden nicht gezüchtet werden darf, und er auch nicht an Ausstellungen teilnehmen kann. Es ist daher nicht mehr als korrekt, wenn man für einen solchen Hund eine drastische Preisreduktion gewährt. In den Händen von Liebhabern ohne grosse anderweitige Ambitionen sind das dennoch vollwertige, liebe Hausgenossen und verdienen genauso gut behandelt zu werden, wie kostbare Zucht- oder Ausstellungshunde.
Zum Welpen gehören Stammbaum, Impfausweis, genauer Fütterungsplan und ein Kaufvertrag im Doppel. Ich gebe jedem noch meine „Gebrauchsanweisung für kleine Bulldogs" und das Futter für die ersten Tage mit. Ebenso ein kleines Spielzeug, das der Welpe kennt und ihn an zu Hause erinnert.
Dass Tiere nie Überraschungsgeschenke sein dürfen, muss ich wohl nicht erwähnen, oder vielleicht doch? Ich verkaufe nie einen Welpen als Geschenk, wenn ich mich nicht vergewissern kann, dass sich der Beschenkte wirklich einen Bulldog wünscht und auch die notwendigen Voraussetzungen dafür erfüllt.
Mit dem Verkauf ist die Sache noch lange nicht erledigt. Am Anfang gibt es Telephonate hin und zurück. Sogar, wenn alles einigermassen gut über die Bühne geht, sind die ersten Tage und Nächte sehr aufregend für Welpen und Besitzer. Man muss beruhigen, trösten, Rat erteilen, Auskunft geben, weiterhelfen .... Die neuen Eigentümer müssen wissen und spüren, dass wir keine Hundehändler sind, und uns das Wohlergehen der von uns willentlich ins Leben gerufenen Kreatur am Herzen liegt. Wir Züchter tragen eine grosse Verantwortung für unsere Hunde, die mit der Abgabe nicht einfach beendet ist.

Abbildung 142: Wer möchte uns?

10. Die Rolle der Rasseclubs

Der alles überragende Hauptzweck eines Rassehundeclubs ist die *Erhaltung, Förderung und Verbesserung der Rasse.*

Alle anderen Aktivitäten sind dazu da, um dieses Hauptanliegen zu erfüllen. Die weitaus wichtigste Aufgabe zur Erlangung eines gesünderen Bulldogs ist die Ausbildung und Informierung der Richter, Zuchtleiter und Züchter.

Zudem obliegen dem Club:

- Förderung und Kontrolle der Zucht
- Durchsetzung der Zucht-Rahmenbedingungen des Landesverbandes und der rassenspezifischen Zuchtbestimmugen
- Welpenvermittlung und Beratung von Interessenten
- Organisation der Teilnahme an Hundeausstellungen, einer eigenen Clubshow und anderen Veranstaltungen
- Abgabe von Preisen und Vermittlung von Club-Artikeln
- Ernennung und Ausbildung von Richtern
- Beratung von Bulldogbesitzern in allen Fragen von Haltung, Pflege, Krankheiten u.s.w.
- Ausbildung von Hunden, Erziehungskurse u.s.w.
- Herausgabe eines Club-Organs
- Berichterstattung und reaktionelle Beiträge zur Information und Bekanntmachung der Rasse

u.s.w.

Die Aufgaben eines Rasse-Hundeclubs sind äusserst vielfältig und für die Erhaltung der Rasse unverzichtbar. Auch unserem Hauptanliegen, einen gesünderen Bulldog zu züchten, ist ohne Koordiantion der Anstrengungen durch die Clubs kein Erfolg beschieden.

Ohne Rasseclub ist in keinem Land die Entwicklung und der Fortbestand von Einzelrassen oder Rassegruppen gewährleistet. Als Züchter ist der Beitritt zu diesen Vereinigungen fast unumgänglich. Aber auch „gewöhnliche" Liebhaber, die weder züchten noch regelmässig ausstellen, sind herzlich willkommen und ebenfalls sehr wichtige Mitglieder. Sie lernen dort andere Bulldogleute kennen und wissen, an wen man sich wenden kann, wenn man Rat und Hilfe braucht. Ohne eine genügend grosse Anzahl Mitglieder, kann kein Club existieren. Daher ist auch das Mitmachen der reinen Liebhaber so wünschenswert. Es kann doch auch dieser Gruppe nicht gleichgültig sein, was für Bulldogs gezüchtet werden; denn schlussendlich sind sie ebenfalls Leidtragende oder Profiteure, wie man's nimmt.

Es ist ausserordentlich wichtig, dass die Clubs weitgehende Unterstützung erfahren und in ihren Bestrebungen anerkannt werden. Wir müssen unbedingt in der Öffentlichkeit

Abbildung 143: Informationsstand auf einer Hundeausstellung.

das Image des Bulldogs verbessern. Es dient der Rasse keineswegs, wenn anatomische Fehler idealisiert werden, die heute sinnlos geworden sind, wofür der Bulldog leider ein Musterbeispiel darstellt. Die dringendste Aufgabe wird nun die Richterorientierung sein, wenn wir eine Änderung des Typs herbeiführen und unserer Rasse etwas Gutes tun wollen. Unser Hauptzweck als Club, die Rasse zu fördern und zu verbreiten, schliesst automatisch mit ein, dass man auf ihre Gesundheit achtet.

Wie wir gesehen haben, kommt den Richtern bei dieser Aufgabe eine absolute Schlüsselstellung zu. Ihrer Information wird bei uns und vielleicht auch andernorts nicht die notwendige Aufmerksamkeit geschenkt, die sie ihrer Wichtigkeit entsprechend verdienen würde.

Wir können von Richtern, die meistens keine Bulldogzüchter sind, nicht erwarten, dass sie unsere spezifischen Rassenprobleme genauestens kennen. Insbesondere nicht, weil man viel zu lange versucht hat, sie zu vertuschen und nicht öffentlich darüber zu sprechen.

Die Clubs dürfen von ihren aufgebotenen Richtern erwarten, dass sie bei den Schauen nicht nur die Schönheit, sondern vermehrt die Gesundheit und eine rassegerechte Bewegungsfähigkeit beurteilen und bei der Bewertung berücksichtigen. Ich bin aber sicher, dass unsere Richter, die doch Bulldogs mögen, gerne bereit sind, ihren Beitrag zur Gesundung der Rasse zu leisten.

11. Probleme und Krankheiten

a) Der Welpen

Über die möglichen Erkrankungen der Welpen allein könnten Bände gefüllt werden. Jede Darstellung bleibt aber unvollständig.

Es ist gerade bei Welpen äusserst wichtig, früh genug den Rat des erfahrenen Kleintierspezialisten einzuholen. Ich behandle in diesem Kapitel nur die häufigsten Sympthome, die gefährlichsten Krankheiten und solche, die unsere Rasse öfter befallen als andere Rassen. Ich bin Züchter und beurteile aus meinem Blickwinkel, eine veterinärmedizinische Abhandlung zu geben, liegt mir fern.

Dieses Kapitel schreibe ich, um neuen Züchtern zu helfen. Jeder erfahrene Züchter hat seine eigenen Wege, Methoden und Medikamente gefunden, mit denen er seine Probleme bewältigt, ein anderer Züchter macht dies vielleicht auf andere Art und Weise. Das gemeinsame Ziel aller Züchter sollte lebende, gesunde Welpen sein. Es gibt kaum etwas Traurigeres und Deprimierenderes für einen Züchter, als machtlos zusehen zu müssen, wie seine gesund geborenen Welpen kränkeln und dahinsiechen.

Gesunde Welpen zeigen den sogenannten „aktiven Schlaf", d.h. in einer gewissen Schlaftiefe zappeln und zucken ihre Gliedmassen, ja ihr ganzes Körperchen. Sie machen dann Bewegungen, deren sie im Wachzustand noch gar nicht fähig sind wie springen und laufen, manchmal sogar angedeutetes bellen. Dadurch stärkt und trainiert sich die Muskulatur selbst.

Welpen zeigen, selbst wenn sie an unterschiedlichen Erkrankungen leiden, fast immer ein ähnliches Krankheitsbild: Durchfall. Es braucht viel Erfahrung, bis man Unterschiede wahrnimmt und richtig deutet. Abgesehen von den Atemwegserkrankungen – ein Problem vor allem sehr kurzschnäuziger Rassen – beginnt fast jede Welpenunpässlichkeit mit Durchfall, eventl. Verstopfung.

Lungenentzündung (Pneumonie)

Früher habe ich oft Welpen verloren mit immer gleich verlaufendem Krankheitsbild. Mehrmals liess ich tote Welpen sezieren und stets lautete der Befund auf Lungenentzündung nebst Stauungen und Nekrosen in Milz, Leber oder andern Organen. Die Lungenentzündungen hatten in erster Linie nicht bakterielle Ursachen, sondern mechanische. Es handelte sich um sogenannte Verschluckpneumonien. Dies besagt, dass körperfremde Substanzen in die Bronchien und in das Lungengewebe gelangt sind, dort Stauungen und Verstopfungen verursachen und schwere Sekundärinfektion im Lungengewebe zur Folge haben.

Als fremde Substanzen kommen in den ersten Lebenstagen Fruchtwasser, Muttermilch oder zugefütterte Milch in Frage. Wir wissen, dass unsere extrem kurznasige Rasse sich leichter verschluckt und damit auch leichter aspiriert als normal gebaute Hunde. Daher muss bei der Geburt sehr darauf geachtet werden, dass die Welpen mit dem ersten Atemzug nicht gleichzeitig Fruchtwasser einziehen. Auf die gute Atmung muss unbedingt geachtet werden. Ich glaube aber, dass beim Zufüttern sehr viele Fehler passieren. Die Welpen verschlucken sich leicht bei der künstlichen Ernährung aus dem Schoppenfläschchen, besonders dann, wenn der Schnuller ein zu grosses Loch hat, in der Grösse nicht passt und wenn die Milchmenge zu reichlich ist. Da sehr oft Hündinnen nach Kaiserschnitt anfänglich nicht genügend Milch produzieren, oder man wegen der leider nur allzuoft nicht ganz idealen Narkose die Welpen nicht rasch genug ansetzen darf, müssen wir Bulldogzüchter mit dem Zufüttern vertraut sein.

Allerdings kann sich auch beim ganz normalen Saugen an der Hündin ausnahmsweise ein Junges richtig stark verschlucken, aber die Muttermilch ist weniger gefährlich als die künstliche. Beim normalen Saugen ist der gesunde Welpe geschützt vor dem Verschlucken, da die Saugrinne den Eingang in die Luftröhre verschliesst. Bei sehr üppigem Milcheinschuss kann es allerdings passieren, dass Milch durch die Nase teilweilweise zurückläuft, weil der Welpe nur kleine Milchmengen auf einmal abschlucken kann.

Das Allerwichtigste bei allen Erkrankungen der Atemwege (Nase bis Lungenalveolen) ist die frühe Erkennung. Oft sind anfänglich ein oder beide Nasenlöcher verstopft durch eingetrocknete Milchreste oder mehr oder weniger eitrigen Nasenausfluss. Als erstes Symptom stellen wir beim betroffenen Welpen eine andauernd stärkere Atmung fest als bei seinen Geschwistern. Diese Beobachtung muss aber an den schlafenden Welpen gemacht werden. Man sitzt ruhig dabei und beobachtet sie alle ganz genau. Um ganz sicher zu sein, wiederholt man solche Sitzungen. Meist bemerkt man dieses Anzeichen 6 — 10 Tage nach der Geburt, manchmal auch früher, auf jeden Fall lange, bevor der Welpe irgend ein Krankheitszeichen zeigt. Ist unser Welpe, dem wir nicht ganz trauen, zufällig auch derjenige, welcher immer am schnellsten mit Saugen aufhört, dann steht die Diagnose schon fast mit Bestimmtheit fest.

Etwas übertrieben dargestellt, kann diese schwere Atmung mit dem stossweisen Pusten eines Blasebalges verglichen werden. Es ist nicht mehr das ruhige, gleichmässige Einziehen und Ausatmen der Luft, nicht mehr diese fliessende, harmonische Bewegung der Flanken. Welpen zeigen oft erhöhte Atemfrequenzen direkt anschliessend ans Säugen oder beim Herumkrabbeln. Diese sind aber nur temporär bis sie wieder ruhig liegen; das darf nicht mit der schweren Atmung, die eine Pneumonie auslöst, verwechselt werden. Oft fällt einem die angestrengtere Atmung eines Welpen während des Säugens auf. Dann muss man sich unbedingt die Zeit nehmen, ihn über längere Zeit und mehrmals während des Schlafens genau zu beobachten, bis man seiner Sache sicher ist.

Bei der Beurteilung der Atmung mit dem Stetoskop verdecken die lauten Geräusche, die durch die verstopfte oder verschwollene Nase und durch genetisch veranlagte oder entzündliche Verengungen im Rachenring bedingt sind, nur allzu oft die leisen Geräusche, die durch Entzündungen in der Lunge verursacht werden. Praktisch sicher helfen dann Antibiotia-Injektionen (fünf Tage lang) und zusätzlich eine einmalige Gammaglobulingabe.

Erkennt man das Problem nicht sehr frühzeitig, was trotz aller Vorsicht geschehen kann, ist es nicht mehr übersehbar, wenn der Welpe in die Ecke krabbelt, seinen Kopf am Rand in die Höhe streckt und versucht, in dieser möglichst aufrechten Position zu schlafen. Es ist möglich, dass er bereits öfters jammert oder gar schreit. In diesem fortgeschrittenen Stadium sollte der Tierarzt über die weitere Behandlung entscheiden. Der Zustand verschlechtert sich ganz rapide, Saugen an der Mutter wird verweigert oder kurz nach Beginn wieder aufgegeben, und trotzdem bläht sich das kleine Bäuchlein immer mehr. Die Blähungen entstehen durch starkes Luftschlucken bei erschwerter Atmung. Der Bauchumfang wird aber auch durch die kreislaufbedingte Stauung der Organe in diesem Zustand veruracht. Die Atmung wird zusehens schwieriger und mühsamer. Sauerstoffgaben können die schlimmste Atemnot etwas lindern, und der Welpe scheint das Oxygen direkt zu geniessen. Man kann den Kleinen in möglichst aufrechte Lage betten, damit die Lungen entlastet werden. Hat man das Glück, dass sich mit dem richtigen Antibioticum der Welpe erholt sind in der Regel die ersten Anzeichen dafür innerhalb 6 — 8 Stunden deutlich erkennbar. Gelingt die Rettung eines Welpen aus diesem zweiten Stadium einer Pneumonie, so wird er noch über längere Zeit eine erschwerte Atmung zeigen, selbst wenn die Medikamente abgesetzt werden konnten.

Es ist notwendig, die Atmung in bezug auf die Tiefe und auf die Frequenz gut zu beobachten und mit den Wurgeschwistern zu vergleichen. Die Atmung kann natürlich am besten im Schlaf kontrolliert werden. Beim gesunden Welpen sind die unterschiedlichen Schlafstadien allerdings auch mit unterschiedlicher Atemtiefe und Frequenz verbunden. Ernste Atemwegserkrankungen sind immer auch mit einer schlechten Kreislaufsituation verbunden. Die Beurteilung der Farbe der Mundschleimhaut und im Bindehautsack sind zwei Kriterien, mit denen sich jeder Bulldogzüchter vertraut machen soll, damit er den schlechten Zustand eines Welpen rechtzeitig erkennt und nicht wertvolle Zeit verliert, bis mit einer Behandlung eingesetzt werden kann. Eine zusätzliche Hilfe zur Beurteilung des Gesundheitszustandes ist die kapilläre Füllungszeit. Das ist die Zeit, nach der sich die Farbe der Mundschleimhaut nach deutlichem Druck wieder bis zur ursprünglichen Farbe verdunkelt. Man kann diesen einfachen Test mit allen Welpen machen. So wird man einen erkrankten Welpen erkennen können bevor er seinen Kopf am Rand der Wurfkiste oder an der Hündin hochlagern muss, damit er so die Lungen leichter ausdehen kann.

Die Behandlung muss die Infektion und die Funktion berücksichtigen und muss daher auch unbedingt länger dauern als Krankheitsanzeichen vorhanden sind. Die Ernährung muss in dieser Zeit ev. zeitweise mit der Magensonde geschehen, weil das Saugen bei Atemwegserkrankungen zu viel Anstrengung für den Kreislauf kostet. Als zusätzliche Atemhilfen müssen verschiedene Möglichkeiten ausgenutzt werden: Inhalationen, Brustwickel, Sauerstoff, Lagerung. Wenn der Welpe bereits eine deutlich angestrengte Atmung hat, ist es sinnvol, ihn mindestens zwischendurch einzeln zu halten.

Herpes-Virus-Infektion

Im englischen Sprachraum ist diese Virus-Erkrankung unter dem Namen „Fading-Puppy-Syndrom“ geläufig. Wenn man die Bezeichnung ins Deutsche übersetzt, weiss man sofort, mit welch ernster Störung wir es zu tun haben. Fading heisst: dahinwelkend, kümmernd oder dahinsterbend. Diese Krankheit trat anfänglich in grösserem Ausmass nur in USA auf, wurde dort 1964 erstmals diagnostiziert und als „Herpes-Virus-Infektion“ erwähnt. In der Zwischenzeit hat sie sich aber auch in ganz Europa ausgebreitet und gilt als die gefährlichste Todesursache ganz junger Welpen. Ist der Wurf über drei Wochen alt, scheint er nicht mehr daran zu erkranken. Diese Krankheit ist so heimtückisch, erstens: weil man (noch!) nicht genau weiss, wie die Ansteckung erfolgt, und zweitens: kennt man noch keine zufriedenstellende, erfolgversprechende Behandlungsmethode.

Die Wissenschaftler vertreten die Ansicht, dass scheinbar gesunde, erwachsene Hunde den Herpes-Virus beherbergen und streuen können, ohne selbst daran zu erkranken. Ihnen zufolge würden die Welpen bereits im Mutterleib infiziert oder bei der Geburt während der Passage der Vagina. Ich bin Anhänger der ersten Version und habe dafür, wie ich meine, auch einen handfesten Beweis.

Mitte der Siebzigerjahre begann bei mir ein Wurf nach dem anderen zu sterben. Es war zum Verzweifeln. Niemand wusste warum und wieso, die Mütter waren gesund, und ich hatte keine wesentlichen Veränderungen im Hundebestand oder in der Haltung vorgenommen. Hündinnen, die bereits erfolgreich Junge aufgezogen hatten, verloren nun ihre Welpen, sie starben mir dahin wie Fliegen an der Wand, trotz jeder nur erdenklichen Behandlung und Pflege. Mein Tierarzt erkundigte sich überall, und wir begannen mit der Universitätsklinik in Zürich zusammen zu arbeiten, um endlich eine Lösung zu finden. Auf Anraten des Professors machten wir nun bei „Whitey“ schweren Herzens Kaiserschnitt, obwohl sie normal hätte werfen können, um eben diese Infektions-Quelle „Passage durch die Vagina“ ausschließen zu können. Wir trafen jede Vorsichtsmassnahme die eine Übertragung verhindern sollte. Ich wusch mich beim Tierarzt, berührte die Hündin nicht mehr und zog mich von Kopf bis Fuss um, packte die Welpen in nigelnagelneue Tücher und fuhr mit ihnen direkt ins Haus meiner Mutter, wo ich die Jungen mit Welpenmilch aufziehen sollte. Meine Angestellte holte die Hündin nach der Operation. Die fünf Welpen sahen blendend aus und gediehen die ersten zwei Tage prächtig. Dann begann der Erste zu sterben, nach ein paar Stunden der Zweite ... und dann auch der Dritte ... am fünften Tag starb der Letzte! Ich hatte noch nie in so kurzer Zeit einen ganzen Wurf verloren. Natürlich ist mein Einzelfall noch kein Beweis für andere. Ich aber vermute, dass die Welpen bereits während der Trächtigkeit von der Mutter angesteckt wurden. Allgemein nimmt man eine Inkubationszeit von einer Woche an. Das kann ich auch bei meinen Würfen bestätigen, die ich verlor. Gewöhnlich zeigte der erste Welpe zwischen 6 und 10 Tagen die ersten Symptome. Meine total isolierten Kaiserschnittwelpen sind ohne die kostbare Kolostralmilch einfach noch viel schneller erkrankt als andere.

Der Krankheitsverlauf war immer derselbe. Die Welpen zeigten in den ersten Lebenstagen normales Benehmen und gute Gewichtszunahmen. Dann plötzlich fällt ein fremder, säuerlicher Geruch auf, wenn man das Welpenzimmer betritt, und schon nimmt man den ersten gelblich-grünen Durchfall wahr. „Eigenartig, alle Welpen sind munter, trinken schön und haben gut zugenommen, morgen wirds wieder gut sein", beruhigt man sich. Aber weit gefehlt! Der Durchfall verschlimmert sich, wird gar blutig, die Atmung wird hastiger und das Bäuchlein hart und gebläht. Bald beginnen die Kleinen zu wimmern, verweigern nun die Nahrung, einzelne verdrehen sich in Krämpfen und schreien ganz furchtbar. Aus diesem Zustand ist es mir noch nie gelungen, einen Welpen zu retten, obwohl mein Tierarzt jede nur erdenkliche Therapie versuchte. Ich würde solche Welpen nicht mehr lange leiden lassen und sie frühzeitig dem Tierarzt zum Einschläfern bringen.

Ich liess jeden Welpen obduzieren und das Ergebnis war immer gleich nichtssagend: Blutungsherde in verschiedenen Organen, am ausgedehntesten im Verdauungstrakt, manchmal noch mit Stauungen und Verhärtungen verbunden. Effektiv Herpes-Viren feststellen konnten die Pathologen und Virulogen nie. Mir wurde dann gesagt, dass deswegen eine Herpes-Infektion doch nicht auszuschliessen sei. So kleine Welpen würden sterben, bevor sich das Herpes-Krankheitsbild feststellbar ausgebildet habe.

Da ich nichts zu verlieren hatte, beteiligte ich mich nach fast zweijähriger Pechsträhne an der ersten grösseren Versuchsserie mit den sogenannten Interferon-Inducern, welche die Veterinär-Wissenschaftliche Universität München zum Testen verschiedenen Züchtern abgab. Der Erfolg war zufriedenstellend und ich überglücklich, endlich wieder Würfe ohne Probleme aufzuziehen. Wenn auch immer wieder Rückschläge zu verzeichnen waren — manchmal gab es im richtigen Zeitpunkt keinen Impfstoff — so war doch dieser Inducer die Rettung. Die Wissenschaft hat natürlich enorme Fortschritte gemacht, und mit der Zeit bekamen die anomyen, nur mit Ziffern nummerierten, rosaroten Fläschen nun auch Namen und Bezeichnungen. Heute gibt es verschiedene Firmen, welche Inducer herstellen und vertreiben. Ich habe erst nach zehnjähriger Behandlungszeit aller Würfe versucht, wieder davon loszukommen, so tief sass mir der Schreck von diesem grässlichen Welpensterben in den Gliedern. Heute erhalten nur noch irgendwie gefährdete Welpen diese Impfstoffe, welche z. B. unter der Bezeichnung „Baypamun" (Bayer) oder „Duphapind" (Duphar) im Handel sind.

Die Anwendung von Parmunitätsinducern bei tragenden Hündinnen und bei Welpen bedeutet einen deutlichen Fortschritt für verschiedene Formen von Welpenerkrankungen. Sie hat sich auch bei rein bakteriell verursachten Durchfallerkrankungen sehr bewährt. Eine klare Unterscheidung zwischen bakteriellen und viralen Durchfallerkrankungen beim betroffenen Welpen ist häufig nicht möglich und kann auch in der Sektion oft nicht mit Sicherheit festgestellt werden. Für die Behandlung des erkrankten Tieres spielt dies im Einzelfall allerdings keine Rolle, denn es müssen stets beide Infektionsmöglichkeiten als Ursache angenommen werden. Zur Problemerkennung des Zwingers und zur Prophylaxe für die folgenden Welpen kann allerdings eine genaue Abgrenzung beider Ursachen sehr hilfreich sein. Die Qualität der Zufütterung, z.T. auch der Welpenmilch muss an dieser Stelle auch als mögliche Ursache oder als komplizierender Faktor für Durchfallerkrankungen bei Welpen genannt werden.

Für bereits erkrankte Welpen gibt es auch jetzt noch keine gesicherte Behandlungsmethode. Im Anfangsstadium wird eine tägliche Behandlung mit solchen Paramunitäts-Inducern noch am ehesten helfen können. Man gibt teilweise einer Unterkühlung der Welpen die Schuld an der Erkrankung. Aber meine Welpen hatten es ganz bestimmt nie zu kalt!

Kürzlich habe ich aus England begeisterte Urteile über ein speziell für diese Erkrankung zusammengesetztes, homöopatisches Mittel gehört. Selbstverständlich bestellte ich sofort die „Tridex-Tropfen" die so gelobt wurden und bin jetzt daran, sie erstmals auszuprobieren. Ich denke, man darf nichts unversucht lassen, das in nur irgendeiner Art diese gefährliche Erkrankung verhindern könnte. Die richtige Bezeichnung ist „Fading Puppies" von Tridex-Marketing, P.O. Box 824, GB-bRentwood, Essex CM 14 5 UT. Laut Beschreibung soll man Hündinnen, deren Welpen vorheriger Würfe erkrankten oder in gefährdeten Beständen, ab dem Decken täglich 2 ccm direkt ins Maul geben und dann auch den Neugeborenen nach Anweisung. Das ist schon alles und sicher einen Versuch wert, wenn man vorher schlechte Erfahrungen machte.

Septikämie oder Sepsis (Welpensterben genannt)

Dieses Wort stammt aus dem griechischen und heisst: Fäulnis. Im Volksmund nennt man eine Sepsis noch heute Blutvergiftung. Das Krankheitsbild ist immer dasselbe: Gesund geborene, kräftige Welpen die anfänglich gut zunehmen, beginnen nach zwei/drei Tagen apathisch zu werden, sie bewegen sich langsamer, saugen weniger, haben z.T. niedrigere Körpertemperatur und aufgetriebene Bäuchlein. Sie wimmern vor sich hin, oft ist der Nabelstumpf entzündet, z.T. eitrig, der Kot ist breiig und gelbgrau und riecht abstossend sauer.

Dank Dr. Räber wurden in der Kleintierklinik der Universität Bern Untersuchungen über den Gammaglobulingehalt des Blutes erkrankter Welpen angestellt. Man fand heraus, dass alle kranken oder verendeten Welpen gammaglobulinanämisch waren, das heisst, in ihrem Blut fehlte das so wichtige Gammaglobulin. Warum einzelne Welpen diesen Mangel aufweisen und andere des gleichen Wurfes nicht, ist noch nicht in allen Einzelheiten bekannt. Vielfach werden Gammaglobulin-Gaben unmittelbar nach der Geburt gespritzt. Ein verbreitetes Präparat entwickelten die Behringwerke: Stagloban. Der Gehalt der Gammaglobuline im Blut der Welpen wird zum grossen Teil von der Kolostralmilch der Mutterhündin bestimmt. Jede erste Zufütterung von syntetischer Welpenmilch verhindert aber die spätere Aufnahme der Gammaglobuline, weil sich der kleine neugeborne Dünndarm durch eine Schranke nach der ersten Eisweisszufuhr auf diese einstellt und andere Eiweisse als „artfremd" nicht durch die Darmwand passieren lässt. Die Anwendung von den Parammunitätsinducern ist heute der Verabreichung von Stagloban wesentlich vorzuziehen.

Die zusätzliche Anwendung von Antibiotikum muss die besondere Ausscheidungssituation der Welpen berücksichtigen. Die Auswahl der Antibiotika und teilweise auch die

Dosierung sind bei Welpen anders als bei ausgewachsenen Hunden. Da die Antibiotika teilweise auch in die Muttermilch übergehen muss diese Tatsache auch für den Einsatz bei der Hündin berücksichtigt werden. Die Nieren und die Leber der Welpen können noch nicht so gut Medikamente ausscheiden wie erwachsene Hunde. Das Knochenmark, Knochen und Knorpel sind ebenfalls Organe, die mit zusätzlichen Medikamentenbelastungen auch bei Sepsis sehr geschont werden müssen. Ansonst könnten nicht wieder gutzumachende Schäden entstehen.

Parvo-Virus Infektion

Diese neuerdings wohl bekannteste und gefürchtetste Welpenkrankheit kann erwachsene Hunde gleichermassen befallen wie Welpen und endet selbst bei diesen oft tödlich, wenn sie keinen Impfschutz haben. Auch dieser Virus-Zug begann in Amerika und wurde dort erstmals festgestellt. Ab Mitte der Siebzigerjahre vernahm man dann bereits aus England die fürchterlichsten Schreckensgeschichten wie diese Seuche halbe Zuchtstätten in kürzester Zeit dahinfegte. Es war also nur noch eine Frage der Zeit, bis auch unsere Hunde betroffen wurden. In Tat und Wahrheit geschah das viel schneller als selbst die grössten Pessimisten voraussagten. 1978 trat der erste Fall in der Schweiz auf. Glücklicherweise war damals schon ein grosser Teil der Hundepopulation schutzgeimpft. Man hatte damit begonnen, als die ersten Ausbrüche dieser Seuche in Nordfrankreich und Belgien bekannt wurden.

Die Krankheit ist in der Anfangsphase nebst dem Durchfall mit einem starken Schwund der weissen Blutkörperchen verbunden. Heute ist die Belastbarkeit des Impfschutzes immer noch mit Problemen verbunden, daher sind weniger krass verlaufende Krankheitsbilder immer häufiger anzutreffen. Immerhin ist die Möglichkeit für den direkten Virus-Nachweis im Kot eine grosse Hilfe für die Diagnosestellung.

Es können geimpfte Hunde erkranken, aber meist nicht mehr tödlich. Für Welpen ohne oder mit noch ungenügendem Impfschutz ist diese Infektion immer sehr ernst und, wenn nicht rasch und richtig gehandelt wird, z.T. tödlich. Eine Auffrischung der Parvo-Impfung der Mutterhündin in der zweiten Hälfte der Trächtigkeit bewirkt, dass die Welpen mehr Abwehrstoffe für die ersten Wochen bekommen.

Die Parvo-Erkrankung beginnt wie ein schwerer Durchfall mit Fieber. Meist ist Blut beigemischt und die Ausscheidungen spritzen wie Wasser eines Hydranten mit Druck heraus und riechen sehr schlecht. Wer einmal weiss, wie Parvo riecht, erkennt diese Erkrankung auf Anhieb, ohne jedes andere Indiz, einzig und allein am Geruch. Es ist immer vorsichtiger, bei verdächtigen Durchfallerscheinungen dem Tierarzt Kot zur Untersuchung zu bringen und seinen Rat zu holen. Bei Parvo können Welpen innerhalb von Stunden total apathisch werden und schnellstens austrocknen. Es ist sinnlos, mit Hausmittelchen lange zu probieren und damit wertvolle Zeit für die unbedingt notwendige tierärztliche Behandlung zu verlieren. Die rasante Schwächung des Patienten ist typisch für Parvovirose, und man muss damit rechnen, dass in Kürze der ganze Wurf erkrankt. Darum keine Zeit verschwenden, es ist zu gefährlich!

Bindehautentzündung der Augen

Wenn jungen Bulldogs die Augen tränen, benötigen sie eine Augensalbe oder Tropfen. Länger dauernde Bindehautentzündungen haben verschiedene Gründe die durch den Tierarzt abgeklärt werden müssen. Die Nickhaut, das sogenannte dritte Augenlid, liegt fast unsichtbar im inneren Augenwickel. Es können sich auf der Rückseite dieser Nickhaut, welche bei Entzündungen der Bindehaut immer auch in Mitleidenschaft gezogen wird, kleine Bläschen gebildet haben, die Nickhaut-Follikel. Ihretwegen heilt die Bindehautentzündung nicht ab, weil sie dauernd das Auge reizen. Die genaue Diagnose ist nur dem Tierarzt möglich. Solche Follikel müssen teilweise vom Tierarzt operativ entfernt werden.

Schwellung der Nickhautdrüse (Nickhaut-Adenom)

Dieses Krankheitsbild hatte ich schon oft bei Welpen, aber nie vor sechs Wochen. Anschliessend an eine Bindehautentzündung stellt man mit grossem Schreck plötzlich eine erbsengrosse, Bindegewebekugel im inneren Augenwinkel eines Welpen fest. Dieses Gebilde stört ihn oft, und er reibt sich natürlich mit den Pfoten. Es handelt sich um die Nickhautdrüse, die unter normalen Umständen nicht sichtbar ist. Sie hat sich entzündet, schwillt stark an, weil das Sekret keinen Abfluss findet und scheint prall durch die geröteten Bindehäute. Vorerst versucht man durch intensive Behandlung mit der entsprechenden Augensalbe die Entzündung zum Abklingen zu bringen. Sehr oft verschwindet dann das „Erbsli“ von selbst. Ist dies aber nicht innerhalb von zwei Tagen der Fall muss das Nickhaut-Adenom operativ entfernt werden. Es ist aber nicht so schlimm wie es aussieht. Der Hund kann sich durch das Reiben gefährliche Verletzungen zufügen. Daher sobald wie möglich zum Tierarzt, aber in der Zwischenzeit immer wieder mit Augensalbe behandeln, damit es weniger reizt. Der kleine Eingriff bedingt nur eine örtliche Betäubung, ev. eine Beruhigungspritze, keine Narkose. Mit einem einzigen flachen Schnitt kann die Drüse entfernt werden, und es entstehen weder Narben noch Nachteile.

Das „Swimmer- oder Flat-Puppy-Syndrom“

Diese Wachstumstörung tritt nicht nur — aber eher — bei schwergebauten Rassen auf und ist auch im Allgemeinen ziemlich selten. Die Meinungen ob angeboren oder vererbt durch rezessive Gene, sind geteilt. Bei Bulldogs findet man ab und zu diese sogenannten „Schwimmer“. Es sind Welpen die sich in den ersten Tagen normal entwickeln, sich aber weniger bewegen, dann aber, anstatt das Laufen zu lernen, immer träger, unbeweglicher und flacher werden. Meist liegen sie auf dem Bauch, die Hinterläufe seitlich nach hinten, die Vorderläufe seitlich nach vorne mit dem ausgestreckten Kopf dazwischen. Anfänglich sind sie auffallend weich und schlaff, es ist, als ob ihre Muskulatur zusehens schwindet. Bald aber wirkt ihr Fellchen gespannt und unelastisch. Wenn man sie anfassen will, um sie aufzuheben, durchzuckt einen ein sehr unheimliches Gefühl, sie sind steif wie Schildkröten. Der Rippenkorb ist hart und flach gedrückt, an den Seiten fast kantig und nicht mehr hoch. Mit ganz oberflächlicher Atmung scheinen sie zufrieden dazuliegen und werden flach und flacher. Wenn sie sich bewegen, paddeln sie mit allen Vieren seitlich des Körpers, eben wie ein richtiger Brustschwimmer, bleiben aber auf dem Bauch und heben nur den Kopf ein wenig, sind aber aufgeweckt und werden ganz nervös, wenn's trotz allem Zappeln nicht vorwärts geht. Den weniger schwer Erkrankten gelingt es, den Vorderkörper auf die Läufe zu stellen und so mit nachgezogener Hinterhand wie ein kleiner Seehund vorwärts zu robben, die Hinterläufe total im Spagat auseinandergespreizt.

Das Medikament, welches „Schwimmern" sehr gut hilft, wenn man die Krankheit nicht allzulange ingnoriert, heisst „Vitamin E — Selen". In der ersten Behandlungswoche sollte der Tierarzt täglich eine Spritze verabreichen, eventuell ist auch noch ein Antibiotikum notwendig; denn infolge schlechter Durchatmung kommt es leicht zur Lungenentzündung. Hündinnen, die schon einmal „Schwimmer" unter ihren Welpen hatten, lasse ich prophylaktisch in der Trächtigkeit „Vitamin E — Selen" spritzen.

Sehr wichtig ist, dass Schwimmer-Welpen in den Händen sanft gedrückt und massiert werden. Man darf sie nicht so ruhig und platt liegen lassen. Mit Stoffknäueln oder Papierkugeln unter den Tüchern muss die Liegefläche uneben gemacht werden. Man versucht, den Welpen ganz langsam und sachte auf die Seite zu drehen, sobald er fest schläft, und stützt sein Körperchen dann mit zusammengerollten Tüchern an Bauch und Rücken, damit er einige Zeit in dieser Lage bleibt. Liegen auf der Seite ist ihm unangenehm, und er wird es nicht dulden, wenn er wach ist. Manchmal muss man solchen Welpen für ein paar Tage, mit einer Art „Klebemanschetten" beide Hinterläufe am unteren Teil im Abstand von etwa fünf cm zusammen fixieren, damit sie richtig laufen lernen. Behandelt man sie früh genug, erholen sie sich ohne jeden sichtbaren Schaden. Ja nicht voreilig einen „Schwimmer" einschläfern.

Verdauungsprobleme

Durchfälle

Wie vorher betont, beginnen viele Welpenerkrankungen mit Durchfall. Es ist daher von allergrösster Wichtigkeit, diesem Symptom sofort genügend grosse Aufmerksamkeit zu schenken. Bei Welpen, die ganz von ihrer Mutter ernährt werden, darf man mit grosser Wahrscheinlichkeit diese als Infektionsquelle vermuten.

In Deutschland wurde von Tierärzten auf die Ergebnisse von Untersuchungen hingewiesen, die an Welpen durchgeführt wurden, welche in den ersten Lebenstagen starben. Bei gesunden Organen wurde „nur“ anormaler Darminhalt festgestellt. Im Darm dieser Welpen fehlten die Colibakterien fast vollständig, dagegen waren Bact. aerogenes in riesiger Überzahl vertreten. Solch gravierende Verschiebungen im Gleichgewicht der Darmflora führen innerhalb kürzester Zeit zu schweren Verdauungsstörungen, die bei Welpen sehr rasch tödlich sind. Man fand heraus, dass in jedem Fall die Mutter in ihrem Kot grosse Mengen dieser Bakterien ausschied, die ihre Gesundheit aber nicht zu beeinträchtigen schienen. Für die Welpen aber hatte das fatale Folgen.

Also mussten unbedingt Mittel gefunden werden, welche diese unerwünschten Darmbewohner bei den Mutterhündinnen eliminierten. Vorerst aber stellte man fest, dass ihre Vermehrung durch Milchzucker stark gefördert wurde. Von diesem Gesichtspunkt aus, wäre Milchquark und Joghurtfütterung für die trächtige Hündin nicht zu empfehlen. Im Versuch konnte durch Verabreichung von Milchzucker das Bact. coli ganz vertrieben und Bact. aerogenes übermässig erhöht werden. Dagegen wurde mit dem Verfüttern von Bierhefe ein durchschlagender Erfolg erziehlt. Bei Gaben von 50 bis 100 g pro Tag, je nach Gewicht der Hündin, gesundete die Darmflora sehr rasch und Bact. aerogenes verschwand endgültig. Bierhefe kann als gutes und absolut unschädliches Mittel für die Regenerierung der Darmflora in diesen Fällen eingesetzt werden. Hündinnen, deren Welpen regelmässig kurz nach der Geburt Durchfall bekommen, sollte man schon während der Trächtigkeit täglich eine grosszügige Portion Bierhefe ins Futter geben, damit eventuell vorhandene Bact. aerogenes vertrieben werden. Gewöhnliche Bierhefe ist nicht ganz einfach zu bekommen aber viele Futtermittelhersteller haben in ihrem Sortiment ein entsprechendes Hefeprodukt. Brottrunk ausdem Reformhaus hat eine ähnliche Wirkung wie Bierhefe. Auf jeden fall ist es vernünftig, die Hündin vor und nach der Geburt milchzuckerfrei zu ernähren. Darauf muss auch bei der Auswahl der Welpenmilch geachtet werden.

Schlechte Muttermilch verursacht ebenfalls schwere Durchfälle. Diese Ursache liegt fast immer bei Milchdrüsenentzündungen (Mastitis), die durch ihre Eiterabsonderungen die Milch mit Giftstoffen überschwemmen. Die Welpen haben Blähungen, grünlichen Durchfall, entzündeten After und jammern viel. Der Tierarzt sollte sofort die Untersuchung der Muttermilch veranlassen. Es ist auch heute noch oft angezeigt, vorübergehend den ganzen Wurf von der Mutter zu trennen und küsntlich aufzuziehen, bis der Untersuchungsbericht eingetroffen ist.

Infektionen der Geburtswege können sich genauso auswirken wie die häufig sehr akuten Milchdrüseninfektionen. Ich habe die Erfahrung gemacht, dass es sich bewährt, in jedem Fall von Unpässlichkeit bei den Welpen, auch die Mutter in die Behandlung einzubeziehen. Bei ersten Verdachtsmomenten lasse ich beim Tierarzt auch einen Scheidenabstrich machen. Schon oft war das Resultat der Untersuchung dermassen verhehrend, dass uns nur wunderte, noch lebende Welpen zu haben. Wenn im Lochialausfluss pathogene Keime ausgeschieden werden, so müssen die Jungen fast mit Sicherheit erkranken. Meist reagieren sie auf solche Infektionen vorerst mit Durchfall. Je früher man eingreift, umso grösser ist die Chance.

Äusserst schwere Durchfälle kann auch falsch zusammengesetzte Zufütterung hervorrufen. Viele Züchter sind immer noch der irrigen Ansicht, dass in Ermangelung von Hündinnenmilch verdünnte Kuhmilch gegeben werden könne. Das Gegenteil ist der Fall: Kuhmilch müsste angereichert werden, um für junge Welpen bekömmlich zu sein. Schaf- und Ziegenmilch sind dagegen sehr viel besser geeignet als zusätzliche Welpenaufzuchtnahrung. Ich glaube aber, dass es in der heutigen Zeit müssig ist und mit Bestimmtheit am falschen Ort gespart wird, wenn man nicht die bestens adaptierten und erprobten künstlichen Welpenmilchprodukte verwendet, wenn junge Welpen Zusatznahrung benötigen. Die Zubereitung ist kinderleicht, und man ist sicher, den Kleinen einen gesunden Ersatz zu bieten.

Durchfälle sind für Welpen und junge Hunde immer sehr ernst zu nehmende Störungen. Sehr rasch beginnt die Gefahrt des Austrocknens. Manchmal sind Infusionen durch den Tierarzt unumgänglich und helfen Krisen zu überbrücken, ebenso elektrolytische Lösungen oder die sogenannte Astronautennahrung „Nutrical“ oder andere. Mit „Kestomatine-Bébé“ (Granulat) erreicht man sehr oft eine frappante Besserung bei Verdauungsstörungen ganz junger Welpen.

Es gibt Welpen, die ohne jede Unpässlichkeit sechs oder sieben Wochen alt geworden sind, und dann nach vollständiger Entwöhnung plötzlich Blut im Kot haben, anfangs noch ohne Durchfall. Es zeigt sich nicht das galoppierende Krankheitsbild wie bei Parvo. In diesen Fällen muss unbedingt Kot vom Tierarzt auf Rota- und Coronaviren und Coccidien, auf Giardia und ev. auf Salmonellen untersucht, und dann dementsprechend behandelt werden. Manchmal zeigt sich der blutige Kot erst zwei/drei Tage nach dem Verkauf beim neuen Besitzer, der natürlich darüber zu Recht in Aufregung gerät. Der Welpe trug die Infektion bereits in sich und durch den Stress der Umstellung ist die Krankheit dann ausgelöst worden.

Blähungen

Blähungen, die bei Neugeborenen sehr gefährlich sein können, führen oft zu Koliken. Was genau die Blähungen verursacht, ist schwierig zu sagen. Sie entstehen durch falsche Gärungen meist im Dünndarm. Eine mögliche Ursache ist die mengenmässige Überfütterung bei künstlicher Ernährung. Wenn der kleine Magen überlastet wird, kann leicht der ganze, zarte Verdauungstrakt blockieren, und es können sich Gase bilden. Welpen mit Blähungen sollten nach jeder Fütterung wie Menschenbabies zum Aufstossen aufgenommen werden. Oft kann ein Welpe durch Rülpsen ziemlich viel Luft herauslassen, wenn man ihn einige Zeit möglichst aufrecht hält. Amerikanische Züchter geben den zu Blähungen neigenden Welpen mit jeder Mahlzeit einen halben Teelöffel „Di-Gel“ das Wunder wirken soll. In unseren Apotheken sind ähnlich zusammengesetzte Suspensionen erhältlich „Macosil“ (von Vifor SA Carouge-Genève) oder „Andursil“ (von Geigy). Die Blähungen sind aber immer nur ein Symptom und es ist notwendig, dessen Ursache abzuklären.

Weisser Kot

Ab und zu gibt es in einem Wurf ein Junges, das auffallend weissen Kot macht. Dieser ist anfänglich von normaler Konsistenz, bedeutet aber, dass dieser Welpe Fett nicht vollständig verdauen kann. Wenn man nichts unternimmt, sterben solche Welpen rasch. Meist können sie gerettet werden durch die Behandlung mit Pancreas-Fermenten aus der Kinderheilkunde: Panchrotanon – Pulver (Hausamman St. G.) oder Prolipase (Firma Cilag) oder veterinärmedizinische, stärkere Viokase. Ein Welpe benötigt nur eine Messerspitze davon vor oder besser mit jedem Säugen oder Füttern ins Mäulchen gestrichen. Sobald wie möglich mit Banane, durch ein Sieb gedrückt, zufüttern und die notwendige Flüssigkeit durch mit Honig gesüssten Fencheltee ersetzen, damit der Welpe möglichst wenig Milch benötigt. Meist tut ihm etwas „Nutrical“ sehr gut. Die Besserung kann man leicht an der Kotfarbe beurteilen. In hartnäckigen Fällen zusätzlich Antibiotika sprizen lassen.

b) Der Erwachsenen

Afterdrüsen
Hunde haben rechts und links des Darmausganges eine Afterdrüse. Diese entleeren sich im Normalfalle beim Kotabsetzen. Es kommt aber immer wieder vor, dass sie sich zu stark füllen oder entzünden. Da sich Bulldogs nicht unter der Rute lecken können, versuchen sie, sich Linderung zu verschaffen durch Reiben an Wänden, auf dem Boden oder durch verrücktes Drehen im Kreise (sitzend auf dem Rutenansatz). Auch das bekannte „Schlittenfahren“, welches meist einem Wurmbefall angedichtet wird, hat seine Ursache viel eher bei den Afterdrüsen. Überfüllte oder entzündete Afterdrüsen können einen furchtbar penetrant-schlechten Geruch ausströmen. Sie sollten unbedingt fachmännisch ausgedrückt, eventuell auch antibiotisch behandelt werden. In vereinzelten Fällen ist es sinnvoll, sie chirurgisch zu entfernen.

Allergien
Übersteigerte Reaktionen des Körpers auf bestimmte Substanzen liegen vielen akuten und chronischen Entzündungen der Haut oder der Schleimhäute zugrunde. Es können innere (Nahrung, Medikamente) oder äussere (Kontakt mit Pflanzen, Textilien usw.) Ursachen vorliegen. Oft gestaltet sich die Forschung nach dem Auslöser recht schwierig und eine genaue Erklärung kann in vielen Fällen nur vermutet werden. Die labormässigen Abklärungen der allergenen Ursachen bringt heute eine deutliche Verbesserung für die Behandlung der Allergien und ermöglicht teilweise auch die spezifische Anwendung von Desensibilisierungs-Seren.

Appetitlosigkeit
Wenn ein normalerweise guter Fresser nicht frisst und dabei einen unguten Eindruck macht, ist die erste Handlung: Temperatur messen. Je nach dem Ergebnis sind die weite-

Abbildung 144: Was geruhen der Herr zu speisen?

ren Schritte zu planen. Solange keine Krankheitszeichen vorliegen, schadet ein freiwilliger Fasttag keineswegs. An sich munter wirkende Hunde, die nicht fressen, sind meist ganz gewöhnlich „nicht hungrig", bereits überfressen, verwöhnt oder mögen einfach dieses vorgesetzte Futter nicht. Es gibt auch viele psychische Ursachen wie: Heimweh, Abwesenheit eines geliebten Familienmitgliedes, spüren von Unstimmigkeiten, „Liebeskummer“ bei Rüden usw. In einem solchen Fall wird man bei gesund-wirkenden Tieren die Schüssel entfernen, und erst nach fünf Stunden **das gleiche Futter** wieder vorsetzen. Hunden, die mehr als 24 Stunden gar nichts zu sich nehmen, fehlt aber bestimmt etwas das Abklärung erfordert.

Atembeschwerden

Plötzlich auftauchende Atembeschwerden dürfen nicht auf die leichte Schulter genommen werden. Jeder Bulldogbesitzer kennt den Unterschied zwischen der normal-geräuschvolleren Atmung unserer Rasse und einer krankhaften Veränderung. Starkes Keuchen infolge Überhitzung habe ich im Kapitel „Bulldogs im heissen Wetter“ beschrieben. Beschwerden infolge eines verschluckten oder steckengebliebenen Gegenstandes sind lebensbedrohend. Da muss der Besitzer sofort und überlegt handeln. Mit der Hand muss man versuchen, das mechanische Hindernis aus dem Schlund zu entfernen, dabei sehr aufpassen, da solche Hunde in ihrer Todesangst schlimm zubeissen können. Sofort zum Tierarzt, wenn man die Möglichkeit hat. Angestrengte Bauchatmung und Backenblasen ohne ersichtlichen Grund sind Alarmzeichen, wie auch das lange Lufteinziehen bis tief in den Bauch und dauerndes Hecheln, das bei Bulldogs dann plötzlich ins Keuchen übergeht. Es ist wichtig, den Unterschied zwischen harmlosem Hecheln (Wärme, Aufregung) und ungesunder Atmung resp. Keuchen zu kennen.

Augenkrankheiten

Tränende Augen, schleimiger oder eitriger Augenausfluss, gerötete Bindehäute, Reiben der Augen mit den Pfoten oder an Gegenständen sind typische Erscheinungen bei Augenerkrankungen. Verklebte Augen werden mit angefeuchteter Watte schonend gereinigt. Meist verlangen solche Störungen, wenn sie mehr als zwei Tage dauern, einen tierärztlichen Untersuch. Es ist nicht ratsam, irgendeine Augensalbe zu verwenden, da jeweils ganz verschiedenartige Wirkstoffe darin enthalten sind. Zudem erfordern Entzündungen infolge Erkältung ganz andere Mittel als z.B. Hornhautverletzungen. Cortisonsalben oder -tropfen dürfen nie angewendet werden wenn ev. eine Hornhautverletzung vorliegen könnte. Bei unsern Bulldogs sind chronische Entzündungen, verursacht durch eingerollte Augenlider (Entropium), welche eine operative Korrektur erfordern, gar nicht so selten. Es kommt auch vor, dass einzelne Wimpernhaare, die hinter der eigentlichen Wimpernreihe stehen Reizungen verursachen. Diese müssen ebenfalls vom Tierarzt beseitigt werden.

Bisswunden

Selbst kleine, harmlos aussehende Bisswunden, sind meist infiziert. Wenn sich ein Zahn ins Fell gebohrt hat, schliesst sich wohl die Haut sofort wieder, es muss kaum bluten und die ursprüngliche Stelle findet man nur schwer. Trotzdem sind Bakterien ins Gewebe gekommen und können sich entzünden. Ein dickverschwollener Lauf und hohes Fieber am Tage nach einer Rauferei sind keine Seltenheit. Solche Zustände erfordern eine Behandlung durch den Tierarzt. Kleine Wunden benötigen nur eine gründliche Desinfektion, grössere müssen genäht werden.

Blähungen

Ein aufgetriebener Bauch deutet fast immer auf eine ernsthafte Erkrankung hin. Schwere Verdauungsstörungen können mit Blähungen beginnen. Das harmloseste ist wohl noch, wenn ein Hund nach Einnahme von viel Trockenfutter eine Unmenge getrunken hat. Aber selbst das sollte unbedingt vermieden werden; denn Blähungen können bei mittleren und grossen Hunderassen in eine lebensbedrohende Magendrehung übergehen. Als Vorbeugung gilt: besser zweimal täglich füttern als nur einmal; keine suppenartigen Futter vorsetzen; Trockenfutter nur angefeuchtet oder leicht eingeweicht verabreichen; nach dem Füttern nicht viel trinken lassen und **wirklich nie** anschliessend an die Fütterung mit dem Hund spielen. Wie heisst das schöne Sprichwort: „Nach dem Essen sollst Du ruh'n oder tausend Schritte tun". Demnach schadet ein ruhiger Spaziergang ohne Bälle werfen, apportieren und herumtoben usw... nicht.

Vielen Hunden anderer Rassen kann man bedenkenlos Trockenfutter geben. Die meisten Bulldogs aber, sind Schlinger. Sie kauen schlecht, speicheln daher die Brocken nicht ein und fressen auch sehr rasch. Die Folge davon ist natürlich ein sehr grosser Drust nachher. Es kommt dazu, dass Trockenfutter konzentriert ist und rasch eine zu grosse Menge verschlungen wird. Wird dann viel Wasser getrunken, quillt der ganze Futterbrei im Magen und den Därmen enorm auf.

Treten Blähungen auf mit Würgen und erfolglosen Brechversuchen, handelt es sich um einen Notfall höchsten Grades.

Blasenentzündung

Diese ist oft nicht einfach zu erkennen. Bulldogs jaulen nicht beim Wasser lösen, selbst wenn es furchbar brennen würde. Verdächtig ist, wenn Hündinnen unsauber werden ohne dass es etwas mit Läufigkeit zu tun hat, oder wenn sie auffallend oft urinieren und sich dabei eigenartig verkrampft benehmen. Wenn im Winter Schnee liegt, kann man es wegen der blutig-roten Urinverfärbung aber nicht übersehen. Sobald man Blut im Harn feststellt, besteht Verdacht auf Blasenprobleme. Es ist sehr wichtig, lange genug Medikamente zu verarbreichen um eine vollständige Heilung zu erlangen. Blasenleiden neigen zu Rückfällen. Wenn ein Rüde nicht mehr im Strahl uriniert, nur tröpfelt oder gar nicht kommt, muss er baldmöglichst dem Tierarzt vorgestellt werden.

Blutohr

Plötzliche starke Verdickung des Ohres, sodass es prall aussieht wie ein kleines Kissen und schräg vom Kopf absteht, ist die Folge des Platzens eines Blutgefässes in der Ohrmuschel. Das Blut sickert zwischen Ohrknorpel und Haut und verursacht diese Schwellung. Meist werden davon nur Hunde mit Hängeohren befallen. Durch Anschlagen bei starkem Kopfschütteln (infolge Ohrenentzündungen) oder bei Beissereien, können von aussen unsichtbare Verletzungen entstehen, welche ohne die entsprechende Behandlung wohl abheilen, aber zu einer Verunstaltung der Ohrmuschel führen. In der Regel wird man sich entschliessen diesen Bluterguss zu operieren, zumal dann, wenn er die Öffnung des Gehörganges eineingt.

Durchfall

Vom harmlosen, selbstheilenden Darmkatarrh bis zur hochgradigen, blutigen Darmentzündung kann alles vorkommen. Bei leichten Durchfällen ohne Fieber, Erbrechen und Niedergeschlagenheit, ist 24stündiges Fasten gut. Wenn ein solcher Hund abnormal viel trinken will, ist es besser, das Wasser durch ganz leichten Schwarztee, Bouillon oder Elektrolytlösung zu ersetzen. Häufig hilft mehrmals in kleinen Portionen verabreichtes Coca Cola auch sehr gut. Es ist falsch, Durchfälle durch Entzug von Flüssigkeit stoppen zu wollen. Der Wiederbeginn der Fütterung muss in sehr kleinen Portionen geschehen, auch wenn der Patient nach mehr verlangt. Sehr leicht verdaulich ist ganz weichgekochter Reis mit ein wenig Hühnerfleisch. Bis die Verdauung wieder in Ordnung ist, nur diese Mischung füttern, ohne jede Abwechslung. Wenn man es einfacher haben will, gibt es beim Tierarzt gute Spezialnahrung gegen Verdauungsstörungen. Sollte der Durchfall trotz Diät, mehr als drei Tage anhalten – wohlgemerkt, immer bei munterem Hund – ist ein Tierarztbesuch wohl nicht zu umgehen. Ebenso, wenn im Kot Blutbeimischungen bemerkt werden.

Durst

Mit der Zeit weiss man, wieviel der eigene Hund normalerweise trinkt. Der Wasserbedarf hängt stark von der Futterzusammenstellung und der Bewegungsfreudigkeit des Tieres ab, aber zusätzlich auch von äusseren Faktoren. Ebenso verursachen heisse Tage oder überheizte Räume einen grossen Durst. Verlangt ein Hund unerklärlich viel Wasser, und das nicht nur an einem Tag, kann eine ernsthafte innere Krankheit vorliegen. Gerade bei Hündinnen zeigt sich eine beginnende Gebärmuttervereiterung sehr oft mit diesem Symptom.

Ekzeme

Ekzem ist ein Sammelbegriff für verschiedenartige Entzündungen der Haut. Viele Hunde, nicht nur Bulldogs, leiden heutzutage an einer Überempfindlichkeit der Haut. Meist ist es sehr schwierig, die Ursache heraus zu finden. Durch Futterumstellung kann in vielen Fällen eine Heilung herbeigeführt werden. Ekzeme die stark jucken, veranlassen den Patienten natürlich zu wildem Kratzen mit den Pfoten, was das Krankheitsbild stark verschlimmert. Schmutz gelangt mit den Krallen in die wunde Haut und ruft schwere Entzündungen hervor. Nässende Ekzeme, vor allem am Hals- und Schulterbereich, können innerhalb Stunden zu bedenklich grossen, stinkenden Wunden werden. Also lieber früh genug zum Tierarzt.

Erbrechen

Gelegentliches Erbrechen ohne andere Begleiterscheinungen ist unbedenklich. Sehr oft liegen Reizungen des Rachens oder der Mandeln vor. Vielmals wird auch unverdauliches Material oder Gras herausgewürgt. Manchmal gibt es Hunde, die morgens nüchtern gelben Magensaft hergeben. Dies kann man verhindern, indem man ihnen möglichst bald nach dem Erwachen ein Stück hartes Brot oder einen Hundezwieback zum Kauen gibt. Damit wird das Zuviel an Magensäure neutralisiert. Macht ein Hund dies öfters, muss man abends anderes Futter ausprobieren. Hunde, die sehr viel Büffelhautknochen, Ochsenziemer oder andere, ähnlich behandelte Kaugegenstände nagen und verschlingen, zeigen dieses Magensaft-Erbrechen vermehrt.

Wird es einem Hund, der stark erbrechen muss, dermassen übel, dass er kopfüber und dann auf die Seite umfällt, muss man den Fang öffnen und die Zunge herausziehen. Nach Möglichkeit mit dem Taschentuch, anderem Stoffstück oder notfalls mit der blossen Hand, den Rachen vom dicken, zähen Schleim befreien, um die Atemwege frei zu machen. Aber aufgepasst, in dieser Situation kann ein krampfartiger Zubiss erfolgen. Nach kurzer Erholungsphase stehen solche Hunde wieder auf, zuerst etwas torkelig, dann schütteln und räuspern sie sich und gehen weiter.

Fieber messen

„Wie misst man Fieber“ und „wie hoch ist die Normaltemperatur eines Hundes“, sind die beiden Fragen, welche mir ratsuchende Bulldoghalter am meisten stellen. Vorerst wie man es **nicht** misst: Mit dem Gefühl!

Trockene oder heisse Nase sagt noch gar nichts über Fieber aus, obwohl dieser Glaube kaum ausgerottet werden kann. Wie auch heisse Pfoten, warme oder kalte Ohren, glänzende Augen, feuchter Bauch, Hecheln, kaltes Wasser trinken, sich auf Steinplatten legen u.s.w. ... noch längst keine Fieberanzeichen sein müssen.

Man verwendet einen ganz gewöhnlichen Fieberthermometer wie für Menschen, sei dies nun der hergebrachte Quecksilber-Messer oder ein neues Digital-Modell. Der grosse Vorteil der elektronischen Fiebermesser liegt in ihrer schnellen Anzeige und Unzerbrechlichkeit. Die Spitze wird eingefettet, ich nehme Vaseline oder Melkfett, und mindestens drei cm tief in den After eingeführt. Bei unruhigen Hunden muss man zu zweit sein. Die normale Körpertemperatur liegt zwischen 37,5 - 39,0 C. Bei Welpen oder nach starken Aufregungen kann die Temperatur vorübergehend über 40,0 C steigen. Auch durch anhaltendes Hecheln kann der Hund seine Körpertemperatur steigern, nach der Ruhe sinkt sie dann wieder auf die Normwerte zurück.

Herzbeschwerden

Herzklappenfehler sind bei Hunden recht häufig. Solche Tiere können aber bei entsprechender Haltung und eventuell medizinischer Unterstützung recht alt werden und ein vergnügtes Leben führen. Chronischer Husten, rasches Ermüden, Atemnot bei der geringsten Anstrengung sind häufige Anzeichen einer Herzinsuffizienz.

Hinken

Unsere Bulldogs bewegen sich im Allgemeinen eher ungestüm, impulsiv und unvorsichtig. Durch ihren speziellen Bau sind die Verhältnisse von Temperament, Gewicht, Länge der Läufe, Körperbreite, Muskel- und Bänderstärke zueinander nicht ideal. Diese verschiedenen Fakten sind die Hauptursachen, wenn ein Bulldog plötzlich humpelt. Junghunde in der Entwicklungsphase zwischen 5 und 12 Monaten sind für Verstauchungen und Bänderzerrungen am anfälligsten. Bei Schonen eines Laufes wird vorerst genauestens nach einer Verletzung oder Schwellung gesucht. Schon eine Entzündung zwischen zwei Zehen oder an einem Nagelbett kann starkes Hinken hervorrufen. Sind keine äusseren Ursachen feststellbar, wird als erste Heilungsmassnahme strenge Ruhigstellung verordnet. Das heisst, Käfighaltung oder den Hund bei seinem Liegeplatz mit kurzer Kette anbinden, und an der Leine nur die allernotwendigsten Spaziergänge mit ihm machen. Keine Begrüssungszeremonielle vom Stapel lassen und auch nicht mit ihm spielen. Ist nach zwei Tagen noch keine sehr deutliche Besserung erfolgt, muss der Tierarzt weiterhelfen. Es gibt heute auch Behandlungsmethoden, welche die strenge Ruhe nicht erforderlich machen und dem Hund die Möglichkeit bieten, seinen gesamten Stützapparat zu trainieren und durch besondere Ergänzungsnahrung so eine deutlich verbesserte Bindegewebsqualität für alle stützenden und beweglichen Elemente ermöglichen.

Hüftgelenk-Dysplasie (HD)

Dieses Leiden kann durch Röntgen festgestellt werden. Es haben aber längst nicht alle Bulldogs die hinken schlechte Hüften. Viele lahmen gar nie, obwohl eindeutig HD nachgewiesen wurde. Eine Heilung gibt es bis heute noch nicht, aber für Hunde die dadurch starke Beschwerden haben, sehr erfolgversprechende Operationen, um den Patienten schmerzfrei und bewegungsfähig zu erhalten. Im allgemeinen leiden aber Bulldogs weniger als andere Rassen, da ihr Körpergewicht hauptsächlich auf der Vorhand lastet.

Es ist eine Ermessensfrage, ab welchem HD-Grad ein Tier unserer Rasse von der Zucht ausgeschlossen werden sollte. Die Ansichten darüber klaffen riesig auseinander und eine Röntgenvorschrift haben die wenigsten Clubs in ihren Statuten. Die Hüftgelenksdysplasie der extrem kurzschnauzigen Rassen hat ziemlich sicher als Ursache eine primäre Bindegewebsschwäche, speziell des Hüftgelenkbandes und wird als primäre Weichteildysplasie bezeichnet. Bei den grossen Hunderassen gilt die Dysplasie als vererbte Entwicklungsstörung in der knöchernen Entwicklung des Hüftgelenkes.

Husten

Am häufigsten sind Entzündungen der oberen Atemwege und der sehr ansteckende Zwingerhusten. Husten mit Würgen und anschliessendem Erbrechen von Schleim deutet oft auf eine Rachenentzündung oder Angina hin. Der Zwingerhusten wird ähnlich wie die Grippe des Menschen von einer Reihe von Viren verursacht. Daher kommt es, dass besonders nach mit Staupe kombinierten Impfungen trotzdem Erkrankungen auftreten. Die einzelne Hustenimpfung deckt ein breiteres Spektrum von Erregern ab als in den kombinierten Staupeimpfungen enthalten ist. Sie ist daher für unsere Bulldogs besonders zu empfehlen, vor allem auch, weil die bakteriellen Komplikationskrankheiten (Bordatellen, Mykoplasmen und Pasteurellen) zugleich damit erfasst werden.

Insektenstiche

Wird ein Bulldog von einer Biene oder Wespe im Fang oder Rachen gestochen, sollte er, wenn eine Schwellung erfolgt, zum Tierarzt gebracht werden. Für unsere kurzatmigen Lieblinge sind Schwellungen an diesen Stellen gefährlicher als für andere Rassen.

Kastration

Gründe für die Kastration beim Rüden: sexuelle Übererregbarkeit, Raufslust, Streunen, Aggressivität, dauerndes Anklammern bei Kindern oder Erwachsenen und einige spezifische Erkrankungen der Geschlechtsorgane. In der Regel sind Rüden nach der Kastration viel einfacher in der Haltung und es ist unlogisch, dass viele Hundebesitzer diesen Eingriff als „gegen die Natur“ einstufen. Ich möchte aber zu Bedenken geben, dass, dem Trieb nicht folgen zu können, mindestens gleich — wenn nicht noch — unnatürlicher ist. Immer vorausgesetzt, dass der Hund darunter leidet oder schwierig ist.

Gründe für die Kastration bei der Hündin: Ausschalten der Läufigkeit, Verhinderung von unerwünschtem Nachwuchs, ausgeprägte Scheinträchtigkeit, Aggressivität, hormonell bedingte Unausgeglichenheit im Wesen und Ausschalten von primären Krankheiten des Geschlechtsapparates wie zystische Entartungen oder Gebärmuttervereiterung, Verminderung des Brustkrebsrisikos.

Läufigkeit

Andere, ebenfalls geläufige Ausdrücke dafür sind Brunst oder Hitze. Eine Hündin wird erstmals zwischen dem 7. und 10. Lebensmonat läufig. Dies wiederholt sich dann normalerweise alle 6 — 8 Monate. Erste Anzeichen sind Vergrösserung der Scheide und Anziehung von männlichen Interessenten. Die Hitze beginnt richtig, wenn der blutige Ausfluss einsetzt, der sich nach der ersten Woche aufhellt und deutlich vermindert. Eine läufige Hündin muss an der Leine ausgeführt und immer gut überwacht werden, wenn man keinen Nachwuchs riskieren will. Die Läufigkeit dauert ca. 3 Wochen und hört auch bei alten Hündinnen nicht auf. Die Läufigkeit kann durch halbjährliche Hormonspritzen unterdrückt werden, die dann aber peinlich genau weitergeführt werden müssen. Männliche Hunde kennen keine „Brunst", sie sind immer deckbereit, vor allem, wenn sie irgendwo ein läufiges Weibchen gerochen haben.

Magendrehung

siehe unter „Blähungen"

Mandelentzündung (Angina)

Nach meiner Erfahrung sind Bulldogs dafür infolge ihrer speziellen Gaumen — Rachenverhältnisse leicht anfällig. Es ist eine häufige Erscheinung nach Schneefressen, Trinken von eiskaltem Wasser und bei Infektionskrankheiten. Der Hund versucht ständig, einen weissen Schaum herauszuwürgen. Auch Schluckbeschwerden, Appetitlosigkeit und Fieber können vorkommen. Bei wiederholten Rückfällen kann man die Mandeln schneiden lassen.

Medikamente eingeben

Flüssigkeiten nie in den offenen Fang schütten, sondern bei geschlossener Schnauze und hochgehaltenem Kopf seitlich den Lefzenwinkel leicht herausziehen und als Trichter benützen. Erst, wenn die Medizin geschluckt ist, d.h. wenn sich der Hund geschleckt hat, den Kopf herunter lassen. Die meisten Hunde nehmen Tabletten ohne Probleme, wenn man sie in etwas Hackfleisch, Käse oder Butter steckt. Schwierigere Hunde kann man meist überlisten, indem man sofort noch eine kleine Portion des Leckerbissens vor die Schnauze hält, dann wird fast immer die erste mit der Pille schnell geschluckt. Notfalls mit einer Hand den Oberkiefer umfassen und die Schnauze öffnen. Die Tablette mit der andern Hand rasch weit hinter den Zungengrund schieben und den Fang zuhalten, bis die Tablette sicher geschluckt ist.

Nesselausschlag

Plötzliches Aufteten von Quaddeln am ganzen Körper, Nilpferd-ähnlicher, verschwollener Kopf wird meist mit Insektenstichen in Verbindung gebracht, könnte aber auch auf Kontakt mit bestimmten Pflanzen zurückzuführen sein oder eine Allergie zur Ursache haben. Nesselausschläge klingen nach Stunden oder Tagen ab. Bei Bulldogs werden aber die Schwellungen der Schleimhäute im Rachen und Fang oft zu einer ernsthaften Komplikation. Der Tierarzt kann relativ einfach und sicher rasche Linderung verschaffen. Eine, in einem Glas Wasser aufgelöste Calcium-Brausetablette und nach dem Sprudeln mit etwas Futter verabreicht, bringt meist sofortige Besserung und kann im Bedarfsfall wiederholt werden.

Nierenentzündung

Ist immer noch eine der häufigsten inneren Krankheiten aller Hunde. Viele chronische Entzündungen bleiben unerkannt, weil über die Hälfte des aktiven Nierengewebes zerstört sein kann, bevor es zu Symptomen kommt (Durst, Abmagerung usw.). Akute Nierenentzündungen gehen mit auffälligen Störungen des Allgemeinbefindens einher. Deshalb sind Harnuntersuchungen bei kranken Hunden so wichtig.

Ohrenentzündung

Kratzen am Ohr (manchmal unter Jaulen), schief getragener Kopf, Schmerz beim Berühren, übelriechender Ausfluss, dunkelrot verkrusteste innere Ohrmuscheln deuten auf Entzündungen der Ohrmuschel, des äusseren Gehörganges, eventuell des Mittelohrs, hin. Vom Herumstochern im Ohr mit Wattestäbchen ist abzuraten. Der Tierarzt muss das passende Medikament verschreiben; denn die Entzündung kann sehr verschiedene Ursachen haben. Ohrenentzündungen müssen sehr gründlich und lange genug behandelt werden, da sie zu Rückfällen neigen. Bulldogs haben oft enge, stark gewundene Ohrgänge und bei ihnen sind Ohrenprobleme keine Seltenheit.

Raufereien

Bulldogs mit gutem Wesen sind bei korrekter Erziehung keine notorischen Raufer auf der Strasse. Das heisst aber nicht, dass sie nicht mit Spass und Lust dort mitmachen, wo Quereleien im Gange sind, oder sie angegriffen werden. Ernsthafte Raufereien entstehen fast nur im Beisein des Besitzers und/oder an der Leine. Streiten sich zwei Hunde, ist es immer gefährlich dazwischen zu fassen. Sie unterscheiden im Übereifer nicht mehr zwischen Menschenhand und Hundefell. Einzig an den Hinterbeinen kann man versuchen, sie auseinander zu ziehen. Gelingt dies nicht auf Anhieb, sollte man davon lassen. Viel erfolgversprechender ist es, wenn sich beide Hundebesitzer schnellen Schrittes in entgegengesetzter Richtung entfernen und dabei ruhig und bestimmt ihren Hund aus Entfernung **einmal** zu sich rufen und sofort weiter gehen. Praktisch alle Hunde hören dann auf zu raufen, sobald sie sich verlassen fühlen. Ich weiss, diesen Rat zu befolgen verlangt Tapferkeit und Mut, hat sich aber immer wieder bewährt. Ich wollte auch nicht glauben, dass er funktioniert, als ich ihn erstmals vom bekannten Hunde-Fachmann Urs Ochsenbein hörte, aber es ist wirklich wahr!

Infolge Raufereien sichtbar verletzte Hunde, benötigen meistens tierärztliche Hilfe.

Schnarchen

Unter den Bulldogs findet man intensive — um nicht zu sagen furchtbar laute — Schnarcher. Es sind meist die massigen, schweren Typen, die auch zur Kurzatmigkeit neigen. Im Extremfall kann die Kürzung des Gaumensegels grosse Linderung bringen. In den meisten Fällen ist die beste Lösung, sich damit abzufinden.

Verstopfung

Als häufige Ursache erweist sich das Verfüttern von Knochen. Dieses kann eigenartigerweise schlimme Verstopfung und heftigen Durchfall fast miteinander verursachen. Mit zunehmendem Alter kann der Hund Knochen immer weniger gut verdauen. Man kann mit Verabreichung von Milch versuchen, die Verdauung wieder zu erleichtern und bei sehr harten Kotballen noch ein Klistir mit lauwarmem Wasser oder Seifenwasser machen. Bei dauernder Verstopfung ohne Knochengaben, muss die Fütterung umgestellt werden. Mehr Bewegung führt oft zur Besserung.

Vorhautkatarrh

Sehr viele Rüden leiden mehr oder weniger an diesem, an sich ungefährlichen, aber sehr unangenehmen Übel. Da sich Bulldogs sehr wenig lecken, tropft dieser eitrige Ausfluss auf den Boden. Behandlung führt meist nur zu vorübergehendem Erfolg. Am besten bewährt haben sich, ein- bis zweimalige, wöchentliche Spülungen mit Kamillosan, Vetadine oder anderen milden Schleimhautdesinfektionsmitteln, die spielend leicht selbst ausgeführt werden können. Jungrüden in ihrer sexuellen Entwicklungsphase und sexuell aktive Erwachsene, leiden am meisten darunter. Sie können zusätzlich noch hormonell behandelt werden. Kastrierte Rüden haben dieses Problem kaum mehr.

Wurmbefall

Hunde werden am häufigsten von Spulwürmern befallen. Es gibt aber noch viele andere Sorten. Nur tierärztlich verordnete Wurmmittel verwenden. Am besten bringt man halbjährlich eine Kotprobe dem Tierarzt zur Untersuchung auf Wurmbefall, dann ist man sicher, auch das richtige Mittel für die vorgefundene Art der Parasiten zu geben. Es wäre allzu optimistisch zu glauben, sein Hund hätte keine Würmer, nur weil man nie welche gesehen hat.

Zähne

Bulldogs haben oft sehr schlechte und abnormal angeordnete Zähne. Am wulstigen Zahnfleisch und in den unterschiedlichen Zwischenräumen bleiben oft Nahrungsrückstände und Haarbüschel kleben. Regelmässiges Kontrollieren des Gebisses bewahrt vor Überraschungen. Zahnsteinbildung kann durch rechtzeitiges Abkratzen mit den Fingernägeln, eventuell mit einem speziellen Zahnsteinentferner (Instrument) oder regelmässiges Zähneputzen mit Zitronenschale, einem Wattebausch mit Apfelessig oder Hundezahnpasta verhindert werden. Braucht ein Hund aus irgend einem Grunde eine Beruhigung oder gar Narkose, sollten immer auch seine Zähne durch den Tierarzt kontrolliert und wenn nötig gereinigt werden.

Zittern mit dem Kopf

Zum grossen Erschrecken seines Besitzers kann ein Bulldog plötzlich und ohne jedes Vorzeichen mit dem Kopf zittern, oder besser gesagt, schütteln. Obwohl es sehr selten vorkommt, möchte ich es trotzdem erwähnen, damit die Beteiligten nicht gar so „geschockt" sind und wissen um was es sich handelt. Aus völliger Ruhe heraus, fährt dieses Zittern in den Hund, beginnend am Kopf und meist auf diesen beschränkt. Es ist nicht schön anzusehen und man hat Angst, es könnte sich um einen schweren Anfall handeln. Der Hund sieht einen hilfesuchend an und dabei wackelt alles an ihm: die Ohren zittern, die Lefzen hört man aneinander klatschen, die Ringe des Halsbandes klirren leise. Ablenkung heisst das Zauberwort. Rasch etwas zu fressen bringen, am besten etwas hartes zum Kauen, aufmuntern zum Spielen oder „zügig" Spazieren gehen als ob nichts wäre. Der „Anfall" vergeht dann oft so schnell wie er gekommen ist. Sitzt man aber dabei und bemitleidet das „arme Tierchen" steigert sich die ganze Sache und zieht sich viel länger hin. Wenn dies nur einmal passiert, hat mein keinen Grund etwas dagegen zu unternehmen. Kommt es aber immer wieder vor, sollte der Tierarzt mit Spritzen des Vitamin B–Complexes Abhilfe schaffen. Es handelt sich um leichte Durchblutungs- oder Koordinationsstörungen im Hirn und hat nichts mit Epilepsie zu tun. Medikamente, welche die Durchblutung im Gehirn verbessern, haben besonders bei sich wiederholenden Anfällen in der Regel auch vorbeugend eine sehr gute Wirkung. Ich gebe solchen Patienen über einige Tage B 12 Sirup und 2 Tage je 3 x 1 in ganz wenig Wasser aufgelöste Calcium Tablette.

Zwischenzehen-Zysten

Bulldogs gehören zu den Rassen, die manchmal von diesem Übel befallen sind. Die

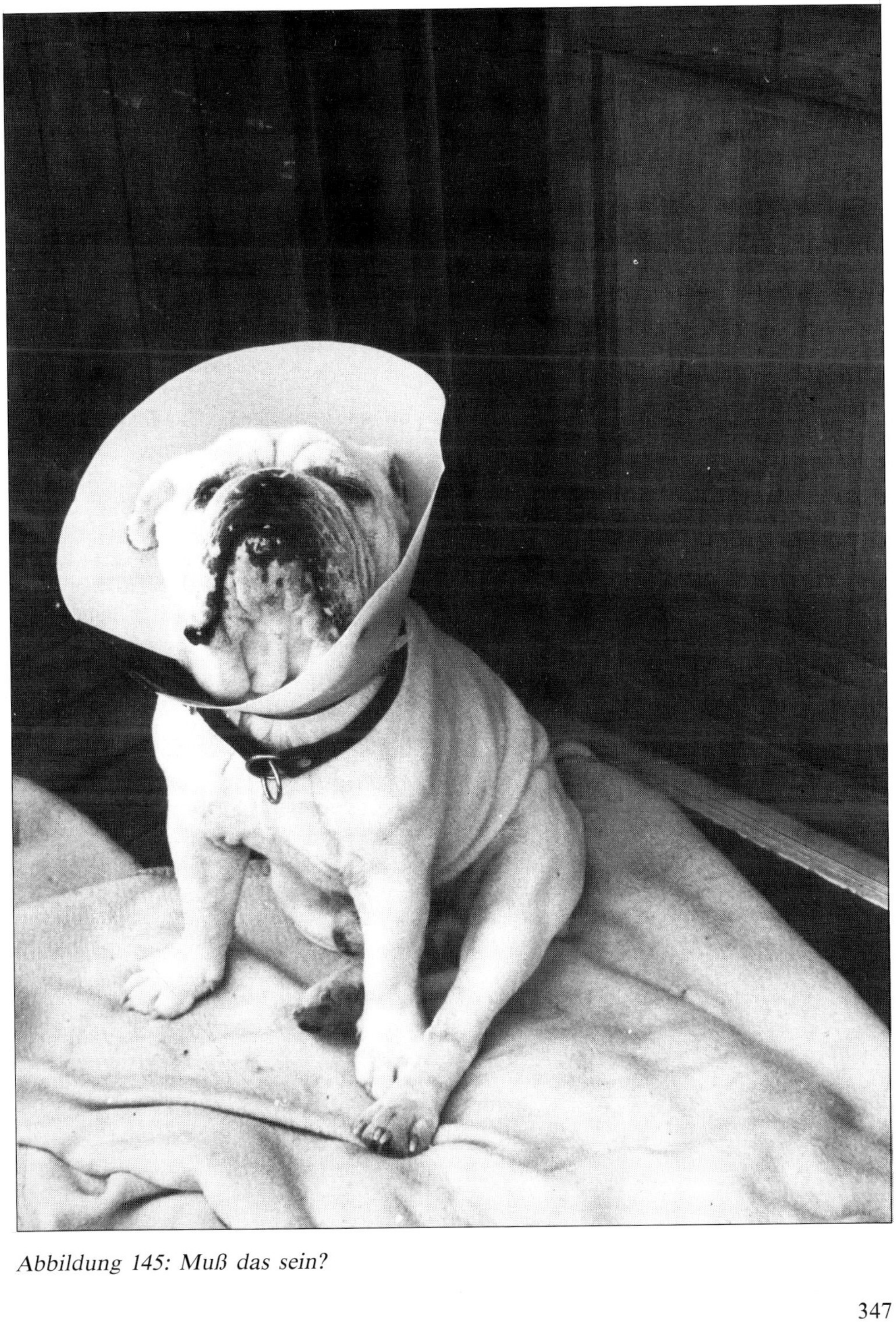

Abbildung 145: Muß das sein?

dicken, fleischigen Pfoten sind prädestiniert dazu. An den Unterseiten der Pfoten befinden sich zwischen den Zehenballen viele Talgdrüsen. Durch das Gewicht und die spezielle Gangart des Bulldogs werden diese oft fast oder ganz auf den Boden (sprich: Schmutz) gedrückt und es bilden sich Entzündungen. Die Schwellung kann wegen des Körpergewichtes nicht nach unten ausweichen, also drückt sie sich nach oben, und quillt als schmerzhafter, blau-roter Schwellknoten auf der Pfote zwischen den Zehen hervor. Die Haut wird dünner und glasiger, die Zyste reift und platzt auf, wie ein Abszess. Dann ist der Spuk wieder vorbei. Die Pfote schwillt ab und schmerzt kaum noch. Es kann aber innerhalb kürzester Zeit zwischen zwei andern Zehen oder auch an der gleichen Stelle wieder erneut zur Entzündung kommen. Meistens sind nur die Vorderpfoten befallen. Bis heute weiss ich kein Heilmittel, das auf die Dauer mit Sicherheit hilft. Am erfolgversprechendsten wäre, mit stark betroffenen Tieren nicht zu züchten.

Sehr grosse Linderung und „fast Heilung", habe ich mit konsequent durchgeführtem, regelmässigem Ausdrücken und Einsalben dieser Talgdrüsen erreicht. Ich lege den Hund auf den Rücken und examiniere seine Pfotenunterseiten. Zwischen den harten, haarlosen Zehenballen befinden sich diese entzündeten Drüsen. Man erkennt sie sofort, da sie verfärbt und geschwollen aussehen. Durch kräftigen Druck mit zwei Fingern entleeren sie sich, und man staunt, welch grosses Quantum Talg und Schmutz man herauspressen kann. Auf dem Höhepunkt der Entzündung ist dieses Vorgehen zu schmerzhaft und nicht angezeigt. Dann muss man sich etwas gedulden und vorerst täglich zweimal gut mit Wundsalbe (Bepanthen) oder einer Zugsalbe eincremen bis das akute, schmerzhafte Stadium vorbei ist. Wichtig ist, abends als Letztes zu salben, wenn der Hund nicht mehr hinausgeht.

Amerikanische Züchter empfehlen, die blau-roten Abszesse 1 x täglich mit nur einem Tropfen DMSO / Gentamycin (4-5 %)-Mischung zu betupfen, bis sie verschwunden sind.

Das Ausdrücken geht am einfachsten und schmerzlosesten nach einem Spaziergang bei Regenwetter, Lauf durch taufrisches Gras oder warmem Pfotenbad. Manchmal stellt man bei der Kontrolle der Pfoten auch schwarze Haarbüschelchen fest, die wie fettig aussehen, obwohl alle anderen Haare zwischen den Pfoten hell sind und einzeln stehen. Diese schwarzen Büschelchen sollte man mit einer Pinzette herausziehen, da sie zum Einwachsen neigen und ihr dazugehöriger Haarbalg (die Stelle wo sie herauswachsen) entzündet ist. Auch eingewachsene Haare können Zwischenzehenzysten verursachen.

Bildlegenden

Titelbild:
Pickwick Gogo Girl, geb.22.9.85 (Ch. Pickwick Pampers — Ch. Pickwick Wimpsy) mit Tochter Pickwick Cheron, geb. 21.6.88 (Ch. Portfield Masterpiece — Pickwick Gogo Girl)
Bes. von Gogo Girl: Dr. Mislin, Hochwald
Bes. von Cheron: Friedrich, F-Bischwiller

Rückseite:
Pickwick Gajus, geb. 26.2.92, 12 Wochen alt (Pickwick Floyd Patterson — Dixie v. Rupphübel)
Bes. Agnes Ernst, Egg (Foto: Landolt, Dietikon)

Vorsatz und Nachsatz verdanke ich Frau Karin Wunderlich-Székessy, Fotografin, D-Hamburg. Der Bulldog ist ihr Pickwick Noble Man Nero, geb. 20.10.79 (Ch. Pickwick George — Ch. Pickwick Babouche)

Legende zu den Farbbildern:

1-6 Bilder zur Geschichte der Bulldogs

7 Bulldogs des 20. Jahrhunderts: oben links Kentish Pride, o.r. Regal Stone, unten v.l. Ch. Broadlea Squire, Clansman, Ch. Pressgang, Ch. Prince Albert, Floradora

8 Bulldog Hündinnen des 20.Jahrhunderts:
o.l. Baroness of Teesdale, o.r. Red Raddle, auf Treppe Spa Victoria, unten von l. Ch. Kitty Royal, Ch. Little Truefit, Ch. Heywood Duchess, Ch. Silent Duchess

9 Bulldogshow Islington 1889

10 Modern Bulldogs:
o.l. Pen-y-lan Duchess, r. Hefty son-o-Mike, unten von links Tufnell Launtett, Milgrange Marquis, Failsworth White Orry, Buccaneer

11 England's Pride: Ch. Pressgang

12 Bulldoggemälde im Besitze R.+ D. Ehrenstein, D-Brühl

13 Weltsieger Amsterdam 1985 + Res. Best in Show:
Ch. Ocobo British Passion, geb. 22.4.1983 (Ch. Ocobo Skipper — Axters Plum Pudding) Z. Davis, England, Bes. H. Denis, F-Amanvillers

14 v.l. Ch. Pickwick Eick geb. 30.12.1968 (Ch. Walvra Red Ensign — Ch. Crossroads Calphurnia)
Ch. Pickwick Unique geb. 10.12.73 (Ch. Pickwick Eick — Pickwick Gipsy)
Pickwick Idylle geb. 29.1.76 (Ch. Crossroads Carruthers — Ch. Pickwick Unique)
Bes. Dr. Scheibler, Winterthur
Ch. Pickwick Yankee geb. 15.3.78 (Ch. Pickwick Eick — Pickwick Idylle)
Bes. Dr. Scheibler, Winterthur
Pickwick Mobydick geb. 6.10.79 (Ch. Pickwick Yankee — Pickwick Kathleen)
Bes. Härtli, Zürich

15 Siesta in Rio de Janeiro: Pickwick Serena geb. 9.8.80 (Pickwick Jinks — Pickwick Quarrel Anne) und ihr Freund, ein preigekrönter Siamesenkater
Bes. Marchesa Saint Amour di Chanaz, Nogoya/Argent.

16 Schweizer Club Show 12.6.1988 in Lömmenschwil

17 Club Show 9.6.1991, Mr. Arthur Rowe bewertet Goldengrove Paddington geb. 28.2.1991 (Ch. Goldengrove Quick Step — Goldengrove Guiness) in der Baby-Klasse
Z.+ Bes. E. Landis, Geroldswil

18 Club Show 1991, die offene Rüden Klasse ist plaziert v.l. Pickwick Quasimodo geb. 26.12.1989 (Pickwick Idefix — Ch. Pickwick Lady Chatterly) Z.+ Bes. Angehrn, Gossau
Goldengrove Easy Rider geb. 3.5.1988 (Bonifacio's Hurricane - Ch. Goldengrove Lady Leandra) Z. Landis, Geroldswil, Bes. Wyrsch, Adlingenswil
Bonifacio's Hurricane geb. 28.10.1986 (Ch. Ocobo Skipper - Kenour Pollyanna of Bonifacio) Z. Natrass, England, Bes. Wyrsch, Adlingenswil
Don Camillo Frankenstein geb. 26.12.1984 (Pickwick Lollypop - Tarra's Donna Mercedes) Z. Bosse, D-Lengdorf, Bes. Brägger, Ossingen

19 Die Sieger der Club Show 1990 mit dem englischen Richter Mr. Norman Pitts, links der Clubsieger Ch. Goldengrove Quick-Step geb. 9.2.1983 (Ch. Pickwick Zaggy — Goldengrove Jessica) mit seiner Züchterin + Besitzerin Evelyn Landis; rechts die Best-in-Show-Gewinnerin Ch. Pickwick Tittle Tattle geb. 2.12.1986 (Ch. Portfield Masterpice — Ch. Pickwick Tiffany) mit ihrer Besitzerin Chiara Giuria, I-Ceva

20 Schweizer Club Show 1980 Henessenmühle, Gossau. In der Mitte der Richter Ernest Hubbard aus Amerika; links I. Angehrn mit dem Best-in-Show-Gewinner Ch. Pickwick Leander geb. 13.7.1976 (Ch. Crossroads Carruthers — Ch. Pickwick Bonnie); rechts Frau Dr. Witteborg, D-Schneverdingen mit ihrer Clubsiegerin aus der Jugendklasse Joymuir Temara geb. 6.7.79 (Edgwick Marharajah — Joymuir Perfect Love) Z. Dennett, GB

21 Ch. Pickwick Quasimodo s. Nr. 18
Z.+ Bes. I. Angehrn

22 + 23 + 24 Pickwick Goya geb. 26.2.1992 beim Werfen (Pickwick Floyd Patterson — Dixie v. Rupphübel)

25 Frischgeboren l. Filou r. Emboss

26 Ch. Brampton Patsy Baby geb. 3.11.1986 (Ch. Ocobo Skipper - Ocobo Star Sugar at Brampton) Z. Davison, England, Bes. Angehrn, Gossau, mit ihrem D-Wurf geb. 17.1.1992 (V. Ch.Pickwick Quasimodo)

27 Pickwick Daffodil — Derick — Domino — Dike geb. 17.1.1992

28 Ch. Brampton Patsy Baby (siehe 26) mit K — Wurf (V. Pickwick Norman) geb. 25.9.1992

29 Zweiwöchige Welpen beim Saugen

30 Pickwick Jessamine geb. 25.9.92 (Pickwick Floyd Patterson - Dixie v. Rupphübel) macht Gehversuche

31 Links der Vater Ch. Goldengrove Quick-Step geb. 9.2.1983 (Ch. Pickwick Zaggy — Goldengrove Jessica), rechts die Mutter Ch. Goldengrove Lady Leandra geb. 9.2.1982 (Ch. Pickwick Leander — Goldengrove Jessica) mit dem U-Wurf geb. 19.4.1985. Z.+ Bes. E. Landis, Geroldswil

32 Kindersegen in der Goldengrovezucht von Frau Landis. Der Vater Ch. Crossroads Carruthers geb. 26.5.1974, (Ch. Bryneatons Barbarian — Ch. Crossroads Chloe) die Mutter Pickwick Sunset geb. 9.10.1973 (Ch. Bryneatons Beret — Pickwick Hera) mit C — Wurf geb. 11.3.1977

33 — 37 vier — sechs Wochen alte Welpen in ihrer Umgebung

38 In Liebe vereint: N — Wurf dei Bobodrilli Z. + Bes. R. Micossi, I-Udine, 3 Monate alt, mit ihrer Mutter Ch. Valentina (Vater Tex).

39 + 40 + 41 der neunwöchige Pickwick Urchin geb. 28.4.90 (Pickwick Idefix — Ideaal v. Cruisbrouck) bewacht seinen neuen, rosa Plüschhund

42 immer wieder andere Interessen wecken ist bei Welpen wichtig

43 Welpen brauchen viel menschliche Zuwendung und Körperkontakt mit den Betreuern

44 Gesunde Welpen fressen gerne: hier der Pickwick D — Wurf geb. 21.5.85 (Ch. Pickwick Pampers — Licbmoor Little Smasher)

45 + 46 + 47 Spielen und Balgen gehören zu den Hauptbeschäftigungen um die 8. Lebenswoche

48 Die sechs Pickwick Mädchen sind 8 Wochen alt, geb. 20.11.87 (Ch. Portfield Masterpiece — Ch. Pickwick Tiffany) sie heissen: Western-Lola, Watch-Wully, Wicked Lady, Williamine, Watta-Baby + Wild-Rose

49 Demontierbare Welpenausläufe sind sehr praktisch, sie können gut verstellt, umgebaut und immer wieder neuen Anforderungen angepasst werden.

50 Vier Wildfänge so auf ein Bild zu bringen erfordert viel Geduld! Es sind von links Pickwick Elwys, Edison, Dulcinea + Enjoy, geb. 26.1.82 (Pickwick Sir Mack — Pickwick Mathilde)

51 Für die erste Reise per Eisenbahn eignet sich eine Tasche vorzüglich: Pickwick Billy Whiz geb. 14.8.91 (Ch. Ocobo Royal Flag — Dyla v. Rupphübel) verreist nach Wien zu Fam. Fiala.

52 Abholen per Auto ist sehr einfach da Bulldogs meist nicht anfällig sind für Übelkeit: Pickwick Loulou geb. 13.7.76 geht zu Fam. Vuadens, Zürich

53 + 54 Das Besuchen und später das Abholen eines Bulldogwelpen ist ein freudiges Ereignis für die ganze Familie

55 — 62 alle Agility-Aufnahmen zeigen Ch. Bonifacio's Fernando of Sandean geb. 1.2.1988 (Ch. Aldridge Aristocrat of Brandywell — Ch. Capps l'Etoile de Bonifacio). Z. Dr. Nattrass, England Bes. Hélène Denis, F-Amanvillers

63 Ein glücklicher Geburtstag wenn man sein sehnlichst erwartetes Geschenk abholen kann: Gajus (s. rückseitiges Titelbild)

64 Pickwick Ernestine geb. 20.7.88 (Pickwick Chester — Ideaal van Cruisbrouck) Bes. Theresia Mohr, D-Siegburg

65 Pickwick Tittle Tattle geb. 2.12.86 (Ch. Portfield Masterpiece - Ch. Pickwick Tiffany) als hübsches Baby, Bes. Dr. Giuria, I-Ceva

66 Pickwick Zazie geb. 2.8.91 (Pickwick Idefix — Pickwick Georgia) Bes. A.+ J. Brägger, Ossingen

67 Pickwick Call me Yoga geb. 23.9.91 (Pickwick Idefix — Pickwick Hermine) Bes. Heidi Grass + I. Angehrn, Gossau

68 A-Dicky v. Rupphübel geb. 27.1.84 (Bellum Samson — Pickwick Enjoy) Z. Dr. Hauri, Beinwil Bes. Fam. Märki, Zetzwil

69 11-wöchige Welpen

70 Pickwick Mathilde geb. 6.10.79 (Ch. Pickwick Yankee — Pickwick Kathleen) arbeitet stets im Garten mit, Bes. Herr + Frau Bieli, Aigle

71 Es ist schwierig für Pickwick Chester Man geb. 23.9.91 (s.67) seinen havarierten Ball wieder aus dem Brunnen zu kriegen, Bes. M.L.+ D. Jäger, Bern

72 Pickwick Honeymoon geb.18.10.75 (Ch. Crossroads Carruthers — Castizo Transcaf Scania) von ihrem Besitzer Herr Burkhart, Basel liebevoll mit Sonnenhut ausgerüstet

73 Pickwick Woody geb. 21.10.84 (Ch. Pickwick Pampers — Pickwick Whitey)

74 Pickwick Barley geb.1.10.74 (Anglice Callan — Pickwick Edgy)

75 Pickwick Viduke geb. 16.7.90 (Richard Löwenherz Arames — Pickwick Hermine) ist glücklich, dass es im heissen Tessin einen guten Rasensprenger gibt bei seiner Familie Jarmorini

76 + 77 Pickwick Wilfred 13.3.74 (Ch. Archie of the Regions — Cincinatti Belle Epoque) Fam. O. Treyer, Zürich

78 + 79 + 80 zeigen wie gut und gerne Bulldogs schwimmen wenn sie ans Wasser gewöhnt sind, Walvra Skipper und Beaufighter Antigone verbringen die meiste Zeit mit Herr und Frau Bryner auf den griechischen Inseln direkt am Meer

81 + 82 Pickwick Dozzypet geb. 14.8.75 (Crossroads Carruthers — Castizo Cassandra) liebt die Arbeit als Schneemann, Bes. Fam. Eichmann, Luzern

83 + 84 Pickwick Helios geb. 30.12.88 (Ch. Pickwick Pampers — Ch. Pickwick Tiffany) verkörpert den sportlichen Typ, Bes. Dr. Silvestro, I-Torino

85 Pickwick Ziggy geb. 6.5.81 (Ch. Outdoors Jubi Junior — Pickwick Olga)

86 Ch. Pickwick George geb. 20.9.75 (Ch. Crossroads Carruthers — Pickwick Wally) kann bei bester Gesundheit seinen 13. Geburtstag feiern, Bes. J.+ B. Scherrer, Niederhelfenschwil

Legende zu den schwarz-weiss Bildern

1 Hausschild Bronzeguss

2 + 108 + 118 + 144 + 145 von Frau Karin Wunderlich-Székessy, Fotografin, Hamburg mit Bulldog Pickwick Noble Man Nero geb. 20.10.79 (Ch. Pickwick George — Ch. Pickwick Babouche)

3 Drei Grazien von links:
Ch. Pickwick Dancing Doll geb. 9.7.1988 (Ch. Portfield Masterpiece — Pickwick Whitey), Z. Angehrn
Pjotter van de Mammelocker geb. 19.6.1991 (Ch. Isidor After Tacha — Ch. Pickwick Dancing Doll), Z. Lockefeer, B-Temse
Ch. Isidoor After Tacha geb. 26.10.1984 (Ch. Ocobo British Passion — Ch. Emmylou After Tacha) Z. P. Roosenboom, alle 3 Bulldogs im Besitze von G.+ M. Lockefeer, B-Temse

4 + 5 + 6 alte Stiche zur Veranschaulichung der verschiedenen, urspünglichen Vorfahren

7 + 8 Handkolorierte Originalstiche von Stierkämpfen

9 „Ein grosser Kampf in der Westminster Pit, Preissumme 100 Guineas, von 2 Hunden, jeder wiegt 43 Pfund im Eigentum von zwei versierten Edelmännern. Einer, diese famose weisse Hündin von Paddington, deren wundervolle Leistungen in Kennerkreisen so bekannt sind, dass sie hier keiner weiteren Erwähnungen bedürfen — der andere, ein gestromter Rüde aus Cambridge, ein bemerkenswerter und bekannter Favorit, er hat den Ruf eines vorzüglichen Kämpfers, der sofort nach dem Startzeichen loslegt. Beginn 6.oo abends, pünktlich — Türöffnung 5.30 Uhr."

10 Ein Bärenkampf

11 Physic und Brummy

12 Inserat: „B. White ist umgezogen von Harper's-Fields nach Old Conduit-Field, Bayswater; Händler und Hundezüchter, für Liebhaber speziell die Bowler Rasse. Hundehaltung, Kauf, Verkauf, Training, Abgewöhnung von Untugenden zu räsonablen Preisen. Grosse, bequeme Pit zum Testen der Kampfhunde vor dem Kauf, für Kämpfe mit Dachsen oder Hunde gegeneinander, vorhanden."

13 Das berühmte Bild ist beschriftet: „Ben White hetzt seinen Bulldog „Tumbler" und Lady Sandwich's „Bess" auf den Bullen von Bill Gibbon."

14 „Herr Punch besucht einen wirklich bemerkenswerten Ort!"

15 + 16 + 17 Eindrücke von Hundeausstellungen Ende des 19. Jahrhunderts

18 + 19 + 20 + 21 Miniatur — Bulldogs

22 Die französische Bulldogge gilt als Nachfolgerasse der Miniatur-Bulldogs aus England

23 — 65 dienen zur Erklärung der Weiterentwicklung des Typs

66 Das Leben eines famosen Hundes; Veröffentlichung dieser alten Zeichnung mit freundlicher Genehmigung von The Our Dog Publishing Company, 5 James Leigh Street, GB-Manchester M1 6EX

67 So sahen früher erfolgreiche Ausstellungsbulldogs aus

68 Ch. Bonifacio's Fernando of Sandean im Sprung, Bes. Mme. Denis, F-Amanvillers

69 — 93 diese Bilder sind durch ihre jeweilige Bildunterschrift genügend erläutert, wenn bei einzelnen Hunden Vorzüge oder Nachteile erwähnt sind, habe ich die Namen absichtlich weggelassen, da die Fotos nur zur Erklärung dienen sollen.

94 „Jonny" 10 Wochen alt = Goldenboy v. Grafensprung geb. 2.11.1965 (Blockbuster Ballybrophy Smoky Loe — Episode v. Grafensprung) Z. Ing. W. Seemann, D-Haueneberstein, Bes. Angehrn

95 „Hexli" 10 Wochen alt = Haubitze v. Grafensprung geb. 5.1.1966 (Toprilt Inigo Jones — Wonderful Cheetha van Cruisbrouck), Z.+ Bes. wie 94

96 Der brave Jonny und die schlimme Hexe!

97 = 94 + 95

98 ohne Worte

99 + 100 + 101 zeigen unsere Enkelin Daniela mit ihrem heissgeliebten „George" = Pickwick Orpheus geb. 24.7.1989 (Pickwick Xanthos — Ch. Pickwick Tiffany) Bes. Fam. Scherrer, Niederhelfenschwil

102 Bulldog-Besuch muss in einer Zuchtstätte oft empfangen werden

103 ... veröffentlicht mit freundlicher Genehmigung des Liegenden!

104 — 108 sprechen für sich

109 — 112 zeigen wieder Ch. Bonifacio's Fernando of Sandean von Mme. Hélène Denis bei seinen fantastischen Agility-Leistungen

113 Heute treffen wir etwas abgeänderte Ausstellungsvorbereitungen

114 So zeigt man einen Bulldog in Show-Position: Evelyn Landis präsentiert ihren Ch. Grodengrove Quick-Step (s.Farbb. 31)

115 Perfektes „Standing" auch von Ch. Ocobo Royal Flag geb. 5.9.1987 (Ch. Quintic Amos of Ocobo — Ch. Weltor the Witch), Z. N. Davis, GB Bes. J. Lavaux, F-Cardets p. Ledignan

116 — 120 tragen Bildunterschriften

121 Goldenboy v. Grafensprung mit seiner 7 — wöchigen Tochter Pickwick Dixie geb. 7.3.1968 (Mutter Haubitze s.94 + 95)

122 + 123 Ein seltenes Ereignis! Peter Angehrn zeigt seinen Ch. Outdoors Humperdinck geb. 11.7.1967 (Ch. Outdoors Duke — Outdoors Fantasia) an der Schweizer Club Show 1977 in der Veteranenklasse. Man erkennt auch den berühmten Richter dieser Club Show: Mr. Arthur Westlake (Baytor Bulldogs)

9632

124 Pickwick Alone geb. 31.12.1984 (Ch. Pickwick Pampers — Ch. Pickwick Tuffy) Bes. Hedy Küng, Frick

125 Pickwick Viking geb. 27.1.74 (Ch. Portfield Starturn — Pickwick Joujou) machte selbst Touren in die Berge begeistert mit, Bes. C. Wyss St. Gallen

126 Ein namenloser Rüde von schönem, leichten Typ

127 Ch. Pickwick Nicco geb. 20.10.1979 (Ch. Pickwick George — Ch. Pickwick Babouche) Bes. Fam Dr. Sann, D-Heidelberg

128 Diese Hündin zeigt eindeutig Deckbereitschaft

129 + 130 + 131 Pickwick Kitty geb. 13.3.89 (Ch. Pickwick Pampers - Ideaal v. Cruisbrouck)

132 — 136 Hündin während der Geburt

137 Der erste Pickwick Wurf: Donald — Dickie — Dixie — Duke geb. 7.3.1968 (s. 121) sieben Wochen alt

138 Ch. Pickwick Zaggy geb.6.5.1981 (Ch. Outdoors Jubi Junior — Pickwick Olga) Bes. Alice Heyl, Luzern

139 Gerade bei Einzelwelpen muss oft nachgefüttert werden, wegen zuwenig Saugreiz kommt die Milchproduktion nicht genügend in Fluss, dies scheint aber den kleinen Pickwick Joker geb. 25.6.91 (Ch. Pickwick Quadimodo – Pickwick Ayla) weiter nicht zu stören.
Bes. H. + M. Knöpfel, Oberuzwil

140 Ein Foto aus meinen frühen Bulldogjahren: Pickwick H — Wurf 7 Wochen alt beim Schmausen, v.l. Hera — Honeybear — Happygirl - Heiky — Horai — Honeymug geb. 23.7.70 (Ch. Pickwick Eick — Ch. Haubitze v. Grafensprung)

141 Eine wunderschöne Futterreklame von 1902

142 Der Korb voll Züchterglück gehört Frau E. Landis, Geroldswil Goldengrove-Bulldogs.

WICHTIGE ADRESSEN

Schweizer Club für English Bulldogs:
Dr. Franz Scheibler, Wülflingerstr. 190, 8408 Winterthur, Tel. 052-2224271

Österreichischer Bulldog Club:
Dr. Walter Schwarz, No. 19, 2305 Pframa, Tel. 02214-2650

Allgemeiner Club für Englische Bulldogs e.V. Deutschland:
Manfred Holters, Indehell 26, 48653 Coesfeld, Tel. 02541-3688

Circolo Italiano Bulldog:
Luciano Orsi, Via F. Baracca 4, 20010 Ossona (MI), Tel. 02-9010038

Club du Bulldog Anglais:
Hélène Denis, 25, rue des Carrières, 57111 Amanvillers, Tel. 87534279

Engelse Bulldog Club Niederlande (E.B.C.N.):
F.A.P. Van Tricht, Bachstraat 3, 5283 KK Boxtel

In England gibt es über 20 verschiedene Clubs, der älteste, bekannteste und größte von allen ist:
Bulldog Club Inc.:
Mrs. Maggy Story, 73 St Neots Road, Hardwick, Cambridge CB3 7QH

QUELLEN-NACHWEIS

Brevier neuzeitlicher Hundezucht v. Dr. h.c. Hans Räber 1978 (Paul Haupt Verlag Bern und Stuttgart).

Gladiatoren I v. Dr. D. Fleig, 1987 (Kynos-Verlag, Mürlenbach).

Technik der Hundezucht v. Dr. D. Fleig, 1987 (Kynos-Verlag, Mürlenbach).

The Bulldog v. Enno Meyer 1960 (Orange Judd Publishing Comp. New York.

The Perfect Bulldog v. J. Hay Hutchison (published by The Bulldog Club (Inc) 1977).

The Bulldog Magazine (published by The Bulldog Club (Inc) halbjährlich).

The Bulldog a monograph by Edgar Farman 1899 (The Stock Keeper Comp. London).

Show Bulldogs by Sidney H. Deacon ca. 1947 (by „Our Dogs" Publishing Company, Manchester).

The 20th Century Bulldog by Marjorie Barnard 1988 (Nimrod Press Ltd. Turk Street, GB-Alton).

The Bulldog by John F. Gordon 1973 (John Gifford LTD. London).

The New Bulldog by Col. Bailey C. Hanes 1991 (Howell Book House, Maxwell Macmillan International, New York).

KYNOS ATLAS
HUNDERASSEN DER WELT
Über
1.100
FARB-
FOTOS
BONNIE WILCOX, DVM
CHRIS WALKOWICZ
Redaktion :
DR. DIETER FLEIG
– Der umfassendste fachkundige Hundeführer in der ganzen Welt –